世界史探究
授業の実況中継

［アメリカ独立革命・フランス革命・ウィーン体制・
ロシアと東方問題・アジア,アフリカの激動・帝国主義時代］

3

ハルデンベルク

バイロン

スメタナ

ラクシュミー＝バーイ

？

洪秀全

語学春秋社

はしがき ——新課程準拠版の発刊にあたって

『世界史講義の実況中継』が世に出たのは，**1990年**のことでした。河合塾における授業を**カセットテープ**に録音して，それを文字におこして授業を再現するという方針に貫かれた本書は，これまでに**250万人以上の読者**（≒受講者）を持つことが出来ました。

そして今回，**新課程の世界史教科書に準じた入試が行われること**に対応して，内容と装いを一新した『世界史探究授業の実況中継』を発刊することになりました。

今回の改訂のポイントは，以下の2点です。すなわち，

① **新課程の7種類の世界史探究の教科書**（2023年4月段階で既刊のもの）に準拠して，教科書に掲載されているすべての時代とすべての地域，さらには文化史を含むすべての分野を網羅したこと。

② 時代や地域の配列は，原則として**山川出版社『詳説世界史—世界史探究』**などに従ったこと。

これによって，教科書との連動性を高め，これまで以上に高校の授業のサポートに活用できるようにしました。

しかし，わが『実況中継』の基本方針は不変です。すなわち，

◎授業中の「緊張感」をできるだけ再現すること。そして，

◎授業中の「脱線」をできるだけ再現すること。

ここは
変わらん！

この2点です。では次に本書の使い方について。

(1) 各回全体を通して読んでください。歴史には流れがあります。よって，断片的に読むよりも，各回を通して読んだ方が理解は深まります。ときには，声を出して音読してください。そうすれば，教室の僕の声が聞こえてくるはずです。

また，本文中の**赤字・太字**は重要な用語や記述を表します。

(2) 別冊の「授業プリント」は，授業のエッセンスをまとめたものです。重要知識の総チェックを短時間でできるように配慮しました。

(3) 授業を受け終わったら（本書を読んだら），できるだけ早く問題演習を行ってください。

(4) 別冊所収の「世界史年表」に沿った音声授業を**無料**でダウンロードできま

す。各巻の授業内容のアウトラインを，僕が解説したものです。青木って，こんな声なのです。きっと復習のよい手がかりになると思いますから，何度も聴いて活用してください。（ダウンロード方法は別冊 p. ii をご参照ください）

さて，この**第3巻**では，以下の2つが中心テーマです。

① 18 ～ 20 世紀初頭の欧米
② 18 ～ 20 世紀初頭のアジア（日本）・アフリカ・ラテンアメリカ

①では，工業化社会と，国民主権・民主主義に基礎をおく政治体制がめざされたこと，あるいは分裂していた**ドイツ・イタリアの国家統一**などを学習します。さらに 19 世紀の後半には，欧米諸国で銀行を中心とする金融資本主義が成立しました。この経済体制は，動揺しながらも**現在まで続いています**。

さらに工業化を進めた欧米は，**アジア・アフリカに対して植民地化や経済的な従属化**を進めました。これに対抗して，アジアなどでは民族運動や近代化運動がおこりました。結果は，成功した国，挫折した国，いろいろです。これが②の主要な内容です。

要するに，この**第3巻**があつかう時代は，第2巻以上に，**21 世紀の「今」に直結する時代**なのです。

世界史を理解できれば，世界が理解できます。頑張りましょう。

この本は様々な皆さんの協力を得て発刊にいたりました。とくに語学春秋社編集部の藤原和則君には，第1巻，第2巻に引き続いて，多大なご苦労をかけました。この場を借りて，感謝申し上げます。

2024 年 5 月
　　中村善郎さんのボサノバを聴きながら

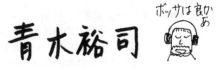

青木裕司

授業の内容（目次）

第45回

イギリスの産業革命とその影響

産業革命と環大西洋革命(1)

　まず表題の説明から。**18世紀の後半から19世紀前半**にかけて，**大西洋の両岸**で，経済的・政治的に大きな変動が起きました。

　経済的な変動とは，**イギリス**が先頭をきって始まった**産業革命**。

　政治的な変動とは，**アメリカ独立革命とフランス革命**，そしてこれら2つの革命の影響を受けて起こったラテンアメリカの独立を指します。とくにこの一連の政治的変動を，「**環大西洋革命(大西洋革命)**」とする見方が一般的となりました。

　では前置きはこれくらいにして，産業革命の説明を始めましょう。

① 産業革命とは何か？

別冊プリント p.27 参照

　まず産業革命とはそもそもなんなのか。そして，この産業革命が，なぜイギリスに起こったのか？

　まず，産業革命ってなんなのか？

　これは端的に言うと，生産方法において**工場制機械工業**が主流となったことを言います。そして，それにともなって**工業生産を主軸とした社会**(工業化社会)が誕生しました。これが産業革命の概要ですね。

　じゃあそれ以前には，どういう生産システムがあったでしょうか？

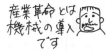

産業革命とは
機械の導入
です

📕 産業革命以前

　まず**中世の都市**では，職人たちが商品の生産を行いました。彼らは**ギルド**という組合をつくって結束しました。それで**相互扶助**や，過剰生産による共倒れを防ぐために**生産量の調整**などを行いました(→第2巻，p.51)。

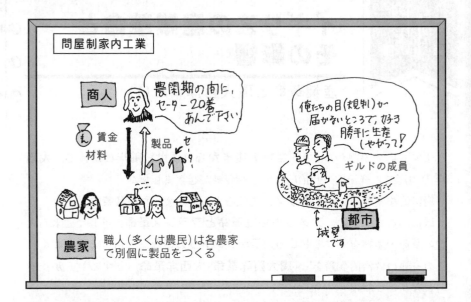

▶問屋制家内工業

　中世末以降になってくると，**商人**が，職人に対して**原材料**や，ときとしては**道具**をも貸与し，**工賃**を払って生産をさせるシステムが成立しました。これを**問屋制家内工業**と言います。

　この問屋制家内工業は，**イギリス**では，**ギルドによる生産統制**がきびしい**都市を離れて**，農村で展開されました。

▶マニュファクチュア（工場制手工業）

　さらに**マニュファクチュア**も成立しました。日本語では，**工場制手工業**と訳します。そしてその特色は，**協業と分業**です。

　協業とは，多くの労働者を工場で一緒に労働させること。そして**分業**は，生産過程をいくつかの工程に分けて生産することです。

　セーターを編むときのことを考えてみよう。首周りを編むのが得意な人，袖口を編むのがうまい人，セーター編むのにもいろいろ得手不得手がありますわな。それで，各編み手に得意分野をまかせて，セーターの品質を高め，なおかつ商品の質を均一化しようとしました。そうすれば，値段もバラバラになりませんから，売りやすいですよね。分業にはこういう合理性があるのです。

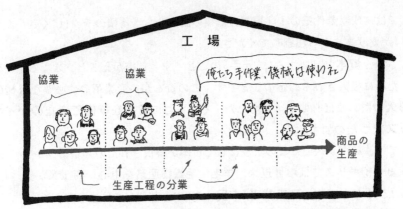

マニュファクチュア

工　場

協業　　　協業

俺たち手作業、機械は使わね

商品の
生産

生産工程の分業

　それに対して，これまで手でやっていた作業を機械に置きかえるのが産業革命です。

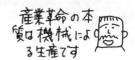

産業革命の本質は機械による生産です

📖 イギリスで産業革命が起こった理由

Q では，なぜ，イギリスで最初に産業革命が起こったのか？

　答えを先に言っておきましょう。

> 資本の蓄積（ちくせき）と経済活動の自由，それに労働者（労働力）の創出（そうしゅつ）という条件を，イギリスがいち早く満たしたから

　同じことを聞かれて，「イギリス国内に石炭（せきたん）や鉄鉱石（てっこうせき）が豊富（ほうふ）にあったから」なんて答えたら，0点ですよ。確かに，これも条件の1つとは思うけど，1番目じゃないね。だってそれなら，インドやオーストラリアに起こってもよかったはずですよね。

　また「植民地を持っていた」というのも，産業革命の主因（しゅいん）とは言えません。だって産業革命って，16世紀のスペインに起こったぁ？

起こっとらんわ！　フェリペ2世

■ 成立条件その I ──資本の蓄積

では，成立条件その I。**資本の蓄積**の説明から。蓄積のチクは"くさかんむり"が要りますから注意してください。

さて，**資本**とは要するに"元手"のことです。言いかえると，次なる金儲けのために投入されるお金のことです。この資本が，産業革命に必要な**機械の導入**のためには必要不可欠でした。そしてこの**資本を準備できたのがイギリス**だったのです。

では，イギリスではどのようにして資本が蓄積されたのでしょうか？

まずイギリスでは中世以来，羊毛・毛織物産業を中心に商工業が発達し，ジェントリや都市の**商工業者(市民)**が資本を蓄積していました。

資本を誰が握っていたかは大事だね！ だってお金は，**フランスにもあったよね！** でもフランスの場合は，金儲けについてはアマチュアの国王がお金を握ってました。だから，イギリスで資本が機械の導入に使われたのに対して，フランスのルイ14世はヴェルサイユ宮殿をつくっちゃった。ヴェルサイユ宮殿じゃあ産業革命は起こらないね(笑)。

確かに起らぬ‼ ルイ14世

■ 成立条件その II ──市場・原材料供給地の確保

さらに，イギリスは**スペインやオランダ，フランス**を破ることによって**商業覇権**を手中におさめ，**国際商業の中心**を占めることで，世界の富がイギリスに流れ込んでくる構造をつくりました。このことも重要です。これも資本蓄積に一役かいました。

とくに大西洋三角貿易の覇権を握ったことが大きいですね。とりわけスペイン継承戦争で，スペインから**スペイン植民地への奴隷の搬入権(アシエント権)** を獲得したことは重要です。さらに，フレンチ=インディアン戦争では北アメリカからフランスをたたき出しましたね(→第2巻, p.377)。

この勝利と並行して，**イギリスと北米やカリブ海域**の植民地との貿易は飛躍的に拡大します。これを「イギリスの商業革命」と言います。

これらによってイギリス産業革命は，**資本のみならず将来の市場と原材料の供給地をも確保**したのでした。

■ 成立条件そのⅢ──経済活動の自由

さらに，産業革命に先だって行われた**17世紀の２つのイギリス革命**が，**ジェントリ**や**商工業者**に経済活動の自由を保証しました。

これも非常に大事なポイントです。さっきも言ったように産業革命には，まず資本が必要です。イギリスの場合は，時代の荒波を乗り越えてきた**ジェントリ**や**商工業者**がその資本を握っていました。言いかえると，"何にお金を投下すれば儲かるか"ということについて先が読める人間が，お金を持っていたのでした。

そして，それだけではなく，そのお金を不当に奪われることなく，また**自由に使える**社会構造を，革命によってつくっていたのです。

革命以前は，国王が**一部の商工業者に特権**を与えて，それ以外の商工業者の活動を制限したり，あるいは自分たちのぜいたくのために**重税**をかけたりしていました。そこでその王や貴族たちを倒して，自分たちが結集する**議会**が主権を確保しました。こうして，イギリスでは自由に経済活動ができるような"環境"が形成されたのでした。

■ 成立条件そのⅣ──労働者（労働力）の創出

続いて成立条件そのⅣです。その条件とは**労働者**（労働力：以下労働者）**の創出**でした。

Q どういう事態によって労働者が創出されたのか？

結論からいきましょう。これは**農業革命**が原因でした。とくにそれにともなうところの**第２次囲い込み**という事態が，**労働者を創出**したのです。で，この農業革命と第２次囲い込みの説明はひとまずおいといて，まずは「労働者」という言葉から説明しておきましょう。

5

労働者とは何か？

Q そもそも労働者とはなんなのか？　その定義は？

　「労働者」とは土地，工場，資本などの生産手段を所有（保有）していない人を言う。一方，それを所有しているのが「資本家」。

　生産活動に必要な**土地**，**工場**，**資本**などをひっくるめて，**生産手段**と言います。で，労働者とは生産手段を所有せず，自己の**労働力**を商品として資本家に売り，その対価として賃金を受け取って生きていく人々のことを言うのです。では，続いて，

Q 労働者になったのは，どんな人々だったか？

　労働者の多くは，もともとは農民でした。彼らが**没落**して労働者となったのです。では，**農民が"没落する"**とはどういうことなのか？

 イギリス農民は，土地の耕作権（保有権）を持っていた

　もともと農民たちは，5〜10ヘクタールほどの土地を耕していました。でもだからと言って，彼らは耕地の「所有者」だったわけではありません。土地の所有者は，中世の時代なら「領主」でしたし，中世後期に農民解放（農奴解放）が進むと「地主」のものでした。

　しかし農民たちは幾世代にもわたって同じ土地を耕やし続けるなかで，土地の**耕作権（≒保有権）**を持つようになりました。「領主」や「地主」も，経験豊かな農民たちに対して，むやみに耕作地から追い立てたりはしなかったのです。"農業のプロである"彼らに農業生産を任せていたほうが，確実に**地代**が入ってきますからね。

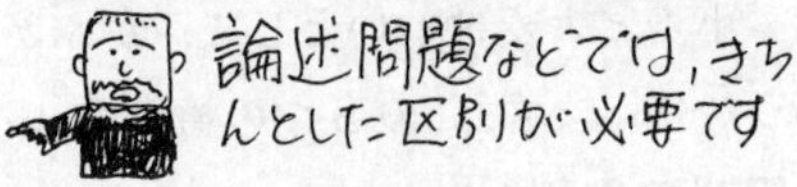

農民は労働者ではなかった

以上の点からすると，**"没落前"の農民**というのは，経済学的な意味においては**「労働者」ではなかった**のです。確かに「働く人」ではありますが，彼らは土地の耕作権を持っていますからね。この状態を**「農民の土地保有」**と表現することもあります。このように，土地という生産手段を「保有」している以上，農民は労働者とは言い難いのです。

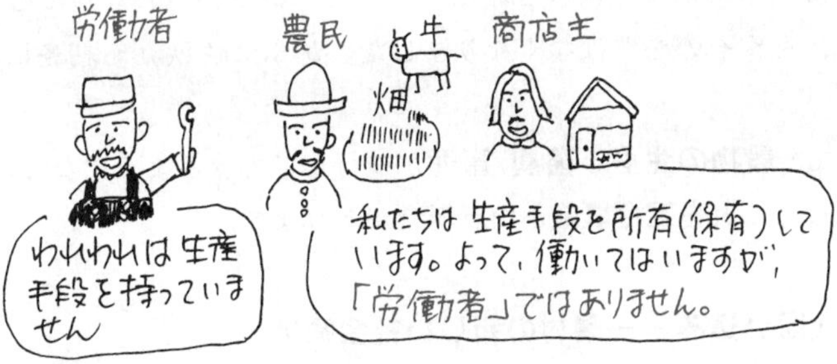

では，農民が「保有」している土地を奪い取っていった**農業革命**や**第2次囲い込み**というのは，どのような事態だったのでしょうか？

お待たせしました(笑)。まずは農業革命からまいりましょう。

農業革命とは？

農業革命を説明するには，17世紀半ばまで時代を遡らなくてはなりません。このころからイギリスのある地域で，新しい農業が始まりました。その新しい農業とは，**四輪作法**と言われるものです。

Q 四輪作法はイギリスのどの地方で始まったか？

——ノーフォーク地方

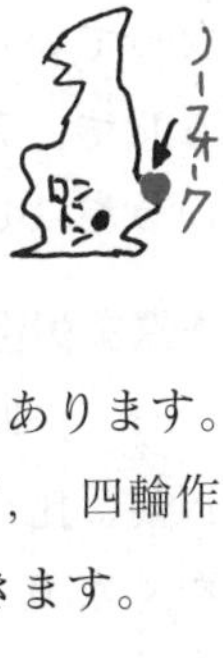

▶四輪作法(ノーフォーク農法)

ですから，四輪作法のことを別名**ノーフォーク農法**という場合もあります。ノーフォークはイギリス中西部の，北海に面した地域です。そして，四輪作法では，**"大麦➡クローヴァー➡小麦➡かぶ"**を順番に植えていきます。

小麦と大麦はいいとして，かぶとクローヴァーの栽培の目的はなんでしょうか？　まず，この２つの植物は，いずれも空中のチッ素（N）を地中に固定し，**肥料の役割**を果たすのでした。そしてそこに小麦と大麦を植えると，これがスクスク伸びていくというわけです。

　また，かぶは人間が食べる場合もありますが，おおむね**飼料**に使われます。ですからこの四輪作法では，**穀物の増産**が期待できる一方で，**畜産**にも有利なのです。

　それまでは冬のあいだに家畜に食わせる飼料がなかったものだから，秋にはやむを得ず家畜の多くは殺されて，ソーセージやハムになってしまいました。でも，もうその必要はなくなりました。かぶは晩秋から初冬にとれますからね。

　こうして，**穀物の生産**と**酪農・畜産**が並行してできるようになったのです。その点から，これを混合農業という場合があります。

■ 第２次囲い込み──農村の新しい社会構造

　ただし，問題がありました。それは，従来の農村では，地主が直接経営している土地と，地主が農民に貸し与えている**耕作地（保有地）**や**共有地**などが混在していて，大規模に四輪作法を行える状況ではなかったのです。

　そこで地主は，農民の**保有地**，それに**休耕地**や**共有地**を生け垣や柵で囲って，農民を追い立てました。これを**第２次囲い込み**と言います。

　地主たちは，**法律**にもとづいて，ときとしては**暴力**によって農民を土地から追い払いました。

　そして土地を追われた**農民**たちは，生活の糧を求めて**都市に流入**し，工場労働者になっていかざるを得なくなるのでした。こうして，**都市の工業労働力**が創出されていったのです。

▶農業労働者と農業資本家

　一方，四輪作法では，生産が合理化され，以前に比べて**少ない労働力**しか必要とされなくなりました。そこで，農民の一部は，

農業革命前の農村

農業労働者として農村に残りました。確認しておきますが，農業労働者はあくまでも労働者であって，農民ではありませんよ。彼らは自分の土地を持ってないし，労働力を地主や農業資本家に売るだけの人間です。

ちなみに農業労働者の

農業革命（第2次囲い込み）後の農村

労働現場を「農場（のうじょう）」と言います。「工場」で労働者が，商品として工業生産物をつくるように，農業労働者は，農場で**商品としての農産物**を生産するのでした。

さらに，**農業資本家**と呼ばれる人々も登場しました。彼らは，地主から土地を借り受けて**農業経営**を行う連中ですね。彼ら自身が農作業をするわけではありません。言うなれば，彼らは**農業で金儲（もう）けをするノウハウ**を知ってる連中です。えっ，農業資本家の「ノウハウ」とはなんですかって？　うーん，たとえば，都市でどんな作物が必要とされているのか，あるいは，つくった農産物をどのタイミングで，またいくらで売れば儲かるのかなどなど……。

▶農村の新しい社会構造

こうして，**地主・農民**という従来の農村の社会構造は，**地主・農業資本家・農業労働者**，という3分構造に変化しました。

また，四輪作法によって増産された穀物などは，工業が発展する**都市の人口**を支えることになりました。さらにイギリス全体をみると，18世紀初頭から19世紀初頭までの100年間に，**穀物生産量は2倍**となり，人口も

600万人から1200万人へとほぼ倍増しています。

■ 農業革命，2つの意味

それからね，農業革命という言葉は，四輪作法の導入に見られるような**農業技術上の革命**を意味する場合と，それにともなう**農村の社会構造（あるいは農業経営システム）の変化**を意味する場合があります。論述なんかで問われたら，字数が許すなら両方書いたほうがいいですね。字数が少なければ，前者だろうなあ……。このあたりは出題者に配慮していただきたいですね。

ちなみに英語では，前者をAgricultural Revolution，後者はAgrarian Revolutionと表現しています。

■ 第1次と第2次囲い込みの比較

最後に第1次，第2次囲い込みの比較もやっておきましょう。

まず時期ですが，第1次は15〜16世紀，第2次は18〜19世紀半ばころまで展開されました。

続いて目的ですが，第1次は**牧羊場（ぼくようじょう）の拡大**，第2次は**穀物増産**でした。また，第1次囲い込みにおける政治権力側の対応ですが，**テューダー朝はこれを禁止**してしまいました。なぜかというと，囲い込みで多くのヨーマンが没落し，浮浪化（ふろうか）した彼らによって治安が悪化するというのです。

これに対して第2次囲い込みの場合は，**地主中心の議会が法律**によって**囲い込みを合法化**しました。ですから第2次囲い込みのことを，別名「**議会による囲い込み**」という場合があります。

また囲い込みの規模も，第2次のほうがはるかに**広範囲（こうはんい）**ですね。

以上のように，農民（ヨーマン）などの小土地経営者を，生産手段である土地から切り離して**労働者化**し，その一方で**生産手段が特定の階層に独占されてゆく過程**を，社会主義者のマルクスは「**資本の原始的（ほんげんてき）（本源的）蓄積（ちくせき）**」と言いました。

以上，イギリスになぜ産業革命が起こったのかについて，労働力の創出過程に重点をおいて，また農業革命の内容を交（ま）えながらの説明でした。

それでは次に，産業革命の具体的な展開について見てみましょう。

② イギリス産業革命の展開

📖 別冊プリント p.28 参照

■ 産業革命は綿工業部門から始まった

　まず機械や技術の発展について。イギリスの産業革命は**繊維工業**から始まりました。とくに注意したいのは，**毛織物**ではなく**綿工業**から始まったという点です。

　そこで，最初に**綿織物**について述べておきましょう。

　綿織物は毛織物などに比べて，吸湿性が高く，非常に心地よい衣料ですよね。

　で，その綿織物は**インド**から**輸入**されていました。とくに**カリカット**は有名な積出港でした。綿布のことを「キャラコ」と言うことがありますが，これはカリカットがなまったものです。

Q　18世紀当時，アジア貿易独占権をもっていた組織と言えば？

——**東インド会社**です。

　さて，輸入された綿織物は，その一部がイギリス国内で消費される一方，残りの多くは，**大西洋三角貿易**のルートに乗って**西アフリカ**に，あるいは直接イギリスの植民地の**西インド諸島**（ジャマイカなど）に向けて**再輸出**（≒転売）されました。アフリカやカリブ海域って暑いとこなのに，それまでは綿のシャツなんかなかったんですね。

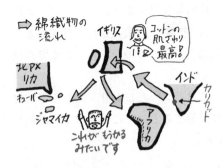

■ 綿織物の国内生産開始

　ところが，1700年と1720年に**キャラコ禁止法**という法律が制定されました。これによりインドからイギリス国内への**綿織物の輸入が禁止**されたのです。

　議会を動かしたのは，**毛織物**や絹織物の生産業者でした。「国外から**綿織物**が入ってきたら，わしらの商品（**毛織物**や**絹織物**）が売れなくなる！」——まあ気持ちは分かりますね。

こうして，**綿織物の国内生産の機運**が高まります。「輸入するのがダメなら，国内でつくってやろう」ということですね。また，暑いアフリカや西インド諸島では，綿織物は高い値段で売れました。そこで，「インドからの**輸入品を転売するのではなく，イギリスで国内生産した綿織物をアフリカなどで売ろう**。そのほうが，儲け（利潤率）が大きい」……。このように，考える業者が増えていきました。

▶マンチェスターとリヴァプール

綿織物工業の中心地は，イギリス中西部のランカシャー地方の都市である**マンチェスター**でした。では，

Q マンチェスターに綿花を供給した，イギリス西岸の港市はどこか？

——リヴァプールです。

ちなみにランカシャーって，土壌の関係から四輪作法に適さず，農業革命の動きに取り残された地方だったようです。

ところで，

Q なぜイギリスの産業革命は，伝統産業である毛織物業から始まらなかったのでしょうか？

こういう疑問をもったことはありませんか。結論を先に言いますと，毛織物って，綿織物に比べて工程が複雑で，機械化に難があったようです。また**毛織物業は伝統産業であるために，国内に熟練した職人**がたくさんいました。彼らによって手作業ですばらしい製品ができるものだから，あえて機械を導入しようという発想も出てきにくいんです。

一方の綿織物工業は，当時のイギリスでは始まったばかり。だから毛織物産業のように熟練職人たちが機械導入に反発するということもなく，最初から大胆な機械の導入が可能だったのでした。

■ 紡績機・織機の発明

では，次に機械の発明を見てみましょう。綿織物に限らず，繊維工業には

2種類の機械があります。1つは**布を織る織機**,もう1つは布の材料である**糸を紡ぐ紡績機**です。蛇足ですが,「布を織る」という行為は縦糸と横糸を絡み合わせること。「糸を紡ぐ」とは,細くて短い繊維をより合わせて,糸をつくることを言います。

では,まず**ジョン=ケイ**が発明した**飛び梭**から。これは**織機**です。じゃあ,ジョン=ケイさんに,飛び梭という機械を説明してもらいましょう。

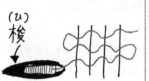

(ひ)
梭

> まず「梭(ひ)」とは,縦糸に横糸を絡ませるための道具です。これを左右両方からバネで弾いて,速く布を織れるようにした機械が飛び梭です。しかし,肝心の糸が品不足になっちゃってね……。

ジョン=ケイ
(1704～1764?)

この糸不足を「**糸飢饉**」と言います。布を織ることよりも,糸を紡ぐほうが機械化は難しいですね。だって,細い繊維をより合わせるためには,微妙な力加減が必要です。それを機械ができるようになるには,30年の月日が必要でした。

その待望の紡績機の発明は**1760年代以降**に達成されました。

Q 1764年ころに多軸紡績機を発明したのはだれか?

——ハーグリーヴズ

多軸紡績機は別名**ジェニー紡績機**と言います。これはハーグリーヴズの妻,もしくは娘の名前に由来すると言われています。この機械は**多くの糸を同時に紡ぐ**ことができ,1人で80本の糸を紡ぐことができました。ただし機械は手動です。

そして1768年には,丈夫な糸を紡ぐために**水力紡績機**ができました。これは,**水車の動力**で機械を動かすというもので,発明者は**アークライト**でした。

1779年には,ハーグリーヴズの**多軸紡績機**とアークライトの**水力紡績機**の利点をかけあわせた**紡績機**ができました。

Q この紡績機の別称は？

——ミュール紡績機

　ミュールとは，ラバのことです。ラバとは，ロバと馬をかけ合わせた動物のことです。ロバのように頑強で，馬のように学習能力が高いようです。

　ミュール紡績機は，ハーグリーヴズの多軸紡績機とアークライトの水力紡績機のいいところをかけ合わせたものだから，"ラバ"という言葉を用いたのですね。製作者はクロンプトン。

　この機械によって，水力紡績機よりもさらに**細い糸**が紡げるようになり，インドのモスリンと呼ばれる高級な薄手の**手織り綿布**に対抗できるものがつくれるようになりました。しかも圧倒的に安い値段でね。

　そして 1785 年に**力織機**が**カートライト**によって発明されました。こちらは**織機**です。彼は**蒸気機関**で機械を動かすことに成功しました。それまでの織機は人力に頼っていたらしいのですが，これで 1 人の労働者が数台の織機を動かせるようになりました。

カートライト
（1743〜1823）

　1793 年には**綿繰り機**（綿繰り器）が，**綿花生産地アメリカ**で発明されました。**アメリカ南部**は，綿花の生産地です。この機械は綿の繊維を種子から離すためのものです。従来この作業は手間がかかり，そのために綿花も高価でした。しかし，この機械の発明で 30 倍以上も大幅に能率アップしたため，綿花価格も大幅に下がったそうです。その，綿繰り機の発明者は**ホイットニー**です。

ホイットニー
（1765〜1825）

▌▍蒸気機関の発明・改良

　一方，機械を動かすための動力ですが，これには**蒸気機関**が用いられるようになりました。ただし，当初は鉱山の排水などに使用されるのみでした。

Q 蒸気機関を利用した，より実用的な排水ポンプを発明したのは？

——ニューコメン

　そのニューコメンの**蒸気機関を改良**したのが**ワット**です。改良のポイン

14

トは，**上下のピストン運動**のみだったニューコメンの機械を，**円運動に変換**したことです。それもクランクと呼ばれる1本の棒でね。こうして蒸気機関は，いろいろな機械の動力として利用されるようになりました。

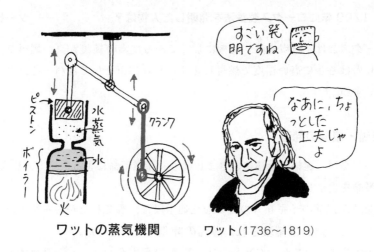

ワットの蒸気機関　　　**ワット**(1736〜1819)

▶蒸気機関の意義

それまでの動力は，基本的には流水でした。**流水のエネルギー**を利用して**水車**を回し，それで機械を動かしていたんです。だから大きなエネルギーを得ようとすれば，できるだけ**川の水の流れが速いところに工場立地**をする必要がありました。それで，**川の上流の滝の近く**がもっとも流水エネルギーが大きいので，その周辺に工場をつくっていたのです。要するに山の中ですね。

ところが蒸気機関の発明・改良によって，**水と燃料**さえあればどこでもよくなった。言いかえると，**人口が多く平野が広い，川の下流での工場立地が可能**になったんです。そういう意味で，この蒸気機関の発明・改良の意義は非常に大きいのです。

ちなみに，ワットの機械の発明以前の工業都市は，"Fall Line City"——日本語では**滝線都市**という言葉があるように，滝の近くであったのです。その不便さを，ジェームズ=ワットの機械が解消したわけです。

■ 製鉄業

さて機械は鉄製です。ということで，製鉄業についてもワンコメント。

Q 1709 年にコークス製鉄法を発明した人物は？ ——ダービー

コークスとは，石炭を蒸し焼きにしてできる炭素の純度が高い燃料で，石炭よりもはるかに高い温度で燃焼します。製鉄都市としてはバーミンガムが有名ですね。

■ 交通・運輸の発達

続いて交通・運輸の発達にいきましょう。産業革命による生産力の拡大は，交通革命を促進しました。

産業革命以前のイギリスの主要な交通手段は，馬でしたが，産業革命の進展とともに，**道路は舗装され**，**運河の開削**も進みました。

1820 年代になると，交通革命は，**鉄道の実用化**によって一挙に加速されました。鉄道は重量のある荷物や人員を運ぶときに，威力を発揮する交通機関でした。念のため言っとくけど，鉄製のレールを敷いたのは，重い荷物を運んでも車輪が沈まないようにするためですよ！ そして貨車や客車を牽引するために，**蒸気機関車も発明・改良されました**。

▶蒸気機関車と鉄道

蒸気機関車は，1804 年にトレヴィシックが発明しました。それを改良したのがスティーヴンソンでした。

1825 年には，**ストックトンとダーリントン**間の 40 キロが鉄道で結ばれました。石炭を運ぶのが主要な目的でした (注：山川出版社『新世界史』のイギリス地図には，この鉄道の

マンチェスター・ユナイテッドも，もとは鉄道労働者のチームです
ライアン＝ギグス．マンUの選手（1990〜2014）

ことを「世界初の旅客鉄道」としている)。これが**実用運転の始まり**でした。さらに 1830 年には，**マンチェスターとリヴァプール**間にも鉄道が開通し，一般の旅客や物資の運搬も本格化しました。

▶蒸気船

この外輪がまわって前進

ハドソン川を航行するクラールモント号

フルトン
(1765〜1815)

また蒸気船の実用化に初めて成功したのは，アメリカ人のフルトンです。蒸気船の発明自体は18世紀になされていましたが，営業ベースに乗せたのはフルトンが最初でした。当時の船は外輪船で，現在のようにスクリューで動くものではありませんでした。

🚩 通信革命

産業革命と交通革命は，通信革命（情報革命）も誘発しました。

まず1840年代に電信機が実用化されました。これはアメリカ人モールスの業績です。ただしこれは有線です。また，電話もアメリカ人のベルが発明し，1880年代には実用化されました。

電信については，1850年にドーヴァー海峡に海底電信ケーブルが敷設され，ロンドンとパリが情報で繋がりました。

Ⓠ 1851年にロンドンに設立された通信社は何か？

——ロイター社ですね。

世界の情報を集めて，それを売りさばく企業です。ドーヴァー海峡に続いて，1866年には大西洋海底ケーブルも敷設されました。さらに1870年にはインドとイギリスを結ぶ海底ケーブルが開通しました。この結果，イギリスとインドの情報は5時間でやりとりされたそうです。そして，1871年には，やはりイギリスの手によって香港・上海を通じて日本の長崎も電信網につながりました。

世界に張り巡らされた電信ネットワークの70%はイギリスが所有しており，こうして情報を確保したイギリスは，金融などの面でも優位に立ち，ロンドン中心部のシティと呼ばれる金融街は，ますます大きな力を持つようになりました。

それから実用化は20世紀初頭の話になりますが，

Q 無線電信を発明したイタリア人はだれか？　　　——マルコーニです。

■ 産業革命の内外への影響

では最後に，産業革命の**社会的な影響**などについてまとめておきましょう。

▶産業資本家の台頭

まず，イギリス国内への影響から。結論からいきましょう。産業革命によって，工業の担い手である**産業資本家**が経済力をつけ，**地主**や**商業資本家**に対して，新興階級として台頭しました。産業資本家とは，工業の担い手，もっと端的に言えば，**工場の経営者**と考えて結構です。

彼らはその後，自分たちの経済活動にとってより有利な状況をつくるために，改革に挑みます。これが19世紀前半の**イギリスの自由主義改革**です。

一方で，産業資本家に使役される**労働者**（ドイツ語で**プロレタリアート**）の数も増大しました。

▶社会問題の発生

さらに，工業化の中心は都市でした。都市には，急激に**人口が集中**し，**生活環境は著しく悪化**しました。今みたいに上下水道の設備なんかまだまだだし，とくに労働者の居住地域の環境は劣悪でした。この労働者街のことを**スラム**と言います。ここを中心に，**コレラのような感染症**が広がりました。

また機械の導入によって，熟練した技術は必ずしも必要がなくなり，ものをつくる喜びとはかけ離れた，**単純で長時間の過酷な労働**が主流となりました。また，これまでは労働現場に出ることがなかった**女性**や**子供**も，**安価な労働力**として重宝されるようになりました。

そんななか，1811年にイギリス中部の**ノッティンガム**を初めとして，ラダイト運動が起きました。これは機械化によって職を奪われた**職人**たちを中心として起こった**機械打ち壊し運動**でした。

このような諸問題を**労働問題**と言います。これを，都市の諸問題などと併せて社会問題と言うことがあります。

そしてこれらの解決を企図して，**社会主義**という思想が登場してくるのでした（→ p.128）。

▶世界への影響

　次は世界的影響です。イギリスが産業革命を起こし，さらに発展させるためには，**市場や原料供給地の拡大**が必要です。そこでイギリスは，世界に対して，市場化・原料供給地化のための戦いを展開していきました。

　たとえば，**ラテンアメリカの市場化**を試み，**インドの植民地化**を進め，さらに**アヘン戦争**などを通じて**中国の市場化**にも挑戦しました。

　こうして，イギリスは「世界の工場」の位置を占めるようになりました。

　欧米のほかの国々もイギリスに遅れを取りながら，産業革命を展開し，やはりラテンアメリカ・アジア・アフリカに侵出していくのです。

　こうして，これは**16世紀の大航海時代**以来の世界史の傾向ですが，**西ヨーロッパ（北米を含む）**を「中核」とし，**ラテンアメリカやアフリカなど**を「周辺」の従属地域として支配する「近代世界システム」の構造が強化されることになったのです。

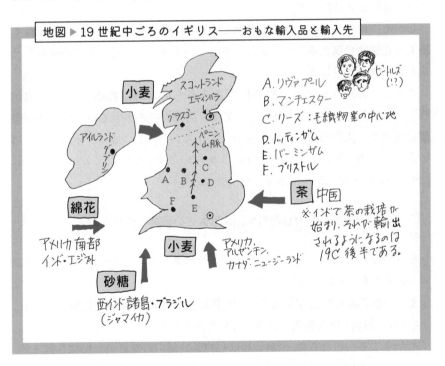

地図 ▶ 19世紀中ごろのイギリス──おもな輸入品と輸入先

小麦

スコットランド
エディンバラ
グラスゴー
ペニン山脈
アイルランド
ダブリン

A. リヴァプール
B. マンチェスター
C. リーズ：毛織物業の中心地
D. ノッティンガム
E. バーミンガム
F. ブリストル
ビートルズ（!?）

茶　中国
※インドで茶の栽培が始まり，それが輸出されるようになるのは19C後半である。

綿花
アメリカ南部
インド・エジプト

小麦
アメリカ，アルゼンチン，カナダ，ニュージーランド

砂糖
西インド諸島・ブラジル（ジャマイカ）

▶新しい価値観の確立

そして最後の内容は，みなさんにも関係してくる内容です。

産業革命は**企業家精神に富んだ産業資本家**が，社会的に上昇するという結果をもたらしました。資本家が**あくなき努力**をして，商品を大量に生産し，利潤追求に専念する――こういう社会を**近代資本主義社会**というのですが，このような社会の成立によって，**それまでの価値観は揺らぐ**ことになりました。どうなったか？　それは，

> ## 「家柄から才能へ」という価値観の転換

でした。

“それまでの価値観”とは，**土地を所有している者**が社会において優位を占める，言いかえると「**貴族の家柄に生まれれば**“勝ち組”で，そうでなければ“負け組”」という価値観です。

しかし，中世後期から都市で活動した**市民（商工業者）**と同様，**産業資本家**もまた懸命に**努力**をして，のし上がっていきました。この努力をやり続ける力を「**才能**」と申します。

こうした気風を土台に，「**勤勉に努力するものが尊ばれる**」という風潮が確立しました。とくに工業という産業は，**自然に左右される度合いが強い農業**に比べて，人間の努力の質と量が，よりストレートに成功・不成功に直結します（注：あくまで“よりストレートに”。農業は，努力したものもしなかったものも，自然の猛威によって，ふっ飛ばされることがあるから）。

> ## 不断に努力した者が，より大きい確率で成功する

そういう社会になりました。そしてこの価値観は，基本的には**現在まで**続いていると考えていいと思います。

また，**効率よく努力する**ために，**先輩たちの知識や経験を習得**すること，すなわち「**教育**」が重要視されるようになりました。

だからこそ，君たちは，「**まじめに（勤勉に）努力しなさい，勉強しなさい**」と言われてきたのです。……わかったか諸君。そういうことなんだよ。

産業革命のことを英語で，“Industrial Revolution”と申します。

Industry とは「産業（工業）」を意味します。

そしてこの単語にもう１つの意味があることはごぞんじですね。それは「勤勉」という意味です。形容詞形だと"industrious"。

要するに勤勉によって支えられるのが工業という産業なのですね。Industrial Revolution は、"Industrious Revolution"をも引き起こしたわけです。

……決まったところで（笑），今回はここまで。

©青木

ロンドンの中心部にある地下鉄の駅。イギリスでは，地下鉄のことをアメリカのように"subway"とは言わずに，"underground railway"という。そして駅名が「糸と針の通り」。いかにも繊維工業を中心に産業革命を行ったイギリスらしい。

「どんな本を読めばいいですか？」

良く聞かれる質問ですね。私は大学の１・２年目は，意識して経済学の本を読みました。西洋史の志垣嘉夫教授から「ヒト，モノ，カネの動き（≒経済）がわからないと，世界は見えない」と教えていただいたからです。また外国文学を貪るように読みました。これは面白かったからです。作品は世界史の教科書に載っているものばかりです。そしてその結果として，時代の「匂い」のようなものを感じ取ることができました。これは歴史を語る仕事をしてきた私にとって大きな"武器"になりました。

ただね，読みたいと思った本を読みゃあいいんだよ！

岩波文庫は青木にとっての「知恵の館」だった。

し

21

46 回

アメリカ独立革命

産業革命と環大西洋革命（2）

まあ、読んで下さい

　最初に青木からひとこと。**アメリカ史の入試問題**を見てみると、**教科書に載っていない事項**が出題されることが、ほかの地域に比べてやや多い気がします。そこで、『実況中継』では、アメリカ史に限って、現行の教科書に掲載されていない事項でも、**過去問に登場した**ことがあるもの、あるいは旧課程の教科書に記述があったものについては積極的に載せることにしました。それらの事項には、**下線**を付しました。これらは頻出事項というわけではありません。よって書けないまでも、**選択問題で選**べる程度には覚えておきましょう。なお、**19世紀のアメリカ史**（→ p.204 ～ 221）についても、この回と同様、細かい事項には下線を付しました。よろしく！

　今回は"**アメリカ独立革命**"についてです。まずは植民地時代の話からいきましょう。

　アメリカ大陸にはもともとヨーロッパ人はいなかったわけで、**大航海時代**以降になって植民活動が展開されました。

　では、イギリス以外の国々の動向から見ていきましょう。

1 植民地アメリカの創成期 ——イギリス以外の国々の動向

📖 別冊プリント p.32 参照

📕 スペイン

　アメリカとヨーロッパの関係の始まりは、スペインの**イサベル**の支援によ
る**コロンブス**の航海に始まりました。そしてコロンブスの航海のあとにフィ
レンツェの人、**アメリゴ=ヴェスプッチ**が「新大陸」であることを確認。一方、
メキシコ以南の北米の地については、征服者（コンキスタドール）の1人コル
テスが侵略を展開し、その後、別のスペイン人が西海岸の**カリフォルニア**や、
東南部の**フロリダ**も占領しました。

🏴 フランス

　一方，**フランス**は北米の２つの大河，すなわち大西洋に注ぎ込む**セント＝ローレンス川**と，北米大陸を南北に貫流する**ミシシッピ川**の流域に進出しました。セント＝ローレンス川流域の探検をしたのが**カルティエ**。これは 16 世紀のことですね。では，

Q 1608 年に<u>シャンプラン</u>が建設した，セント＝ローレンス川下流の町はどこか？　　　　　　　　　　　　　　　　　——ケベック

　セント＝ローレンス川の流域は「**カナダ**」と呼ばれました。先住民の言葉で「集落」を意味する「カナダ」が語源だという説があります。

　それから 1682 年に，**ミシシッピ川の流域**が**ルイジアナ**と名づけられてフランスの支配下におかれました。当時のフランスの国王は**ルイ 14 世**で，彼にちなんで名づけられたものです。

　進出の主要な目的は**農業ではなく**，**毛皮の交易**でした。取引相手は**先住民（ネイティヴ＝アメリカン，いわゆるインディアン）**。交易が目的だと別に先住民の土地を奪取する必要もなく，フランス人と先住民の関係は**おおむね良好**でした。

しんどい航海だったぁ　ハドソン

🏴 オランダ

　次は**オランダ**。オランダ東インド会社の依頼で，イギリス人航海者**ハドソン**が北極海まわりで中国にわたろうとしました。そしてたどりついたのが**ハドソン湾**でした。また 17 世紀の前半には，**ニューネーデルラント植民地**が東海岸に建設されました。経営主体は**西インド会社**です。

　じゃあ次は，イギリスの動きです。イギリスに対して独立運動を行う 13 の植民地の形成過程を見ていきましょう。王朝別に見ていこうね。

② イギリスによる植民地形成

📖 別冊プリント p.32 参照

🏴 テューダー朝時代

　まず**テューダー朝**の時代ですが，1497 年に**ヘンリ 7 世**が**ジェノヴァ**出

身のカボット親子の探検を援助しました。

　それから 16 世紀の末には，(ウォルター=)ローリーがヴァージニア植民地を築きますが，すぐに放棄されました。

■ ステュアート朝時代

▶ヴァージニア植民地

ローリー
(？～1618)

　ステュアート朝時代の 1607 年に，ヴァージニア植民地が開かれました。名称はローリーがつくったものと同じですが，それよりは**ずっと南に建設**されました。このヴァージニアが，イギリスによる本格的な植民地建設の始まりで，拠点になったのが**ジェームズ=タウン**という町です。この名は，当時の国王であった**ジェームズ 1 世**にちなんでいます。

　このジェームズ 1 世が植民地建設の**特許状**をロンドン会社(後のヴァージニア会社)に下付して，この植民地は開発されていきました。

▶ピューリタンの植民地

　そして 1620 年には，ピルグリム=ファーザーズといわれる**ピューリタン**を含む人々がやって来ました。日本語では「**巡礼始祖**」(→第 2 巻，p.350)。彼らは，国王**ジェームズ 1 世**による**イギリス国教の強制**などの宗教弾圧を逃れて，みずからの信仰を守るためにアメリカにわたったのでした。では，

Q 1620 年以降，ピルグリム=ファーザーズが建設した植民地は？

――プリマス植民地です。

　このプリマス植民地は，北米の東海岸北部の**ニューイングランド**と呼ばれる植民地の基礎となりました。また，彼らが乗ってきた船は**メイフラワー号**と言います。「5 月の花」という名前をもった船なんだけれども，ひと冬越せなくて，半分の人々が死んでしまったらしいです。

▶メイフラワー誓約とコネティカット基本法

　総計 102 名の人々は上陸に先立ち，**メイフラワー誓約**(契約)を結びました。彼らは，みずからを国王ジェームズ 1 世の**臣民**としながらも，新天地で，**自治と法の支配**を基底にすえた共同生活を送ることを誓い合いました。

　1630 年には，別のピューリタンの一派が**マサチューセッツ植民地**を建設し

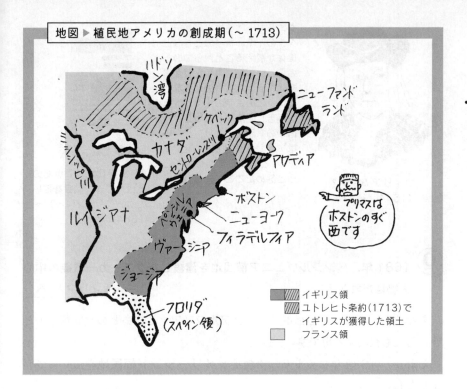

地図 ▶ 植民地アメリカの創成期（〜 1713）

ハドソン湾
ニューファンドランド
ケベック
カナダ
セントローレンス川
アカディア
ミシシッピ川
ルイジアナ
ボストン
ニューヨーク
フィラデルフィア
ヴァージニア
ジョージア
フロリダ
（スペイン領）

プリマスはボストンのすぐ西です

▨ イギリス領
▧ ユトレヒト条約（1713）でイギリスが獲得した領土
▤ フランス領

ました。マサチューセッツ植民地の中心都市は**ボストン**です。ここはこのあとの**独立運動の拠点**になる町です。

　またマサチューセッツに隣接する**コネティカット植民地**では，ここの住人たちが**コネティカット基本法**を制定しました。この基本法は**民主主義の立場に立つ初の憲法**とも言うべきもので，**メイフラワー誓約**とともに**アメリカ合衆国憲法**に大きな影響を与えました。

▶ニューヨーク植民地とペンシルヴェニア植民地

　1664 年，これは**第 2 次英蘭戦争**の直前ですが，イギリスは**ニューネーデルラント**を奪取しました。そしてここを国王**チャールズ 2 世**の弟ヨーク公（後のジェームズ 2 世）にちなんで**ニューヨーク**と改称します。また中心都市の**ニューアムステルダム**も**ニューヨーク**となるわけです。

ウィリアム=ペン
（1644〜1718）

クエーカー教徒は，ピューリタンの一派。祈りのときなどに体が震えることからついた名らしい。絶対平和主義が信条。ベトナム戦争のときなどには，この宗派の人々が徴兵を拒否して話題となった。
ほかの宗派と異なり，ペンらはアメリカ先住民（インディアン）とも公正な関係をもとうと努めたことで知られる。

『緋文字』は，17世紀のピューリタン社会を描いたホーソーン（1804〜1864）の傑作。

Q **1681年，ペンシルヴェニア植民地を建設したクエーカー教徒の中心人物はだれか？**
──ウィリアム=ペン

　ちなみに，ここの中心都市は**フィラデルフィア**。このあとの独立革命のときに何度も登場する町です。

　それから1632年にカトリック教徒が**メリーランド植民地**をつくっていましたね。

▉ハノーヴァー朝時代

　さて，続いてハノーヴァー朝時代です。

Q **いわゆる"独立13州"のなかで最後に建設された植民地はどこか？**
──ジョージア植民地

　1732年のことですね。ジョージアという名前は，当時の国王ジョージ2世に由来します。また，この植民地は，イギリスの債務者救済と，**スペイン領フロリダ**からイギリス系の植民地を防衛するという目的のもとに設立されました。

　こうして13植民地，のちの「独立13州」の原型ができあがりました。

▶フランスとイギリスの植民地形成の違い

　それから，北米大陸に領土を持ったイギリスとフランスでは，植民地形成

の目的が違っていました。結論から言うと，

> ●フランス…交易型植民地　●イギリス…定住型植民地

　フランスは，毛皮などを求めてやって来た人々が中心でした。

　それに対して，**イギリスは家族**をともなって**農業で自活**することを目的としてやって来た人たちが主流でした。そして，農業をやるためには**土地**が必要です。そのため，**先住民との対立**は避けられませんでした。

　だからこそ，**フレンチ＝インディアン戦争**(1754 ～ 1763)のときに，アメリカ植民地のイギリス人は，**フランス人(フレンチ)**と**先住民(インディアン)**と戦うことになったのです。

③ 13 植民地の自然・産業構造・自治

別冊プリント p.33 参照

　続いてアメリカの自然，産業構造，自治の発達について見ておきましょう。とくに**自然環境と産業構造**の面から見ると，**北部**，**中部**，そして**南部**の3つの地域に分けられます。

■ 北部・中部・南部の地域的特色

　北部の地域は丘陵地帯です。そして非常に寒い。

Q この北部一帯は通称なんと呼ばれたか？　　——ニューイングランド

　故国イングランドに似ていたわけですね。ちなみにその北には**アカディア**があります。別名ノヴァ＝スコシア。英語で言うと，ニュー＝スコットランドとなります。

　この一帯は**商工業**が発展し，農業では**自営農民**が多い。宗教的には**ピューリタン**が多かったようです。

　中部はペンシルヴェニア植民地が

中心です。**平原地帯**で，通称ブレッド=コロニー（The Bread Colony）と呼ばれ，**穀物生産がさかん**でした。

一方，**南部**とはヴァージニア以南を指します。気候は温暖であり，その結果，亜熱帯性の植物や**タバコや綿花**，あるいは**米**の栽培ができました。では，

Q 黒人奴隷を使役し，タバコや綿花などを商品作物として栽培した大農園をなんと言うか？　　　　　　　　　——プランテーション

ここでは，アフリカから連れて来られた黒人奴隷たちが酷使されたという点も重要です。

📖 開拓者精神の形成

さて，各地域では**自治意識が発達**しました。て言うか，もともとアメリカに来た人たちのほとんどが**信仰の自由**や，**土地**を求めてやってきた人々ですよね。早稲田の校歌にもありますけれども，「**進取の精神**」に満ち満ちた人たちが多かったのです。そういった気風が，アメリカ人のなかに**開拓者精神**というのを形づくってゆくのです。**パイオニア=スピリット**（Pioneer Spirit）っていうやつね。みずからの運命はみずからが切り拓く。他人にとやかく指図されるのは大嫌い……，それがアメリカ人ですね。

これは，夫婦関係にも言えることだけど…
で青木の連れあい

そして見知らぬ土地で生活するには，他人との協力も必要です。そして真の**協力関係**の基盤は，お互いに対する**尊敬と信頼**の気持ちです。

📖 北部と中・南部の自治システム

開拓者同士が助け合い，問題が起きると話し合いを重ねる……。こうして自治の精神を基底に据えた会議体が形成されていきました。

その会議体も，北部のニューイングランドと中・南部では異なっていたようです。

> 北部………タウン=ミーティングのもとで直接民主主義が発達
> 中・南部…カウンティ制度のもとで代議制が発達

▶タウン=ミーティング

タウン=ミーティング

両者の違いについて，ひとこと説明しておこう。タウンとカウンティって，結局は自治の単位の大きさの違いのようです。ちなみにタウンは「町」，カウンティは「郡」と訳しますね。

北部は寒冷な丘陵地帯で，人間の生活空間はどうしても「町（タウン）」レベルの小さいものになります。そこで，町のみんなが集まって話し合うのでした。要するに**直接民主主義**なのです。

また，北部に移住してきた人たちの多くは，**ピューリタン**でしたね。ピューリタンといえば**カルヴァン派**。彼らには，**長老制度**という，教団を自主的に運営する伝統がありましたね。これも，**タウン=ミーティング**という会議体を育んだ背景と言えると思います。

▶カウンティ制度

カウンティ制度

これに対して，中南部には平原が広がっていて，人々は分散して住んでいます。よって，いつもみんなが集まって会議するというのは難しい。そこで，集落の代表を広い「郡」単位で集めて会議を行うのです。よってここでは**代議制**となります。

■ 植民地議会（植民地会議）の形成

さらに各植民地全体として意思決定が必要な場合には，カウンティやタウンを基礎として，各植民地全体の会議が開催されました。これを**植民地議会（植民地会議）**と言います。英語ではコロニアル=アセンブリ（Colonial Assembly）。assemble には「寄せ集める」という意味もありますよね。植民地議会としては，**1619年**に招集された**ヴァージニア植民地議会**が最初の

ものと言われています。

④ イギリスの対アメリカ政策

別冊プリント p.33 参照

▶ 重商主義政策を展開

　続いて，アメリカに対して本国イギ
リスがどのような支配をしたかについ
て見ていきましょう。

　ひとことで言いますと，イギリスは
重商主義政策を展開しました。具体
的に言うと，イギリスにとっての原材

料供給地および市場として機能すればそれでいい，というものです。

　その結果，アメリカの産業発展，とくに工業は抑制されました。1699 年
にはこの発想にもとづいて羊毛品法，1732 年には帽子法，1750 年には鉄
法といった法令が，次つぎと制定されたわけです。

　たとえば羊毛品法だと，「おまえら（アメリカの人々）は羊は飼っていいよ，
だけどセーターをつくっちゃダメ！　イギリスでつくったセーターを買って
ちょうだいね」となるわけです（笑）。

　またイギリス政府は，一部のアメリカ人商工業者に特権を与えたりもしま
した。これは当然ながら，特権をもらえなかった商工業者の反発を強める
ことになりました。

▶ アメリカを起点とする三角貿易

　さらに当時，北米植民地とアフリカや西インド諸島のあいだには三角貿
易が展開されていました。では，

Ⓠ アメリカからアフリカへ輸出されるものは何か？

——武器・雑貨・酒（ラム酒）

Ⓠ アフリカから西インド諸島へ送られるのは何か？　——黒人奴隷

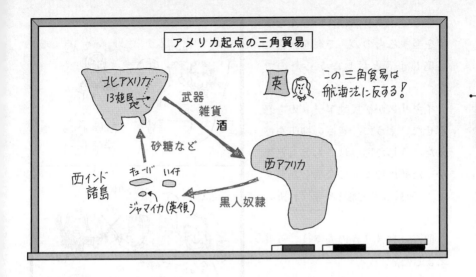

その黒人奴隷を使って，**西インド諸島**でサトウキビ=プランテーションなどが経営され，**砂糖**がアメリカに運ばれました。しかし，これはイギリスが制定した**航海法**（1651 年のものとは別のもの）に反する行為でした。とくに1663 年に制定された航海法には，「アメリカ植民地に輸出される物品は**本国を経由すべきこと**……」という規定がありました。イギリスとしてはあくまで本国が儲からないとイヤなのです。

■「有益なる怠慢」

こうしてアメリカで工業をやろうとする人々や，イギリスの目を盗んで**アフリカ**や**カリブ海域**と**密貿易**をしたい商人たちは，イギリスに反発するようになりました。

しかし，少なくとも **18 世紀の半ば**までは，**植民地アメリカ**の人たちと**本国イギリス**との対立は表面化しなかったのでした。なぜなら，**ルイジアナ**や**カナダ**にいる**フランスの脅威**があったからです。

つまり，本国イギリスはこう考えた。

「**アメリカ**の連中をいじめすぎると，植民地アメリカが**フランス**と結びついてしまうおそれがある。これはまずい！」

そこでイギリスは，いろんな法令を発するものの，それを厳格に実施しようとはしなかったのです。

イギリスが植民地アメリカを怒らせないように，過度の抑圧を控えたこうした態度は，もともと緩かった植民地支配の姿勢とあわせて，「有益なる怠慢」と呼ばれました。

他方，アメリカの人々はこう考えました。

「イギリス本国に対して公然と敵対すると，フランスから攻撃されるおそれがある！」

こういう危険性をアメリカ・イギリス双方とも考えたので，両者間の対立はあまり表面化しなかったのです。

■ フレンチ=インディアン戦争の終結

しかし，フレンチ=インディアン戦争が状況を一変させました。

Q フレンチ=インディアン戦争の結果，1763年に結ばれ，フランスの勢力を北米から一掃することになった条約は何か？　　——パリ条約

イギリスはフランスに勝利し，**ミシシッピ川以東のルイジアナ**や，**カナダがイギリス領**となり，北米における**フランスの脅威**は去りました。

一方イギリスは勝つには勝ったけれども，10年間にもおよぶ戦争にかかった**戦費の重圧**に苦しむことになりました。そこで植民地に対して，今度は「怠慢に」ではなく，「まじめに」重税をかけようとしたのです。

他方のアメリカには，「フランスがいなくなったから，もうイギリスに守ってもらう必要もなくなった。だったら独立できる！」という風潮が生まれて

きました。

　こうして，1763年以降になって，イギリスとアメリカの対立が表面化していくわけです。1763年は，大きな分岐点となりました。

⑤　独立戦争直前までの情勢　　📖 別冊プリント p.34 参照

■イギリス政府の高い関税 & 課税

　イギリスは，1764年に**砂糖法を発布**しました。イギリスはこの法律によって，アメリカがイギリス領以外の地域から輸入する砂糖に対して，**高い課税**をしようとしました。これは「**有益なる怠慢**」の終わりを告げるものでした。続いて，

Ｑ 1765年，アメリカのすべての印刷物に対して，**本国発行の有料の印紙を貼ることを義務づけた課税立法**は何か？　　——印紙法です。

　この印紙法によって，商取引の際に作成された**証書**から，**新聞・暦**にいたるまで，**すべての印刷物**に対して，税がかけられることになったのです。印紙法は，それまでになかった**大規模な課税**であり，また関税のような間接税とは違い，植民地の人々から**直接徴収する税**（直接税）でした。

　これに対して，イギリス本国に対する反発が高まりました。たとえばヴァージニア植民地議会で反対の決議が行われたり，9つの植民地代表が集まって印紙法会議が開催されるにおよびました。

　そして，そのなかで主張されたのが，「代表なくして課税なし」という言葉です。

Ｑ 印紙法反対の中心人物で，**雄弁家**として知られるのはだれか？
　——**パトリック=ヘンリ**

　この意味は，「われわれアメリカ人には，本国イギリス

×メガネを上げたところ。
⤷ アタマが いい人って
目に力があるよね。

パトリック=ヘンリ
（1736〜1799）

ヴァージニアの地主の家に生まれる。弁護士を経て植民地議会の議員に。稀代の雄弁家。独立革命後は，弁護士業や不動産業で儲けたらしい。墓には，「その名声こそ最良の墓碑銘」と刻まれている。

の議会に議員を派遣するという政治
的権利はない。**権利がないんだか
ら税金を払うという義務もない**」
ということです。英語では"No
taxation without representation"。
これは，もとはといえばイギリス本国

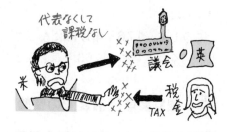

における権利についての伝統的な考え方でした。アメリカの人々はこれを逆手
に取ったわけですね。こうして運動は高揚しました。

　これを見たイギリスは，やむなく**印紙法を撤廃**しました。しかし，

Ⓠ 1767 年には，イギリスは北米 13 の植民地に特別関税法などを含む法
　令を施行しようとした。時の蔵相の名前を冠したこの法令は？
　　　　　　　　　　　　　　　　——**タウンゼンド法（タウンゼンド諸法）**

　この法令によって，酒，お茶，紙，ガラスなどがアメリカに輸入される場
合には，非常に**高率な関税**をかけたのです。

◼ ボストン虐殺事件とボストン茶会事件

　1770 年には，ボストンで反イギリスのデモが起こり，イギリス軍が発砲し，
ボストン市民 5 人が虐殺されてしまいます。これを**ボストン虐殺事件**と言い
ます。

　ひき続いてのイギリスの動きですが，

Ⓠ 1773 年，当時経営難だった東インド会社に，北米 13 の植民地への茶
　の直送権，独占販売権を付与した法令は？　　　　　　——**茶法**

　これで直接的な打撃を受けたのが，それまでオランダ人から安いお茶を密
輸していた**アメリカの商人**です。また会社への**独占販売権付与**は，自由で
あるべき経済活動に対する不当な干渉と受け取られました。

　こうして東インド会社の船が持って来たお茶が，独立急進派によってボス
トンの港に叩き込まれるという事件が起きました。これがボストン茶会事件
です。この事件の中心人物が**サミュエル＝アダムズ**，彼の率いる急進派は**自由**

「ボストン茶会」記念切手
1973 年に，「茶会 200 周年」を記念して発売された。先住民の扮装をした独立急進派が，茶箱を海に叩き込んでいる。

し

の息子たち——"Sons of Liberty"
と呼ばれました。

この事件に対して，イギリス本国の連中もついに堪忍袋の緒を切ってしまいました。

サミュエル=アダムズ
(1722〜1803)

📑 5つの耐え難き法

1774 年，5つの耐え難き法（懲罰諸法）をイギリスは発布しました。もっとも，この名称はアメリカの人たちがつけたものですけれど。さて，その5つの法律の内容ですが，

①事件が起こった**ボストン港は閉鎖**する。
②ボストンを含む**マサチュセッツ植民地**は，イギリス**国王の直轄地**にする。
③裁判を本国の管理下に置く。
④イギリスの軍隊を民間に，つまりアメリカ市民の家に宿営させ，監視にあたらせる。

以上，4つ。残った⑤つ目は，イギリス国王直轄領であるカナダのケベック植民地を**オハイオ川以北**まで拡大し，フランス系住民の入植を促進するという法律で，これは<u>ケベック法</u>と呼ばれました。

オハイオ川というのはミシシッピ川の中流域から東に分かれている支流です。フランス系の住民はカトリックが多いので，プロテスタントが多い独立13 州の連中が，アパラチア山脈を越えて西側に移住するのをジャマしてやろうというのです。

第46回 アメリカ独立革命

■ 植民地の内部対立

　こうしたイギリスの動きに対して植民地アメリカの人たちはどうしたでしょうか。

Q 1774 年，イギリスへの対応をめぐって開かれた会議をなんと言うか？
　　　　　　　　　　　　　　　　　　　——（第 1 回）大陸会議

　英語では Continental Congress。開催地はフィラデルフィアです。これにはジョージアを除く 12 の植民地代表が集まりました。

　ここでイギリスに対する**通商断絶の決議**がなされました。

　その一方で明らかになったのは，必ずしも植民地の人たち**すべてが独立をめざしているわけじゃない**，ということでした。当時のアメリカの人口は，だいたい 250 万人と言われていますけれども，3 分の 1 くらいは本国との対立を避けたい人々でした。

　独立反対派を**忠誠派**(国王派)と言いますが，こちらは英語では**ロイヤリスト**。それに対して独立賛成派は**愛国派**と呼ばれ，英語では**パトリオット**と言います。

この地対空ミサイルの名も「パトリオット」です。

　パトリオットには，本国による経済活動に対する干渉・妨害を嫌う商工業者や，地主，それに指導された農民や都市民衆が結集しました。

6 独立戦争の経過　　　　　　　　 別冊プリント p.35 参照

■ イギリス軍との武力衝突

　そして 1775 年，ボストン近郊の**レキシントン**と**コンコード**で，イギリス軍と植民地の民兵とのあいだに武力衝突が起きました。

　これに対して**第 2 回大陸会議**が開催され，ここで**武力闘争による独立方針**が決定されました。開催地はやはりフィラデルフィアです。

Q このとき植民地軍の総司令官に任命され，のちに初代
大統領になったのはだれか？

——ワシントン

ワシントン

このレキシントンの戦い直前の３月，リッチモンドの
ヴァージニア植民地議会にて，**パトリック＝ヘンリ**はこう
言い放ちました。"Liberty, unless die."「**自由か，しからずんば死を**」
……決まったね（笑）。

📕 アメリカ独立宣言の内容

こうして **1775 年**に独立戦争が始まり，翌年の 1776
年 7 月 4 日には独立宣言が発表されました。これは独立の
大義を内外に PR するものでした。

ジェファソン

Q アメリカ独立宣言の起草者はだれか？

——（トマス＝）ジェファソン

ちょっと読んでみるぜ。

フランス人権宣言とならんで
史料問題で頻出です！

> われわれは，次の真理を自明なものと認める。すべての人は平等に創られて
> いること。彼らは創造者によって，一定の譲るべからざる権利を与えられてい
> ること。 （引用は『世界歴史事典（史料篇）』平凡社刊による）

これが**天賦人権論**——人間は侵すことのできない権利を天によって与えら
れていると。これは**福沢諭吉**たちの訳語ですけどね。創造者（神）を「天」と訳
したのは中国思想の影響でしょうか。続けていきます。

> それらのなかには，生命，自由および幸福の追求が数えられること。

「幸福の追求」pursuit of happiness，これがアメリカ独立宣言をほかの文

37

書と見分けるキーワードですね。そして，次も大事です。

　これらの権利を確保するために，人々のあいだに政府が設けられ，その正当な権力は，被治者の同意にもとづくこと。

この部分は，もろに社会契約説の発想ですね。そして，次に続きます。

　どんな形態の政府でも，この目的に有害なものとなれば，それを変更または廃止して新しい政府を設け，その基礎となる原理，その組織する権力の形態が，彼らの安全と幸福とをもたらすに最もふさわしいと思われるようにすることは，人民の権利であること。

この発想を抵抗権（革命権）と言います。

Ｑ 独立宣言に影響をおよぼした『市民政府二論(しみんせいふにろん)』の著者はだれか？　　——ロック

人民に対して政府（この場合はイギリス）が圧政(あっせい)をずっと続ける場合には，これをぶち壊(こわ)していいんだ。さらに一歩進んで，壊さなくちゃならないんだ，ということですね。

　……(中略)現イギリス国王の歴史は，侵害と簒奪(さんだつ)の繰り返しの歴史である。

「現在のイギリス王」とはジョージ３世のことです。

さらにもう１つ忘れてはならないのは，人間の権利は不可侵(ふかしん)だとこれだけ言っておきながら，**奴隷制を批判**する文章は削除(さくじょ)されたということです。

ジェファソン
(1743〜1826)

ジェファソンの草案ではこの項目があったらしいのですが，南部には黒人奴隷を使役したプランターと呼ばれる農園主も多く——ワシントンやジェファソン自身もそうなのですが——この条項は削除されてしまったのでした。このあたりは当時のアメリカン=デモクラシーの限界でしょう。

アメリカ独立宣言

フィラデルフィア独立博物館のおみやげ。同僚の世界史講師である植村先生に買ってきてもらったもの。

油紙に書かれてあり，白い羽ペンが付いている。独立宣言を読んで，内容に納得したら，"**あなたもサインしてください**"ということなのだろう。……しゃれたおみやげだ。

教科書に載っている部分は前半の3分の1ほどで，あとは「国王の侮辱と権利侵害の歴史」が書き連ねてある。最後の部分は，各植民地の代表者のサイン。

本当にしゃれたおみやげです。

◾ サラトガの戦い（1777年）——独立戦争の分岐点

さて，イギリス軍との戦いは**苦戦の連続**でした。とくに最初の4年間はかなり危機的な状況だったようです。そしてこの危機を救ったのが，ほかならぬ軍司令官ワシントンだったのです。彼とその軍団は，交通上の要地ヴァリーフォージュを，飢えと寒さに耐えてなんとかもちこたえることに成功しました。これは1777年から1778年にかけての話でした。

そしてそれと前後して，**1777年**にサラトガの戦いが展開されました。この戦いは，**コンコードおよびレキシントンの戦い**，**ヨークタウンの戦い（1781年）**とあわせて，「アメリカ独立戦争の3大決戦」と言う場合があります。

で，このサラトガの戦いののち，**フランスやスペインがアメリカ側に立って参戦**しました。フランスもスペインもブルボン朝ですね。**フレンチ=インディアン戦争**の敗北など，この両国には，イギリスに対する恨みがありまし

た。フランスの参戦は 1778 年，スペインは 1779 年です。

Q ヨーロッパを遊説_{ゆうぜい}して，フランスとスペインの参戦を促_{うなが}したと言われ，アメリカの外交官として役割を果たした人物は？　　——フランクリン

市中で流通している最高額の紙幣です。

フランクリン　（1706～1790）

　彼はアメリカ人が一番好きなタイプの人間です。いわゆる"self-made man"の典型_{てんけい}ですわね。"叩_{たた}き上げの人物"とでも訳せますかね。

　フランクリンの欧州遊説とならんで，もう 1 つ質問。

Q アメリカ独立の気運を高めたと言われる 1776 年発行の<u>トマス=ペイン</u>の著作は？　　　　　　——『コモン=センス』

　これはパンフレットと呼んだほうがいいでしょう。非常に簡潔_{かんけつ}に，そして卑近_{ひきん}な例を用いてわかりやすく**独立の大義**を示したものです。

トマス=ペイン
(1737～1809)

　イギリス軍との戦いは，先ほども言ったように苦戦の連続でした。その苦しみに耐え続けるためには，"大義"（確信と言ってもいいね）は欠_かくべからざるものです。それを『コモン=センス』は与えたと言うことができます。

　このなかでペインは植民地の人々に向かってこう言っています。——「**きみたちは新しい世界を創_{つく}りつつあるのだ**」。

　トマス=ペインは**イギリス人**で，アメリカ独立戦争が終わったのちにフランスにわたり，フランス革命を擁護_{ようご}する『人権』というパンフレットも著_{あらわ}しています。**国民公会**の議員にもなってますね。

武装中立同盟

　それから，アメリカの独立を側面から支援することになったできごとがありました。

Q 1780 年，ロシアのエカチェリーナ 2 世の提唱により，結ばれた同盟をなんと言うか？
　　　　　　　　　　　　　　　　　　　　　──武装中立同盟

　これに関して注意して欲しいのは，**ロシア**がイギリスに対して**宣戦布告をしたわけじゃない**，ということです。要するに，「ロシアとアメリカとの貿易を邪魔するなら，そのときには戦端を開くわよ」ということなのです。

イギリスさん，なめたらいかんぜよ！
エカチェリーナ 2 世

義勇軍

　さらにはこのような国家的な援助以外に，**個人的な支援**を行った人々もいます。フランスからはラ＝ファイエット。それともう 1 人。

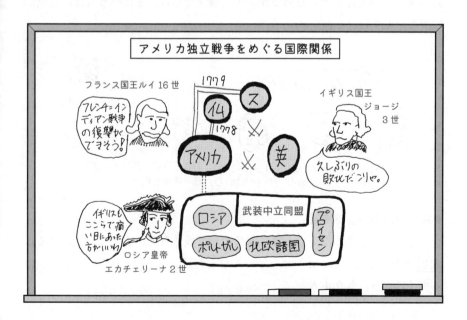

アメリカ独立戦争をめぐる国際関係

フランス国王ルイ 16 世
フレンチ＝インディアン戦争の復讐ができそう！

1779
14 ス
1778
アメリカ × 英

イギリス国王ジョージ 3 世
久しぶりの敗北でゴワす。

ロシア皇帝
エカチェリーナ 2 世
イギリスもこころらで痛い目にあった方がいいわ

武装中立同盟
ロシア　ポルトガル　北欧諸国　プロイセン

Ｑ アメリカ独立革命に参加し，空想的社会主義者としても有名な人物は？

——サン=シモン

Ｑ 同じくアメリカ独立革命に参加したポーランドの愛国者は？

——コシューシコ（コシチューシコ）

▶なぜ彼らは闘ったのか？

ときどき，こんな質問をされることがあります。

「なぜ彼らは，アメリカ独立を支援したのですか？」

それぞれ事情はありますが，みんなに共通していたのは，弱い立場の人々が，強いものに立ち向かって闘っているときに，見過ごしにできない人たちだったことです。

だれかがいじめられているとき，人間の対応は３種類です。①一緒にいじめる側に立つ人。②心にいろいろ思うことはあっても，何もしない人。そして，**③いじめられている人々と一緒に闘う人**です。コシューシコたちは，最後のパターンの人たちだったのです。……残念ながら，そういう人は，圧倒的に少ないですけれどね。

そんなに ほめるな

サン=シモン ラ=ファイエット コシューシコ
(1760〜1825) (1757〜1834) (1746〜1817)

皆さん，偉い です

コシューシコ
アメリカ独立戦争に参加したあと，祖国ポーランドに戻り，1793年の第２次ポーランド分割に抵抗し，普・露軍と戦った。

▶イギリスの独立支持派

一方，イギリスのなかにも独立支持派が形成されていきました。たとえば**大ピット**。彼はナポレオンのライバルだったピットのお父さんです。ほかにイギリスから，もう１人。

Q アメリカ独立運動に同情し，のちに「保守主義」のバイブルとされる『フランス革命の省察<ruby>省察<rt>せいさつ</rt></ruby>』を著したのは？ —— (エドモンド=)バーク

　このへんはイギリスのすごいところだと思うね。だって，イギリスってアメリカと戦っているわけでしょう。その戦っている敵の側に立つイギリス人が登場したということ。日本でこんなことはありえないじゃないですか。

　イギリスなんか，そういう点は本当の意味で合理主義ですよ。どんなに戦っていようとも，**相手に理があればそれを正しいと平気で言えてしまう。**えらいわな，この点は。

　たぶん大ピットにしても，あるいはエドモンド=バークにしても，「**アメリカ独立宣言**」にびっくりしたんじゃないかな？　だって，中に示されている思想というのは **ロックの思想**じゃないか。100年前，大ピットたちの先輩<ruby>先輩<rt>せんぱい</rt></ruby>たちは，まさにこれと同じ論理でもって**名誉革命**<ruby>名誉<rt>めいよ</rt></ruby>を遂行<ruby>遂行<rt>すいこう</rt></ruby>したわけだよね。「ならばもう認めるしかない」ということですよね。

正しいものは正しいんじゃ▽

エドモンド=バーク

こういうところは見習いたいですね

🔖 パリ条約——アメリカ独立を承認

Q 1781年，独立戦争を事実上終結させる最後の決戦となったのは？ ——ヨークタウンの戦い

　これで，ほぼ軍事的な決着がつきました。当時，イギリスでトーリ党内閣を率いていたのはノース首相でしたが，ヨークタウンの戦いののち，内閣は倒壊<ruby>倒壊<rt>とうかい</rt></ruby>します。

　それから2年後の1783年のパリ条約で，ついに**アメリカの独立が承認**されました。イギリスはミシシッピ川以東のルイジアナをアメリカ合衆国に割譲<ruby>割譲<rt>かつじょう</rt></ruby>し，さらに，アメリカの側に立って参戦した**フランス**や**スペイン**に対しても領土を割譲します。結ばれたのは**ヴェルサイユ条約**。フランスに対しては，トバゴ島とアフリカの西部，たとえば，セネガルなど。では，

Q スペインに割譲されたのは地中海のミノルカ島と，もう1つはどこ？
——フロリダです。

　ミノルカ島は，**スペイン継承戦争**後の 1713 年，ユトレヒト条約でイギリス領になったところです。それからフロリダは，**フレンチ=インディアン戦争**の結果，**1763 年のパリ条約**で**イギリス領**になったところです。これをスペインは奪還したわけですね。

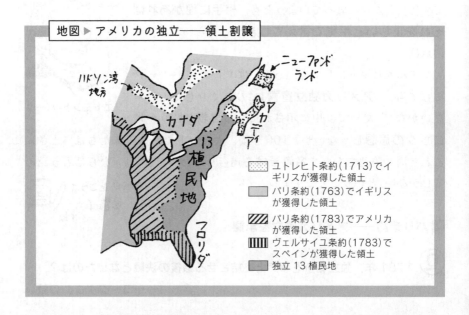

地図 ▶ アメリカの独立——領土割譲

ユトレヒト条約(1713)でイギリスが獲得した領土
パリ条約(1763)でイギリスが獲得した領土
パリ条約(1783)でアメリカが獲得した領土
ヴェルサイユ条約(1783)でスペインが獲得した領土
独立 13 植民地

　ま，こうしてアメリカは独立を果たすわけですが，これは**単なる独立にとどまらず**，「市民革命」としての意義も持っていました。なぜか？

　イギリスってアメリカに対して重商主義政策をとっていましたね。その結果，アメリカはさまざまな**経済活動の自由を制限**される一方，本国と結託した**特権的商工業者**なども活動していました。独立革命はこういうものも一掃したのです。

　ちなみに**ロイヤリスト**(忠誠派)の人々は没落し，彼らの土地などは**パトリオット**(愛国派)の上層部に払い下げられます。これで**富裕化したパトリオット**の上層部は，独立後のアメリカの指導層となっていくのです。

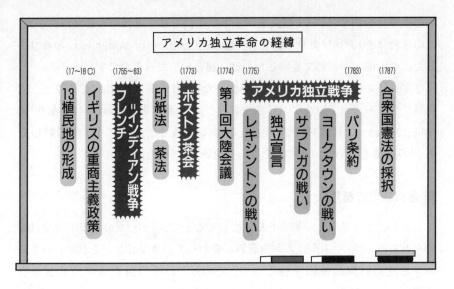

アメリカ独立革命の経緯

(17〜18C) 13植民地の形成

(17〜18C) イギリスの重商主義政策

(1755〜63) "インディアン戦争 フレンチ

(1773) 印紙法　茶法

(1773) ボストン茶会

(1774) 第1回大陸会議

アメリカ独立戦争
- レキシントンの戦い (1775)
- 独立宣言
- サラトガの戦い
- ヨークタウンの戦い
- パリ条約 (1783)

(1787) 合衆国憲法の採択

第46回 アメリカ独立革命

⑦ 独立後のアメリカ

別冊プリント p.36 参照

■ 合衆国憲法の概要

　こうして独立は達成され，**1787 年**には**アメリカ合衆国憲法**が採択されました。憲法制定会議は**フィラデルフィア**で行われました。

　アメリカ合衆国憲法は，近代国家が制定した**史上初の成文憲法**です。
　その概要ですが，アメリカ合衆国は，**人民主権**にもとづく**共和政国家**とされました。要するに**大権を持った君主の存在は認められない**のです。また，**政教分離**や，**軍隊に対する文民統制**も規定されました。

　とまあ，すばらしい憲法なんですが，この憲法については，さまざまな**対立**が起きてしまいました。その辺を説明しておきましょう。

■ アメリカ連合規約と憲法

　まず，アメリカ合衆国憲法には，その前身となった文書がありました。

Q 1777 年，大陸会議で可決され，13 植民地全体を動かす規約となったものは？

——アメリカ連合規約

45

この連合規約では，13 植民地がイギリスに対して連合することが約され，この連合体を「アメリカ合衆国 (The United States of America)」と呼びました。この国名が初めて登場したのは，連合規約だったのですね。

　さて，この「連合規約」と，できあがった「合衆国憲法」を比べてみると，内容はずいぶん違っています。結論を言うと，「合衆国憲法」のほうはかなり「集権的」ですね。これに対して，「連合規約」のほうでは，**独立 13 州に対して各州の主権を認めています**。そういう意味では「州権的」なんです。

連邦政府の権限

　しかし，イギリスとの戦争を続けていくなかで，「やっぱりバラバラではなめられるぞ」というふうに人々の意識が変わっていきました。それで各州を統率する**連邦政府の権限を強化**して，その分だけ**州の自治権を弱め**ざるをえないという意識が憲法には反映されたようです。

　連邦政府には，①全国的な**徴税権**や，②**外国との通商**に関して諸州を規制する権限，③**貨幣鋳造権**，それに④**陸海軍の編成・統括権**，⑤**戦争の宣言**の権利などが認められました。やや細かいですが，「連邦政府の権限はどれか？」なんて問題をたまーに見かけますので。

「たまーに」
ですけどぇ

三権分立の導入

　しかし，強すぎる連邦政府は，**州の権限や個人の人権**を不当に侵害する恐れもあり，この立場から憲法の内容に批判的な人たちがいました。彼らを**反連邦派（アンティ＝フェデラリスト）**と言い，その代表者は**国務長官ジェファソン**でした。ちなみに国務長官は日本なら外務大臣ですね。彼らは**財務長官ハミルトン**などの憲法支持派の**連邦派（フェデラリスト）**と対立しました。

　ここに登場したのが**三権分立**という理念でした。この理念の元祖はモンテスキューの『**法の精神**』です。

　三権分立といえば，日本もそうだよね。中学校の公民か何かで習っただろ？でも，アメリカの場合はもっと徹底した三権分立と言っていいね。その象徴が**国民投票**による**大統領制の存在**だ。日本やイギリスみたいに，**議会で多数を占めている党派が内閣を組織する**という，いわゆる**議院内閣制**の

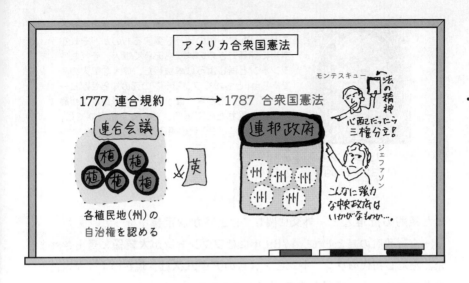

システムはアメリカにはないんだね。だから，大統領は民主党だけど，議会は共和党が多数なんて事態が，しばしば起こるのです。

　それから，アメリカでは**立法・行政・司法の三権の２つ以上を兼務する**ことは認められていないんです。たとえば，マサチューセッツ州選出のケネディ上院議員が，上院議員のまま大統領を務めることはできないのです。この点は日本だったら可能だよね。

■ アメリカの議会と大統領

　それから日本の国会にあたる議会をアメリカでは**連邦議会**と言います。連邦議会は**二院**から成っています。

　各州の人口に比例して議席が配分されるのが**下院**です。一方，人口に関係なく**各州２名の代表**が参集するのが**上院**です。任期は下院が２年で，上院が６年。上院は1913年までは，州議会における議員の選挙で代表（上院議員）を選出していました。国民による選挙制ではなかったのですね。

　予算に関する**発議権は下院**が有します。しかし，イギリスの議会のように予算に関して下院が上院に対して優越権をもっているわけではありません。

「軍隊に，極度の戦況不利な数年を切り抜けさせることがいかに不屈の精神を要するものか，それを本当に評価できるのは，おそらく軍人，それもワシントンと同じように卓抜した，偉大な軍人のみであろう。ともかくワシントンの死の知らせがヨーロッパに届いたとき，ほかならぬナポレオンが静かに首を垂れたのである。そして英仏海峡では，イギリス艦隊が20発の弔砲を放った」(アリステア゠クック『アメリカ史』)

ワシントン
(1732～1799)

また**条約の批准**など，**外交**に関しては**上院が決定権**を持っています。

　一方行政府の長として，1789年には**ワシントン**が**大統領**に選出されました。ただし初代のワシントンと2代目の**アダムズ**は，現在のような国民の直接選挙ではなく，**議員たちの選挙**による選出でした。

　就任式は**ニューヨーク**で行われ，また憲法を各州が批准するための連合会議もニューヨークで開催されました。そのため，ニューヨークに最初の首都機能があったという見方もあります。

▣ ワシントン(コロンビア特別区)の設置

　ただし特定の州に首都があると，議会や行政府の中立が左右される恐れがあるとの考えから，いずれの州にも属さない**特別区**に首都を置こうということになりました。

　そこでまず，1790年に暫定的な首都をペンシルヴェニア州のフィラデルフィアに設定しました。そしてメリーランド州とヴァージニア州の州境地帯の一部を特別区として，そこに首都の建設が始まり，ここに上院と下院からなる連邦議会と大統領府が置かれることになりました。

　ここを**コロンビア特別区**と言い，その中に**ワシントン市**が成立しましたが，1871年以降は**ワシントン市＝コロンビア特別区**と呼ばれています。英語で言うと，"Washington, District of Columbia"。いわゆる「**ワシントンDC**」ですね。

　以上で，アメリカ独立革命のお話を終わります。

フランス革命

産業革命と環大西洋革命(3)

　これから 2 回にわたって，**フランス革命**から**ナポレオンの時代**をやります。年代的には，1789 年の革命勃発から，**ナポレオンの個人独裁体制**が成立する 1799 年までの 10 年間をフランス革命期とします。そしてその後 16 年間にわたってナポレオン時代が現出します。

　ちなみに，この**たった 26 年間**のできごとを，教科書では**ほぼ 6 ページ**かけて説明しています。教科書で，こんなにもくわしく解説された事件って，ほかにないですね。

　その複雑な 26 年間を見ていくときのポイントは 2 つ。すなわち，

政治体制の変化と，政治権力の推移

　じゃあ政治体制の変化を軸に，図解で概観してみようか(→次ページ)。

　そして，実はもう 1 つポイントがあるんです。それは**民衆の存在の大きさ**という点です。革命の過程で危機に陥ったときに登場するのが，とくにパリを中心とした**民衆のエネルギーの爆発**です。これが何度も何度も革命を守っていくのでした。

　では，18 世紀フランスの社会構造から確認していきましょう。ちなみに「社会」とは人間の集団のこと，「構造」とはだれが上でだれが下かということだね。

(1) 革命の背景

 別冊プリント p.37 参照

■アンシャン=レジーム

　18 世紀のフランスの社会構造，政治体制を一般に**旧制度(旧体制)** と言います。

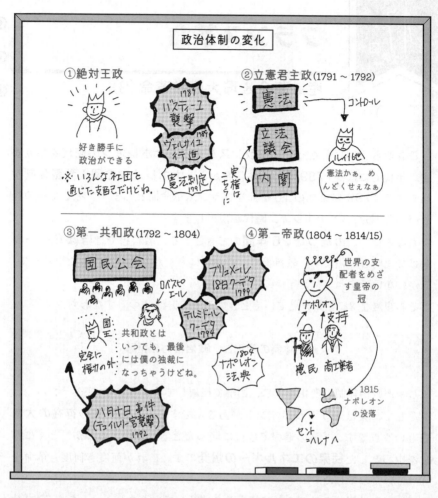

政治体制の変化

①絶対王政
好き勝手に政治ができる
※いろんな社団を通じた支配だけどね.

1789 バスティーユ襲撃
1789 ヴェルサイユ行進
憲法制定 1791

②立憲君主政 (1791 ~ 1792)
憲法 → コントロール
立法議会
内閣
実権はこっちに
ルイ16世
憲法かぁ, めんどくせぇなぁ

③第一共和政 (1792 ~ 1804)
国民公会
ロベスピエール
完全に権力の外
国王
共和政とはいっても, 最後には僕の独裁になっちゃうけどね.
ブリュメール18日クーデタ 1799
テルミドールクーデタ 1794
1804 ナポレオン法典
八月十日事件 (テュイルリー宮襲撃) 1792

④第一帝政 (1804 ~ 1814/15)
世界の支配者をめざす皇帝の冠
ナポレオン
支持
農民　商工業者
1815 ナポレオンの没落
セント=ヘレナへ

Q この旧制度のことをフランス語で言うと？

——アンシャン=レジーム

　アンシャンは英語では ancient ですね。そのアンシャン=レジームにおける身分階層を黒板で見てみましょう（→次ページ）。

　まず頂点には**国王**が君臨。その下で身分は３つに分かれていて、**第一身分**が聖職者で、**貴族ではありません**よ。神に仕える人間のほうが第一身分だと覚えておきましょう。

　第二身分が貴族で、この両者が全人口の 10% 以下。それなのに、フラン

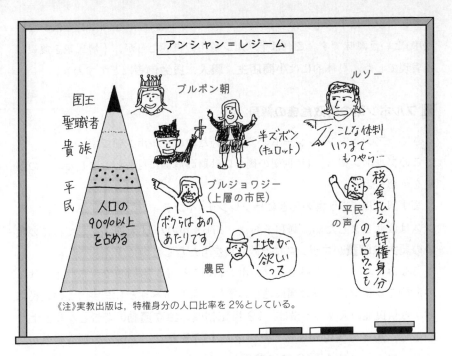

アンシャン＝レジーム

国王
聖職者
貴族
平民

人口の
90%以上
を占める

ブルボン朝

半ズボン
（キュロット）

ルソー

こんな体制
いつまで
もつやら…

ブルジョワジー
（上層の市民）

ボクらは あの
あたりです

土地が
欲しい
っス

農民

税金払え、特権身分のヤロウども

平民
の声

《注》実教出版は，特権身分の人口比率を2%としている。

ス全土の40%ほどの土地を支配し，特権を保持していました。それが**免税**
特権です。みなさんも社会に出たら分かるけれど，税金を払わなくていい権
利，これは最高です。

　第三身分が平民です。彼らには免税特権などありません。平民にはいろん
な連中がいます。それは**ブルジョワジー**と**下層民衆**たち。そして**農民**です
ね。ブルジョワジーとは，本来は都市に居住する**商工業者**のことを言いまし
た。とくにフランス革命のあたりでブルジョワジー
と言えば，**富裕な商工業者**のことを指すと思ってく
ださい。そのなかには大農場の経営にタッチしてい
るものもいました。それから，農民には，富農もい
ましたが，多くは貴族から土地を借りて耕作してい
る**貧農**でした。

Q しばしば革命の先頭に立った都市の下層民衆は
なんと呼ばれたか？　　　──サンキュロット

サンキュロット

キュロットは半ズボンのこと。サンキュロットとは,「半ズボンをはかない連中」という意味です。これは半ズボン着用の貴族たちが,下層民衆を蔑視した表現でした。具体的には**小商店主**,**職人**,**賃労働者**などですね。

▉ ブルボン朝の財政危機の背景

さて,アンシャン=レジームの頂点にいたのはブルボン朝です。

このブルボン朝も,18世紀の後半には**財政危機**に見舞われました。その前史を確認しよう。

まず国王**ルイ15世**のときには**フレンチ=インディアン戦争**があって,フランスは敗北しましたね。講和条約は,1763年の**パリ条約**。そして,この戦争の**莫大な戦費**がフランスに財政危機をもたらしたのです。

ちなみに,一緒に参戦したブルボン朝のスペインも同じで,スペインはこの危機をラテンアメリカ植民地への重税で乗り切ろうとします。この重税に対する植民地の人々の不満は,**19世紀初頭**の**独立運動**の背景となります。

さて,**ルイ16世**が即位した翌年の**1775年**に,**アメリカ独立戦争**が起こり,フランスは**1778年に参戦**しました。フランスは戦勝国となりましたが,やはり**戦費の重圧**によって,財政危機はさらに加速されました。

▉ アメリカ独立革命の思想的影響

またアメリカ独立革命の**思想的な影響**も重要です。とくに**1776年**に発せられたアメリカ独立宣言。

ここに盛り込まれたのは,**ロックの社会契約説**と,**抵抗権(革命権)**の思想でしたね(→ p.38)。その影響が,独立革命に参加した**ラ=ファイエット**のような人物を介して,フランスに持ち込まれたのでした。

ここが論述で問われるとすれば,問題と解答例はこんな感じかな。

Ⓠ アメリカ独立革命がフランス革命に与えた経済的・思想的影響について,2行(70字程度)で記せ。

【解答例】

独立革命に参戦したフランスは，多大な戦費によって財政危機に陥り，また独立宣言に示されたロックの社会契約説や革命権（抵抗権）の思想も影響を与えた。(67字)

◾ 財政改革

このような財政危機に対して，ルイ16世は2人の人物を起用しました。それはテュルゴー，次いでネッケルでした。とくにテュルゴーは，重農主義の論客として有名です。ネッケルはジュネーヴの銀行家ですね。娘にロマン派の文学者スタール夫人がいます。

ネッケル
(1732～1804)

さて，彼らの**財政改革**の中核は**特権身分への課税**でした。言いかえると，**免税特権の廃止**です。また貴族に対する**年金の支給停止**もはかられました。

しかし，当然ながら貴族たちはこれに反発。彼らは国王に**三部会の開催**を求めました。ルイ13世の時代の**1615年**以来招集されなかった三部会。174年ぶりの開催でした。

こうして，**国王専制体制は崩壊**しました。国王権力に最初にダメージを与えたのは，**市民などの平民**ではなく，とにかく税金を払いたくない**特権身分**の連中だったのです。フランスの歴史学者ジョルジュ＝ルフェーブルの言葉を借りれば，

フランス革命は貴族（特権身分）の革命から始まった

ということになります。

ルフェーブル
(1874～1959)

地図 ▶ フランス革命直前のヨーロッパ

※イギリスの王朝はハノーヴァー朝。
　出身はドイツである。

▨ ハプスブルク家所領
■ ブルボン家支配地域

1789年当時の各国の君主たち

▉ 紛糾する三部会

　さて三部会の招集地は**ヴェルサイユ宮殿**。パリの中心部から西南西に約15kmの位置です。

　しかし，会議が始まろうとすると，財政改革とは別の問題で三部会は紛 糾

してしまったのです。「別の問題」と
は**議決方法**をめぐる対立でした。

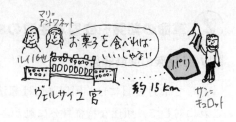

　すなわち**特権身分は身分別の表
決**を主張しました。つまり，聖職者
で1票，貴族で1票，平民で1票。
こうすれば常に2対1で絶対多数
を占められますね。これに対して**平民たちは個人別の表決**を主張します。

　平民の代表はおよそ600人。"坊主"の代表は300人，貴族の代表も300人。
これならイーブンなんですが，聖職者や貴族のなかには，いずれは平民たち
中心の世の中になることを見越した人々が，少なからずいました。その連中
が，平民と合流すれば，平民たちは勝てますね。

　平民と合流しようとした特権身分の出身者で代表的な人物は，ミラボーや
(アヴェ=)**シェイエス**。シェイエスは『**第三身分とは何か**』という著書で知ら
れています。その冒頭にいわく，「**第三身分**とは何か？　……すべてである」。

■ 国民議会の成立

　さて，紛糾する三部会に業を煮
やした平民たちは，ついに独自の
組織をつくろうとしました。

⑩ 1789年6月17日，三部会の第三身分の代表が三部会から自立して
　　結成した組織は？
　　　　　　　　　　　　　　　　　　　　　　　　　——国民議会

　国民議会を設立した目的は，**財政改
革と憲法制定**でした。

　そしてその3日後の6月20日には，
「**憲法制定の日まで国民議会は解散
しないぞ**」という誓いを立てました。
これを**球戯場**(テニスコート)の誓いと
言います。「球技」ではありませんよ。
「球戯場の誓い」という絵画は知ってま
すよね。制作者は**古典主義**の画家**ダヴィド**です。

「球戯場の誓い」

② 革命の勃発～立憲君主政の成立

別冊プリント p.38 参照

パリ民衆の武装蜂起

そして7月9日には，国民議会は**憲法制定議会**を名乗(なの)るようになります。これに対して，頑迷(がんめい)な特権身分に動かされたルイ16世は武力弾圧(だんあつ)をしようとしました。

このとき，国民議会の危機を救ったのは，**パリ民衆の武装蜂起(ぶそうほうき)**でした。ときに**1789年**の**7月14日**です。これは日付けまで出題されます。

さて，民衆はどこへ向かったか？　国王による政治弾圧のシンボルであった**バスティーユ**（牢獄(ろうごく)を意味するフランス語）がターゲットになりました。民衆はムカついていました。たとえば1786年に結ばれた**英仏通商条約**（**イーデン条約**）によって，イギリスの商品がフランスにたくさん入ってきて，フランス**国内の産業が不振**に陥(おちい)っていたこと。さらには，人気のあった改革者**ネッケル**もやめさせられてしまいました。そして，凶作(きょうさく)のために騒乱(そうらん)も頻繁(ひんぱん)に起こっていたのです。

「バスティーユ牢獄の襲撃」

このような民衆の圧力によって，**政治の主権は事実上，国王から国民議会に移行(いこう)**したのでした。

封建的特権の廃止

このあと，国民議会はいろいろな改革事業を展開しました。

まずは，**8月4日**に発表された**封建的特権の廃止(ほうけんてきとっけんのはいし)**について。これは，貴族や教会に対する農民の負担の一部を，廃止しようというものでした。提案者は**自由主義貴族**です。ノワイユ伯爵などがその中心でした。提案したのが農民自身ではないところは要注意ですね。

発案の動機は，**農民反乱の全国化**への恐怖でした。この農民反乱は「**大恐怖**」と呼ばれ，多くの**亡命貴族(ぼうめいきぞく)**を生み出しました。

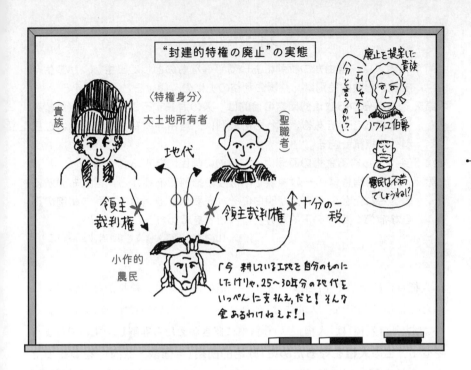

では，廃止された特権の具体的内容を見てみましょう（上の黒板を参照）。

まず無償で廃止されたものとしては，**教会**に対する**十分の一税**。および領主裁判権ですね。また貴族の**免税特権も廃止**されました。

一方，**土地にかかる地代は有償廃止**であったため，**農民の土地所有は事実上不可能**だったようです。ということは，土地所有をめざす農民たちの不満はまだ残ることになります。

■ 人権宣言を発布

つづいて 8 月 26 日には**人権宣言**が発せられました。

Ｑ 人権宣言を起草した中心人物は？　　　　　　　——ラ＝ファイエット

彼は私財を投げうって**アメリカ独立革命**に参加した人物ですね。

では，人権宣言の文章を見てみましょう（→次ページ）。

人権宣言 (抜粋)

第1条　人は，自由かつ権利において平等なものとして出生し，かつ生存する。社会的差別は，共同の利益の上にのみ設けることができる。

第2条　あらゆる政治的団結の目的は，人の消滅することのない自然権を保全することである。これらの権利は，自由，所有権，安全および圧制（せい）への抵抗である。

第3条　あらゆる主権の原理は，本質的に国民に存する。

第17条　所有権は，一の神聖で不可侵の権利であるから，何人も適法に確認された公の必要性が明白にそれを要求する場合で，かつ事前の正当な補償（ほしょう）の条件の下でなければ，これを奪われることがない。

(山本桂一訳『人権宣言集』岩波文庫刊より)

　人権宣言は全部で17条ありますが，最初の6条は，総括（そうかつ）的な内容です。

　とくに第2条では，人間には「消滅（しょうめつ）することのない自然権」があると言っています。「自然権」は「人権」という言葉に置きかえたら理解しやすいでしょう。そして，この人権を守るために「政治的団結（≒国家・政府）」をつくった，という社会契約説の論理を展開しています。これはアメリカの独立宣言と同じですね。

　また「自然権」として，所有権，安全，そして圧制への抵抗が列挙（れっきょ）されています。このあたりは，空欄にされて出題されることもありますから要注意。

　続いて第3条，「あらゆる主権の原理は本質的に国民に存する」──これを普通，国民主権（こくみんしゅけん）あるいは主権在民（しゅけんざいみん）の規定と言います。

　そして，第17条。「所有権は一の神聖で不可侵の権利」──これには，経済活動の自由や，"努力の結果"である財産をだれにも侵（おか）されたくないというブルジョワジー（商工業者）の強い意思が反映されていますね。

◤ 人権宣言はなんのために出されたか？

　ところで，時々こんな質問を受けます，すなわち

「人権宣言を発した目的はなんですか？」

ラ=ファイエット
（1757〜1834）

　結論から言うと，人権宣言は，憲法を制定するために絶対に必要な手続きだったのです。だって，「人間の権利」，言いかえると「人間のあるべき姿」が定まらないと，「国柄（国のあり方）」も確定しないと思いませんか？。

　しかし，人権宣言には限界がありました。それは**女性や奴隷の解放についての記述がなかった**ことです。ここで示された「人権」は人類普遍の人権ではなく，あくまで**"男どもだけの人権"**だったのです。

▉ ヴェルサイユ行進

　さて，このような改革事業に対して，**ルイ16世**は側近に動かされて，ふたたび弾圧を試みました。フランス革命の2回目の危機ですね。しかし，またしても**民衆の示威行動**によってその危機は打開されることになります。そして今回活躍したのは**パリの女性**たちでした。

　彼女らは，パリから**ヴェルサイユ**に向かって武装行進をし，王の一家を**パリ市内**に**連行**してしまったのです。この事態を**ヴェルサイユ行進**と言います。こうして国王は，**パリ市民**に終始監視されることになったのでした。

■ 国民議会の改革

　次に，国民議会時代のその他の改革について，まとめておきましょう。

　まず，教会をローマ教皇庁から独立させ，聖職者市民法という法律によって聖職者を公務員にしました。また，ギルドや国内関税を撤廃して自由な経済活動をめざしました。とくに国内関税の撤廃はフランス国内市場の統一を促すことになります。

　さらにメートル法の採用の方針が決定されたのもこのころですね。「質量保存の法則」で知られる化学者ラヴォワジエもこの方針採択に関与していたそうです。で，実際に地球子午線の4万分の1を1メートルにすることにして，測量が始まりましたが，これにはかなりの年月がかかり，実施されたのは総裁政府時代末期の1799年のことでした。

■ 1791年憲法の制定──立法議会の招集

　国民議会の改革事業のなかでも，一番大事なこと，それが1791年憲法の制定です。フランス史上初の憲法ですね。その前文は人権宣言です。

　政治体制は立憲君主政を規定しています。一方，国民議会（憲法制定議会）はその歴史的使命を終え，解散してゆくのです。

　そして，憲法にもとづいて新しい議会が招集されました。これを立法議会と言います。議会はこれだけ。よって，一院制ですね。

　立法議会の議員たちは納税額にもとづく制限選挙で選出されました。

　要するに，金持ちにしか参政権はないですよ，ということです。これは下層民衆を政治から排除することを意味しました。

　つまり，フランス革命によって参政権を認められたのは，上層市民以上なのであって，サンキュロット（都市の下層民衆）には，政治的権限は認められなかったのです。

　そういえば，憲法が発布される直前の1791年6月にはル＝シャプリエ法なんていうのも制定されていますね。これは団結禁止法とも言われ，文字どおり労働者や職

上層市民

バスティーユ襲撃してくれてありがとう。おかげで助かったよ。でも、もういいよ。僕たち権力握れたし、これからはおとなしくしててね。

サンキュロット

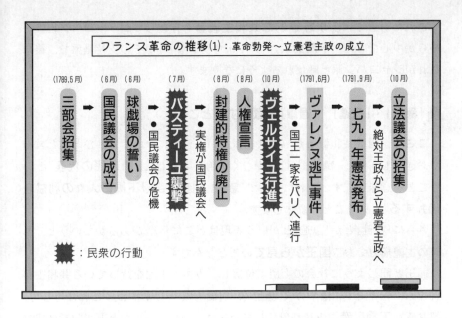

フランス革命の推移(1)：革命勃発〜立憲君主政の成立

(1789.5月) 三部会招集 → (6月) 国民議会の成立 → (6月) 球戯場の誓い ・国民議会の危機 → (7月) バスティーユ襲撃 ・実権が国民議会へ → (8月) 封建的特権の廃止 → (8月) 人権宣言 → (10月) ヴェルサイユ行進 ・国王一家をパリへ連行 → (1791.6月) ヴァレンヌ逃亡事件 → (1791.9月) 一七九一年憲法発布 → (10月) 立法議会の招集 ・絶対王政から立憲君主政へ

：民衆の行動

人の団結を禁止する法律でした。明らかに彼らを恐怖する上層市民の意図を反映した法律です。

■ 立法議会の中の諸党派

さて，**立法議会**には，どういった人々が登場したのでしょうか？　まず，

Q 立憲君主主義者のラ＝ファイエット，バルナーヴらの一派をどう呼ぶか？
　　　　　　　　　　　　　　　　　　　　　　　　　　——フイヤン派

これと対立する連中は**共和主義者**たちでした。両者の違いは歴然としていますね。**憲法**さえ守ってくれるのなら**王政は認める**というのが**フイヤン派**。これに対してフランス革命における共和主義者とは，**王政そのものを否定**する一派です。

さらにはその共和主義者のなかにも2つの派閥があり，そのなかで**立法議会で主流を占めた**のは，**穏健なジロンド派**でした。選挙自体が納税額に応じた**制限選挙**なので，どうしても金持ちの代表がたくさん集まってきました。ジロンド派は上層市民の利益を代表していたのです。

これに対して，より**急進的な共和主義者**も存在しており，ロベスピエールらが中心でした。**下層民衆**(サンキュロットなど)がその支持基盤で，後にこれが**ジャコバン派**と呼ばれるようになります。

◤「穏健」・「急進」・「過激」の意味するところ

ここで，穏健共和派とか急進共和派という言葉についても，ひとこと言っておきましょう。「**穏健**」とは，少なくともここでは"**上層市民の代表**"ということを意味します。それに対して「**急進**」とは，"**より下層の人々の利益を代弁する**"ということを意味します。

さらに「穏健」とか「急進」とかいう表現はどこに**基準**があるかというと，当時の支配権力である**国王から見て**のことなんです。

国王と同じように社会の上層に位置し，カネや土地を持っている共和主義者なら，国王との"**穏やかで健全な**"対話も成立しますね。これに対して，超貧乏な**下層民衆**を支持基盤にしているロベスピエールなどとの対話は成立しにくく，国王から見れば"**過激・急進的**"に見えてしまうのでした。こういう形容詞が登場したら，どこに基準があるのかについて注意が必要です。

③ 動揺する立憲君主政と第一共和政の成立　📖 別冊プリント p.40 参照

さて**1791年憲法**にもとづいた**立憲君主政**は，わずか10か月の命でした。そして，1792年の9月には**共和政に移行**してしまいます。

では，動揺する立憲君主政の推移を見てまいりましょう。

1791年

まず 1791 年 4 月には、**立憲君主主義者のミラボーが死んでしまいました。彼の死は、国王と国民のパイプ役の死を意味しました。**

この後、身の不安を感じた国王**ルイ 16 世**とその一家は、6 月に国外に逃亡しようとしました。ところが**オーストリア領南ネーデルラント（ベルギー）**との国境付近の村で、捕まってしまいました。これを**ヴァレンヌ逃亡事件**と言います。

ミラボー
(1749〜1791)

この事件がもたらした政治的影響は重大でした。すなわち、これによって、**国民の王への信頼が失墜**してしまったのです。国民の側から言えば、王に裏切られたというか、見捨てられたようなものだからね。

一方、このことを契機に、反国王の気運を高めようとしたのが共和派です。この逃亡事件ののち、彼らの発言権がだんだん増大してゆきます。

🚩 ピルニッツ宣言

こういう状況を見ていたのが、**神聖ローマ皇帝のレオポルト 2 世**。彼は**王妃マリ=アントワネット**のお兄さんです。妹の身を案じた彼は**プロイセン国王のフリードリヒ=ヴィルヘルム 2 世**（大王フリードリヒ 2 世とは別人）とともに、「フランスの国王一家に対して危害が加えられるようなことがあれば、**オーストリア・プロイセン**両国はフランスに軍事介入する」という宣言を、1791 年 8 月 27 日に発しました。これを**ピルニッツ宣言**と言います。ピルニッツは地名ですね。

ジロンド派内閣
一気にカタをつけてやる!

王党派

レオポルト2世

このピルニッツ宣言の 1 週間後の 9 月 3 日に、**1791 年憲法**は制定されました。というわけで、フランスの**立憲君主政**って、成立当初から**思いっきり動揺していた**のですね。

国王ルイ 16 世は、心ならずも憲法に対して宣誓し、これを遵守（まもる）する姿勢であることを内外に示しました。

1792年

◾ 革命戦争の勃発

　年も改まった1792年の3月に内閣を組織したのは、穏健共和派のジロンド派です。彼らは従来からオーストリアに対する開戦を主張していました。ですから、フランスに対する脅迫ともいえるピルニッツ宣言は、彼らにとって渡りに船でした。

　一方、オーストリアなどに呼応する反革命勢力が、フランス国内にいました。ここで言う「反革命勢力」とは、「絶対王政（≒旧体制）の復活を狙う連中」であり、王党派と呼ばれていました。

　ジロンド派はこの機会に内外の反革命勢力を一気にやっつけようと考えました。こうしてジロンド派内閣は革命戦争を引き起こしたのです。

　宣戦の権限は国王にありました。そしてルイ16世はこれを裁可（許諾すること）しました。"女房の実家"に対する宣戦布告だったのですが、国王はこの戦争でフランスが敗北することを期待していました。さすれば、王権も復活できる――そんなところでしょうか。

　こうして戦争は始まりましたが、戦況は連戦連敗。フランス軍はオーストリア・プロイセン軍に、次つぎと敗北しました。

　オーストリア・プロイセン連合軍の司令官はブラウンシュヴァイク将軍という人物で、優秀な軍人です。まっ、"プロ中のプロ"というところですね。

　その彼が率いるプロイセンの部隊のなかでも、とくに砲兵隊は当時のヨーロッパで最高の技術を持っていたと言われます。そんな軍勢がフランス国境線を越えて、侵入してきたわけです。

　さらに、それに呼応して国内の王党派も活気づいてきました。このような内外の危機に、ジロンド派内閣は対処できませんでした。

◾ 8月10日事件――王権の停止

　このようななか、議会は危機を宣言しました。これに応じて、全国から祖国を救うために、義勇兵が集まってきました。「義勇兵」とは、英語ならヴォランティア。要するに傭兵とは異なり、報酬を求めず、文字どおり正義（≒

国を守る)のために，勇ましく戦おうとする兵士たちのことを言います。

　その義勇兵が，パリ市民たちと結束して，反革命勢力の中心と見做されていた国王にダメージを与えるために，8月10日事件を引き起こしました。では8月10日に何が起こったのでしょうか？

　すなわちこの日，国王一家が居住していたテュイルリー宮が襲撃され，国王は身柄を拘束され，王権の停止が宣言されました。この段階で1791年憲法は事実上失効したと考えてよいでしょう。また，これで，国王を結集軸とする王党派も大きなダメージを受けました。

■ ヴァルミーの戦い

　次は，オーストリア・プロイセンに対する戦いの番です。

　結論から言います。フランス軍はこの戦いに勝ちました。

ヤッタネ！

Q 全国から結集したフランス義勇軍が連合軍に勝った戦いの名は？

——ヴァルミーの戦い

　ヴァルミーはパリから200kmほど東に行ったところにある村です。

　ここでフランス軍は，8時間にもわたってプロイセン・オーストリア連合軍と死闘を展開しました。このフランス軍の中心は義勇軍。すなわち，"プロの軍人"ではなく，"アマチュアの軍隊"でした。

　しかしその彼らが，普墺連合軍に勝っているものが1つだけありました。それは"祖国フランスを，そして革命を防衛するぞ"という気迫でした。

　そしてその気迫が奇跡を引き起こしました。

　プロイセンの軍司令官ブラウンシュヴァイクが，全軍に撤退を命じたのです。ぶっちゃけたハナシ，彼，感動してしまったようですね，フランス軍に。フランスの革命史家ミシュレの言葉を借りれば，将軍は，そこに「(宗教戦争以来見たことのない)狂信者の軍隊をみてとったのであった。そしていざというときは，これは(喜んで)殉教者の軍隊となる」。

ブラウンシュヴァイク将軍

こんな連中と戦っても勝てやしないということですね。だって敵であるフランス軍は，死を恐れていないのですから！

▶ゲーテも感動

「ワインが大好きで，1日に2本も空けたそうです」

「うるさいなあ」

「組み立てしたこんな新しい世界史が始まる」

ゲーテ

フランス軍を見て感動したのは将軍だけではありませんでした。フランス軍が，従来の貴族を主体とした軍隊ではなく，民衆からなる軍隊であり，それが必死で戦っているのを見て，『ファウスト』を書いた文豪ゲーテもホロリと来たようです。彼はこのときの感慨を『滞仏陣中記』という本のなかで，「**今日，そしてここから新しい世界史が始まる**」と記しています。

📖 国歌「ラ=マルセイエーズ」が生まれる

1792年の8月から9月にかけての激動と前後して，現在の**フランス国歌ラ=マルセイエーズ**が生まれました。

この歌詞は激しいね。冒頭に，「起て，祖国の子らよ。勝利の日は来ぬ」。途中では，「暴兵どもが，われらの子，われらの妻を殺そうとしている」，そして最後，「武器を取れ，市民たちよ！　隊伍を組め！　進め進め！（暴兵たちの）汚れた血をもって野原を赤く染めようではないか」……なんとまあ激烈な歌詞だこと！　……（注：国歌になったのは1795年。その後，ブルボン復古王政期・第二帝政期に禁止され，第三共和政時代の1879年に再度国歌となった）。

📖 フランス国民意識の形成

今まで述べてきたような**革命の危機**，そしてそれが**フランス人の結束**によって克服されていくなかで，フランス人のなかに，ある意識が醸し出されていきました。

それは，「**オレたちゃ，みんなフランス人だ！**」という意識です。これを「国民意識」と言います。英語だったらナショナリズム。

フランスは，革命によって（一応は）**国民主権の国家**となりました。とくに**人権宣言の発布**などをきっかけに，多くのフランス人が，「**俺たちがフラ**

ンスという国家の主人だぜい」という意識を持ち，**国民としての意識**を持
ち始めたのです。

▶国民国家と国民主義

　そして外国との戦いという今時のフランスの
危機は，その意識をさらに強固なものにしてい
きました。このような，

オレたち、私たち、
みーんなフランス国民
結束しましょう！

「国民意識」をもった「国民」を基礎とする国家を，「国民国家」と言います
英語では，ネイション=ステイト

　このような国民国家の形成をめざす思想を**国民主義**と言います。英語では
ナショナリズムと言います。とくにフランスの場合は，**国民主権にもとづ
く国民国家の形成**がめざされました。さらに**国民意識に裏打ちされた軍
隊**を「**国民軍**」と言います。

　それから，よくこんな質問が出ますね。すなわち，

Q 絶対主義国家は国民国家とは言えないのですか？

貴族

地代は
いただき
ま〜す

ぼくたち、
同じ
フランス
国民

地代

ハイヨ！
袋、
もってって。

違うわ
ぁ！

農民

　結論から言うと，**言えない**だろうね。
　なんと言っても身分差別があるだろう。とくに土
地を持っている**領主**（貴族や聖職者）と，土地を持
たず**こき使われるだけの農民**とのあいだには，本質
的に**対立**が存在しているわけで，「オレたち，同じ
フランス人」という**国民意識は生まれにくい**です
ね。
　ちなみにフランス革命期には，**国民意識を強め
るために国語（共通語）の教育**も強調され，地域の
言語，すなわち**方言は弾圧**されました。その具体例ですが，ブルターニュ半
島に残る**ケルト系言語のブルトン語は禁止**されてしまいました。

第47回　フランス革命

67

▌第一共和政の成立

　さて，ヴァルミーの戦いの勝利の次の日に，**男性普通選挙**による新しい議会，すなわち**国民公会**が招集されました。国民公会は，即日**王政の廃止**と**共和政**の実施を宣言しました。こうして，**第一共和政が成立**したのです。

　この国民公会は，共和政下の議会ですから，**立憲君主派**が議席を占める余地はありません。議会内部では穏健共和派の**ジロンド派**と，**急進共和派**の総称である**山岳派**が対立をしていました。

　山岳派の中心人物はマラー，ダントン，ロベスピエールたちです。また，「山岳派」の中心を占めるのはジャコバン派です。

　多くの教科書ではこの２つを同一視しているようです。試験対策上はそれでもいいと思いますが，図解をまじえて整理をしておきましょう。

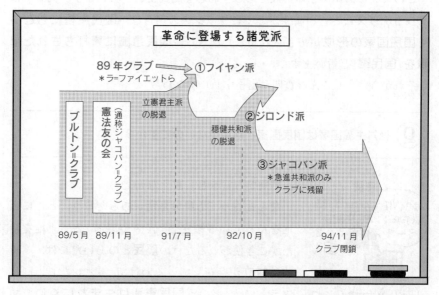

革命に登場する諸党派

89 年クラブ ──→ ①フイヤン派
＊ラ=ファイエットら

立憲君主派の脱退

ブルトン=クラブ

憲法友の会（通称ジャコバン=クラブ）

穏健共和派の脱退

②ジロンド派

③ジャコバン派
＊急進共和派のみクラブに残留

89/5 月　89/11 月　　91/7 月　　92/10 月　　94/11 月
クラブ閉鎖

▌諸党派のまとめ

念のため，整理しておきます

　まず1789年，三部会の招集にあわせて「ブルトン=クラブ」ができました。ここには，**ミラボー**ら立憲君主主義者から，**ロベスピエール**のような急進共和派まで，さまざまな人々がいました。ちょうど「球戯場の誓い」に描かれている状況ですね。クラブ名は，ブルターニュ地方出身者が多かったという

ことにちなむようです。

　それがヴェルサイユ行進後，国王がパリに移ったのを機会に，クラブの本拠地もパリ市内のジャコバン修道院に移されたのです。「ジャコバン」とは聖ヤコブのことです。

　で，名前も変わって「憲法友の会」。これが本拠地の修道院にちなんで「ジャコバン=クラブ」という通称で呼ばれることもあったのです。

　さて1791年には，ラ=ファイエットが共和主義者を武力弾圧するという事件（マルス練兵場の虐殺）が起きます。これを機に，クラブから立憲君主主義派が脱退して，「89年クラブ」を主宰していたラ=ファイエットらと合流し，①フイヤン派を形成しました。したがって，ここからあとのジャコバン=クラブには，共和主義者しか残っていません。

　さらに，1792年の9月に招集された国民公会で対立した穏健派と急進派のうち，穏健派すなわち②ジロンド派がジャコバン=クラブを脱退していったのです。こうして，これ以降，クラブには急進共和派しかいなくなります。「ジャコバン」の名を急進（あるいは過激）の意味を込めて使うのはここからなのです。

　そのジャコバン派やその他の急進共和派が，国民公会の議場のなかで高い位置の議席に集まってすわったことから，「山岳派」の名称が生まれました。ちなみに山岳派の指導者だったマラーは，ジャコバン派の出身ではなく，コルドリエ=クラブという組織の一員でした。

　以上，やや長くなりましたが，諸党派のまとめでした。

お疲れさま

別冊プリント p.41 参照

④ ジャコバン独裁とその終焉

1793年

　それでは，**1793年以降**の情勢について見ていきたいと思います。

　1793年は非常に重要な年です。というのも，この年にフランス革命の最重要改革が提起され，さらにはフランス革命が1789年以来**最大の危機**に見舞われた年でもあったからです。

　まずはその危機から押さえましょう。

■ フランスの危機——第1回対仏大同盟

　その危機とは第1回対仏大同盟，すなわちフランス革命に敵対する諸国が団結したのです。

Q 第1回対仏大同盟を提唱したイギリスの首相はだれか？

——ピット

　父親の大ピットはアメリカ独立革命の際に，独立支持を表明した人。ピット（（小）：以下略）は20歳にしてイギリスの大蔵大臣になり，24歳にしてイギリスの首相になった人物です。

▶対仏大同盟形成の動機

　さて諸国が対仏大同盟を結ぶ契機は2つありました。まず1つ目は，**1793年1月のルイ16世の処刑**でした。これはヨーロッパの君主国家にとってはすごい衝撃でした。17世紀以来最強を誇ってきた**ブルボン朝**の国王が首を切られた！　多くの君主たちが将来の自分の姿を想像したことでしょう。

　さらにフランス軍は，2月になると**ベルギーに侵攻**しました。当時のベルギーは**オーストリア領南ネーデルラント**ですね。

　さて，これはイギリス首相ピットを恐怖させました。というのも，ベルギーの北側にある**オランダ**はヨーロッパ金融の中心地で，イギリスの金融とも密接に結びついていました。よって，ここにフランス軍が侵入すると，イギリスは大きな打撃を受けることになります。これがピットに革命干渉を決意させた背景でした。

　そして，この年の春，フランス国内でも革命を脅かす農民反乱が起こりました。

私がピットです

■ ヴァンデーの反乱

Q 1793年3月，フランス西部で起こった農民反乱は？

——ヴァンデーの反乱

これは**徴兵令**の**施行**がきっかけとなった反乱でした。その指導部は**王党派の貴族たち**でした。まさに, 内憂外患です。

ヴァンデーの農民
徴兵されるなんて、聞いてないぜ!

■ ジャコバン独裁体制の成立

このような危機に対して, ロベスピエールらの**ジャコバン派**(≒山岳派, 以下「ジャコバン派」と記す)は**独裁体制**をうち固めながら対処していこうとしたのでした。

まず, 1793 年 3 月には**革命裁判所**が設置されました。

これは反革命派を裁くための特別裁判所で, 簡単な**訴訟**手続きで, 権力が敵とみなした人々を次つぎと**処刑**していきました。ジャコバン独裁の時代の政治を, しばしば「**恐怖政治**」と表現しますが, 革命裁判所こそ恐怖政治の**要**の組織です。

また反革命勢力を弾圧するための**警察組織**は, 保安委員会と呼ばれました。そして,

Q ジャコバン独裁の中心機関として, 事実上の政府の機能を持ったのは？
——**公安委員会**です。

公安委員会のリーダーは**ロベスピエール**です。そしてその片腕が当時 26 歳の**サン=ジュスト**。またまた革命史家ミシュレの言葉を借りれば, サン=ジュストは「恐怖政治の大天使」といわれた人物です。反革命の連中を**ギロチン**(断頭台)を使って次つぎに殺していった男です。

年齢よりも 10 歳も若く見え, 美青年で, しかも頭が悪魔のように冴えていた男, 総合するといやなやつです(笑)。

そして 1793 年 6 月には, 国民公会から**ジロンド派**が追放されました。これを **6 月 2 日事件**と言い, これで**ジャコバン独裁体制は確立**したと言えます。

サン=ジュスト
(1767~1794)

ギロチン・ドロップは、私の得意ワザでした。 小橋健太

■ ジャコバン独裁は歴史の必然である!?

以前こんな質問を受けたことがあります。

Q なぜジャコバン独裁なのですか？　言いかえると，なぜジロンド独
裁は成立しなかったのですか？

いい質問ですね。歴史の本質に肉迫(にくはく)するような美しい質問です。では，お
答えしましょう。

まず，1793 年のこの危機の状態にあって，ジロンド独裁体制が成立しう
る可能性はきわめて少なかったのです。なぜならば，ジロンド派には危機を
突破していくための集中した権力を，十分に使いこなせるような**人材に乏し**
かった。言いかえると，**ロベスピエール**や**サン=ジュスト**のような人間が，
ジロンド派にはいなかったのですね。

さらにより本質的には，次のような原因があったのです。すなわち両派の
支持基盤の相違(しじきばんのそうい)ですね。ジロンド派の支持層は**富裕(ふゆう)な商工業者**でしたね。
それに対してジャコバン派は，**サンキュロット**のようなより**下層の民衆**に支
持基盤があった。要するに**支持者が大勢いた**のです。

さあ 1793 年のような大きな危機に遭遇(そうぐう)した場合，どちらの権力のほうが
その危機に対応できるでしょうか？

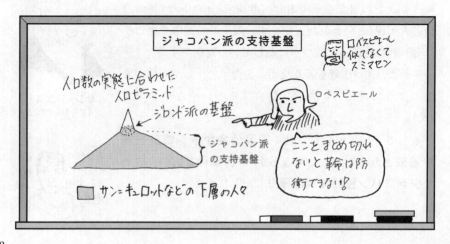

それはジャコバン派に決まっています。より大きいエネルギーをまとめうる指導層でなければ，危機は突破できないからです。ジャコバン派は**民衆の要求に応える政治**を展開することを通じて，下層民衆の１人ひとりを死を恐れない確信ある兵士に変えることが可能な唯一の党派だったのです!!

思わず興奮してしまいましたが(笑)，まあ覚えておいてください。歴史の決定的瞬間に，それを左右する最大の要素は「確信に満ちた人間」なのだということです。

では，先にいきましょう。

▉ 最高価格令の発布

さて，このころのジャコバン派主導による改革を見ていきましょう。それは一口で言えば，今述べたように**都市の下層民衆や，農民の期待に応える**ものでした。

そのしょっぱなに出てくるのが1793年5月の，**物価を統制する法令**でした。これはまだジャコバン独裁体制が成立する直前ですけれども，

Q 物価の上昇を抑え，下層民衆の生活を保護するのが目的のこの法令は，なんと呼ばれるか？
——最高価格令

さらに6月には亡命財産 償 却 法が出ました。これは，国外に逃亡した貴族たちの土地を農民などに払い下げるというものです。

▉ 封建地代の無償廃止

そして7月には，**領主の特権を無条件に廃止**する改革が行われました。これを封建地代(封建的特権)の無 償 廃止と言います。**1789年の封建的特権の廃止**の段階では，農民が土地を持つまでには至らなかったけれども，この改革によってそれが可能になったのです。

こうしてこののち，フランスにたくさんの**小土地所有農民が創出**されていくことになります。日本での農地改革は1947年に実施されましたが，それをフランスでは150年前に開始したのですね。

また土地を獲得した農民は，これを契機に**保守化**していきました。土地を

得た以上，これ以上革命が進展する必要はないということですね。

■ ジャコバン時代のその他の改革

▶ 革命暦とジャコバン憲法

そのほかの改革としては，**革命暦（共和暦）** の制定があげられます。旧来の暦はグレゴリウス暦。これはローマ教皇グレゴリウス 13 世が制定したもの。時間を教会に規定されるのはまっぴら，と新しい暦をつくったわけです。

それから**ジャコバン憲法（1793 年憲法）** も制定されました。この憲法には**男性普通選挙制**や**人民主権**，それに政府に対する「反乱権」なども掲げられましたが，その実施は平和な状況の到来まで延期されました。"**実施されなかったジャコバン憲法**"として覚えておいてください。

▶ 共通語と県制度

また，フランス語の統一によって**国民意識**を強化すべく，**国語（共通語）教育**もなされました。

それから，中世以来，フランスでは貴族たちの**所領**が入り組んで存在していました。これを**経済的な結びつき**を軸に再編し，新しい行政区画ができました。これを**県制度**と言います。

▶ 理性崇拝の運動と徴兵制の導入

徴兵制の導入もこのころでした。

さらに，**キリスト教に反対**し，理性を信仰の対象とする**理性崇拝の運動**も展開されました。主導者は**エベール**です。もともとジャコバン派の人々は，人間の**理性**を重視する**啓蒙思想**の影響を受けていました。また，革命の勃発以来，カトリック教会は貴族と共に**反革命の立場**に立つことが多かったようです。

このような事情が，理性崇拝の運動を起こした背景です。しかしフランス国民に根ざしたキリスト教（カトリック）は，そう簡単には一掃できず，かえって革命政府に対する反発を強める結果となりました。

それから，1793 年の 10 月には，国王ルイ 16 世に続いて，**王妃マリ＝アントワネット**もギロチンで処刑されていますね。

1794年

このような"波風"も立ちましたが，1793～1794年のあいだ，ロベスピエールを中心とした独裁体制は存続し，下層民衆の要求に応えて多くの施策も行われました。

にもかかわらず，**1794年7月**に，**この体制は瓦解**してしまいました。なぜでしょうか？　まずは事実経過から確認しましょう。

▶ ジャコバン独裁の終焉

1794年にジャコバン独裁を終焉させた事件は，**テルミドール9日のクーデタ（テルミドールの反動）**と呼ばれます。テルミドールとは革命暦で"**熱月**"ということで，7～8月と考えれば結構です。

この事件でロベスピエールは逮捕・処刑されました。サン=ジュストも処刑されます。美青年で頭がいいわけですから，当然ですけどね（笑）。

さてなぜこの事件が起こったのでしょうか。直接的な背景は**ロベスピエールに対する反発**でしょうね。というのも，危機の連続のなかで，だんだんと「**ロベスピエール個人独裁体制**」ができあがっていったのです。そしてそれに異議を唱える人々は，たとえそれがジャコバン派の同志であっても処刑されていったのです。たとえば，**エベール**や**ダントン**がそれに該当します。いわゆる「**恐怖政治**」がエスカレートしていったのですね。

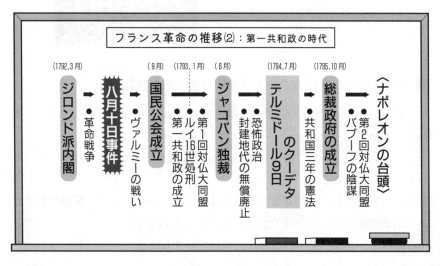

フランス革命の推移(2)：第一共和政の時代

(1792.3月)	(9月)	(1793.1月)	(6月)	(1794.7月)	(1795.10月)
ジロンド派内閣 → ・革命戦争	八月十日事件 → ・ヴァルミーの戦い	国民公会成立 → ・第1回対仏大同盟 ・ルイ16世処刑 ・第一共和政の成立	ジャコバン独裁 → ・恐怖政治 ・封建地代の無償廃止	テルミドール9日のクーデタ → ・共和国三年の憲法	総裁政府の成立 → ・第2回対仏大同盟 ・バブーフの陰謀	〈ナポレオンの台頭〉

こうして，ロベスピエールに対する反対派が，**保安委員会**や**公安委員会**のなかにも生まれ，彼らによってクーデタが断行（だんこう）されたのです。言いかえると，ロベスピエールの仲間だった人々によって，ロベスピエール自身が殺されたのでした。

ロベスピエール
（1758～1794）

ダントン（1759～1794）

ロベスピエールよ，俺は言ったはずだ。そんなに仲間を殺し続けたら，次はお前の番だ，とね。

本当にそうなってしまいましたネ。

©青木

パリのカルナヴァーレ博物館にはフランス革命関連の資料が所蔵されている。右はロベスピエールの最後の命令書。右下や一番下にある黒点は彼の血のあとである。テルミドール９日のクーデタの際に，ロベスピエールの部屋に踏み込んだ兵士たちとの格闘の際にピストルが暴発し，ロベスピエールのあごは打ち砕かれ，そこから鮮血が飛び散ったのだった。

■テルミドール９日のクーデタを取り巻く内外情勢

さらにこのクーデタを容認する客観情勢（きゃっかんじょうせい）というべきものがあったことも見逃（みのが）せません。

まず国内を見ると，**ブルジョワジー**も農民も，すでにロベスピエールらから心が離（はな）れていました。

とくに経済活動の自由を要求する**ブルジョワジー**にとって，最高価格令による**物価統制**は彼らの思惑（おもわく）に反するものだったのです。

ここはブルジョワジーのＡさんに聞いてみましょう。

ブルジョワのAさん
※プライバシー保護のため目線を隠しています。

だって，「物価」というものは，**市場が決定すべきもの**であって，**政治権力が法令で決めるものじゃないんだよ。**かつては王様たちが経済に介入していたよね。俺たちそれが嫌で革命を支持してきたんだ。なのに，ロベスピエールがやってることって，奴らと同じじゃん！

そして，農民は「**もう土地を手に入れた**んだから，これ以上改革が進行する必要はない」との認識を持っていました。

一方，フランス国軍は，**対仏大同盟**の軍を撃破しました。また国内の反革命勢力の活動も沈滞（ちんたい）していました。こうした内外の状況から，国民一般は，"**フランスの危機は去った**。危機が去ったのならば，**独裁もまた必要ない**"，と思ったわけです。

危機は去った

▶誰が権力を握ったか？

それから，クーデタ後，だれが権力を握（にぎ）ったのでしょうか。結論から言いますと，**旧ジロンド派に属するような富裕層の人々**でした。たしかに，クーデタの"下手人（げしゅにん）"は，かつてロベスピエールの同志だった連中です。しかしまあ皮肉（ひにく）な結果というか，ロベスピエールというカリスマ的指導者を失ったことで，**急進共和派自体の発言権が小さくなってしまった**のですね。

🏴 フランス革命期の女性たちについて

さてこの節の最後に，フランス革命期の女性たちの活動について触れておきましょう。1789年の**ヴェルサイユ行進**などで，フランスの女性たちは大きな働きをしましたね。

そんななか，1791年に**ド=グージュ**という女性が『**女性の権利宣言（女性と女性市民の権利の宣言）**』を刊行しました。その第1条はこうです。

「女性は生まれながらにして自由であり，権利においては男性と平等である」。

これは，1792年にイギリス人の女性の**ウルストンクラフト**が著（あらわ）した『**女権**

1789年の人権宣言は男性の権利を宣言しただけョ

ド=グージュ
(1748～1793)

私の娘は小説『フランニケンシュタイン』の著者メアリ＝シェリー（シェリー夫人）です。

メアリ＝ウルストンクラフト
（1759〜1797）

擁護』とならんで，男女の平等をうったえたものでした。

しかし**国民公会**においても，**選挙権は男性**のみ。そしてグージュ自身もジャコバン時代に処刑されてしまいました。

それから，1804年に発布される**ナポレオン法典**でも，女性は**家父長**にしたがい，**家庭を守る存在**として位置づけられました。

この後の女性解放運動の進展については，第4巻でお話しします。

5 総裁政府の成立と新たな危機　📖 別冊プリント p.42 参照

■ 総裁政府の誕生

さて，ロベスピエールが失脚した翌年，新しい憲法と政治権力が生まれました。まず，

Q 1795年につくられた新しい憲法はどう呼ばれたか？

——1795年（共和暦3年）憲法

共和体制ができたのが1792年9月。それから数えて3年目なので「共和暦3年」の憲法です。この憲法が規定する政治体制は，共和政です。

そして**制限選挙**が復活しました。議会は二院制で，**上層市民の利益**を代弁する旧ジロンド派の人々が主流派を占めました。新しい政府は**総裁政府**と呼ばれました。

この新体制は**権能が分散**していました。ではなぜそういう体制にしたのか？　それは，第2，第3のロベスピエールが現れて，独裁と恐怖政治が再現することが怖かったんですね。

■ フランス国内の危機

しかし，政府をとりまく現実の情勢は**危機の連続**という感じでした。まず，総裁政府の成立直前に**王党派の反乱**が起こりました。ついで，

1796年，総裁政府を打ち倒すための陰謀を画策し，翌年処刑された，「共産主義の先駆」と言われる人物は？
——バブーフ

その後も，**王党派**や**ジャコバン派**の残党の活動によって，総裁政府は動揺させられました。そして**1798年**に決定的なできごとが起こります。

🔖 エジプトの戦いと，第2回対仏大同盟

それは1798年に，**ナポレオン=ボナパルト**率いるフランス軍がエジプトに遠征したことです。その目的は，**イギリスとインドの連絡路を絶つ**ことでした。インドはイギリスにとって，**綿花供給地**や**市場**として重要さを増していた地域でした。

当然イギリスは反撃に出ました。そして**ネルソン**提督率いるイギリス海軍は，フランス軍を**アブキール湾の海戦**で破り，ナポレオンはエジプトに釘付けになりました。

ナポレオンはすでに諸国に知られた名将。その彼がフランスにいない！　これはフランス本国を攻撃するチャンスでした。

こうして**1799年**に第2回対仏大同盟が結成され，諸国の軍隊はフランス国境に迫りました。

▶高まるフランス国民の危機感

大きな危機感がフランス国民のあいだにわき起こりました。

もしも今度の対仏大同盟がフランスに勝利でもしたら，下手すると**絶対王政と旧体制の復活**です。亡命していた**貴族**たちも帰ってくるでしょう。そうなると，商工業者が蓄えた財産は，贅沢三昧の国王に税金として奪われるかもしれない！

農民たちの危機感は，もっと深刻でした。では農民のBさんに聞いてみましょう。

農民のBさん

そりゃあ，おめー，国王や貴族たちが復活したら，**俺たちが獲得した土地，やつらに返さなきゃならねえ！**　そんなの絶対に嫌だ！　だれか，フランスの危機を救ってくれ～っ！

こうして，商工業者や農民たちは，この危機を乗り切ってくれる有能な指導者の登場を期待しました。"第2，第3のロベスピエールを！"

そしてその声は歴史の神に届きました。歴史の神は，ロベスピエールよりももっとスゴイ男にフランスを託したのです。

その男こそ，ナポレオン=ボナパルトでした。

ナポレオン=ボナパルト（1769～1821）

コルシカ島の小貴族の生まれ。軍官学校に進むも，方言がきつく孤独であったという。そのため図書館にこもり膨大な本を読んだらしい。とくに理数系に強く数学・物理学は得意だった。また記憶力も抜群であった。それにしても，この肖像画は印象的だ。描かれたナポレオンは当時29才。何よりも鋭い眼光に引きつけられる。歴史に名を残す人物は「目ぢから」が強い！

ちなみにこの絵を描いたのは**ダヴィド**。彼は後にナポレオンの宮廷画家となる。

「ナポレオンの肖像」

『フランス革命についての省察』──バークの「保守主義」

バークはイギリスの政治思想家で，本書でもアメリカ独立革命のところで紹介した（→ p.43）。その主著『フランス革命の省察』は，**フランス革命批判の書**として知られている。批判のポイントは，「フランス革命のような急激な変革は，大きな破壊と混乱と流血をもたらすからダメ」，「良いものは存続させ，悪い点は徐々に修正を加え，時間をかけながら変革していく」というもの。これを後代の人々は「保守主義」と評した。要するに「保守主義」とは，旧来のものに固執するのではなく，「漸進的な変革」のことである。イギリスの歴史は，まさしく政治・経済に時間をかけて改良を加えてきた保守主義の歴史であった。

（光文社古典新訳文庫）
翻訳：仁木麻里

ナポレオン時代

産業革命と環大西洋革命(4)

それでは，ナポレオンとその帝国について見ていきましょう。

① ナポレオンの登場

📖 別冊プリント p.45 参照

まずは彼のプロフィールから確認しましょう。

出身は**コルシカ島**。地中海に浮かぶ島です。革命中はジャコバン派と見なされていました。名前が最初に歴史に登場するのは，彼が弱冠26歳のときです。時に1795年。

この年にナポレオンはヴァンデミエールの反乱を鎮圧しました。首都パリで起こった**総裁政府に対する王党派の反乱**ですね。ヴァンデミエールとは葡萄収穫の月のことです。

そして1796年にはイタリア遠征。オーストリア軍をロディ=アルコレの戦いで撃破します。その結果，オーストリアとフランスは**カンポ=フォルミオの和約**を結びます。これで**1793年以来の第1回対仏大同盟は瓦解**しました。

そして1798〜1799年には**エジプト**に遠征。当時のエジプトは**オスマン帝国領**でしたが，遠征の目的は**イギリス・インド間の連絡を絶つ**ことでした。ところがアブキール湾の海戦で，イギリスに敗れましたね。

▌統領政府──ナポレオンの個人独裁体制

これを契機にイギリス，ロシアなどによって**第2回対仏大同盟**が結成されました。これに対して権力が分散している**総裁政府**では，この危機に対処できなかった。そこで国民のあいだに，強力な**独裁権力の必要性**を望む声がだんだん大きくなってくるんでしたね。

それを察知したナポレオンはフランスに戻り，**総裁政府を倒すクーデタ**

を引き起こします。これをブリュメール18日のクーデタと言います。日本語でなら，霧月18日のクーデタになります。

新しく樹立された統領政府（とうりょうせいふ）は，事実上ナポレオンの個人独裁体制でした。彼には県知事や市長の任免権（にんめんけん）など，絶大（ぜつだい）な権限がありました。ただ，形式的にはまだ1792年に成立した第一共和政が続いています。

② ナポレオンのヨーロッパ制覇 📖 別冊プリントp.45参照

📕 対外政策

さて，権力を握（にぎ）ったナポレオンは，国民の期待に応（こた）えるべく，フランスの危機を次つぎと突破（とっぱ）していきました。

まず1800年にはイタリアにふたたび侵攻（しんこう）し，マレンゴの戦いでオーストリアを撃破（げきは）します。つづいて，

◎ 1802年，フランスの軍事的優位のもと，英仏間で結ばれた休戦条約は？
——アミアンの和約

アミアンはフランス北部の都市で，**ゴシックの大聖堂**で有名ですね。ちなみにアミアンの和約を結んだ当時のイギリスの首相は，**ピットではありません。**この和約で**第2回対仏大同盟は崩壊（ほうかい）**しました。

またナポレオンは，革命以来**対立関係にあったローマ教皇**との関係を修（しゅう）復（ふく），協約を結ぶことに成功します。この協約を**コンコルダート**と言い，「**宗教協約**」と訳します。宗教協約とは"世俗（せぞく）の権力と教会との約束"のことですね。このときのローマ教皇は**ピウス（ピオ）7世**でした。

そのコンコルダートの内容は，ローマ教皇がフランス共和国を承認（しょうにん）すること，司教などの任命権を第一統領（ナポレオン）が保有することなどのほかに，

カトリック教会は，フランスを失うわけにはいかね

教皇ピウス7世

コンコルダートの内容

①革命中に否定されていたカトリックを復活させる
②教会財産は現状のままとする

とくに重要だと思われるのは②です。これによって，革命中に歴代政府によって売却された教会財産は，現状のままとなりました。つまり，「農民などのものとなった土地所有権を追認」するということです。農民は大喜びですね。

やっぱ，
ナポレオン
は頼りに
なる 農民

■ ナポレオンの内政

内政上のポイントとしては，まず1800年のフランス銀行の設立が重要です。フランス銀行は当初は民間の銀行でしたが，19世紀末までに，だんだんと中央銀行の役割を持つようになりました。

中央銀行とは，政府との密接な関係のもとで，その国の金融政策を取り仕切る銀行のことです。具体的には，貨幣（紙幣，銀行券）の独占的な発行権を持ち，一般の銀行に対して資金を供与したりして，その国の経済活動を牽引する組織です。

また，公教育制度を整備し，商工業の新興もはかったほか，旧支配層との妥協もはかり，貴族制の復活を認めました。

さらに1802年には1795年憲法を改正して，新たに1802年憲法が制定され，これにもとづいてナポレオンは終身統領に就任しました。

▶ナポレオン法典

そして1804年にはフランス民法典（ナポレオン法典）が制定されました。ところで，民法（民法典）ってどういう法律か知ってますか！

民法とは，憲法のように国家の基本的なあり方を規定した法律ではなく，国民1人ひとりが，どのような社会生活を行うべきかについて規定した法律です。たとえば，商工業などのような金儲けについてのルールや，家族や結婚のあり方などについての規定ですね。

とくにナポレオン法典には，法の前の平等や，契約の自由，それに私有財産の不可侵などが記されていました。また家族を社会の基礎単位と考え，家父長権を重視していました。

家こそ，
国の基本
ナポレオン

孔子
ワシと
同じ
考えじゃ

ナポレオン，皇帝に

　同じ**1804年**には**国民投票**が行われ，農民，ブルジョワジーなど，国民各階層の圧倒的支持の下に，ナポレオンは**皇帝**となり，**第一帝政**が成立しました。**クーデタ**ではなく，国民投票という合法的手続きを踏んで皇帝となったのです。

画面右側 白い服の人物はローマ教皇ピウス7世。戴冠は教皇がするはずだったんですが…

「ナポレオンの戴冠式」(部分)
1807年完成。ダヴィド画。ナポレオンは皇后ジョゼフィーヌにみずから冠を授けた。

強まる国民意識

　これで**ブルジョワジーや農民は**安心しただろうね。だって，ナポレオン体制の確立によって，**絶対王政**が復活したりして，**貴族**などがのさばる可能性は少なくなりましたからね。ブルジョワジーや農民たちは，安心して商工業や農作業に専念できるようになったのです。

　こうして革命勃発後動揺していたフランスという国家は安定し，そのもとで，農民やブルジョワジーの活動や資産が保障されました。

　そして，このことはまた，**フランスという「国家」と「国民」との一体感**を強めることになりました。両者のあいだを媒介したのは，**ナポレオン**という希有の人物です。

　こうしてフランスの**国民意識は強化**され，**国民**としての団結もまた強まりました。このような国民が戦争に行ったら，**国家のために**，そしてひいては**国家と一体化している自分のために**，そりゃあ一所懸命に戦うのです。

　このような**国民意識**に裏打ちされた軍隊を国民軍と言います。そんな軍隊を天才ナポレオンが統率するわけですから，フランスは強いわけですよ。

フランスは，1804年に皇帝という独裁者を戴いた“国民国家”となりました。なんか矛盾した表現に聞こえますが，なんせナポレオンは，みずから「革命の申し子」と振る舞っていますからね。こういう国民国家もありうるわけです。

■ 1805年の敗北と勝利

ではこのあとどうなったか？

ナポレオンの皇帝即位に対抗して，**1805年**には第3回対仏大同盟が結成されました。提唱者はイギリス首相に返り咲いた**ピット**。だって，ナポレオンがかぶった冠は，国王の冠ではなく帝冠だったのです。皇帝とは「世界の支配者」をめざす君主。ナポレオンは，フランス1国の君主で終わる気なんてないんですよ。

1805年の10月には**トラファルガー海戦**が起こりました。ここで，フランスは，またしても**ネルソン将軍**率いるイギリス艦隊に敗れました。

そして1805年12月には，**アウステルリッツの戦い**が展開されました。3人の皇帝が一堂に会したので，**三帝会戦**とも言います。この戦いでは，ナポレオンが勝利しますが，

Q オーストリア皇帝フランツ1世とともに，三帝会戦で敗れたロシア皇帝はだれか？　　　　　　　　　——アレクサンドル1世

アウステルリッツは地名で，現在の**チェコ**に位置します。この結果，フラ

> **参考**
>
> 　ロシア人のナポレオン観：トルストイの『戦争と平和』（岩波文庫，藤沼貴訳）に，アウステルリッツの戦いで捕虜となったロシア軍将校レープニン公爵とナポレオンの会話のシーンがある。ロシア人のナポレオンへの複雑な心情が見て取れるので紹介する。
> 　「（ナポレオン）君は近衛騎兵連隊長ですか？」，「（レープニン公爵）私は騎兵中隊を指揮しておりました」，
> 　「（ナポレオン）君の連隊は立派に義務を果たした。」，「（レープニン公爵）偉大な将の賛辞は，兵へのこよなき報いであります」，
> 　「（ナポレオン）喜んでその報いを君に与えよう」。

ンスとオーストリアのあいだに締結されたのが，プレスブルクの和約です。これでオーストリアが敗北を認め，**第３回対仏大同盟も崩壊**しました。

地図 ▶ ナポレオン関係地図①

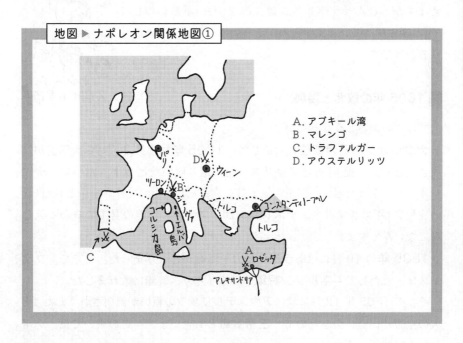

A．アブキール湾
B．マレンゴ
C．トラファルガー
D．アウステルリッツ

▶神聖ローマ帝国の消滅

そして **1806 年**には，影響下においた西南ドイツ諸邦にプロイセン，オーストリアに対抗する軍事同盟をつくらせました。これを**ライン同盟**と言います。この結果，16 のドイツ諸邦が神聖ローマ帝国から離脱し，この 1806年に**神聖ローマ帝国は名実ともに消滅**しました。

Q 神聖ローマ帝国最後の皇帝はだれか？
——**フランツ２世**

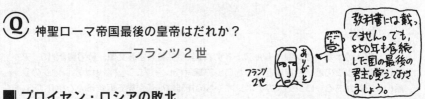

教科書には載ってません。でも，850年も存続した国の最後の君主。覚えておきましょう。

フランツ
2世

ありがとう

◼ プロイセン・ロシアの敗北

1806 年 10 月，ナポレオンは**プロイセン**と**イエナ**で戦いました。さらに1807 年には，**プロイセン・ロシア**とアイラウ（アウエルシュタット）での戦いに勝利をおさめ，敗北したプロイセンとロシアは，同じ **1807 年**にティ

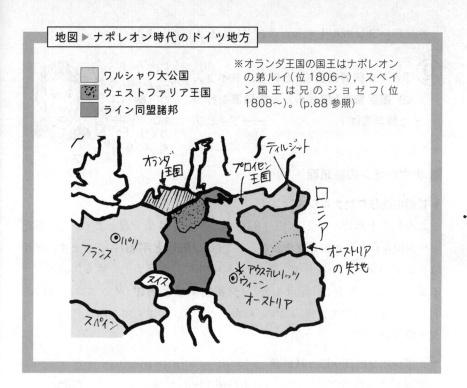

地図 ▶ ナポレオン時代のドイツ地方

- ワルシャワ大公国
- ウェストファリア王国
- ライン同盟諸邦

※オランダ王国の国王はナポレオンの弟ルイ（位 1806〜），スペイン国王は兄のジョゼフ（位 1808〜）。（p.88 参照）

オランダ王国
ティルジット
プロイセン王国
ロシア
オーストリアの失地
フランス
パリ
スイス
アウステルリッツ
ウィーン
オーストリア
スペイン

ルジット条約を結ばされてしまいます。ティルジットも地名で，これは現在のリトアニアにあります。

　対プロイセン・ティルジット条約の内容を見てみましょう。

　プロイセンの領土の**エルベ川以西**をフランスが奪い，ナポレオンはそのなかに**ウェストファリア王国**を建てました。

　またナポレオンはプロイセン領の東南部を切り取り，そこに**ワルシャワ大公国**を建国しました。その領土は，かつてプロイセンが**第2回のポーランド分割**（1793）と**第3回**（1795）**の分割**で奪取した地域を中心とするものでした。また領土の南部は第1回ポーランド分割（1772）でオーストリアが奪った領土でした。ワルシャワ大公国は，事実上ナポレオンの保護国ではありましたが，独自の憲法を持っていました。

　一方，このような領土の喪失という屈辱への反発が**プロイセン近代化の契機**となっていったのです。近代化の具体策としては，宰相の**シュタイン**や**ハルデンベルク**による**農民解放**があげられます。

それから**フンボルト**の教育改革も行われました。また、

Q 「ドイツ国民に告ぐ」という、ドイツ人の"国民意識"醸成のための講演を行った哲学者は？　　──フィヒテ

（手書き）ドイツが バラバラ だったから、ナポレオンに負けたんだ。統一ドイツ国家をつくり、「ドイツ国民」になろう！

フィヒテ
(1762～1814)

■ ナポレオンの絶頂期

▶芸術に描かれたナポレオン

　こうしてナポレオン帝国は、1810年ごろに絶頂期を迎えます。このあたりの状況を中心に描いた文学作品としては、『**戦争と平和**』があります。作者はロシアの文豪**トルストイ**。また、1804年に、音楽史上に残る作品が、ナポレオンに対して捧げられました。「**交響曲第3番英雄**（後にエロイカに改名）」。ベートーヴェン作曲です。絵画だったら、ナポレオンの宮廷画家だったダヴィドですね。

▶ナポレオンのヨーロッパ制覇

　ナポレオンは占領地に自分の兄弟を国王として派遣します。お兄さんの**ジョゼフ**は**スペイン**と**ナポリ**の国王に。弟**ルイ**は**オランダ国王**。このルイの息子が後のナポレオン3世になります。末の弟が**ジェローム**で、この人は**ウェストファリア王国**の王になりました。

兄
ジョゼフ
スペイン，
ナポリ王

（手書き）弟よ、お兄ちゃん、ありがとう

弟
ルイ
オランダ王

末弟
ジェローム
ウェスト
ファリア王

　一方1810年には、苦楽をともにした古女房**ジョゼフィーヌ**と離婚してしまいます。ジョゼフィーヌにアンダーライン。試験には出ないけど、かわいそうだから（笑）。ではなぜ離婚してしまったのか？皇帝になったから、彼としてはやはり世継ぎが欲しいわけです。ところがジョゼフィーヌとのあいだには子供ができなかったんですね。

　ナポレオンの新しい妻になったのは**ハプスブルク家**のマリ=ルイーズ。ハプスブルク家といえばヨーロッパ随一の名家であり、多産の家系として有名ですよね。そして一子をもうけました。

……しかしなあ，ナポレオンてこの時41歳で，マリ=ルイーズは19歳。こりゃ犯罪だぜ(笑)，ホントにもう……。

③ ナポレオンの没落

📖 別冊プリント p.47 参照

■ スペインでの苦戦

で，そういうことをやらかした(笑)ナポレオンの没落はスペインから始まっていきました。スペインへは1808年から侵略を開始しますが，これに対して，スペインの民衆が粘り強い闘争を展開しました。これを**半島戦争**，もしくは**スペイン独立戦争**と言います。

その民衆の戦いに手を焼いたナポレオン軍は，無差別殺戮を展開し，そのことを描いたのがゴヤの「**五月三日の処刑**」という作品です。

このころから「革命の申し子」ナポレオンとは異なる，「侵略者・圧制者」としてのナポレオンの姿が強く浮かび上がってくるようになりました。ちなみに，スペイン語で小規模な戦闘のことをゲリラと言います。

われわれの大先輩です
ゲリラ

■ ロシア遠征の失敗

そして，**1812年**にはナポレオンの決定的没落を引き起こす**ロシア遠征**が行われました。原因はロシアがナポレオンの出した**大陸封鎖令**を無視したからです。大陸封鎖令は，別名を**ベルリン勅令**とも言います。

大陸封鎖令の目的ですが，

①宿敵イギリスを経済封鎖して，打撃を与える。具体的には，イギリス産の商品がヨーロッパ大陸に流入しないようにして，イギリスから市場を奪う。またロシアなどからの穀物の輸入ができないようにする。
②ヨーロッパをイギリスから切り離すことによって，ヨーロッパ大陸をフランス産業の市場として確保する。

この2点に集約されるでしょう。ところが，**ロシア**はこれを無視して**穀物輸出**を続けました。

そこで**1812年**6月，50万以上のフランス軍が，ロシア軍の主力を撃破すべく，遠征が始まりました。フランス軍はロシア軍を追って，モスクワ近郊の**ボロディノ**で会戦しました。

ボロディノはモスクワの西方にあたります。ロシア軍は退却し，ナポレオンは**モスクワ占領**に成功します。しかし，ロシア軍は**焦土作戦**で臨み，モスクワに火を放ち，一切食料を残さなかったのでした。

ナポレオンの軍隊は食料不足から，厳冬のロシア平原を撤退していきました。そして壊滅。生還したフランス兵は，たった2万人との説もあります。

■ 解放戦争広がる

これを契機に，ナポレオン支配下にある各地で，フランス軍打倒の戦いが起こりました。これを「**解放戦争**」と言います。

Ⓠ そのなかの最大の戦いで，1813年，ナポレオンがプロイセン・オーストリア・ロシアの同盟軍に敗北した戦いは？

——ライプチヒの戦い

いろいろな国が連合して戦ったので，**諸国民戦争**とも言います。

そして翌年の**1814年**には，諸国の軍によって**パリが占領**されてしまいます。ナポレオン自身はエルバ島に島流しになりました。ここはイタリア半島のすぐ西側，彼の出身地であるコルシカ島のすぐ東側です。

■ ナポレオンの百日天下

一方，ナポレオンを破った諸国は，オーストリアの都ウィーンで会議を開きました。

Ⓠ 1814年，ナポレオン戦争の戦後処理のために開かれたウィーン会議を主催した人物は？

——メッテルニヒ

彼はオーストリアの**外相**で，当時はまだ宰相ではありません。

ところが，この会議の最中にナポレオンがエルバ島を脱出し，フランス皇帝へ返り咲きを果たします。その後3か月間，皇帝として君臨しますが，こ

れをナポレオンの「百日天下」と言います。

■ ナポレオンの没落

　これに対して，ウィーンに結集していた諸国は，会議における対立を棚上げにして団結するのでした。そして，1815年6月の**ウィーン議定書**の締結後，

Q イギリスの将軍ウェリントンが活躍してナポレオンを粉砕した戦いは？
　　　　　　　　　　　　　　　　　　　——ワーテルローの戦い

Q では，敗北後にナポレオンが流された島は？
　　　　　　　　　　　　　　　　　　　——セント=ヘレナ島

　1815年から6年間，ナポレオンはこの島で余生を送り，1821年に亡くなりました。その知らせがパリに伝わりました。パリでその知らせを聞いたのが，**タレーラン**。この人は画家の**ドラクロワ**のお父さんと言われており，ウィーン会議ではフランスの外務大臣として活躍しました。
　その彼がエスプリに富んだ表現で，こう言いました。「ナポレオンが死んだ？　それは10年前なら大事件。しかし，今では単なるニュースだよ」。こうして稀代の風雲児ナポレオンは歴史から姿を消したのでした。

ナポレオンの墓

パリ市内，廃兵院（戦傷兵のための厚生施設）の隣にあるナポレオンの墓（棺）。1821年ナポレオンは死去したが，1840年に遺体はフランスに戻された。
（撮影はいずれも1985年）

廃兵院からナポレオンの墓へ通ずる廊下。青木が指さすところに標識がある。「ナポレオンの墓」ではなく，「皇帝の墓」とある。フランス人にとってのナポレオンは，第五共和政の現在でも「皇帝」なのだ。

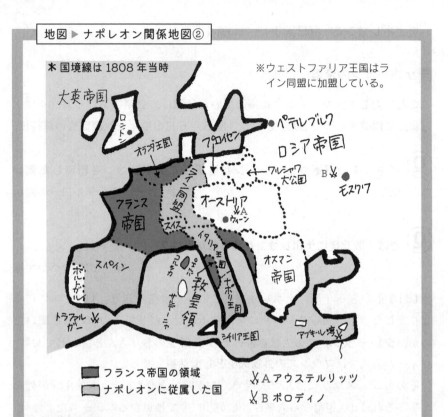

✳ 国境線は 1808 年当時

※ウェストファリア王国はライン同盟に加盟している。

大英帝国
ロンドン
オランダ王国
プロイセン
フランス帝国
スイス
スペイン
ポルトガル
トラファルガー
コルシカ
サルデーニャ
教皇領
イタリア王国
ナポリ王国
シチリア王国
ペテルブルク
ロシア帝国
ワルシャワ大公国
B✗
モスクワ
オーストリア
A✗
ウィーン
オスマン帝国
アブキール湾

- ⬛ フランス帝国の領域
- ⬜ ナポレオンに従属した国

✗ A アウステルリッツ
✗ B ボロディノ

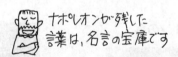
ナポレオンが残した言葉は、名言の宝庫です

『ナポレオン言行録』(大塚幸男訳，岩波文庫)より
- ● 力といえども知性なくしては無に等しい。
- ● 最大の危険は勝利の瞬間にある。
- ● どんな生涯においても、栄光はその最後にしかない。

ではこれでナポレオン時代の授業はオシマイです。アデュー！

第49回

ラテンアメリカの独立

産業革命と環大西洋革命(5)

　ラテンアメリカのほとんどの地域は，**19世紀の前半**に独立を達成しました。この**ラテンアメリカの独立**も，**アメリカ独立革命**や**フランス革命**とともに「**環大西洋革命**」の一環として位置づけられています。では，この回は，独立の過程と，その後の情勢を見てみましょう。

⬤ ラテンアメリカの独立とその後

📖 別冊プリント p.48 参照

📑 独立の前史

　ラテンアメリカの多くの地域は，**16世紀**以降，**スペイン**や**ポルトガル**などの植民地になりましたね。

　とくにスペイン植民地だった**ペルー**では，18世紀の末に，**トゥパク＝アマル2世**が先住民を率いて反乱を起こしました。彼は**インカ帝国**の皇帝の子孫を名乗っていました。

覆面

私の意思をついでくれたのか

1996年にペルーの日本大使館占拠事件を起こしたのが，トゥパク＝アマル革命運動という結社。イラストは，首謀者のセルパ容疑者

トゥパク＝アマル2世
(1742〜1781)

📑 独立の動機

　そして**19世紀初頭の独立**ですが，植民地の人々は何が不満で独立したのでしょうか？　原因は**3つ**考えられます。

　1つ目の原因は，**本国生まれの白人の支配に対する反発**でした。これに対して，

🅠 独立運動の中心となった植民地生まれの白人は，なんと呼ばれたか？

――**クリオーリョ**です。

これはスペイン語で，クリオーリョの多くは地主でした。

　その下には，**インディオと呼ばれる先住民**や，**メスティーソとムラート**が
いました。メスティーソとは，白人とインディオとの混血のことで，ムラー
トは，白人と黒人の混血をさします。そして**最下層には黒人奴隷**がいました。

　2つ目の原因は，本国による**重商主義政策**。たとえばスペインは，植民地
と北米が，本国(もしくは本国人商人)を介さずに他国と貿易することを認め
ていませんでした。

　3つ目の原因は，本国が**植民地に重税をかけた**ことです。とくにフレン
チ=インディアン戦争で，スペインやフランスは莫大な戦費を使いました。ま
たナポレオン戦争の戦費も，本国の財政を圧迫しました。それを克服するた
めに，本国は植民地に対して重税をかけたのです。

■ 独立の契機

　独立運動は**1810年代から1820年代に集中**しました。これは理由が
はっきりしています。すなわち，**フランス革命やナポレオン戦争**によって，
本国である**スペイン・ポルトガル・フランスなどが動揺**し，それに乗じて
独立運動が盛り上がったのでした。

　とくに**ナポレオン**が1808年に**スペインを占領**し，それから1814年まで，
半島戦争(スペイン独立戦争)というナポレオン軍相手の戦いが展開しまし
た。これなんか，ラテンアメリカにとっちゃあ，チャンスですね。

■ ハイチの独立

　さてラテンアメリカで**最初に独立**を達成したのは，カリブ海の島国**ハイチ**
でした。「最初」なので年号も覚えておこう。**1804年**だね。

　場所はキューバの東に，スペイン領イスパニョーラ島というのがあって，
その西半分が1697年にフランス領になりました。フランス人はそこを**サン
=ドマング**と呼びました。これがハイチです。**綿花・砂糖**，そして**コーヒー
などのプランテーション**が経営され，労働力は黒人奴隷でした。

　1791年，その奴隷たちがフランス革命の影響を受けて，反乱を起こします。

黒人の解放奴隷で，ハイチの反乱・独立運動の指導者は？

—— トゥサン=ルヴェルチュール

　彼自身は，フランス軍に捕らわれ，1803年に獄死しました。しかし翌年には，彼の仲間たちががんばって，**ハイチ共和国**として独立を達成し，当然ながら**黒人奴隷制は廃止**されました。これを多くの教科書では，**ハイチ革命**と記しています。

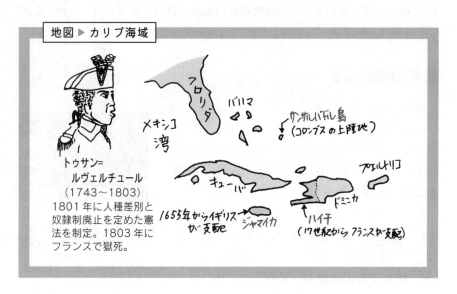

地図 ▶ カリブ海域

トゥサン=
ルヴェルチュール
（1743〜1803）
1801年に人種差別と
奴隷制廃止を定めた憲
法を制定。1803年に
フランスで獄死。

フロリダ
バハマ
メキシコ湾
サンサルバドル島
（コロンブスの上陸地）
キューバ
プエルトリコ
1655年からイギリス
が支配
ジャマイカ
ドミニカ
ハイチ
（17世紀からフランスが支配）

▉ メキシコの独立

　続いてメキシコの独立について，見てみましょう。

 1811年まで，インディオやメスティーソを率いて独立運動を指導したカトリックの聖職者はだれか？ —— **イダルゴ**です。

　彼が率いた反乱軍は貧農が中心で，しかも本国人のみならず，クリオーリョの地主などに対しても殺戮を始めたため，クリオーリョたちによって鎮圧されてしまいました。

　その後1820年に本国で**スペイン立憲革命**（→ p.113）が起こると，メキシ

コの保守的な支配者たちは，これに反発して本国からの独立を宣言しました。国民主権を掲げるスペインの憲法（1812年憲法）は，クリオーリョたちの支配体制を壊す恐れがあると考えられたのです。

こうして1821年にスペイン軍の士官だったイトゥルビデが皇帝位につき，**メキシコ帝国**として独立しました。しかし，その後**共和派の反乱**が起きて，メキシコはアメリカのような**連邦制の共和国**になりました。

またメキシコ以南の地域には，ニカラグアやコスタリカなどが**中央アメリカ連邦**を形成しました。これは教科書の地図には載ってますね。しかしこの連邦体制は1840年代に崩壊し，小国に分裂することになりました。

📕 南米諸国の独立

南米大陸では，**ベネズエラ**生まれのシモン=ボリバルが活躍しました。彼は，ラテンアメリカの独立と，ラテンアメリカの統一のために一生を捧げました。そして1819年には南米大陸の北部に**大コロンビア**を建設しました。

さらに1821年には，**ベネズエラ**が大コロンビアの一部として独立を達成しています。

©青木

メキシコシティーにあった「サン=マルティン通り」の標識。彼やボリバル，それにフアレスなどはラテンアメリカ全体にとっての英雄のようだ。

Ⓠ 南米大陸の南部のアルゼンチンや，チリ・ペルーの独立運動の中心人物は？

――サン=マルティン

以上の2人はいずれもクリオーリョです。

📕 ブラジルの独立

一方，ポルトガルも植民地を持っていました。ブラジルですね。

アルゼンチンやチリやベネズエラがスペインから独立する場合には，おおむね**武装闘争**を展開しているのに対して，ブラジルの場合は，ほとんど流血のない**平和的な独立**でした。これは注意だね。

ブラジルにはナポレオン侵入の難を避けて，ポルトガルの王室が逃げて来

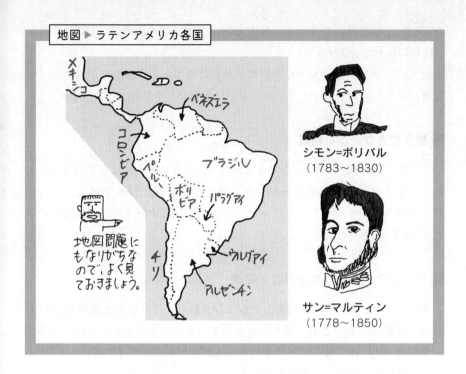

地図 ▶ ラテンアメリカ各国

メキシコ

ベネズエラ

コロンビア

ペルー

ブラジル

ボリビア

パラグアイ

チリ

ウルグアイ

アルゼンチン

地図問題にもなりがちなので、よく見ておきましょう。

シモン=ボリバル
（1783〜1830）

サン=マルティン
（1778〜1850）

ていました。そしてナポレオンが没落したので、王室の人々は本国に戻るわけですけれど、息子のドン=ペドロだけは残ってブラジルで自立するんです。そして、**1822年**に帝政を樹立し、独立を宣言しました。

　その後のブラジルでは奴隷制も存続しました。しかしヨーロッパにおける**奴隷制廃止**や**奴隷貿易禁止**の動きがブラジルにも波及し、19世紀半ばにはアフリカからの奴隷の流入がなくなりました。すると労働力を確保するために、**ヨーロッパからの移民**が増大しました。そして1888年には**奴隷制**が、翌年の1889年には**帝政も廃止**され、ブラジルには**共和政**が成立しました。

◢ 新生独立国の連帯

　シモン=ボリバルは、スペイン本国の復讐に備えるために、ラテンアメリカ諸国に対して会議の開催を呼びかけました。開かれたのは1826年。開催地は**パナマ**です。当時はコロンビアの一部ですけれどね。

　この会議を**ラテンアメリカ会議**（**パナマ会議**）と言います。パン=アメリ

カ（汎米）会議ではありません。後者はアメリカ主導の会議で，1889年に第1回が開かれています。

なお，ブラジルはポルトガル領だったわけですから，当然ながらスペインに対抗するためのラテンアメリカ会議には来ませんでした。

📕 独立できなかった地域

ここで，この段階までに独立できなかったおもな地域も確認しておきましょう。まずスペイン領の**キューバ**。そしてイギリス領の**ジャマイカ**。さらに南米大陸北部のイギリス・オランダ・フランス各国の植民地。これらはいずれも「ギアナ」と呼ばれました。

📕 ラテンアメリカの社会構造・経済

ラテンアメリカは農業地域で，**アシエンダ制**と呼ばれる**大土地所有制**にもとづく**大農園**が経営され，**地主**が大きな勢力を持っていました。彼らの多くは**クリオーリョ**で，彼らに支持された**軍人政権**が多くの国々で成立しました。また独立戦争で活躍した軍事的実力者も，各地で台頭していました。

Q 日本語の「軍閥（ぐんばつ）」にあたるこのような勢力をなんと言うか？

——カウディーリョ

また貿易は，**一次産品の輸出**を中心とした**モノカルチャー体制**でした。たとえば**チリ**なら**銅**と**硝石（しょうせき）**。硝石は火薬の原料です。また**中米諸国**は**コーヒー**や**バナナ**，**ブラジル**は**コーヒー**や**砂糖（さとう）**の輸出地帯でした。

これらの農産物や鉱産物は**欧米に輸出**され，**欧米の工業を支え**ました。これはアジアなどと同様ですね。

とくに19世紀の後半になると，**メキシコと中米にアメリカ**が，**南アメリカにはイギリスが経済進出**しました。これを可能にしたのが，19世紀前半の米英の外交政策でした。これについては，ウィーン体制のところで説明しましょう（→ p.115）。

■ 19世紀後半のメキシコ

さて，独立後のメキシコでは，**地主**と**教会**に支持された**軍人の独裁体制**が続きました。

▶改革（レフォルマ）とメキシコ内戦

しかし**1848年**にアメリカ＝メキシコ戦争で敗れると，この体制は動揺しました。

すると，1854年に**自由主義者が蜂起**し，翌年には**自由党のフアレス**（当時は最高裁長官）たちが政権を握りました。彼らは，「**レフォルマ**」と呼ばれる改革に着手しました。改革の目玉は教会の**土地などを貧農に分配する土地改革**でした。これには**教会などの保守派**が反発し，1857年からメキシコは内戦状態になりました。これを**メキシコ内戦**と言います。

混乱のなかの1858年，フアレスは大統領に就任しました。彼は，ラテンアメリカでインディオ出身として，初めて大統領になった人物です。

フアレス大統領
（任1858〜1872）

▶外国の干渉

さて，保守派は外国に援助を求めました。するとフランスの支配者ナポレオン3世は，**イギリス**や**スペイン**とともに，「**メキシコ出兵**」を断行しました。ときに**1861年**のことで，軍事干渉の口実は，フアレス政権が**対外債務の支払いを停止**したことでした。しかし，ほどなくしてイギリスとスペインは撤兵しました。これは，両国が貸したお金が少なかったためです。"少ないお金のために，血を流す必要はなかろう"というところですね。

▶ナポレオン3世の動向

マクシミリアン
"メキシコ皇帝"
（位1864〜1867）

一方，ひとり残ったナポレオン3世は，メキシコに"あやつり人形国家"の建設をもくろみました。そのために，1864年，自分の遠縁にあたる**ハプスブルク家のマクシミリアンをメキシコ皇帝**と

しました。

　しかし，フランス軍は各地でフアレスの軍に敗れ，また**プロイセン**との対立も深まったので，1867年に撤兵しました。

　それから**アメリカの反発**も大きかった！　モンロー宣言(→p.115)を継承 ^{けい} し，**ヨーロッパ諸国のアメリカ進出に反発**するアメリカは，フアレスを支援しました。

　こうして，ナポレオン3世のメキシコ出兵は失敗し，マクシミリアンはフアレス軍に処刑されてしまいました。

■ラテンアメリカの文化

　最後に，ラテンアメリカの文化について。南米のペルーなどで，先住民インディオの文化の復興をめざす運動が起こりました。これは「**インディヘニスモ**」と呼ばれ，20世紀に入るとメキシコなどに継承されました。

　また，**ヨーロッパの文化**とラテンアメリカ各地の文化が融合した多様な文化も育まれました。

Q このような文化を総称してなんと言うか？　　——クレオール文化

　クレオールとは，「なまったフランス語」くらいの意味です。

　以上でラテンアメリカの独立については終わりです。

100

50_回

ウィーン体制の成立

ウィーン体制とヨーロッパの政治変動(1)

　みなさん，こんにちは。今回からしばらくのあいだ，**19世紀のヨーロッパ史**を見ていきましょう。

　まず，**19世紀の前半のヨーロッパの歴史**は，**ウィーン体制の成立・動揺・崩壊**の過程と見ていけばよいと思います。変動の起点となる国はフランスです。

　そのウィーン体制は，言うまでもなく**ウィーン会議**で成立しました。で，確認ですが，

Q ウィーン会議を主催し，その後のウィーン体制
　の中心となったオーストリア外相は？

　　　　　　　　　　　　　——メッテルニヒ

メッテルニヒ
（外相 1809〜1821）
（宰相 1821〜1848）

　では，そのウィーン会議から見てまいりましょう。

1 ウィーン体制の成立

📖 別冊プリント p.50 参照

🔖ウィーン会議

　ウィーン会議が始まるのは**1814年**です。ウィーン体制の成立は**ウィーン議定書**が調印された**1815年**ですが。
　さて，ウィーン会議の基底となった理念を**正統主義**と言います。

Q 正統主義を提唱した人物はだれか？　　　　——タレーラン

　敗戦国であるフランスの外務大臣が，「正統主義」なんてことを会議で堂々と言ってのけられるのはなぜなのか。
　答えはタレーラン外相に聞いてみましょう。ではどうぞ，外相閣下。

タレーラン
(1754〜1838)

私は，敗北したナポレオンの代表ではなく，また革命フランスの代表でもありません。私は革命で被害を被ったブルボン朝の代表なのです。えっ，画家のドラクロワが私の息子かって？　……ノーコメントじゃよ。(注)実は息子らしい。

プライベートな質問はNGだそうです

正統主義と勢力均衡

正統主義の概要(がいよう)は，以下のとおりです。

> フランス革命の影響で**弱体化した**（もしくは**崩壊した**）各国の君主権を**復活・強化**し，ヨーロッパを革命以前の状態に戻す

それから正統主義と並(なら)ぶ，会議のもう 1 つの基調(きちょう)が**勢力均衡**(きんこう)です。これはかつてのフランスのように飛び抜(ぬ)けた強国が登場するのを防(ふせ)ぎ，英・仏・露・普・墺の 5 大国が力の均衡を図(はか)ることで，**ヨーロッパの現状維持(いじ)と平和**を守ろうという発想です。これを山川出版社の『世界史探究』では「**列強体制**」(れっきょう)と表現しています。「列強」とは，英語だと The Great Powers。すなわち複数の大国が協調(きょうちょう)して，国際秩序(ちつじょ)を守ろうというのです。

「会議は踊る」

さて，会議のほうですが，「**会議は踊(おど)る，されど進まず**」という状況でした。進まなかった一番大きな理由は，大国間の対立でした。

Ⓠ "ダンス"ばかりしていた会議を一足飛(いっそくと)びに進行させていくことになった事件とは？　　　　　——ナポレオンの「**百日天下**」

踊ってられなくなっちゃった

ニャ踊ってなんか
いられんッ！

ハルデンベルク
（プロイセン王国全権）

すなわちエルバ島に島流しになっていたナポレオンがフランスに復活。ナポレオンが，ウィーン会議参加国の脅威として，ふたたび立ち現れたわけです。

で，諸国はあたふたと妥協点を見い出すようになり，ついに1815年の6月に**ウィーン議定書**を締結し，ナポレオンを**ワーテルローの戦い**で粉砕したのでした。

▌ウィーン議定書の内容

さて，ウィーン議定書のポイントは，**領土の変更**です。そしてもう1つはフランスを打ち破った**4大国の動向**です。

▶オーストリア

まずは会議のホスト国であった**オーストリア**からみてみましょう。

この国は北イタリアに領土を得ました。ところが，一方で，放棄した領土もありました。それがベルギーです。では，

Q オーストリアが獲得した北イタリアの地域とはどこか？

まず，**ミラノ**を含むロンバルディア，そして南チロル，これは別名トレンチノとも言います。あとヴェネツィアや，イリリア・ダルマティア地方も獲得しました（→次ページの地図参照）。

このなかじゃあ，ヴェネツィアが大事ですね。だってこれによって，内陸の大国だったオーストリアが，**アドリア海への出口**を獲得したことになりますからね。

それまでのオーストリア，海への出口なかったもんね　メッテルニヒ

▶ロシア

ロシアが獲得した地域はポーランドです。ナポレオン時代には，ポーランドはワルシャワ大公国と呼ばれ，ナポレオンの属国の立場にありました。

Q ワルシャワ大公国が解消され，新たに成立したポーランド王国の国王になったのはだれか？　　　　　　　　——**アレクサンドル1世**

ポーランドは，形式的には独立国ですが，このロシア皇帝が国王を兼ねま

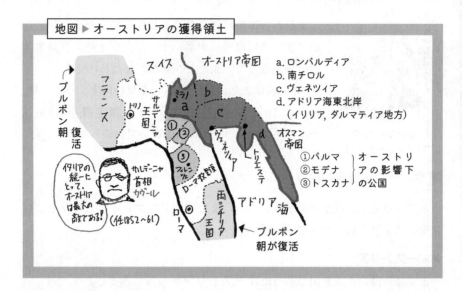

地図 ▶ オーストリアの獲得領土

オーストリア帝国
a. ロンバルディア
b. 南チロル
c. ヴェネツィア
d. アドリア海東北岸
　（イリリア, ダルマティア地方）

①パルマ ┐オーストリ
②モデナ ┤アの影響下
③トスカナ ┘の公国

イタリアの統一にとって、オーストリアは最大の敵である！

サルデーニャ首相カヴール

（任1852～61）

ブルボン朝が復活

した。このように，同一の君主のもとに，複数の国が連合することを「**同君連合**」と言います。

　あと北欧の**フィンランド**と，現在のウクライナの西隣に位置する**ベッサラビア**がロシアに併合されました。なおベッサラビアは，現在のモルドバ共和国にあたります。

▶プロイセン

　プロイセンも領土を拡大しました。**ザクセン地方の北部を獲得**し，さらに**ライン川の中流域を飛び地**として確保しました。のちに重化学工業が発展するこの地域を，**ラインラント**（ライン地方）と言います（→次ページの地図参照）。

　《注》 ラインラントは，広義ではライン川流域のドイツを指す。

▶イギリス

　4大国の最後はイギリスです。まず，**オランダ**からセイロン島（現スリランカ）と南アフリカの**ケープ植民地**を獲得。そして**フランス**からは，地中海に浮かぶ**マルタ島**を得ました。

　以上見てみると，イギリスが獲得した地域には，あきらかな特徴がありますね。それは，

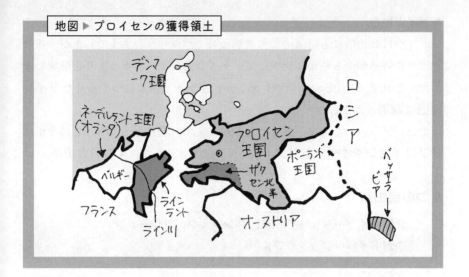

地図 ▶ プロイセンの獲得領土

ヨーロッパにおけるイギリスの獲得領土は「島」であり，さらにアジア
やアフリカにも領土を得ている

Q なぜイギリスはこういう地域を獲得したのか？

　イギリスでは，すでに**産業革命**が展開されています。これを継続するため
には，**綿花**などの**原材料供給地**や，広大な**市場**が必要となります。その輸
送ルートの安全確保という目的もあって，ケープ植民地などを獲得したと考
えてよいでしょう。

▶オランダ

　オランダはオーストリアが放棄した**ベルギーを獲得**し，南北のネーデルラ
ントを合わせて，**ネーデルラント（オランダ）王国**となりました。

▶スイス

　スイスは平和の国というイメージがありますけれども，中世・近世におい
ては，**傭兵の供給地**で有名でした。そのスイスが**永世中立国**として国際的
に承認されたのは，このウィーン会議のときです。

105

▶ドイツ地方

ドイツは政治的にも経済的にも依然としてバラバラのままでしたが，その
ドイツの各邦がゆるやかに連携して，**ドイツ連邦**というまとまりを形成しま
した。これで，1806年にナポレオンが西南ドイツ諸邦につくらせた**ライン
同盟は解消**されました。

では，どういった連中が集まったのか。まず，**君主国**が**35**。このなかに
は**プロイセン**や**オーストリア**も入っています。そして，**4つの自由市**。

4つの自由市

> 北部ドイツ…リューベック，ハンブルク，ブレーメン
> 中部ドイツ…フランクフルト

ドイツ諸邦の代表会議であるドイツ連邦議会の議長の立場に立ったのは
オーストリアですが，

Ⓠ ドイツ連邦議会はどこに設置されたか？　　──フランクフルトです。

ただし，議会といっても今の議会のように，国民の代表が集まる立法機関
ではなく，諸邦の調整機関にすぎません。

▶サルデーニャ（サルディニア）

サルデーニャ王国は，この後の**イタリア統一**の核となる国です。場所はイ
タリアの北西部。この国は，**ジェノヴァ**を獲得しました。

▶スウェーデン

北欧のスウェーデンも領土を得ました。それは**ノルウェー**でした。ノル
ウェーは形の上ではスウェーデンに併合されましたが，独自の憲法を持ち，
政治上は自立を保っていました。独立を宣言するのは**1905年**のことです。

▶ブルボン朝の復活

またウィーン会議を機に，ヨーロッパの3つの国で**ブルボン朝が復活**し
ます。**正統主義**のもっとも典型的な現れと言っていいですね。3つの国とは
フランスと**スペイン**，そしてイタリアの両シチリア王国です。

② 自由主義とナショナリズム

📖 別冊プリント p.51 参照

🔖 フランス革命が残した思想

ウィーン体制は，革命を嫌悪する**保守反動**の体制でした。ではウィーン体制を脅かした思想とはなんだったのでしょうか？　それはいずれも**フランス革命**が育み，**ナポレオン**が戦争という手段で広めたものでした。それは，

自由主義とナショナリズム

では，どんな思想だったでしょうか？　思想というものは，抽象的で形がありません。それを図解を入れて説明しますから，しっかり聞いてくださいね。

🔖 自由主義

じゃあ，まず**自由主義**から。これは**リベラリズム**(liberalism)という英語の訳語です。自由主義の基底には，「人間は**個人の自由な意志**にもとづいて行動ができる」という発想があります。その根幹にあるのは，啓蒙思想ですね。すなわち，「人間には**理性**があり，その理性にしたがって行動すれば，人間には明るい未来がある！」。

そこから，**理性**を持つ人間を信頼し，個人の才能の自由な発露が**社会の発展**をもたらすという発想が生まれました。これが**自由主義**です。

さらに，この自由主義から**個人主義**という考え方も生まれました。人間は理性を持つ存在として，**個人として尊重される**という考えですね。

このような考え方を基礎に据えて，18・19世紀には政治的・経済的な観点から自由主義の運動が進められることになりました。

たとえば政治的な自由主義の運動においては，不合理な理由で**特定の階層**や**君主に政治権力が集中**している状態を是正しようとしました。その具体的な現れが**フランス革命**でしたし，19世紀に展開する各地の立憲運動やイ

ギリスの選挙法改正，それに**フランスの七月・二月革命**です。

　また経済的な自由主義の運動では，**経済活動に対する政治権力の不合理な介入に反対**しようとしました。その前提になる思想は，フランスの**重農主義**です。あの「**レッセ・フェール**」の発想ですね。さらにはフランス重農主義を批判的に継承したイギリス古典派経済学も，経済的な自由主義を推進する発想となりました（→第2巻，p.404，第3巻，p.139）。

■ナショナリズム——異なる3つの内容

　続いてナショナリズム。これには3つの訳語があります。それは，**民族主義と国民主義と国家主義**です。**内容もかなり違ってますね**。ではとりあえず民族主義と国民主義の図解を見てください。

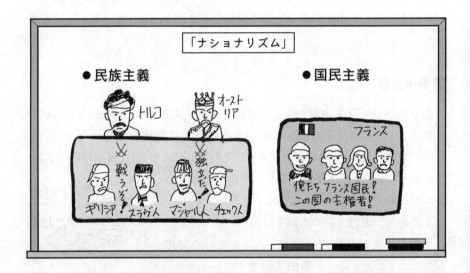

▶ナショナリズム——民族主義

　じゃあ，まず**民族主義**から。概要は以下のとおりです。

> **異民族の支配から民族を解放し，独立国家をつくる**

　たとえば**アイルランド**。ここは**カトリック教徒**の**ケルト系民族**が多数です。しかし支配者イギリスは，民族は**アングロ=サクソン人**で，宗教は**イギ**

リス国教。その異民族支配からみずからを**解放し独立国家をつくろう**，というのです。ほかにも**ポーランド**がロシアに対して，スラヴ系の**チェック**人や，アルタイ系のマジャール人がオーストリアに対して戦います。

▶ナショナリズム——国民主義

次は**国民主義**。これは**フランス革命**がめざしたものですね。すなわち，

国民主権を前提に，国民意識に裏打ちされた国民国家の形成をめざす

▶ナショナリズム——国家主義

そして，**ドイツ**でも，19世紀に**国家統一**をめざす動きが活発化します。これも当初は自由主義者を中心とした国民主義的な運動でした。しかし残念ながら，ドイツでは"フランス・モデル"の国民国家はできませんでした。

すなわち**ドイツ**では，結果として「**国家統一**」のほうに重きが置かれ，**国民主権のほうは後回し**，もしくはかえりみられなくなったのです。

こうした国家をも「**国民国家**」のカテゴリーに入れることがあります。しかし，こういう国家は，「**国民**」よりも「**国家**」のほうが優先され，国を動かす**政府**や**君主**の権力が，**国民の上に君臨**するようになります。

で，このような国家のありようは，「**国家主義**」と表現され，これもまた**ナショナリズム**の訳語です。

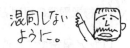
混同しないように。

次ページの図解を参考にして，国民主義と国家主義の違いを理解してくださいね。

▶メッテルニヒは民族主義を恐がった！

さてオーストリアの**メッテルニヒ**にとっては，民族主義が恐怖の的でした。というのも，オーストリアって支配民族の**ドイツ人**のほかに，**マジャール人**，**スラヴ人**，それに**イタリア人**といった「**異民族**」が内包されています。このオーストリアのような国を，**複合民族国家**（**多民族国家**）と言います。で，もし彼らが「**民族主義だ！**」といって独立したら，オーストリアは空中分解してしまいますからね。

そして，そういった運動を弾圧するためにメッテルニヒが利用したのが，**神聖同盟**と**四国同盟**にほかなりませんでした。

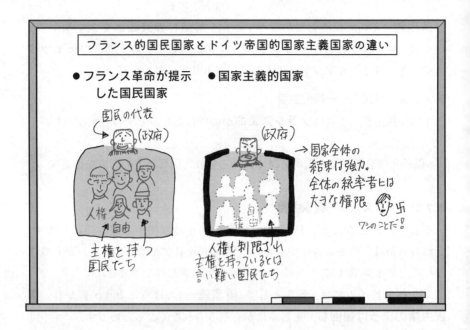

フランス的国民国家とドイツ帝国的国家主義国家の違い

● フランス革命が提示　● 国家主義的国家
した国民国家

▌ 神聖同盟

Q 神聖同盟の提唱者はだれか？　　　　　　　──アレクサンドル1世

　ロシア皇帝です。彼はキリスト教的友愛（ゆうあい）の精神にもとづいて平和を訴え（うった）ました。これにはほとんどの国の君主が参加します。参加しなかったのは**イギリス国王**，**ローマ教皇**，そして**トルコのスルタン**です。

▌ 四国同盟

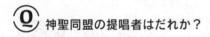

　これに対して四国同盟は，**イギリス・オーストリア・プロイセン・ロシア**が結成した同盟です。もとは1813年に，ナポレオンに対抗するためにつくられた同盟が起源（きげん）です。

　たぶんに**フランスに対抗するための軍事同盟**という性格を持っており，実際，フランスに対して1815年以降，占領軍を派兵（へい）しています。それによって第2，第3のフランス革命が起こるのを防ごうというのです。

カスルレー（1769〜1822）
イギリス外相。四国同盟創建の中心人物。
「なんで神聖同盟に入らんのかって？　だってあの同盟，
ロシアの対トルコ南下政策に利用される恐れがあるし，
メッテルニヒがオーストリアの国家利益のために"悪用"
する恐れもあるしね。……」

▶五国同盟

　ところが3年後の1818年にアーヘン列国会議が開催され，そこで，この四国同盟にフランスが入ってしまいました。これを**五国同盟**，英語でペンタルキーと言います。

四国同盟から五国同盟へ

　要するに，将来における"潜在的な"**フランスの脅威**よりも，現実に展開している**反ウィーン体制の運動**を叩き潰すことが優先されたわけです。そのためにはフランスの**ルイ18世**などとも連携を強めたほうがよいとの判断があったのですね。

　にもかかわらずこのレジーム（体制）は崩壊してゆくのでした。

　次回はその崩壊の過程について見ていくことにしましょう。

第51回 ウィーン体制の崩壊

ウィーン体制とヨーロッパの政治変動(2)

今回は**ウィーン体制の崩壊過程**。初めに授業の流れを見ておこう。

①から⑦まで，すべてウィーン体制にダメージを与えた事態です。これを順を追って見ていきましょう。

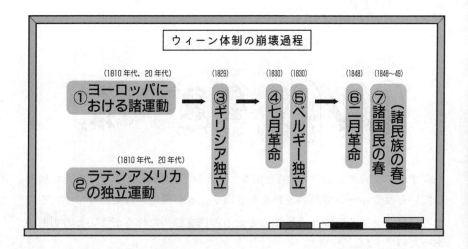

ウィーン体制の崩壊過程

(1810年代, 20年代)
①ヨーロッパにおける諸運動

②ラテンアメリカの独立運動 (1810年代, 20年代)

③ギリシア独立 (1829)

④七月革命 (1830)

⑤ベルギー独立 (1830)

⑥二月革命 (1848)

⑦諸国民の春（諸民族の春）(1848〜49)

① ヨーロッパの運動とラテンアメリカ独立 📖 別冊プリント p.52 参照

まずは，ヨーロッパに起こった反ウィーン体制の運動から。これはいずれも1820年前後に起こりました。そこから「1820年革命」という呼び方もあるようです。

🚩 ドイツの運動

では，ドイツからいきましょう。

ドイツでウィーン体制に反対する運動を起こしたのは**学生**たちで，その組織を**ブルシェンシャフト**と言います。これはドイツの学生連合，学生の組合

112

のことですね。彼らがめざしたのは**ドイツの統一**と**憲法の制定**，それに**言論の自由**などの獲得でした。

　言いかえると，彼らは，**フランス的な国民国家**の形成をめざしたのでした。学生たちは，1817年にルターの改革の"聖地"ヴァルトブルクに集まり気勢をあげました。

　メッテルニヒは，ドイツの君主たちをカールスバートという温泉町に集めて，弾圧の決議を挙げさせました。これを**カールスバート決議**と言います。これを契機に，学生たちの運動は終息してしまいました。

■ イタリアの運動

イタリアではいろんな連中が集まって秘密結社をつくりました。

Q 19世紀初め，政治的自由などを求めてつくられた秘密結社の名は？

——**カルボナリ**（炭焼党）

　彼らは，**両シチリア王国のブルボン朝の専制体制**を打倒しようとしたり，**サルデーニャ王国での立憲運動**を試みたりしました。前者はナポリ革命（1820），後者はピエモンテ革命（1821）と言います。

　しかし，いずれも**オーストリア軍の介入**で粉砕されました。このあたり，メッテルニヒは"ウィーン体制は，どこであっても一切の変更は許さない"という感じですね。

変更は許しませ〜ん

メッテルニヒ

■ スペイン——リェーゴの革命

　続いて**スペイン**。ここでは復活したブルボン朝に対して，1820年に軍が反乱を起こしました。この反乱を**スペイン立憲革命**，もしくは，軍の指導者の名前をとって**リェーゴの革命**と言います。彼らの目的は，1812年制定の**自由主義的な憲法**を復活することでした。この憲法を「**1812年憲法**」，もしくは制憲会議が開かれた都市の名を取って「**カディス憲法**」と言います。

　しかしこれは，神聖同盟の

あずーす
フェルナンド7世
（スペイン国王）

スペインも，うちと同じブルボン家だからね。助けてあげるよ。
フランス国王ルイ18世

ヴェローナ会議の決定にもとづいて派遣されたフランス軍によって，1823 年に鎮圧されてしまいました。

■ ロシア──デカブリストの乱

最後は**ロシア**ですね。ロシアでも秘密結社の**デカブリストの乱**が起きました。乱が起きたのが 1825 年。ニコライ 1 世の即位のときでした。

この乱の中心は**自由主義的な貴族**たちでした。目的は，ツァーリズムと言われる**皇帝専制体制**を打倒して，**立憲体制を樹立**すること，それに**農奴制の廃止**などです。

そしてこれも鎮圧されました。このように，1810 年代後半から 20 年代にかけてヨーロッパで起こったウィーン体制に反対する運動は，全部**メッテルニヒらによって鎮圧**されてしまったのです。

ツァーリズム
守りま〜す

ニコライ 1 世

■ ラテンアメリカの独立

一方，ウィーン体制に大きな打撃を与える運動が，ヨーロッパ以外の地で起こりました。それは 8000 キロの海を離れた**ラテンアメリカの独立運動**でした。

Q こんな遠方で起こったラテンアメリカの独立運動が，なぜウィーン体制に動揺を与えることになったのか？

ラテンアメリカ地域は，ほとんど**スペイン**や**フランス**，あるいは**ポルトガル**といった国々の植民地でした。そこで起きた独立運動はスペイン，フランスなどの**本国に動揺を引き起こし**，これがウィーン体制を動揺させることになるのです。

なお，ラテンアメリカの独立運動の具体的な展開については，すでにお話ししましたね（→ p.93）。で，ここではラテンアメリカ独立に対する，**イギリスとアメリカ**の対応について触れておきましょう。

■ 英米はラテンアメリカの独立を支持

Q イギリスとアメリカはどういう立場あるいは狙いから，ラテンアメリカ諸国の独立を支持したのか？

▶イギリスのカニング外交

　まずは**イギリス**。この国がラテンアメリカの独立を支持する一番大きな目的は，ここを**経済的に支配**すること，とくに**イギリス産業の市場**とすることでした。なんせイギリスって**産業革命**やってて，商品をたくさんつくってますからね。またアメリカもラテンアメリカを，アメリカ産業にとっての将来の**市場**と考えていた点は同じです。

　じゃあ，市場化のためには，**なんで独立したほうがいいのか？**　ここは，当時のイギリス外相**カニング**さんに聞いてみましょう。

簡単だよ。独立したら，本国のスペインなんかに気兼ねせずに**商品の輸出**ができるからね。そしてゆくゆくは，ラテンアメリカをイギリスの経済的な従属地帯にするのさ。

カニング外相(任 1807〜1809，1822〜1827)

▶アメリカのモンロー宣言

　一方**アメリカ**も，**1823年にモンロー宣言(教書)を発表**しました。モンローは5代目の大統領です。

　この宣言は，**南北アメリカとヨーロッパの相互不干渉**を訴えるもので，独立に干渉しようとする**メッテルニヒ**にとってはダメージとなりました。とくにスペイン植民地の独立運動に対する干渉は，**アメリカに対する敵対行為とみなす**と断言しました。

　ちなみに，モンロー宣言に見られる**孤立主義的姿勢**は，**ワシントン**以来の外交を継承したもので，モンローが始めたというわけではありません。

　またこの宣言には，もう1つの目的がありました。これについては，モンロー大統領に聞いてみましょう。では大統領閣下，よろしく。

結論から言うと，**ロシア**が恐かったのです。ロシアは1804年から**アラスカ**の統治を始めました。そこからカリフォルニアのあたりに南下しやしまいかと，心配でならなかったのです。それで，この教書には**ロシアに対する牽制**の意図もありました。

モンロー大統領（任 1817～1825）

さらに「**教書**」についても一言。これは行政府のトップである**大統領**が，**議会**に対して送るメッセージのことを言います。実際には，議会に出向いて演説するようですね。

イギリスはラテンアメリカに対する不干渉声明を米英共同で発したかったようですが，イギリスへの追随を嫌ったモンローは，単独でこの宣言を発するに至ったのでした。

まあともあれ，このような英米の支持もあってラテンアメリカは独立を達成し，このことは，本国に大きな打撃を与えたわけです。

② ギリシアの独立と七月革命　　📖 別冊プリント p.53 参照

🔖 ギリシアの独立運動

このような独立の息吹きを，ヨーロッパで最初に受け止めたのは**ギリシア**でした。

❓ ギリシアはどこから独立したのか？

——オスマン帝国

ギリシアの独立運動は**1820年代**に展開するわけですが，その中心となったのが，1814年にロシアのオデッサでつくられた秘密結社で，これを**ヘタイリア=フィリケ**（フィリキ=エテリア）と言います。

日本語に無理やり訳すと，「ギリシア友愛同盟」ということになります。もちろん，ギリシアの独立運動に対して，トルコは血の弾圧をもって臨みました。もっとも有名なのが，キオ

「シオ（キオス島）の虐殺」

ス島の虐殺です。フランスを代表する**ロマン主義**の画家ドラクロワがこの事件を題材に,「シオ(キオス島)の虐殺」という名作を残しています。

▶外国の支援

ギリシアは**1822年**に独立宣言を行い,英,仏,露の3つの国がギリシア独立運動を応援しました。この3国は,トルコをやっつけるために軍を派遣しました。

Q 1827年,バルカン半島の西側でトルコ(・エジプト)と英・仏・露がぶつかった海戦は？

——**ナヴァリノ海戦**

▶独立の達成とその意義

ギリシアの独立は,**1829年**に**アドリアノープル条約**で承認されました。この和約はギリシアとトルコのあいだの条約ではなく,**トルコとロシア間**で結ばれた講和条約ですね。

その後,ギリシアの独立は翌**1830年**のロンドン会議によって**国際的に承認**されました。

ギリシアの独立運動にかんしては,ギリシア愛護主義に根ざした**義勇軍**の活動も見逃せません。その代表的人物がバイロン。イギリスの**ロマン主義**の文学者です。彼のように個人的に独立運動を支援した人物もいたわけです。

ギリシア独立の意義は,**ウィーン会議後の初の領土変更**となったということですね。目に見える形で初めてウィーン体制が変更されたのです。そして,このことが各地の**自由主義・ナショナリズムに大きな刺激**を与え,ひいては**フランス七月革命**を誘発していくのです。

©青木

アテネの国会議事堂前にある無名戦士の墓。ギリシア独立に命を捧げた人々たちのためのものである。民族衣装をまとった兵士が24時間体制で警護している……感動します。

🔖 フランス七月革命の勃発

では,その七月革命。まずは次のことから確認しましょう。

117

❓ 七月革命はなぜ起こったのか？

　フランスでは 1814 年，ナポレオンの没落によって**ブルボン復古王政**が成立しました。ただし，復古王政とはいっても政治体制はいちおう**立憲君主政**でした。絶対王政ではないんですね。立憲君主政というからには，憲法にあたるものがあって，これを「**1814 年憲章**」と言います。また，革命中の**土地改革**も認められ，**農民の土地所有権は確認**されました。この新体制，なかなか柔軟ですね。

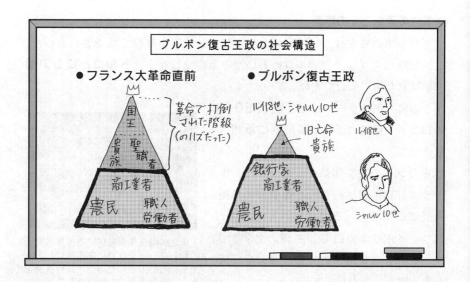

　この体制のもと，2 人の国王が登場しました。まずは**ルイ 18 世**，そして**七月革命**によって倒されるのがルイ 18 世の弟**シャルル 10 世**です。では，

❓ なんで彼らが国民の不満を買ったのか？

　不満の大きな原因は，**極端な制限選挙制**にありました。**多額の納税を行っている男性**にしか，選挙権はなかったのです。
　さらに復古王政下では，革命中に外国に逃げていた**亡命貴族**がフランスに

舞い戻り，王権はこの連中を重要な支持基盤としました。亡命貴族たちは，革命中に農民のものになった土地を取り戻したいと考えました。しかしそうすると，農民反乱は必至です。

■ シャルル10世の反動政治

というわけで，シャルル10世は貴族らに土地をあきらめさせる代わりに，10億フラン(今の1兆円)もの賠償金を支払うことにしました。財源は，当然ながら税金です。これは国民の反発を招きました。

そこで，シャルル10世はこうした不満を外に向けるために**アルジェリア出兵**(侵略)を行いました。このためにフランス国軍が北アフリカに向かっているスキに，革命が勃発することになるわけです。

とくに7月26日，シャルル10世は言論弾圧や反国王的な新議会の解散などを内容とする**七月勅令**を発布しました。これが革命に火をつけました。

1830年7月27日に，パリのブルジョワ，労働者，学生といった連中が武装蜂起し，ブルボン復古王政は打倒されました。

Q シャルル10世に代わって革命勢力に迎えられた新しい王様は？

——ルイ=フィリップ

こうして**七月王政**が成立しました。王朝としては，**オルレアン朝**です。ルイ=フィリップが**オルレアン家**の出身だったからです。この家はブルボン家の親戚です。

七月革命の中心人物，というか黒幕だったのがラフィット。銀行家です。それから**ティエール**と**ギゾー**。彼らはジャーナリストです。彼らがブルジョワ，学生，労働者を煽動したのでした。ちなみに，2人とものちに首相になります。それから，あの**ラ=ファイエット**も国民軍司令官としてルイ=フィリップを支えました。アメリカ独立革命に参加して以来，"革命ひとすじ60年"(笑)，大したもんだよ，この人は！

■ 七月革命の国際的波紋

　七月革命の影響をモロに受けたのが，**オランダ**でした。オランダはウィーン会議で**ベルギーを併合**しましたが，その**ベルギーの独立運動**が爆発したのです。発端は，「九月の四日間」と呼ばれるブリュッセルでの武装蜂起でした。結果，**ベルギーは独立**を果たしました。

　さらに**イギリス**でも七月革命の影響を受けて，産業資本家層などの**都市の中産階級**に有権者を拡大するという内容を持つ**選挙法の改正**が行われました。この第1回選挙法改正は**1832年**。

　逆に粉砕されちゃったのが，ポーランドにおける**ワルシャワ蜂起**です。これは**ロシア皇帝ニコライ1世**が鎮圧しました。蜂起が鎮圧されたことを聞いてショックを受けたのが，ポーランド人の音楽家ショパンでした。彼はこのときの心の痛みを，**ピアノ練習曲「革命」**として表現しました。

　このように紛砕された運動もありましたが，七月革命とその余波はウィーン体制にとっての大きな打撃になったことはまちがいないでしょう。

　この七月革命を絵にしたのが**ドラクロワ**の「**民衆を導く自由の女神**」です。

「民衆を導く自由の女神」

ドラクロワ（1798〜1863）

　この絵の真ん中に三色旗を持って胸をはだけてバリケード（道路につくられた障害物）の上に立っている女性。これはフランスそのものです。

　シルクハットをかぶったのがブルジョワの象徴です。それから，ベレー帽

をかぶっている白いシャツの男は，労働者階級を暗示しています。また，反対側の二丁拳銃を持っているのは学生か，もしくは"ガマン"と呼ばれるパリの浮浪児と言われています。ただし，ドラクロワ自身がそういうふうに解説しているわけではありません。

③ ウィーン体制の崩壊 ——二月革命と諸国民の春

📖 別冊プリント p.54 参照

■ 七月王政の実態——「銀行家の政府」

さて，七月革命から18年後に，フランスでふたたび革命が起こります。

なぜか？　直接的には，**制限選挙制に対する不満**が爆発したのでした。だって選挙権を持っている国民は，人口の1%くらいでしたからね。

結局のところ，七月革命で権力を握ったのは，銀行家の連中でした。

彼らのように，お金を動かして儲ける連中，言いかえると"**お金でお金を儲ける**"**資本家**を，金融資本家と言います。これに対して，"**つくって儲ける**"のは産業資本家と農業資本家。"**運んで売って儲ける**"のが商業資本家ですね。

フランスの場合，1830年の段階では**工業の進展はまだまだ**です。よって，イギリスのように産業資本家層（＝工業で儲ける資本家）はまだ十分に育って

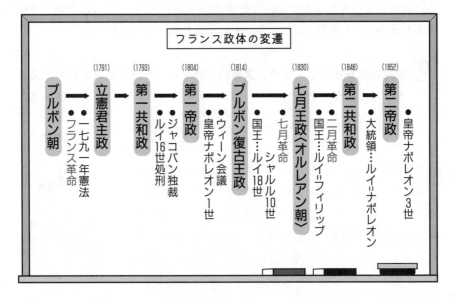

フランス政体の変遷

ブルボン朝	(1791) 立憲君主政	(1793) 第一共和政	(1804) 第一帝政	(1814) ブルボン復古王政	(1830) 七月王政〈オルレアン朝〉	(1848) 第二共和政	(1852) 第二帝政
・フランス革命	・一七九一年憲法	・ジャコバン独裁・ルイ16世処刑	・皇帝ナポレオン1世	・ウィーン会議・国王…ルイ18世	・七月革命・国王…シャルル10世	・二月革命・国王…ルイ＝フィリップ	・大統領…ルイ＝ナポレオン・皇帝ナポレオン3世

いません。

一方，国民の多くは，**フランス革命**以降に土地を得た農民でした。彼らはそこそこのお金を持っていて，それを銀行に預(あず)けます。すると銀行は有利な投資先にそれを貸し付け，利子(り)を取ることで収益をあげます。

どうせ私は「株屋の王」だよ。

「西洋ナシ」というアダ名もありました

ルイ＝フィリップ
(位 1830～1848)

こうして，当時のフランスでもっとも経済力を持っていたのは銀行家の連中ということになるのです。

その彼らが権力中枢(ちゅうすう)を握りました。七月王政は「**銀行家の政府**」によって動かされたのです。国王ルイ＝フィリップは彼らの傀儡(かいらい)(あやつり人形)にすぎません。そんなところから，彼は「**株屋(≒金融業界)の王**」と呼ばれました。

📕 二月革命

選挙権は銀行家や，大商人，それに大地主に限(かぎ)られていました。これに対して，**産業資本家や労働者**などが普通選挙制を求めて運動を展開したのです。

実は七月王政期は，遅ればせながら**フランスの産業革命期**で，この２つの階層もだんだんと数を増し，力をつけていたのでした。彼らは各地で普通選挙を求める政治集会を行い，反政府の機運を高めていきました。

Q 制限選挙を批判してフランス各地で開かれた参政権要求のための集会をなんと言うか？
——改革宴会(かいかくえんかい)

もろに政治集会だと弾圧(だんあつ)されるので，「宴会」名目にみんながレストランなどに参集(さんしゅう)し，「乾杯(かんぱい)！」の発声のときを利用して政治的主張を行ったので，このように呼ばれました。

そして 1848 年 2 月，パリで予定されていた改革宴会が**ギゾー**を首班(しゅはん)とする政府によって禁止され，これを契機(けいき)に武装蜂起が起こりました。政府はこれを鎮圧できず，ギゾーは辞職し，国王ルイ＝フィリップはイギリスに亡命しました。

ギゾー
フランス首相
(1847 年以降)
『ヨーロッパ文明史』という歴史の著作もある。

■ 第二共和政の成立

こうして**七月王政は崩壊**し，新たに**第二共和政が成立**しました。その臨時政府の首班になったのは，詩人としても知られていた**ラマルティーヌ**でした。この共和政のもとで，**男性普通選挙**が実施されました。革命の原因であった選挙制度が改革されたわけです。では，

Q この第二共和政の政府に労働者の代表として史上初めて入閣した社会主義者は？

——ルイ＝ブラン

このことでもわかるように，先の七月革命のときに比べると，今回の革命における**労働者の力の増大**は明らかですね。**産業革命の進展**にともなって，その数が増えたことが大きいですね。

その労働者保護政策として，**国立作業場**が設立されました。これは，**失業者を救済**するためのものでした。また，労働者保護のための諮問機関として，**リュサンブール委員会**も設置されました。

▶四月総選挙——農民の不満爆発

一方**農民**ですが，革命のときには大したことはできませんでした。なぜか

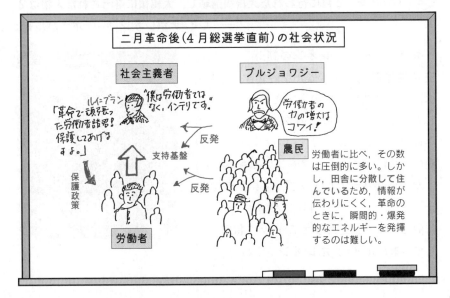

二月革命後（4月総選挙直前）の社会状況

社会主義者　　　　ブルジョワジー

「革命で頑張った労働者諸君！保護してあげますよ。」　ルイ＝ブラン　"僕は労働者ではなく、インテリです。"

"労働者の力の増大はコワイ！"

保護政策　　支持基盤　　反発　　反発

労働者　　農民

労働者に比べ，その数は圧倒的に多い。しかし，田舎に分散して住んでいるため，情報が伝わりにくく，革命のときに，瞬間的・爆発的なエネルギーを発揮するのは難しい。

と言えば，田舎に分散して住んでいるので，政治が激動する瞬間に迅速な行動ができないのです。

　しかしなんと言っても**人口は多い**。その農民が力を発揮できる唯一のチャンスが4月に実施された**総選挙**でした。これは**新憲法制定のための議会選挙**でした。ここで彼らは労働者の代表である社会主義者には票を入れませんでした。理由を，農民のAさんに聞いてみましょう。

だって，今の政府って労働者ばかりえこひいきしてやがる。まず，それにむかつくわね。それから社会主義者って，**生産手段の共有化**をめざすんだろ⁉ てことは，俺の**土地も国に奪われる**ってことだわな。そんなのまっぴらさ。

▶六月蜂起

　こうして社会主義者は全員落選し，労働者の発言権も後退しました。

　一方議会で多数を占めたのは**資本家・農民**に支持された**穏健共和派**でした。彼らを中心とした政府は，国立作業場の閉鎖などを実施しました。これに反発した労働者は6月に武装蜂起を起こしました。これを**六月蜂起（六月暴動）**と言いますが，軍部によって無残に鎮圧されてしまいました。そして，

Q 1848年12月に行われた大統領選挙で，大統領に選出された人物は？
　　　　　　——ルイ＝ナポレオン（ルイ＝ボナパルト）

　彼は，あのナポレオンの甥っ子ですね。**支持者は農民**です。偉大な伯父さんの人気は，とくに農民たちのあいだでは圧倒的でした。こうして，激動のフランスの1848年は暮れていったのです。ちなみに右の戯画は，1848年のフランスを描いたものです。

　左端は**ルイ＝フィリップ**，続いて**ラマルティーヌ**。そして六月暴動を鎮圧して，一時的に力をもった**カヴェニャック将軍**。そして右端は**ルイ＝ナポレオン**ですね。

■ 二月革命の国際的影響——諸国民（諸民族）の春

▶ ドイツ（オーストリア，プロイセン）

　さて，二月革命は七月革命以上に大きな国際的な影響をおよぼしました。まず1週間経ってオーストリアに波及し，**ウィーン**の三月革命を引き起こしました。混乱のなか，**メッテルニヒ**はイギリスに亡命しました。

　加えて，ドイツ人に支配されていたオーストリア領内の**異民族**も独立運動を展開しました。たとえば，**マジャール人**ですね。彼らは1849年にハンガリー共和国の成立を宣言しました。中心人物はコッシュート。しかしですね，彼らはハンガリー領内にいた少数民族の**スラヴ系クロアティア人**を抑圧していました。**抑圧された民族が，ほかの民族を抑圧しないとは限らないんですね。**

　結局，ハンガリー共和国は，**ニコライ1世**が派遣した**ロシア軍**と，**クロアティア人**の軍隊によって粉砕されてしまいました。

　次は**スラヴ系のチェック人**の動向です。彼らはプラハでスラヴ民族会議を開催しました。その中心人物はパラツキーと言います。彼らは，**スラヴ人の結束**と，オーストリアとの対等な**連邦国家の形成**を訴えました。てことは，オーストリアに対する分離独立までは考えていなかったのですね。

　続いて**プロイセン王国**においては，ベルリンで三月革命が起こり，自由主義者の内閣が誕生しました。

　また**ドイツ全土で統一の気運**が高まり，「**統一と自由**」をかかげてフランクフルト国民議会が開催されました。

第51回　ウィーン体制の崩壊

©青木

©青木

（左）ブダペスト（ハンガリー）の無名戦士の墓。撮影は1990年3月。東欧革命直後（…青木が若い！）。
（右）そこに立つコッシュート像

▶イタリア

　イタリアでは，**サルデーニャ王国のカルロ＝アルベルト**という国王が，**オーストリアを北イタリアから放逐**するために挙兵しました。しかし，この試みはオーストリア軍の反撃によって挫折してしまいました。

　一方ローマでは，かつて**青年イタリア**を率いていたマッツィーニがローマ共和国の成立宣言をやりますが，これは**フランス軍の介入**によって粉砕されます。この段階で，**自由主義的・国民主義的なイタリア統一運動**は終焉を迎え， こののちは**サルデーニャ王国**という既存の**国家を中心とした統一**が展開されることになりました。

▶イギリス

　また，イギリスでは，この**二月革命の影響**のもとに，**労働者の参政権要求闘争**，すなわち**チャーティスト運動が高揚**していくことも注目しておいてください。

　そして，そのイギリスの支配下にあった**アイルランド**では，1840年代の**ジャガイモ飢饉**を背景にイギリスへの不満がつのり，1848年には蜂起が起きました。その中心的結社は**青年アイルランド**でした。

▶ウィーン体制の終焉

　二月革命が引き起こしたヨーロッパの激動は，「**諸国民の春（諸民族の春）**」，あるいは「**1848年革命**」と呼ばれました。その激動は失敗に終わったもの，成功をおさめたもの，さまざまです。

　しかし，**ロシアを除いて**，ヨーロッパ各国の君主権はもはや18世紀のような**専制体制**に戻ることは不可能となりました。

　要するに正統主義を基調とした**ウィーン体制は崩壊**したのです。

■ 産業資本家層の保守化

　その一方で，**民族主義や国民主義は高揚**しました。さらに社会主義者の登場と彼らに指導された**労働運動の活発化**もありました。とくに後者に対しては，**産業資本家層が恐怖**しました。

　思えば19世紀の前半まで，産業資本家たちは**自由主義**を振りかざし，しばしば革命や改革の前面に立って，それまでの支配者である**貴族や地主や金**

融資本家などに対して，戦いを続けてきました。

　ところが，状況は変わりました。産業資本家にとっての改革は，だいたいにおいて達成されたのでした。そして，これまでともに戦ってきた**労働者に対して警戒心**を抱くようになったのです。こうして**産業資本家は保守化**し，旧来の支配層と**妥協**さえするようになります。そしてこれからは**産業資本家と労働者の対立が表面化**していくようになるのです。まあ，もともと"こき使う側"と"こき使われる側"ですからね。

📖 二月革命の世界史的意義

　ここで突然だけど，いまから 20 世紀を振り返ってみたとき，20 世紀ってどんな世紀でした？　これまでの時代になかった特色を挙げるとしたら，少なくとも 3 つありますね。

　それは，まず 2 回にわたる**世界戦争**，そしてソ連という国に象徴される**社会主義**の「**盛衰**」，3 つ目は**ナショナリズム**（民族主義）の**高揚**でした。この 3 つが 20 世紀史（≒現代史と言ってもいいかも）の重要な要素です。

　そしてそのうちの 2 つ，すなわちナショナリズムと社会主義が，1848 年に歴史の前面に躍り出たのです。そういう意味で，二月革命が起こった1848 年こそは，「**現代史の始まりの年**」と言えるでしょう。

河野健二先生
（1916〜1996）

『現代史の幕あけ——ヨーロッパ 1848 年』
（河野健二著，岩波新書）
著者の河野先生は京都大学名誉教授。**1848 年**を**社会主義とナショナリズム**の台頭の年と位置づけ，ナショナリズムの将来が「**ヨーロッパ大戦争**」ととらえられていたことを叙述している。

④ 社会主義の思想

ではその社会主義について解説しましょう。

19世紀には、ヨーロッパ各国で**工業化**が進展し、それとともに労働者の数は増大しました。しかし彼らの多くは、大きな問題を抱えていました。それは、**資本家と労働者の対立**、そして**貧富差の増大**、さらには、過酷な児童労働・女性労働、そして**スラム街**と呼ばれる都市の労働者街の悲惨な生活環境……。

このようなさまざまな問題を解決する思想として、**社会主義の思想**は誕生しました。ではその歴史を見ていきましょう。

■ 空想的社会主義者たち

初めにフランス人の社会主義者を、2人紹介しましょう。まず**アメリカ独立革命**にも参加した**サン゠シモン**。彼は組織された産業社会の建設をめざしました。

また**フーリエ**も、勤労者の相互扶助にもとづいた**共同社会**（注：**ファランステール**と呼ばれた）の設立を主張します。

さらにイギリスには**オーウェン**が登場しました。彼自身は工場の経営者ですが、可能な限りの労働者保護政策を展開していきます。

彼が考える理想的な労資関係を追求したのが、スコットランドの**ニュー゠ラナーク**につくった紡績工場でした。ここでは、世界初の**幼稚園**もつくられました。幼稚園があれば、女の人たちも安心して労働に専念できるという観点もあったのですね。

またアメリカに「**ニュー゠ハーモニー**」と呼ばれた理想郷を築こうとしまし

オーウェン（1771～1858）
9歳で学校を中退したオーウェンは、18歳でマンチェスターの紡績工場の経営者となった。ニュー゠ラナークの工場では、労働者の福利厚生に配慮するだけではなく、工場法（≒労働基準法）の制定（1819年）に尽力した。この法律では9歳以下の児童労働は禁止された。なお教科書に載っている工場法は1833年制定のもの。これでは、1819年の規定の徹底を図るために工場監督官が設置されることになった。

たが，これは失敗に終わりました。しかし，ここの出身者は，後に**奴隷解放**
運動や**女性解放運動**に携わることになります。

▌マルクス＆エンゲルス

さてサン＝シモンたち3人は，**空想的社会主義者**と呼ばれました。呼んだ
のは**マルクス**と**エンゲルス**。

じゃあ，これについてはエンゲルスに聞いてみましょう。

> オーウェンたちは，人間的には素晴らしい人たちでしたが，資
> 本主義経済体制が持つ根本的な矛盾の分析をしませんでした。
> 彼らは労働者の惨状に目を奪われて，その具体的な解決法を見
> いだすことに終始していました。これに対して，私とマルクス
> は，**資本主義社会の経済学的分析を試みようとした**のです。

エンゲルス
（1820～1895）

この点を強調して，マルクス，エンゲルスは，自分たちの社会主義を**科学**
的社会主義と表現しました。この科学的社会主義を，マルクスの名前を冠し
て**マルクス主義**とも言います。

▌マルクス主義の歴史観

彼らの歴史観を**史的唯物論（唯物史観）**と言います。

これはドイツの哲学者**フォイエルバッハ**の**唯物論**と，**ヘーゲル**の**弁証法**を
総合した歴史観です。

この史的唯物論そのものについても，簡単に説明しておきましょう。教科
書風にいうと，**歴史は社会関係の弁証法的発展の発露**だそうです（→第2
巻，p.394）。

すなわち，社会が発展してその社会の支配階級も発展すると，その社会体
制をぶち壊すような新しい階級も台頭し，両者のあいだに激烈な**階級闘争**が
展開され，ついにはその新しい階級が新しい社会を形成する……。

たとえば資本主義社会だと，支配者は**資本家**で，被支配者は**労働者**（プロ
レタリア）です。資本主義が進展すればするほど，労働者の数も増大し，さ

らには組織化も進みます。その労働者によって資本主義社会は打倒される
……。こんな具合に歴史は発展するというのです。

▶革命観

　ただし古い社会と新しい社会は，自動的に交替^{こうたい}するわけではありません。
この新しい社会ができるときに起こるのが，**革命**です。

　それも**暴力**^{ぼうりょく}**革命**。すなわち，**武装蜂起**^{ぶ そうほうき}による革命ですね。要するに，“流
血なしの社会変革なんて不可能だ”との発想なんです，マルクスたちは。

　そして革命後の社会では，**工場・土地**などの**生産手段の私有**は認めず，
社会全体による共有化をめざします。

資本主義社会の弁証法的発展

マルクス

■『共産党宣言』

　彼らの実質上のデビュー作は『**共産党宣言**』
でした。これは **1848 年 2 月**に発刊^{はっかん}されま
した。フランス**二月革命の直前**のタイミン
グでした。

　これは彼らの歴史観や資本主義社会の経済
的分析を，労働者にも分かるようにと説明し
たパンフレットです。「ヨーロッパに幽霊^{ゆうれい}が
出る。共産主義という幽霊が」という冒頭^{ぼうとう}の
有名な言葉に始まって，「**万国の労働者（プロ
レタリア），団結せよ！**」という言葉で終わり
ます。

『**共産党宣言**』(岩波文庫版)
その結語は，「プロレタリアは，
革命においてもくさりのほか失う
べきものをもたない。**かれらが獲
得するものは世界である。万国の
プロレタリア，団結せよ！**」

130

Q この最後の言葉に示されている理念が実現され，1864年に結成され
た労働者の組織は何か？ —— 国際労働者協会

別名第1インターナショナル。本部はロンドン。中心人物はマルクス自身
です。

また，資本主義社会についての詳細な科学的な分析は，『資本論』の発刊を
待たざるを得ません。『資本論』の第1巻の発刊は**1867年**です。

■ 無政府主義

続いて無政府主義です。まず無政府
主義はアナーキズムの訳語ですね。

Q "財産は窃盗である"と言った，
無政府主義者の代表者とされる
フランス人はだれ？
—— プルードン

「プルードンの肖像」（クールベ画）

彼の友人で写実主義の画家クール
ベは，プルードンを描いたことがあり
ます。

またバクーニンはロシア人で，第1インターナ
ショナルで**マルクスと対立**しました。

彼らは，すべての政治権力を悪であるとして，
個人の自由が束縛されることのない社会をめざし
ました。

ミハイル＝バクーニン
（1814〜1876）

■ 社会民主主義

続いて社会民主主義です。この言葉は，元来はマルクス主義とほぼ同義語
だったのですが，19世紀末にドイツにベルンシュタインが現れたころから独
自の内容を持つ言葉になりました。

ベルンシュタインは**ドイツ社会民主党**の党員で，マルクス主義に対する修

正主義を唱えた人物です。彼はマルクス主義のどこを修正しようとしたのか？

マルクス主義と違うのは，「革命は，必ずしも**暴力革命でなくてもいい**」，という点です。

マルクスの言うような**暴力**に頼らず，**議会活動**をつうじての平和的手段で社会主義社会を実現しようというのです。このような考え方を「**議会主義**」とか「**平和革命論**」と言います。要するに，ベルンシュタインは，革命の方法を修正しようとしたのです。そしてこのころから，以上のような発想のことを**社会民主主義**と呼ぶようになりました。今でもそうですね。

1970年代に入ったころから，西ヨーロッパの共産党が**ユーロ＝コミュニズム**を唱えますが，これも「コミュニズム」とは名乗っているものの，やはり基本線は社会民主主義ですね。

……あれ，まだ時間あるねえ。じゃ，大学に行って勉強した"先輩"として，読書の話をしよう。付き合えよ！

ベルンシュタイン
（1850〜1932）
映画『ローザ・ルクセンブルク』のなかで，ローザが「あなたとだけは踊りたくないわ」というシーンが印象的だった。

青木は『資本論』を読んだ

イェンニー＝マルクス
（1814〜1881）
「トリールーの美女」といわれ，知性あふれる女性だった。1843年にカール＝マルクスと結婚。

『**資本論**』は「**商品**」の章から始まっています。資本主義社会における人間と人間の関係を取りもつ"媒介"である商品。この商品の分析をとおして資本主義社会全体の探究に向かって行くのです。

マルクスには子供が7人いましたが，幼くしてそのうちの4人が死にました。彼は研究に没頭しており，奥さんがかせいでくる食い扶持だけでは子供たちを十分養えなかったらしいのです。

そうして，第1巻を出したあとに，第2巻，第3巻を出す準備をしたのですが，マルクスはその途中で死んでしまいます。マルクスの死後，彼の娘と**エンゲルス**が**マルクス**の勉強部屋に入ってみると，そこには半ばネズミにかじられたような原稿が数千枚もありました。

エンゲルスはそれを1枚1枚丹念に読んで，「この原稿とこの原稿はつながる」

とか，「この記述はここと結びついている」とか，「ネズミがかじったところにはたぶんこんなことが書いてあったのだろう」という作業を続け，十数年の苦労の末に第2巻を出すのです。

©植村

(左)『資本論』第1巻初版の表紙（大月書店版より）
(右) ロンドンのハイゲート=セメトリー（墓地）にあるマルクスの墓。墓碑銘には，"WORKERS OF ALL LANDS, UNITE!"と記してある。（1994年，植村先生と）

　さらに約十年かけて，今度は第3巻が発刊されます。ただ，マルクスは途中で死んでいるものですから，この大著は未完のままで終わっています。
　縁の下の力持ちでがんばってきたエンゲルスが，この第3巻の一番最後に，みずからのペンで一言だけ書いています。「原稿はここで途絶している」。
　僕は大学生のときに，1日に20ページずつ読んで，半年かけて『資本論』を全部読みました。その最後が『**資本論**』**第3巻第52章**「**諸階級**」。20行ほどマルクスの記述があって，それが途切れ，このエンゲルスの一文が記してあるのを見たとき，「自分はこれで確実に一つの山を越えたな」と思ったのを覚えています。
　今まで本を読んで得た感動のなかで，これは最高のものでした。この本を読んで，資本主義社会がちょっと分かったような気になったのです。

学生生活とは読書である！

　ついでだが，一言いっておこう。大学生活とは，読書です。本を読んで考えることをしない学生生活など"無"と言っていい。
　じゃあどんな本から読むか？
　結論を言うと，その道の**最高にして最大の本**。
　国文に行くのだったら，**紫 式部**の『**源氏物語**』とか，**夏目漱石全集**とかね。
　英文学をやる人だったら，やっぱり**シェークスピア**かなあ。経済学だったら**アダム=スミス**の『**諸国民の富**』でもいいし，**ワルラス**でも**メンガー**でも**ケインズ**でもいいや。政治学をやるのだったら『**リヴァイアサン**』とかね。大著をじっくり読む時間が，君たちに少なくとも4年間は保証されているのです。大学のときに軽いものばかり読むのはダメです。すぐに役立つ本は，すぐに役立たなくなるものです。

読むべき本を選んだら，じっくり時間をかけて読みましょう。ノートを取るのもいいね。分からなかったら，声に出すこと。僕は1日に20ページをノルマにして，5時半に起きて体調を整え，濃いコーヒーを飲んで，11時ぐらいまで『資本論』を読みました。

　実は，僕は大学を1年留年しています。といっても単位が足らなかったからじゃない。これは本を読むためでした。一緒に留年したI君（注：元大阪大学の先生，国文）と，励まし合いながら，僕は『資本論』，彼は『源氏物語』を読み進めました。

　それから学生どうしで読書サークルもやったなあ。中国哲学をやってるK君（元高専の先生）や，東洋史専攻のI君（元高校教師），日本史専攻のI君（元高専の先生），それにさっき言ったI君と青木。そんで，それぞれが読むべき本を指定。『荘子』，伊藤整の小説『氾濫』，マイネッケの『ドイツの悲劇』，カミュの『シーシュポスの神話』などなど，いろんな本を読んで議論する……。なんか充実してたなあ……。（しばらく沈黙）

青木が感銘を受けた本

①『逝きし世の面影』（葦書房，平凡社ライブラリー）

　幕末から明治初期の日本は，「近代化」という欧米化の時代であった。そのなかで，失われたものとは何か？　これが著者渡辺京二の問いであった。この時期に日本を訪れた欧米人が残した記録を広範に渉猟したこの本には，はっとするような証言が多数記載されている。いわく，「この国には貧しさはあるが，貧困はない」，「子供たちがみな幸せそうである」などなど。読んでいて，これほどわくわくさせられた本も少ない。

②『夜と霧』（みすず書房，訳霜山徳爾／池田香代子）

　著者のフランクルはオーストリアの精神科医だった。しかしユダヤ人だったために，ゲシュタポによって家族とともに逮捕され，強制収容所に収監された。そこでの壮絶な体験を淡々と冷静に綴ったのが『夜と霧』である。私は高校生の時に学校の図書室でこの本に出会い，ナチス＝ドイツやその時代について学びたいと思った。私の人生を決めた本である。

134

19世紀のイギリス・アイルランド

自由主義改革の時代

それでは19世紀のイギリス史を見てみましょう。主題は**自由主義**にもとづいたさまざまな改革です。

① 第1回選挙法改正

別冊プリント p.57 参照

▶ イギリス議会の支配者

まず最初に，イギリスの**選挙法改正**からお話しししましょう。いきなり質問ですが，

 19世紀前半，議会を牛耳っていたのはどういう階層か？

——地主ですね。

ジェントリ（ジェントルマン）や**貴族**と呼ばれる階層は，広大な土地を持っている**地主**でした。そして彼らに支持された政党は**トーリ党**です。

一方で，**産業革命**の進展とともに，都市を中心に産業資本家などが経済的に台頭し，労働者の数も増えていきました。そして彼らは，**選挙権要求**の声を挙げ始めるのです。

▶ 議員割りあての不合理

また当時のイギリスの選挙制度には，もう1つの大きな問題がありました。それは**腐敗選挙区**の存在でした。腐敗選挙区とは，**有権者がきわめて少ない選挙区**のことです。

なんでこんな選挙区ができたかというと，16世紀以来国王や地方の有力者が，自分たちの党派の人間が多く当選するように，都合良く選挙区を小さく区切り，有権者の数を限定したのです。なんと有権者が50人以下にもかか

わらず，2名の議員を出せる選挙区が，50以上もあったそうです。

また**産業革命**にともなって，人口が急増した**マンチェスター**のような新興工業都市には議員選出の割り当てはほとんどありませんでした。

■ 第1回選挙法改正

こうした状況に批判が高まり，1832年に第1回選挙法改正がなされました。この改革を企図したのは**ホイッグ党**のグレイ内閣。

改革の結果は，次の2点です。

第1回選挙法改正

①腐敗選挙区が撤廃され，新興都市にも議員の割り当てが行われたこと
②産業資本家や都市の中間（中流）市民層にも選挙権が拡大されたこと

ただし，注意が必要なのは，**議会多数派はあいかわらず地主**（ジェントリ，貴族）だったことです。また改革運動に立ち上がった**労働者**，それに**女性**には選挙権は付与されませんでした。

《注》 選挙権拡大の対象は，教科書によって表記がまちまち。山川出版社『詳説世界史探究』は「産業革命で成長していたブルジョワ」，山川出版社『高校世界史』は「産業資本家などの中流階級」，東京書籍と帝国書院は「新興の中間（中産）市民層」，実教出版は「新興の中産階級」としている。

地主

まだまだ，私たちが多数派さ！

産業資本家

選挙権

中間層

選挙権

労働者

選挙権よこせ！

📖 下院優越の慣例

Ｑ 改革の過程で生まれた，議会運営
上の慣例(かんれい)は何か？
——下院優越(かいんゆうえつ)の慣例

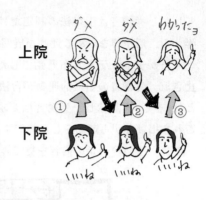

上院

①　②　③

下院

下院(庶民院)(しょみんいん)では，改革案が通過し
ていました。それに対して，保守的な**地
主**(がじょう)の牙城である**上院(貴族院)**(じょういん)は，改革
に反対し続けました。下院で改革案が成
立し，それを貴族院が否決(ひけつ)すること2回。

しかし，貴族院もさすがに**3回目の否決はしませんでした**。というのも，
議会外では民衆の選挙法改革運動が**暴動**に発展していたからです。もしここ
で，貴族院が反対し続けるならば，フランスみたいに大規模(だいきぼ)な革命が起こり
かねない！

こうして，**下院が3回可決(かけつ)した法案**については，**上院は否決できない**
という慣例が誕生しました。この慣例は，1911年の**議会法**で法制化される
ことになります(→ p.320)。

📖 労働者の怒りへの対応——工場法の制定

さて，第1回の選挙法改正では**労働者**には選挙権が認められませんでした。
当然，彼らは怒ります。その彼らを慰(なぐさ)めるように，1833年に**工場法**という
法律が制定されました。今の日本で言うなら**労働基準法**ですね。

工場法という法律はいくつかあって，1819年のものは，社会主義者の**オー
ウェン**も制定にかかわっています。この法律では**9歳未満の児童労働を禁
止**し，**16歳未満の児童の労働時間を12時間以下に制限**しました。しかし，
それを資本家に守らせる方法はあいまいでした。

そこで1833年の工場法では，**工場監督官**という役職を設置し，**児童労働**
の制限を徹底(てってい)しようとしました。

🏴 チャーティスト運動

しかし労働者は工場法の制定だけでは満足せず，彼らは**1830年代の後半**から，選挙権を求める運動を展開しました。

これが**チャーティスト運動**でした。すでに1824年には**団結禁止法が廃止**され，労働者の組織的運動が合法化されていました。ちなみに「チャート」とは「憲章」を意味し，労働者は要求を6カ条にまとめて「**人民憲章**」と呼び，これを掲げながら運動をしたのです。

では，その6カ条の内容を見てみましょう。

チャート式 運動
① 男性普通選挙制 ② 無記名秘密投票制
③ 選挙区の平等な配分 ④ 議員の財産制限廃止
⑤ 議員の有給制 ⑥ 議会の毎年選挙

運動は1850年代まで続きますが，ピークは**1848・1849年**ですね。言うまでもなく，フランス二月革命の影響であり，**諸国民の春**の一環です。

🏴 政府の対応

さて地主と産業資本家に支持された政府は，チャーティスト運動を弾圧しました。しかし一方で，先の**工場法**に続いて，1834年には**新救貧法**が制定されて貧民の救済と労働意欲の向上をはかりました。さらに，1848年には**下水道**の整備など，都市の生活環境の改善をはかる**公衆衛生法**も制定されました。公衆衛生法の制定に尽力したのは，社会改革家として知られる**チャドウィック**。

またこのような改革を理論的に支えたのは**功利主義**という思想でした。代表的な思想家は，「**最大多数の最大幸福**」という標語で知られる**ベンサム**です。著作には『**道徳と立法の原理序論**』があります。

② 経済的・社会的な自由主義改革

続いては，経済的な自由主義改革。その論拠になったのは，イギリスの古典派経済学でした。では，

Q 『諸国民の富（国富論）』を著したイギリスの古典派の経済学者は？

――アダム＝スミスです。

その主張の基調は，「**政治権力は経済活動に介入するな**」でしたね（→第2巻，p.404）。で，政治権力と経済活動の癒着の最たるものが，**東インド会社**でした。

▶東インド会社のインド貿易独占権の剥奪

東インド会社は，政府（国王）から，**アジア貿易独占権**を与えられていました。その結果会社は，綿織物・綿花・茶などのアジア産の商品を，独占価格でイギリスで販売し，莫大な利益を得ていました。

その会社を批判したのが，**産業資本家**たち。では，彼らの言い分を聞いてみましょう。

資本家のAさん

> **産業革命**を遂行するためには，綿花が大量に必要なのに，会社が**インド**から持ってくる綿花は値段が高く，量も少ない。それから，イギリスでつくった綿織物も**インド**（およびその他のアジア地域）で売りたい！　なのに，会社にしかその権限がないのはおかしい！

お怒りはごもっともですね。

しかもまずいことに，**1812年**に米英戦争が始まり，結果として**アメリカ南部からの綿花の輸入がストップ**してしまいました。アメリカに代わる綿花の大供給地は，**インド**しかありません。

こうして**1813年**に，東インド会社の**インド貿易独占権が廃止**されました。これでだれもが自由にインドと貿易ができるようになりました。

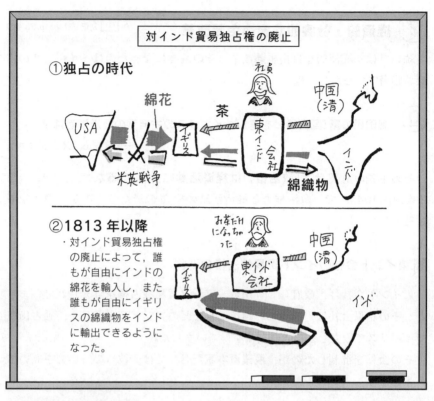

対インド貿易独占権の廃止

①独占の時代

綿花

茶

USA

米英戦争

イギリス

社員

東インド会社

中国（清）

インド

綿織物

②1813 年以降

・対インド貿易独占権
の廃止によって，誰
もが自由にインドの
綿花を輸入し，また
誰もが自由にイギリ
スの綿織物をインド
に輸出できるように
なった。

お茶だけになっちゃった

東インド会社

イギリス

中国（清）

インド

▶中国貿易独占権の廃止

　さらに **1833 年**には，東インド会社の**中国貿易独占権**と**茶貿易独占権の廃止**も決定されました。それに加えて，**すべての貿易活動も停止**させられました。

　安価(あんか)なお茶は産業革命の必需品(ひつじゅひん)です。なぜか知ってる？　当時の労働者は砂糖(さとう)を入れた甘いミルクティーを飲んで，カフェインとカロリーを補給(ほきゅう)し，眠気(ねむけ)を吹(ふ)っ飛ばしながら，長時間の労働に耐(た)えていたのです。

　パン？　パンは小麦の値段が高いために，労働者の食卓には充分(じゅうぶん)な量がのっていませんでした。

　この後の東インド会社は，**インド統治(とうち)機関**としてのみ存続(そんぞく)しました。しかし 1857 年に**インド大反乱**(シパーヒーの乱)が起きると，その責任を取って **1858 年に解散**させられました。

ジャマイカ産の砂糖

ミルク

茶

ないよ

お父さん、パンは？

労働者の食卓

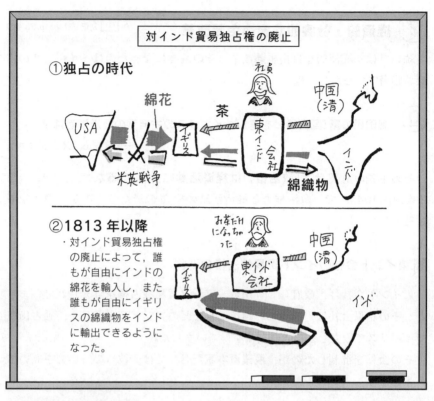

140

◆ 奴隷制度の廃止

　それから，ミルクティーに入れていた砂糖は，ジャマイカなどの**カリブ海域**で，**イギリス人プランター**が経営する**プランテーション**で生産されていました。

　ところが**ブラジル産の安価な砂糖**がイギリス市場に登場し始めました。すると，カリブ海域のイギリス人プランターは議会にはたらきかけ，**ブラジル産の砂糖に高関税**をかけようとしたのです。

　これに**産業資本家が反発**。彼らはプランターにダメージを与えるために，プランターに使役されている**黒人奴隷を解放**しようとしました。すごいですね，資本家たちって。だってねぇ，自分たちの邪魔になる連中に対しては，その産業基盤そのものを破壊しようとするんですから。

　ただし，**人道的立場**から奴隷解放の運動をやっていた人もいました。

Q イギリスの政治家で，人道的立場から奴隷解放に尽力したのはだれか？

　　　　　　——ウィルバーフォースですね。

ウィルバーフォース
（1759～1833）
奴隷解放法の法案が下院を通過した3日後，彼は死去した。

　彼の尽力で，1807年には**奴隷貿易廃止法**が制定されて**奴隷貿易が禁止**され，さらに**1833年**の奴隷解放法によって，イギリスでは**奴隷制度そのものが廃止**されました。

　ちなみにフランスでは二月革命の年である**1848年**，アメリカでは**1863年の奴隷解放宣言**を受けて，**1865年**には**奴隷制が禁止**されました。

　なお奴隷解放後のカリブ海域には，黒人奴隷の代わりとして，「**印僑**」と呼ばれる**インド人の移民**や，**中国人移民**の**華僑**の流入が見られました。

■ 穀物法の制定

続いて**穀物法の廃止**についても触れておきましょう。まず，穀物法とは，

> 地主の利益を守るために，（ロシア・東欧・南欧などからの）**安価な輸入穀物に対して，高い関税をかける法律**

話は**ナポレオン時代**まで遡ります。ナポレオンは 1806 年に**大陸封鎖令**を出しました。これによって，とくにロシアなどからの**安価な穀物**の輸入が減少し，その分イギリスの国内で生産される穀物の価格が上がりました。

これで穀物をつくっている**地主**は大もうけ。ところが，**1815 年にナポレオンが没落**し，**大陸封鎖令も解除**されると，以前のように安価な穀物の輸入が行われるようになりました。

すると，国内生産の穀物価格は当然下落します。これがいやだった地主は，議会にはたらきかけて，穀物法を制定させたのです。

《注》 19 世紀初頭に穀物価格が上がった背景として，産業革命期における人口の増加を挙げている教科書もあった。

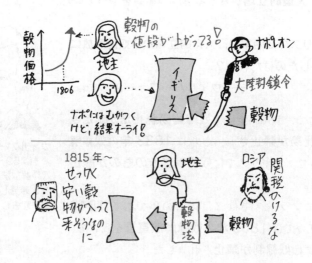

▍穀物法の廃止とその影響

「せっかく安い穀物が輸入できるのに，関税で値段をつり上げるとは何事だ！」と，この法律は，高いパンを買わされる**労働者**や，その労働者に賃金を支払う産業資本家の反発を招きました。

Q マンチェスターで反穀物法同盟を結成し，穀物法反対運動の中心にいた人物を２人挙げよ。

——コブデンとブライトですね。

ブライト コブデン

彼らの運動は功を奏し，**1846年**に穀物法は廃止されました。当時は**ピール**首相率いるトーリ党（保守党）内閣の時代でした。

ピール（任 1834～1835, 1841～1846）

こうして，穀物価格は下がりました。またさっき言ったように，お茶や砂糖の価格も下がりました。その分だけ**労働者の賃金も下がり**，このことは**工業生産物の価格を下げる**ことにつながりました。こうしてイギリスの工業製品はますます**国際競争力を強める**ことになったのです。

▍自由貿易体制の確立

Q 穀物法廃止に続いて，イギリスの海外貿易を統制していた法律が1849年に廃止されました。この廃止された法律は何か？

——航海法です。

航海法廃止によって，イギリスが世界と貿易するにあたっての一切の規制はなくなりました。これからは**だれもが自由に**，そしてどれだけでも，イギリスが必要とする**工業原材料や穀物など**を輸入できるようになったし，また**イギリスの工業製品を輸出**できるようになったのです。

こうして，イギリスの**自由貿易体制**は確立しました。

さらにイギリスは他国に対しても，**関税の撤廃**などの**自由貿易政策**を要求しました。いち早く工業化を成し遂げたイギリスは，どこよりも安く商品

をつくることができました。その商品を世界中で売りまくって，思い切り金<ruby>儲<rt>もう</rt></ruby>けをしたい……。そんなところでしょう。

▋ 宗教差別の撤廃

　それから経済の話ではありませんが，19世紀前半の自由主義改革の最後として，**宗教差別の撤廃**についてもお話ししておきます。奴隷制の廃止と並んで，社会的な自由主義改革と言っていいですね。

　自由主義とは，人間が個人として尊重されるという個人主義を前提にしていましたね。その観点から，人間は，その人の**信仰・人種・民族などによって差別されるべきではない**，という考え方が出てきます。

　そこで思い出してほしいんですが，イギリスには，**審査法**という法律がありましたね（→第2巻，p.359）。

　この法律は**1828年に廃止**されました。背景には，1801年にイギリスに<ruby>併合<rt>へいごう</rt></ruby>された**アイルランド**の**カトリック教徒**をなだめる，という動機がありました。ただ，審査法廃止にもかかわらず，カトリック教徒に対する種々の差別は残っていたため，アイルランドでは反乱すら起きそうな状況でした。また，**産業革命**にともなって，**労働者**としてイギリスに流入するアイルランド人カトリック教徒も<ruby>激増<rt>げきぞう</rt></ruby>していました。

　こんな背景もあって，**1829年**には**カトリック教徒解放法**が制定されて，カトリック教徒に対する差別が禁止されるにいたりました。

Ｑ この法律の制定に<ruby>尽力<rt>じんりょく</rt></ruby>したアイルランドの民族運動家は？　　　　　　　　　　——オコンネルです。

オコンネル
(1775〜1847)

（3） 19世紀後半のイギリス

📖 別冊プリントp.59 参照

▋ イギリスの繁栄

　19世紀の半ば，イギリスは<ruby>繁栄<rt>はんえい</rt></ruby>の<ruby>絶頂<rt>ぜっちょう</rt></ruby>にありました。イギリスは「世界の工場」と呼ばれ，圧倒的な生産力を<ruby>誇<rt>ほこ</rt></ruby>っていました。

当時の国王は，**ヴィクトリア女王**。即位が1837年だから，チャーティスト運動が始まったころですね。そして1901年まで，この女王は君臨します。

1851年には，ロンドンで**第1回の万国博覧会**が開かれました。とくに鉄骨とガラスでつくられた**水晶宮（クリスタル=パレス）**は，高さ41メートル，幅122メートル，長さ500メートル以上の壮大なものでした。

戴冠式のヴィクトリア女王
（位1837〜1901）

📕 選挙法改正

さて，19世紀の後半にも，種々の改革が行われました。

まず**1867年**には，**第2回の選挙法改正**が行われました。当時の首相は保守党のダービー。この改正で選挙権は，初めて**労働者**に拡大されましたが，すべての労働者ではなく，**都市労働者**に限られていました。

それが，**1884年の第3回の改正**のときには農業労働者・鉱山労働者にも拡大されました。当時の首相は**自由党**のグラッドストンでした。

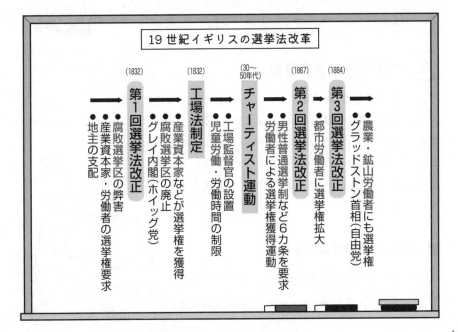

19世紀イギリスの選挙法改革

(1832)	(1832)	(30〜50年代)	(1867)	(1884)
第1回選挙法改正	**工場法制定**	**チャーティスト運動**	**第2回選挙法改正**	**第3回選挙法改正**
●地主の支配 ●産業資本家・労働者の選挙権要求 ●腐敗選挙区の弊害 ●グレイ内閣（ホイッグ党）	●産業資本家などが選挙権を獲得 ●腐敗選挙区の廃止	●工場監督官の設置 ●児童労働・労働時間の制限	●労働者による選挙権獲得運動 ●男性普通選挙制など6カ条を要求	●都市労働者に選挙権拡大	●農業・鉱山労働者にも選挙権 ●グラッドストン首相（自由党）

この段階で，労働者は有権者の6割を占めるまでになり，自由党・保守党ともに**労働者の支持の取り込み**が急務となっていきます。

▧ 労働者対策と教育

その一環(いっかん)として，1871年に**労働組合法**が制定されました。これで**労組が合法化**されました。

また1870年に制定された**教育法**(初等教育法)も重要です。**読み・書き**の基礎的な教育を，すべての子供たちに付与(ふよ)するための法律です。

これまでのイギリスでは，**宗教団体**のボランティア組織で初等教育が行われてきました。

そして今回の法律では，そういう組織が存在しないところには，税金をつかって学校をつくることが義務づけられたのです。これは**義務教育化**の第一歩でした。この法律の根底(こんてい)には，子供たちが持っている個人の才能を最大限に伸ばそうという意図(いと)がありました。

いずれの法律とも，制定時のイギリス首相は**自由党**のグラッドストンです。彼は，4回も首相(任1868〜1874，1880〜1885，1886，1892〜1894)になりました。イギリスの政党政治を代表する人物ですね。

グラッドストン

④ アイルランドの歴史

別冊プリント p.60 参照

ここで**アイルランド史**についても，まとめておきましょう。

まず，原住民は**ケルト系**で，5世紀には**聖パトリック**による布教が行われ，以来アイルランドは，宗教的には**カトリック圏**として，現在にいたっています。ケルト系民族といえば，**スコットランド**や**ウェールズ**もそうですね。

▧ イギリスの侵略の始まり

そのアイルランドに対して，12世紀の後半に**プランタジネット朝**のヘンリ2世が侵攻しま

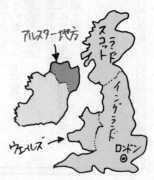
アルスター地方／アイルランド／スコットランド／イングランド／ウェールズ／ロンドン

146

した。

　次いで17世紀の**ステュアート朝**のジェームズ1世の時代あたりから，アイルランドの**北部**に，イギリスから植民活動が積極的に行われるようになりました。

Ｑ 植民活動の対象になったアイルランド北部は何地方か？

――アルスター地方です。

📕 クロムウェルの侵略

　そして**ピューリタン革命**を通じて，**クロムウェル**が権力を握ると，彼は，**1649年**にアイルランドに対する本格的な侵略を行いました。口実は**王党派**の拠点を粉砕する，というものでした。

　動機の真意はさておき，その結果は重大でした。クロムウェルが派遣した軍は，アイルランド西部を中心に**カトリック教徒に対する虐殺**を行い，アイルランドの約8割におよぶ**土地を収奪**したのです。また**名誉革命**で即位した**ウィリアム3世**も，やはり**王党派**の拠点ということで，アイルランドに軍を送りました。

　結果，アイルランドの土地は**イギリス人不在地主**が支配するところとなり，アイルランド人は小作人として使役されることになりました。

　「**不在地主**」とは，自分の所有地に住んでいない地主のことを言います。この場合は，イギリスに住んでいて，アイルランドには代理人を派遣して小作料を徴収させる地主を言います。

　ここで，イギリスによるアイルランド支配の構造をまとめておこうか。

イギリスによるアイルランド支配

	支配者	被支配者
民族	アングロ=サクソン	ケルト系
宗教	イギリス国教	カトリック
経済	イギリス人不在地主	アイルランド人小作人

◾ アイルランド併合

さて，18世紀後半になると，イギリスは危機の連続でした。まず**アメリカ独立革命**でしょう!? 続いて**フランス革命**でしょう!? この動乱の息吹がアイルランドにおよんじゃあ堪らない！

そこで，**1801年**にイギリスは，「将来アイルランドの人々が政治に参加できるように努力する」と約束した上で，アイルランドの**自治議会を解散**させて**アイルランドを併合**しました。

ピット 併合しちゃった

Q アイルランド併合を断行した当時の首相はだれか？ ──ピットですね。

これによって**グレートブリテン=アイルランド連合王国**が成立しました。

◾ アイルランドの苦難

一方，アイルランドの人々は，まず宗教差別の撤廃に挑み，1829年にこれを達成（→ p.144）。こののち，議会に進出したアイルランド人は，**アイルランド国民党**を中心に活動しました。

そして1845年以降のアイルランドでは，**ジャガイモ飢饉**が起きました。原因は，疫病の蔓延でジャガイモが不作だったことです。その結果，多くの**餓死者**が発生しました。ジャガイモはアイルランド人の主食ですからね。ちなみにアイルランドでは小麦も生産されていますが，これはアイルランド人の口には入らず，そのほとんどがイギリスに輸出されてしまいます。

「アイルランドにいちゃあ，食えねぇ」ということで，**アメリカへの移民が激増**しました。皮肉な話ですが，ジャガイモの疫病はアメリカからうつってきたと言われています。

それから，**穀物法の廃止**も，アイルランドにとっては，ダメージだったなあ。だって，これで，**ロシア・東欧・南欧産の安価な穀物**がイギリスに流入したため，アイルランド産の穀物が売れなくなり，**アイルランドの農業そのものが不振に陥った**のです。

その結果，地主のなかには農業をやめ，**小作人を解雇**してしまうものが出てきました。こうして働き口を失った人々も，アメリカに向かったようです。

■ アイルランド人の戦い

　こうしたなか，1848年には**青年アイルランド**という結社が武装蜂起をしましたが，鎮圧されてしまいます。またアメリカでは，故国の解放をめざして，**フィニアン党**という結社も誕生しました。

　そして1850年代からは，地主に簡単に土地から追い立てられないように，**小作権の安定**などを目的とした運動が起こりました。

■ グラッドストン内閣の対応

　これに対して，1870年には，**自由党**のグラッドストンの主導で，**アイルランド土地法が制定**され，**アイルランド人小作人の権利**が，一定程度認められることになりました。

　ついで，グラッドストンは，アイルランドに自治を認める法案（**アイルランド自治法案**）を，**1886年**と**1893年**に議会に提出しました。背景には，**アイルランド国民党**による自治要求の運動がありました。しかし，これは**与党自由党の一部からも反対**され，否決されてしまいました。

ジョゼフ
=チェンバレン

グラッドストン
(1809〜1898)

　ちなみに自治に反対して，自由党から脱党した人物に，あのジョゼフ=チェンバレンがいました（→ p.341）。

　このあと，20世紀のアイルランドはどうなるか？　それについては，いずれまたお話ししましょう。

　次ページにアイルランド・イギリスについて，黒板と年表でまとめておきました。参照しておいてください。

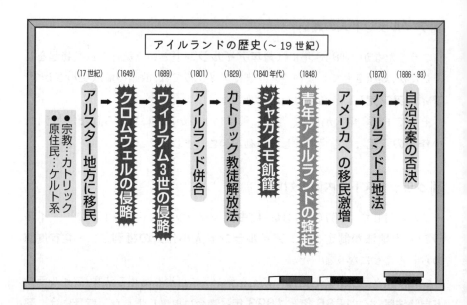

アイルランドの歴史（～19世紀）

（17世紀）アルスター地方に移民 → （1649）クロムウェルの侵略 → （1689）ウィリアム3世の侵略 → （1801）アイルランド併合 → （1829）カトリック教徒解放法 → （1840年代）ジャガイモ飢饉 → （1848）青年アイルランドの蜂起 → （1870）アメリカへの移民激増 → アイルランド土地法 → （1886・93）自治法案の否決

- 宗教…カトリック
- 原住民…ケルト系

	イギリス・アイルランド史	世界の動勢
1801	アイルランド併合	
1813	インド貿易独占権の廃止	米英戦争（1812〜1814）
1828	審査法の廃止（1673〜1828）	
1829	カトリック教徒解放法の制定	
1832	第1次選挙法改正	
1833	工場法・奴隷解放法の制定	トルコ=イギリス通商条約（1838）
1845	ジャガイモ飢饉	アヘン戦争の開始（1840）
1846	穀物法の廃止（1815〜1846）	
1848	チャーティスト運動の高揚	二月革命・諸国民の春（1848）
1849	航海法の廃止	アメリカがカリフォルニア併合（1848）
1867	第2次選挙法改正	自治領カナダ連邦の成立
1870	初等教育法の制定	普仏（独仏）戦争
	アイルランド土地法の制定	
1871	労働組合法の制定	ドイツ帝国の成立
1886/93	アイルランド自治法案の否決	

第53回 イタリアの統一と フランス第二帝政

リソルジメントとナポレオン3世

① イタリアの統一運動 (〜 1849)

📖 別冊プリント p.61 参照

 イタリアの分裂

　イタリアの統一のことを「リソルジメント」と言います。「復興」「再興」を
意味するイタリア語です。

　まずは，19世紀初頭のイタリアが，どれくらい**バラバラの状態**だったの
かについて確認しておきましょう。

　では，まず**北部**から。**ミラノ**などがある**ロンバルディア地方**やヴェネツィ

本当に
バラバラ
です

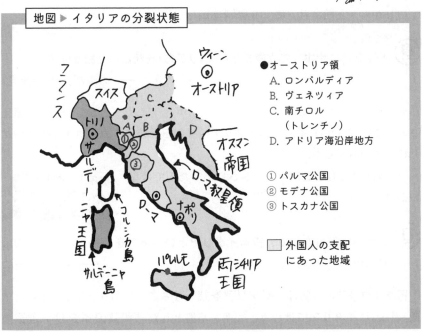

地図 ▶ イタリアの分裂状態

●オーストリア領
A. ロンバルディア
B. ヴェネツィア
C. 南チロル
　（トレンチノ）
D. アドリア海沿岸地方

① パルマ公国
② モデナ公国
③ トスカナ公国

□ 外国人の支配
　にあった地域

151

アなどは，**ウィーン会議**を通じてオーストリア領になりましたね。

また半島北部には，**パルマ，モデナ，トスカナ**という，**3つの公国**がありました。そのいずれも，オーストリア・ハプスブルク家の勢力下にありました。要するに**北部の多くの地域**は，**ドイツ人**の影響下にあったのです。

一方，イタリア西北部を**ピエモンテ地方**と言いますが，ここには**サルデーニャ王国**がありました。イタリア統一の"核"になる国ですね。支配王家は**サヴォイア家**で，首都は**トリノ**です。イタリアの**産業革命**もこのピエモンテ地方が中心でした。

ここでは国王専制に対して，1821年に**ピエモンテ革命**が起こりました。これは**立憲体制**をめざすものでしたが，国王とオーストリア軍によって鎮圧されました。

また半島中央部には**ローマ教皇領**が横断していました。では，

◎ イタリア南部を支配していた国は？ ——両シチリア王国

当時の両シチリア王国は，**スペイン系のブルボン家**の支配下にありました。要するに，北部と同様に**イタリア南部も外国人が支配**していたわけです。しかも，支配は君主による**専制体制**でした。

◎ 1820年にナポリで立憲革命（ナポリ革命）を起こした結社は？

——カルボナリ（炭焼党）

サルデーニャの立憲革命も**カルボナリ**が中心でした。しかしいずれも鎮圧され，さらに1831年の中部イタリアの蜂起を最後に，カルボナリの運動はしぼんでいきました。

「敗因は全国的な組織性の乏しさにあったのではないか？」

反省したのは私です。誰でしょう？

◎ こういう反省をして，青年イタリアという結社を組織した中心人物はだれか？ ——マッツィーニ

青年イタリアの目的は，**イタリアを統一**することにありました。それも王政（君主政）イタリアではなく，民衆を基盤とした**共和政のイタリア国家**の

建設をめざしていたようです。

■ 諸国民の春がイタリアにも！

さて，**フランス二月革命**を起爆剤に，**諸国民の春**という激動がヨーロッパ全体をおおいます。その影響はイタリアにもおよび，**オーストリア支配下の**ミラノやヴェネツィアでは武装蜂起が起きました。しかしいずれも**オーストリア**によって潰滅させられました。

またローマでも，オーストリアに対する開戦気運が高まりましたが，ローマ教皇ピウス9世がこれを拒んだため，民衆の怒りが爆発して，教皇は南方に逃れました。

こうして**1849年**には，**ローマ共和国の成立**が宣言され，青年イタリアだった**マッツィーニ**も指導者の1人となりました。しかし思わぬ横槍が入ります。それは**フランス軍の介入**でした。

当時のフランスの大統領は，**ルイ=ナポレオン**。彼は，カトリックのリーダーである教皇の危機を救うことによって，国民の人気を得ようと考えたのです。結局フランスの軍事介入によって，ローマ共和国は潰されました。この後，**フランス軍は教皇領に駐留**を続け，1870年までローマ教皇のボディーガードをすることになります。

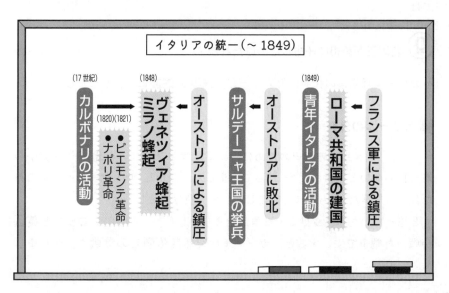

イタリアの統一（～1849）

カルボナリの活動　（17世紀）　→　●ピエモンテ革命　●ナポリ革命（1820）（1821）　→　ヴェネツィア蜂起　ミラノ蜂起（1848）　←　オーストリアによる鎮圧　←　サルデーニャ王国の挙兵　←　オーストリアに敗北　←　青年イタリアの活動　←　ローマ共和国の建国（1849）　←　フランス軍による鎮圧

◢ サルデーニャ王国の挙兵

またサルデーニャ王国の国王**カルロ＝アルベルト**は，サルデーニャ王国初の**憲法を発布**する一方で，北イタリアから**オーストリア**を放逐するために挙兵しました。しかし，オーストリア軍の反撃であえなく敗北。勝利したオーストリアの将軍はラデツキー。彼を記念した名曲が，ヨハン＝シュトラウスの「ラデツキー行進曲」です。

ヨハン＝シュトラウス 1 世
（1804〜1849）

ラデツキー将軍
（1766〜1858）

② サルデーニャ王国による統一　　📖 別冊プリント p.62 参照

◢ カヴール登場

オーストリアに敗北した国王は退位し，新国王にサルデーニャ王国の将来を託します。その新国王とは，**ヴィットーリオ＝エマヌエーレ 2 世**でした。では，

Ⓠ 新国王が首相に任命したのはだれか？　　　──カヴール

カヴールは産業の振興に努める一方，**鉄道の建設**にも腐心しました。

◢ カヴールの外交

彼は，「イタリアの統一のためには，まず**オーストリア**を**北イタリア**から追っ払わないといけない」と思っていました。ただし「サルデーニャ王国の力だけでは無理だ」とも思っていました。事実負けてるし……。

と思っていたら，**クリミア戦争**が始まりました（→ p.190）。ロシアと**英仏**が戦った戦争です。すると，カヴールは突然**英仏側での参戦**を表明しました。

カヴール
(1810〜1861)

英仏と仲良く
して，オース
トリアをやっ
つけるときに
手伝ってもら
おう。

言っときますが，サルデーニャは，ロシアに対してなんの恨みもありません。ただただ，**英仏と仲良くするために**国軍を派遣したのです。

この目論見は当たり，戦後サルデーニャ王国は**フランス**の支援を取り付けました。当時のフランスの支配者は**皇帝ナポレオン3世**です。

Q サルデーニャ王国とフランスが結んだ密約は？

——プロンビエールの密約

プロンビエールはフランスの温泉地です。ここで，カヴールはナポレオン3世に，対オーストリア戦争の支援と引きかえに，**サヴォイアとニースの割譲**を約束しました。

ナポレオン3世　サヴォイアとニース，ください

📖 イタリア統一戦争

こうして，1859年に**イタリア統一戦争**が始まりました。サルデーニャ・フランス軍は，マジェンタとソルフェリーノの戦いでオーストリアを撃破しました。しかし，このあと思わぬことが起こります。

それは**フランスの裏切り**でした。なんとフランスは，オーストリアと単独講和を結んでしまったのです。ナポレオン3世はサルデーニャを支援しておきながら，「このままいったら，サルデーニャ王国が強大化して，これはフランスの脅威となる！　サヴォイアとニースの獲得はあきらめるしかない」と思ったのです。

フランスの支援を失ったサルデーニャ王国は，単独ではオーストリアとの戦争を継続できないと考え，戦いは中途半端に終結しました。

Q サルデーニャ王国はオーストリアからどこを獲得したか？

——ミラノを含むロンバルディア

ここを獲得しただけでオシマイでした。カヴールは怒りと責任感から，首

相を辞任しました。

▌3公国の併合

しかし，カヴールは幸運でした。というのも，オーストリアの息がかかっていた**パルマ・モデナ・トスカナ**3公国では，イタリア統一戦争が起こると，サルデーニャへの併合（へいごう）を望む民衆の反乱が起きたのです。

これを見たカヴールは首相に復帰し，ナポレオン3世に**サヴォイア・ニースの割譲**（かつじょう）を約束し，代わりに3公国と**教皇領の東半**をサルデーニャが併合（へいごう）することを認めさせたのでした。

▌ガリバルディ登場

さらにイタリア統一を進める事態が，**両シチリア王国**に起こりました。すなわち，両シチリア王国を支配する**ブルボン家**に対して，シチリアの**パレルモ**でイタリア人が蜂起（ほうき）したのです。

Ⓠ 青年イタリアの出身で，シチリアの蜂起（こおう）に呼応し，義勇兵（ぎゆうへい）を率（ひき）いてシチリアに向かったのはだれか？　——**ガリバルディ**

彼が率いた義勇兵は**千人隊**（せんにんたい）と言います。またはその制服にちなんで，**赤シャツ隊**とも言います。この軍隊とシチリアの民衆の戦いによって，ナポリを占領しました。ブルボン家の抵抗（ていこう）は続きましたが，それも翌年の初めには終息（しゅうそく）しました。

一方，カヴールとヴィットーリオ＝エマヌエーレ2世は，ガリバルディの活躍（かつやく）を見て焦（あせ）りました。ではどんな焦りがあったのか？ここは国王に語っていただきましょう。では国王陛（へい）下（か），お願いします。

ヴィットーリオ＝
エマヌエーレ2世
（位 1849〜1878）

> ガリバルディって，青年イタリアだったんだろ？！　ということは共和主義者ってことだよね。だとしたら，**君主政を認めるはずはない！**　これはマズイよね。

そう考えた彼らは，ガリバルディにプレッシャーを与えるべく，サルデーニャ軍をナポリめざして南下させます。これは最悪の場合，サルデーニャ軍とガリバルディ軍とのあいだに，内戦を引き起こすかもしれませんでした。

■ イタリア王国の成立

しかしガリバルディは，占領地をヴィットーリオ＝エマヌエーレ２世に捧げるという意思を表明したのです。

ここに内戦は回避され，1861年の３月に**イタリア王国の成立**が宣言されました。首都は**トリノ**。

私はサルデーニャ国王と戦う気はない。**イタリアの統一こそが優先されるべきなのだ。**

トレードマークの赤シャツです

ガリバルディ
(1807〜1882)

ただし，この段階では，**オーストリア領のヴェネツィアと，ローマを中心とする教皇領**が，まだイタリア王国領とはなっていません。

そして，イタリア王国初の首相カヴールは，就任からわずか３か月後，50歳の若さで急死してしまいました。

■ イタリア王国の領土拡大

さて，カヴールなきあとのイタリア王国には強い味方がいました。それは**プロイセン首相のビスマルク**。

すなわち，**1866年**にビスマルクは普墺戦争を起こしました。イタリアはプロイセンと同盟を結んで，**ヴェネツィアの併合**に成功しました。

さらに**1870年**に普仏（独仏）戦争が起き，**教皇領を守っていたフランス軍**は本国に呼び戻されました。そしてフランスはプロイセンに敗北。すると

ビスマルク

ホント，俺のおかげだよ。

イタリア王国軍は，破門をちらつかせて抵抗するローマ教皇を無視して，ローマ市を占領しました。

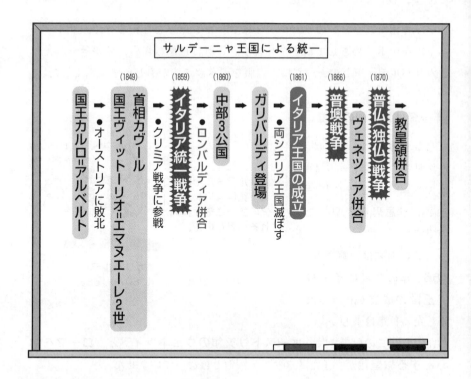

サルデーニャ王国による統一

国王カルロ=アルベルト → ・オーストリアに敗北

(1849) 国王ヴィットーリオ=エマヌエーレ2世

首相カヴール → ・クリミア戦争に参戦

(1859) **イタリア統一戦争** → ・ロンバルディア併合

(1860) 中部3公国

ガリバルディ登場 → ・両シチリア王国滅ぼす

(1861) **イタリア王国の成立**

(1866) 普墺戦争 → ・ヴェネツィア併合

(1870) **普仏(独仏)戦争** → 教皇領併合

▨ 残された問題

　王国は**ローマ**を新首都としましたが，怒りが収まらないのは領土を奪われた教皇ピウス9世でした。教皇はみずからを「**ヴァチカンの囚人**」と称し，イタリア王国との対立は，**1929年**のラテラン条約の締結まで，60年間続くことになります（→第4巻）。

　あと，イタリアで「未回収のイタリア」と呼ばれた地域がありました。すなわち，イタリア人が住んでいるのに，**オーストリア**の支配下にある地域のことです。

Ⓠ 「未回収のイタリア」とは具体的にはどこか？
　　　　──南チロルやトリエステなどです。

　以上，イタリアの統一についてのお話でした。

未回収のイタリア

158

③ フランス第二帝政

ここで，イタリアの統一にちょこちょこと顔を出した**ナポレオン3世**時代のフランスにも触れておきましょう。

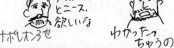

■ 第二帝政の成立

二月革命後の混乱のなか，ルイ=ナポレオンが大統領に就任したところまでは，以前お話をしました(→ p.124)。

彼は**1851年**に**クーデタ**によって**王党派や共和派を弾圧**し，翌年の**1852年**に，国民投票を通じて**皇帝に即位**しました。これで彼も偉大な伯父さんと肩を並べたのです。こうしてフランス史で2回目の帝政の時代が成立しました。これを文字どおり「**フランス第二帝政**」と言い，皇帝としては**ナポレオン3世**と呼ばれました。

■ 第二帝政の実態

彼は，**資本家**と**労働者・小市民**の**勢力均衡**という情勢のなかで，**両勢力の調停者**として振る舞い，**両者の支持**を取り付けようとしました。この政治体制を，彼の名前を冠して「**ボナパルティズム**」と言います。いわば，"やじろべえ"みたいな政権だったのです。

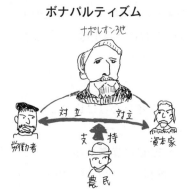

ボナパルティズム

労働者の支持を獲得するための具体策としては，**労働者用**の**アパート**をパリ市内に建設したことが挙げられます。しかしその一方で，**労働組合**については，1864年まで認めようとしませんでした。

今"やじろべえ"と申しましたが，やじろべえは，いずれかのおもりが少しでも重くなれば，体制はすぐに不安定になります。

そこでナポレオン3世は，**海外侵略**や**派手なイベント**によって，この不安定さを覆い隠そうとしました。

▧ 派手なイベント

イベントで目立ったものといえば，**1855 年の第 2 回万国博覧会**の開催ですね。開催地はパリです。

それから**パリの都市改造**も有名です。

Ⓠ 改造の中心人物でセーヌ県の知事だったのは
だれか？　　　　　　　　　　——**オスマン**

よく質問されるけど，オスマン帝国とはなんの関係もないですよ。Haussmann という綴りをフランス語で読むとオスマンとなるのです。

私はトルコ人ではありません

Hauss
man
⇩
オスマン

セーヌ県知事
オスマン
（任 1853〜1870）

彼は，市内の入り組んだ路地や町並みを一新して，エトアールの凱旋門を中心に，12 本の**道路を放射状に建設**しました。また上下水道も整備され，コレラのような都市で流行していた感染症の一掃も図られました。

▧ フランスの工業化（産業革命）

経済的に見ると，第二帝政期は**製鉄業**などを中心として，**工業化が本格化**した時代でもありました。ここで，これまでのフランスの工業化の略史を確認しておきましょう。

まず，**偉大なる伯父**さんである**ナポレオン=ボナパルト**の**第一帝政**期にフランスの**工業化が始まり**ました。ついで1830年代の**七月王政**の時代には，**鉄道建設**などを中心に，工業化はいっそう進展したのでした。

▶ゆるやかなフランスの工業化

ただしフランスの工業化の動きは，イギリスやドイツなどに比べると，**ゆるやか**でした。その原因は**工業労働力の不足**にありました。

イギリスと比較しましょう。イギリスでは **18 世紀の農業革命**，とくにそのなかで展開された**第 2 次囲い込み**を通じて，**農民**が土地の耕作権を失い，彼らは**都市に流入**して，**工業労働者**となりました。

これに対してフランスでは，**フランス革命**を契機に，**小土地所有農民が創出**されました。彼らは「小土地」とはいえ土地を所有し，以前に比べると生活は安定しました。ですからイギリスのように，都市に流入して工業労働者

になる必要はなかったのです。逆説的な表現になりますが，

> **フランス革命は，フランス産業革命（≒工業化）のスピードをゆるめ
> てしまった**

のでした。

ム…

ロベスピエール

こんなこと
言われてますよ

■ スエズ運河と対英外交

スエズ運河の建設も，ナポレオン3世の時代になされました。

Ｑ 国際スエズ運河会社を設立して，運河建設を進めた中心的フランス人
はだれか？
——レセップス

スエズ運河は **1869年に完成**しました。レセップスは，その後**パナマ運
河**の建設にもチャレンジしますが，これは挫折しました。

それから，イギリスとの関係は，"偉大なる伯父さん"とは違っていました。
すなわち一貫して友好関係を堅持したのです。1860年には，**英仏通商条約**
が結ばれ，**相互の最恵国待遇**（→ p.290）などを約しました。

■ 対外侵略

それから対外戦争と対外侵略，こりゃいっぱいやってるなあ（笑）。具体的
にはそれぞれのところでお話しします。**クリミア戦争**（→ p.190），**アロー
戦争**（→ p.291），**第1次仏越戦争**（→ p.273），そして**イタリア統一戦争**
（→ p.155），それと**メキシコ出兵**（→ p.99）です。

■ ナポレオン3世の没落

そして **1870年，普仏（独仏）戦争の敗北**によって，ナポレオン3世は
ビスマルクに捕らわれました。これを機に，パリで暴動が起こり，18年間続
いた**第二帝政は崩壊**しました。

■ パリ=コミューンの成立

このあとのフランスには，**臨時国防政府**という臨時政権が成立しました。

「国防」という名前が示すとおり，ドイツとの戦いを続けるための政府です。

　しかしその直後に，**資本家（ブルジョワ）**が"裏切り"を働きました。すなわち，武装した**労働者**や**小市民**を見て，ブルジョワは**革命の脅威**を感じたのです。すると彼らは勝手に**ドイツと休戦**してしまいました。これには徹底抗戦を唱えるパリの労働者や小市民たちが激怒し，対立が激しくなりました。

　ブルジョワは，労働者などの武装解除を試みましたが，これに反発したパリの労働者たちは，ついにみずからの**自治政府**をつくりました。これをパリ=コミューンと言います。成立は **1871 年** 3 月 18 日。

▶パリ=コミューンの施策

　このパリ=コミューンでは，すべての**公職の公選制**と**リコール**が規定され，**女性の保護**やパン焼き職人の**夜業禁止**，それに**孤児の保護**なども提案されました。要するに，今われわれが「社会福祉」と呼んでいるものの多くが，このパリ=コミューンで実験されたのです。それから**強制的徴兵も禁止**されてましたね。このパリ=コミューンには，**写実主義の画家クールベ**も参加していました。

■ パリ=コミューンの潰滅

　さて，パリの動きは，**リヨン**や**マルセイユ**などの地方都市にも広がろうとしていました。

　しかしこれを，ブルジョワは絶対に許しませんでした。彼らは，**ヴェルサイユに臨時政府**をつくり，これは**ヴェルサイユ政府**と言われました。首班は，七月革命で活躍したティエールでした。

　ヴェルサイユ政府軍は，ドイツ軍に援護されながらパリに突入しました。そして 5 月 21 日から 1 週間にわたって，コミューン派の人々に対する殺戮が行われたのです。これを「**血の 1 週間**」と言います。

　そして **5 月 28 日**，パリ=コミューンは潰滅したのでした。ちなみにこの日は私の誕生日……何か運命的なものを感じるなあ。

5月28日，
パリ=コミューン壊滅，
そして私の誕生日

©青木

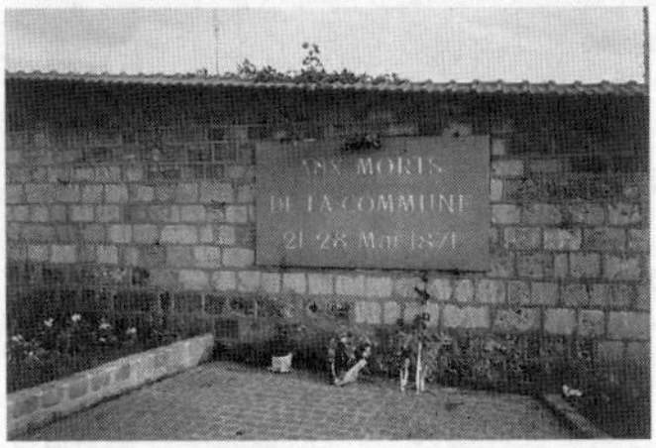
DE LA COMMUNE

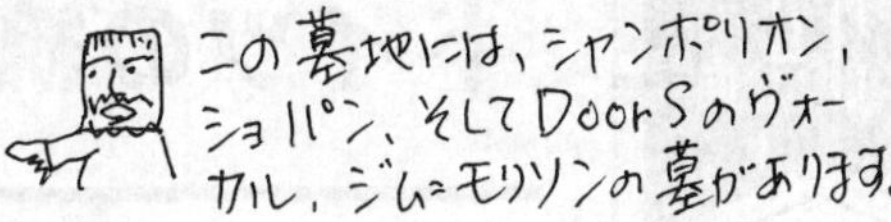
この墓地には、シャンポリオン、ショパン、そしてDoorsのヴォーカル、ジム=モリソンの墓があります。

パリ市内，ペール=ラシェーズ墓地のなかにあるコミューン兵士の墓。この壁の前で銃殺が繰り返された。

第三共和政

その後1875年に**新憲法**が制定され，ここに**第三共和政が確立**しました。その憲法では，**二院制**の議会や，任期7年の**大統領制**が規定されました。実態としては，**男性普通選挙制**のもとで選出される**下院の権限が強く**，大統領を頂点とする**行政府の権限は弱められていました**。このあたりは，ナポレオン3世に振りまわされて苦労した反省が反映されていますね。

では，次回は**ドイツの統一**です。いよいよ**ビスマルクの登場**です。

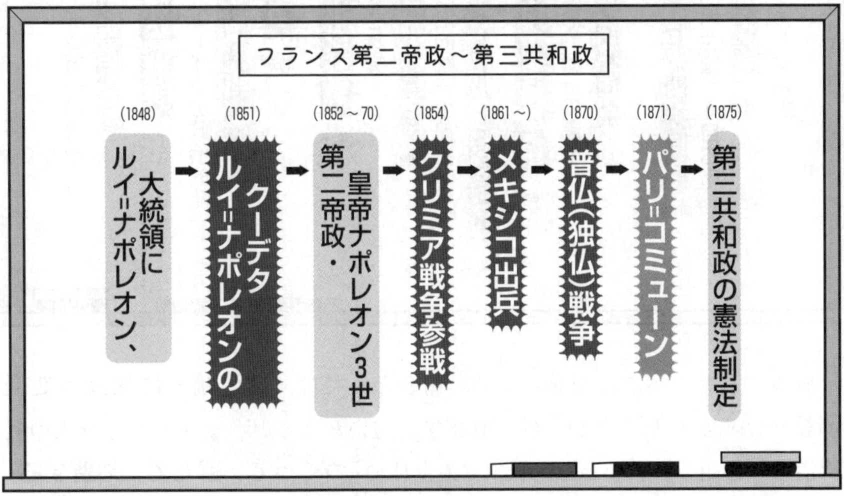
フランス第二帝政～第三共和政
(1848)
ルイ=ナポレオン、
大統領に
(1851)
ルイ=ナポレオンの
クーデタ
(1852～70)
第二帝政・
皇帝ナポレオン3世
(1854)
クリミア戦争参戦
(1861～)
メキシコ出兵
(1870)
普仏(独仏)戦争
(1871)
パリ=コミューン
(1875)
第三共和政の憲法制定

《注》 フランス第三共和政の成立時期は，教科書によって異なっている。「1870年」としているのは，東京書籍，帝国書院，実教出版，第一学習社。「1871年」としているのは山川出版社『新世界史』。また山川出版社『詳説世界史探究』と『高校世界史』は，いずれも「1875年に共和制憲法が制定されて第三共和政の基礎がすえられ」と記述し，成立の年号を明示していない。ということですので，大学のみなさん，「第三共和政は何年に成立したか？」などという問題はつくられませぬように！

ドイツの統一

ビスマルクの活動，北欧諸国

　今回は，**1871年**の**ドイツ帝国**成立と，その後の内政について，さらには**北欧諸国**についても，お話しをしましょう。

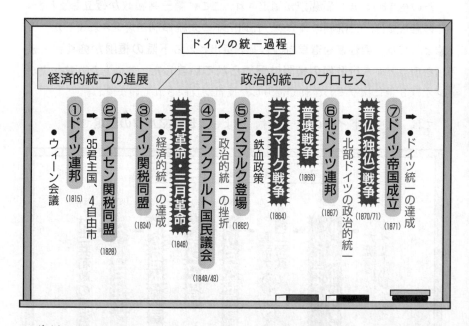

ドイツの統一過程

経済的統一の進展 ／ 政治的統一のプロセス

- ①ドイツ連邦
  - ウィーン会議 (1815)
- ②プロイセン関税同盟
  - 35君主国、4自由市 (1828)
- ③ドイツ関税同盟
  - 経済的統一の達成 (1834)
- 二月革命・三月革命 (1848)
- ④フランクフルト国民議会
  - 政治的統一の挫折 (1848/49)
- ⑤ビスマルク登場
  - 鉄血政策 (1862)
- デンマーク戦争 (1864)
- 普墺戦争 (1866)
- ⑥北ドイツ連邦
  - 北部ドイツの政治的統一 (1867)
- 普仏（独仏）戦争 (1870/71)
- ⑦ドイツ帝国成立
  - ドイツ統一の達成 (1871)

　概観すると大体こんな感じです。特色としては，**政治統一に先立って経済統一**が進展したことが挙げられます。言いかえると，まず，ドイツ人の経済活動の枠組み，すなわち，ドイツ人全体の「**つくって，運んで，消費する**」というネットワークが形成され，それを基盤として政治的統一がなされてゆくのでした。

　「経済統一が政治統一に先行して推進される」って，まさしく**第二次世界大戦後のヨーロッパ**がそうですね。政治的統一をめざす**EU（ヨーロッパ連合）**に先行して，**EEC（ヨーロッパ経済共同体）**や**EC（ヨーロッパ共同体）**が

成立しましたが，それを想起させますね。

📖 別冊プリント p.65 参照

① 経済的統一の進展

📑 "バラバラドイツ"——その前史

では，まず，ドイツが歴史的に見てどれくらいバラバラであったかを，ウェストファリア条約のあたりまで遡ってみましょう。

1648年，**ウェストファリア条約**締結時の**神聖ローマ帝国**は，総数約300の**諸侯**が支配する**領邦**と都市が寄り集まった状態でした。

そして，約150年後の**1806年**には，**ナポレオン**がプロイセンとオーストリアに対抗するために，西南ドイツの諸邦に**ライン同盟（連邦）**を結成させましたね。これで**神聖ローマ帝国は名実ともに消滅**。

1815年には，そのナポレオンが没落し，**ウィーン会議**によって，ドイツ地方は，**35の君主国，4つの自由市**から成る**ドイツ連邦**となりましたね（→ p.106）。

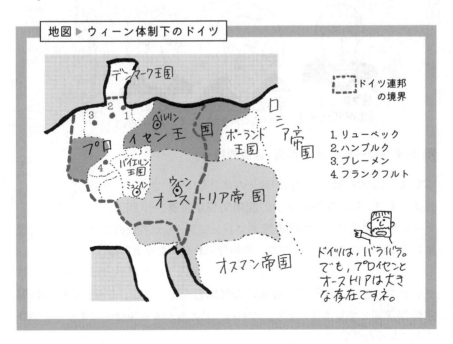

地図 ▶ ウィーン体制下のドイツ

凡例：ドイツ連邦の境界

1. リューベック
2. ハンブルク
3. ブレーメン
4. フランクフルト

ドイツは，バラバラ。でも，プロイセンとオーストリアは大きな存在ですね。

▓ プロイセンの近代化

次に，ドイツ統一の「核」となる**プロイセン王国**の状況も確認しましょう。

プロイセンはナポレオンに敗北し，1807年のティルジット条約によって領土を削られましたね（→ p.87）。この屈辱をバネにして，プロイセンでは**近代化**が始まりました。主導者は，あいついで宰相となったシュタインとハルデンベルク。

彼らが断行した近代化は，「**プロイセン改革**」と呼ばれました。

その内容は，まず**農奴制の廃止**。それに，**ギルドの解体**による**営業の自由**の確立や，プロイセンの**国内関税の撤廃**などの経済的な改革。それに，都市の自治の確立や，**軍制改革**などでした。

また言語学者フンボルトの尽力で，**ベルリン大学**も創設されました。初代総長は，「**ドイツ国民に告ぐ**」という連続講演で知られる哲学者のフィヒテ。ちなみに，フンボルトの弟は有名な地理学者で，あのガラパゴス諸島の海域を流れる「フンボルト海流」の発見者です。

宰相シュタイン
（任1807〜08）

宰相ハルデンベルク
（任1810〜22）

フンボルト
（1767〜1835）

3人とも肖像画は教科書にのっていません

▓ ドイツ統一への第1段階（経済的統一）

では，19世紀前半の経済的統一の進展を見ていきましょう。

まず1818年，**プロイセンの国内関税が撤廃**されました。

そもそも**関税**とは，**商品の流通**に対して課せられる税のことです。この税金の分だけ商品価格は高くなり，その分売れなくなりますね。

そうなるとつくってる連中（生産者）や，運んでいる連中（商人）のヤル気はそがれてしまい，**生産にも流通にも悪影響**が出てくる。こうして**経済活動全体が沈滞**してしまうのです。ならば，こんなバカな税はヤメよう，ということになったのです。

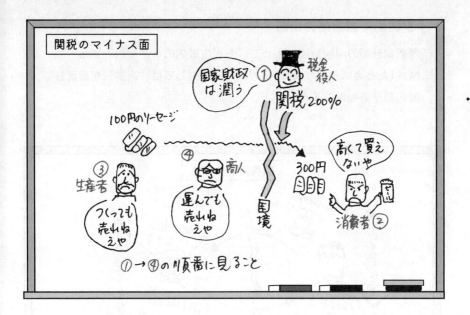

　これによって，プロイセン領内ではスムーズな商品流通ができるようになりました。

　すると1828年には，プロイセンと近隣諸邦とのあいだに**北ドイツ関税同盟**が成立し，これによって，プロイセンをはじめとする**北部ドイツの経済統一**がなされました。また，南部ドイツや中部ドイツにも，そういった経済的結束ができていきました。

▶ドイツ関税同盟の成立

　5年後の**1833年**3月には，ドイツ関税同盟が結成され，**オーストリアを除くドイツの経済的統一**が達成されました。

　翌**1834年**1月1日から，実際に関税なしで（あるいは低関税で）商品が流通し始めました。山川出版社の教科書（『新世界史』）では，**結成1833年，発足1834年**と区別しているので注意しておきましょう。ちなみに「結成」は1833年3月に**ドイツ関税同盟条約**が結ばれた段階を指し，条約の内容が実行された1834年1月1日の午前0時をもって「発足」です。

▶ドイツ関税同盟結成の目的

　さて，関税同盟結成の目的は次の2点です。

ドイツ関税同盟結成の目的

①同盟諸邦間の関税撤廃によって，ドイツ域内の市場を統一する

②域外（たとえばイギリス）からの輸入品に対しては，高関税を設定して
　域内の産業を保護する

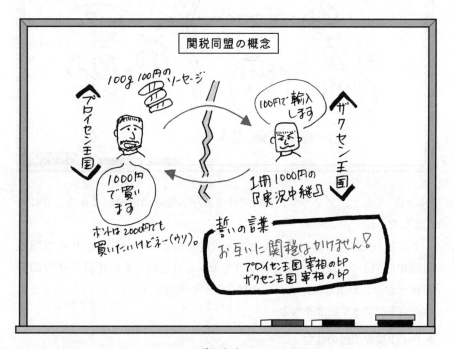

またこれにともなって，貨幣・度量衡の統一も図られました。

当時のドイツは，ボチボチ工業化が始まったという段階です。そういうときに外国商品，とくに**イギリスの商品**がどんどん入ってきたら，ドイツの産業は一夜にしてたたきつぶされてしまうでしょう。

イギリスでは産業革命がすでに軌道に乗っているので，イギリスの商品はドイツに比べて値段が安く，大量，しかも質がいい。だから関税の壁で守るんですね。このような貿易政策を一般に**保護主義**（**保護貿易**）と言います。

このような立場から，ドイツ関税同盟の成立に理論的根拠を与えた経済学派が歴史学派経済学です。

Q その歴史学派経済学の代表的学者はだれか？

── (フリードリヒ=)リスト

著作としては『政治経済学の国民的体系』，『農地制度論』などがあります。

ドイツだって，どこの国にだってその国独自の歴史的環境ってものがあるのです。だから**イギリス**に妥当した**古典派経済学**やその経済政策がそのままほかの国にあてはまるとは限りません。**アダム=スミス**が言う神の「**見えざる手**」に期待するのではなく，政治権力が経済活動を保護すべきなのです。

フリードリヒ=リスト
（1789～1846）

　こうしてドイツの経済的統一，とくに**市場の統一**が達成され，これを基盤（きばん）に，**1840年代**以降になって，ドイツにも**産業革命**が進行していくわけです。その産業革命は鉄道建設と軍需産業（ぐんじゅ）を中心とした**重工業**が核となりました。

② フランクフルト国民議会

📖 別冊プリント p.66 参照

■ ドイツ統一への第2段階（政治的統一）

　次は**政治的統一**についてですね。そののろしになったのが，前にお話しした**フランスの二月革命**で，これが**ウィーンの三月革命**や**ベルリンの三月革命**などを誘発（ゆうはつ）し，各地の君主たちにダメージを与えました。一方で，ドイツ統一の機運は高揚（こうよう）しました。

▶フランクフルト国民議会

　その気運（きうん）に乗って，**1848年**5月，ドイツの各邦・都市で**男性普通選挙制**（ふつうせんきょ）で選ばれた代表者がフランクフルトに集まって，来たるべきドイツの政治的統一についての話し合いをすることになりました。こうして**フランクフルト国民議会**が開催（かいさい）されました。

　ここに集まってきた連中には**自由主義者**が多く，**ドロイゼン**のような歴史学者も参加しています。彼は「**ヘレニズム**」という言葉の創始者。参集した

人々は，**国民主義的な統一国家**をめざしました。

▶大ドイツ主義 vs 小ドイツ主義

　このフランクフルト国民議会では，2つの派閥が生まれました。すなわち，**ドイツ統一の方法**をめぐって，**大ドイツ主義と小ドイツ主義**といわれる考え方が対立するんですね。考えの違いを簡単に言うと，**小ドイツ主義とはプロイセンを中心に統一**を展開していこうという発想。さらに言えば，統一の際に**オーストリアを除外**するという考えです。

　一方，**大ドイツ主義**は，**オーストリアを中心にドイツ統一**をめざします。そして結果的には，**小ドイツ主義が勝利**しました。

　では，なぜオーストリアは中心になりえなかったのか？　まず考えられるのは，オーストリアの国情です。この国は**複合民族国家**で，領内には支配民族の**ドイツ人以外**に，**マジャール人，スラヴ人**などの**異民族が大勢**います。しかも活発に**民族運動**を展開していますね。もしこれらの人々を含めて統一国家をつくったら，この統一国家も民族問題に悩ませられることになります。これって面倒くさいですよね。もとよりオーストリアは，異民族に対して独立を認めようとはしませんでした。

　実は，**大ドイツ主義**を唱える人たち自身も，民族問題を背負い込むのはまっ

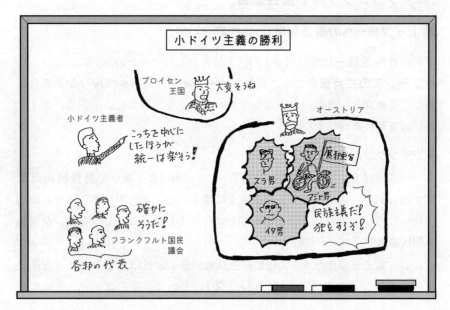

ぴらだったようで、オーストリアに対して**ハンガリー**のような異民族の領域は切り離したうえで、ドイツの中心になってほしいと思っていました。しかし、これはオーストリアが拒否。皮肉なことですが、**大ドイツ主義は、オーストリア自身によって否定**されていたのです。

▶ドイツ国憲法

さて、論争に勝利した人々が中心になって、1848年12月に「**ドイツ国民の基本法**」を採択しました。これは将来の「ドイツ国民の**人権宣言**」ともいうべきものです。フランクフルトに集まった人々は、不可侵の人権を持った国民1人ひとりに基礎を置く国家、すなわち**フランス的な国民国家の樹立**をめざしたのです（→ p.109）。

さらに、翌年1849年3月に、ドイツの政治的統一のための憲法をつくりました。この憲法を**ドイツ国憲法**と言います。

いちおう憲法はできた、じゃあ、統一ドイツの核にはだれになってもらおうか？　これは決まっています。当然ながら当時の**プロイセンの国王フリードリヒ=ヴィルヘルム4世**が、その「核」になるはずでした。

ところが、彼はその申し出を断ってしまいます。「ワシはフランクフルト国民議会が採択したような憲法にしたがってドイツ全体を動かしていこうとは思わん」。なぜか？

彼から見ると、この憲法をつくった連中はみんな"革命派"なんですね。要するに、**フランス二月革命やドイツの三月革命**によって調子づいたような

君達（フランクフルト国民議会）がつくった憲法なんて、まっぴら！

フリードリヒ=ヴィルヘルム4世
（位1840〜1861）

連中がつくった憲法にしたがって、ドイツ全体の政治をやる気はない、ということです。

かくして**フランクフルト国民会議は挫折**しました。言いかえると、**自由主義的・国民主義的な国家樹立をめざすドイツ統一は失敗**に終わったのでした。

この後ドイツ統一の主導権は、**自由主義者から官僚や軍部の中心を占めるプロイセンのユンカー層**に移っていきます。そしてその中心人物こそ、**ビスマルク**でした。

待ってました❗

やっと出番がまわってきた。　ビスマルク

別冊プリント p.66 参照

③ ビスマルクによる統一

■ ビスマルクの鉄血演説

ビスマルクは**プロイセンの宰相**です。その地位に就いたのが **1862 年**です。当時のプロイセンの国王は**ヴィルヘルム 1 世**。ビスマルクの出身階級は**ユンカー**です。これは「土地（地主）貴族」を意味します。

彼は議会においてこう演説しました。「ドイツは**鉄と血**によってこそ，統一することができる」。鉄と血とはいったい何を意味するか？　**鉄は軍備，血は兵士**ですね。2 つ合わせて「**戦争**」と理解してもいいでしょう。

バラバラなドイツをまとめるためにはどうするか？　まずプロイセン自身が強くなって，統一をジャマする勢力を戦争でやっつける。さらには戦争によって，ドイツ諸邦の危機感をあおることによって，いやもおうもなくドイツ人の結束をうち固めていく……。

こうビスマルクは考えたわけです。

これは**戦争**によって**ドイツを統一**しようとする宣言であり，この演説を「鉄血演説」，それにしたがったドイツ統一の方策は**鉄血政策**と呼ばれます。

■ ビスマルクの仕掛けによるデンマーク戦争

しかし当時のドイツ地方には，外から攻められるさし迫った危機はありませんでした。だからビスマルクは無理やり戦争をやって，国内に危機意識をつくるわけです。その意味では，どこと戦争をやってもよかったのですね。

しかし，やる以上は勝たにゃいかんというので，ウォーミングアップとい

ビスマルクの鉄血演説

「言論や多数決によっては①現下の大問題は解決されないのであります。
②言論や多数決は 1848 年および 1849 年の欠陥でありました。鉄と血によってこそ問題は解決されるのであります」
（『世界歴史事典－史料篇（西洋Ⅱ）』平凡社。漢字の一部を改めた）

①ドイツの統一を指す。

②挫折したフランクフルト国民議会のこと。

話し合いじゃ何も決まらない，と言ってますね

172

う観点から，ターゲットにされたのが，**デンマーク**でした。

デンマーク戦争は **1864 年**に始まりました。しかし，戦争となると，国民を納得_{なっとく}させるそれなりの口実_{こうじつ}が必要になってくる。

Q デンマーク戦争は [＿＿＿＿] の帰属_{きぞく}をめぐってひき起こされた。

空欄には**シュレスヴィヒ・ホルシュタイン**という地名が入ります。ビスマルクはこの両地域をめぐる領土問題を口実にしました。そしてデンマーク戦争はビスマルクの狙_{ねら}いどおり，プロイセンの圧倒的勝利のもとに終わり，翌年の 1865 年に**ガシュタイン条約**が結ばれます。

ユトランド半島の付け根_ねの地域にあるのが**シュレスヴィヒ**で，もうちょっと下にあるのが**ホルシュタイン**です。ホルシュタインといえば，乳牛_{にゅうぎゅう}の品種_{ひんしゅ}で有名ですね。

わたしの 原産地です

ホルシュタイン牛

この条約で 2 地域は，**プロイセンとオーストリアの管理下**に入りました。そうなんです，デンマーク戦争には**オーストリアも参戦**していたのです！　ビスマルクの意図_{いと}は，オーストリアと一緒に戦うことによって，とりあえずはオーストリアの力を見たい，ということでした。というのも，早晩_{そうばん}オーストリアとは，**ドイツ統一の主導権**をめぐっての戦争が避_さけられないからです。

> ドイツ統一の中心は，俺（プロイセン）か，お前（オーストリア）か？はっきりさせようぜい！

ビスマルク
(1815～1898)

オーストリアとの戦争の口実になったのは，**シュレスヴィヒ・ホルシュタイン**の領有問題でした。すなわち，前者をプロイセンが，後者をオーストリアが管理することになっていたのですが，ビスマルクはホルシュタインにもちょっかいを出し，オーストリアを挑発_{ちょうはつ}したのでした。

こうして，**1866 年**に**普墺戦争**が引き起こされました。オーストリアはビスマルクによって，まんまとはめられたという感じですね。

このあたり，ビスマルクの思惑どおりですね。

■ 普墺戦争をめぐる国際関係

オーストリアとの戦争を始めるにあたり，ビスマルクは**イタリア王国**と同盟を結びます。イタリアはプロイセンと組んで，オーストリア領のヴェネツィアを奪おうと思っていました。

それからビスマルクにとって最悪の情勢は，**オーストリアとロシアが同盟**すること。しかし，ビスマルクは「これはないだろう」と判断しました。

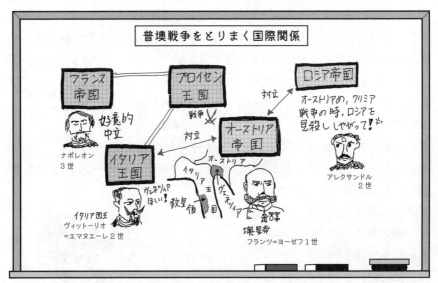

というのも，**クリミア戦争**以来，**オーストリアとロシアって仲が悪い**のです。クリミア戦争で孤立したロシアを，オーストリアは見殺しにしましたからね（→ p.192）。**ロシア皇帝アレクサンドル2世**に聞いてみようか⁉

一方，フランスの**ナポレオン3世**に対しては，ライン地方の割譲をちらつかせて，好意的中立を取り付けることに成功しました。

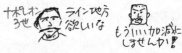

174

普墺戦争の勃発

こうして準備を整えたビスマルクは，**1866年**に戦争を開始しました。

 普墺戦争における最大の決戦をなんと言うか？

——サドヴァ（サドワ）の戦い

別名「ケーニヒスグレーツの戦い」とも言います。これは参謀総長モルトケ_{さんぼうそうちょう}の傑作_{けっさく}といわれた戦いです。その結果，両国で結ばれた講和条約がプラハの和約（条約）です。

北部ドイツの政治的統合

これでドイツ統一の中心は，誰が見てもプロイセンとなりました。

このあと**1815年**以来の**ドイツ連邦は解消**されました。では，

北ドイツ連邦の領域

Q プロイセンに権力を集中させて新たに誕生した諸邦の連合体の名は？

——北ドイツ連邦

「ドイツ連邦」とはたった1字しか違_{ちが}わないので，よく正誤問題で出されるところですが，内容は全然違います。

ドイツ連邦は，単なる諸邦の寄せ集めにすぎないけれども，北ドイツ連邦のほうは**プロイセンを中心として北部ドイツが政治的に統合**されたものと言えます。分かりやすく言うならば，1867年の段階でプロイセンを中心に「北ドイツ帝国」というのができたと考えても良いでしょう。諸邦を拘束_{こうそく}する「**北ドイツ連邦憲法**」も採択_{さいたく}されましたしね。

「オーストリア=ハンガリー帝国」の出現

一方，負けたオーストリアはどうなったか？　これは大変でした。まず北

イタリアのヴェネツィアはイタリア王国に併合されてしまいました。さらに、支配下のマジャール人やスラヴ人の独立の気運も高まります。

これに対してオーストリアは、マジャール人に王国の創建を認めました。これを「妥協」と言います。

「妥協」って
一般名詞っ
ぽいけどね

Q ではこの「妥協」を、ドイツ語でなんと言うか？

——「アウスグライヒ」です。

そしてこの結果、ハンガリー王国はオーストリア皇帝を国王としつつも、**独自の国会や政府**を有し、オーストリアと対等の王国として認められました。言うなれば国のなかに別の国が内包されたというかたちですね。

こうして**オーストリア＝ハンガリー帝国が成立**しました。もしくは**オーストリア＝ハンガリー二重帝国**と言います。

■ 普仏（独仏）戦争の勃発

そして 1870 年、いよいよ**普仏（独仏）戦争**が勃発しました。戦争の背景となったのは**スペイン王位継承問題**でした。

スペインの王位にドイツ人のレオポルトがつくことにナポレオン 3 世は反対していました。これに対して、レオポルトを推すプロイセンが反発。

これに関連して**エムス電報事件**が起こりました。エムスというドイツの温泉町で、プロイセンの国王**ヴィルヘルム 1 世**とフランスの公使が、スペイン王位の問題について交渉を行いました。

ここでヴィルヘルムはフランスに妥協し、その結果を電報でビスマルクに伝えました。するとビスマルクはその電文の内容をねじまげて、あたかもヴィルヘルム 1 世に対してフランス人が無礼な態度をとったかのような内容に書きかえて、マスコミに発表したのです。

これがエムス電報事件で、これを契機に、プロイセンのみならず、ドイツ人全体の反フランス感情が一気に爆発し、ビスマルクの思惑どおり、ついに両国間の戦争を招くことになりました。

普仏戦争は 1870 年 7 月に開戦しました。プロイセンのみならず、**北ドイツ連邦の諸邦**や、南部の**バイエルン王国**なども参戦したので、「独仏戦争」

という呼び方もあります。そして9月には決戦が行われました。

 この普仏戦争での決戦をなんと言うか?

——セダン(スダン)の戦い

▶プロイセン(ドイツ)の勝利

　フランスは敗北し，ナポレオン3世は捕虜となり，**第二帝政は瓦壊**しました。パリに成立したブルジョワ主導の**臨時国防政府**は，1871年1月末にドイツと3週間の期限付き休戦協定を締結しました。

　さらに1871年2月には**ヴェルサイユ仮条約**が締結され，5月の**フランクフルト本条約**で，普仏(独仏)戦争は正式に終結しました。この2条約を通じて，**50億フランの賠償金とアルザス・ロレーヌという2地域の割譲**が約されました。

　両地域は**石炭・鉄鉱石の産地**で，賠償金と併せて，この後の**ドイツの重化学工業の発展**を促進するものになりました。

4 ドイツ帝国の成立

別冊プリント p.67 参照

■ドイツ帝国の成立

　休戦協定が締結される直前の1871年1月18日，占領下のヴェルサイユ宮殿で，**ドイツ帝国の成立**が宣言されました。**サン=スーシ宮殿**じゃありませんよ。プロイセン国王**ヴィルヘルム1世**は**ドイツ皇帝として戴冠**し，ビスマルクは**ドイツ帝国の帝国宰相**となります。こうして**ドイツは統一された**のです。

■ドイツ帝国の政治体制

　その後制定された**ドイツ帝国憲法**についても一言。

　新憲法では，**25歳以上の男性普通選挙制による帝国議会**が招集されました。しかしこの議会には**立法権はなく，責任内閣制もなかった**ため，**議会は行政府をコントロールできませんでした**。帝国宰相ビスマルクは，皇帝に責任を負うのみで，ほぼフリーハンドで政治ができたのですね。

177

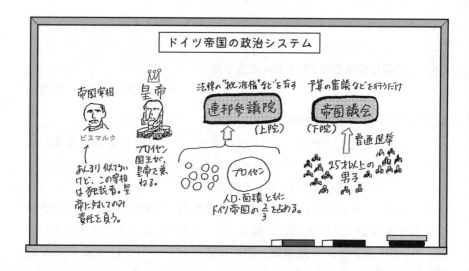

このように，ドイツ帝国では憲法は存在しつつも，実際には**皇帝やビスマルクに無制限とも言える権限**がありました。こういう点をとらえて，ドイツ帝国のことを「**外見的立憲主義**」と表現します。

また，高級官僚や軍隊の将校は，ほぼ**ユンカー**の独占でした。

■ 連邦国家体制のドイツ帝国

さらに**各邦の代表が参集する議会**として，**連邦参議院**が設立されました。というのもドイツ帝国とは，**22の邦（君主国）と3自由市**と，**アルザス・ロレーヌ**という2つの**帝国直轄領**から成る**連邦制国家**だったのです。そして各邦には，権限は縮小されたもののあいかわらず君主が存在していました。

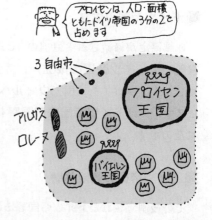

ですから「統一」といっても，**明治維新**後の大日本帝国と比べると，**中央集権の度合いははるかに弱いと言わざる**をえません。だって日本には，明治維新の後，大名なんていなかっただろう!?

📖 ビスマルクの内政──「帝国の敵」

さて統一後のドイツ帝国ですが，これは問題が山積していました。

最大の難問は，**ドイツ南部のカトリック勢力**でした。彼らは，ドイツ帝国のことを快くは思っていません。なぜならこの帝国はどう見ても，プロイセンなど**北部の主導**。そしてそのドイツ北部は，**ルター派**などのプロテスタント系宗派が優勢です。またドイツ帝国が**政教分離**を唱えたことにもむかついていました。

Q このようなカトリック勢力に対するビスマルクの抑圧政策をなんと言うか？　　　　　　　　　　　　　　　　　　　　　　──**文化闘争**

カトリック勢力は，**中央党**という政党を結成して抵抗しました。

ビスマルクは，このカトリック勢力や，ポーランド人のような少数民族を「**帝国の敵**」として，国民をまとめようとしました。「敵」をつくって国民をまとめるという手法は，このあとヒトラーがしっかりとパクることになります。

📖 社会主義者への弾圧

一方，**重化学工業**の発展にともなって，都市部の**労働者の数が増大**し，それを支持基盤として，**社会主義勢力が台頭**しました。

まず，**ラサール**が1863年に**全ドイツ労働者協会**を結成。さらに1869年には，**ベーベル**が**社会民主労働党**をつくりました。

Q この2派が1875年に合同して設立した結社は何か？　　　　　　　　　　　　　　　　　　　　　　──**ドイツ社会主義労働者党**

これを恐怖したビスマルクは，**1878年に社会主義者鎮圧法**を制定します。この法律では「国家転覆をはかる結社」が禁止され，集会・言論の自由も大幅に制限されました。口実になったのは**皇帝狙撃事件**。犯人は社会主義ではなかったのですが，ビスマルクはおかまいなしでした。

📘 社会政策

　その一方でビスマルクは，さまざまな社会保険制度を確立しました。たとえば，労働者などが安心して老後を迎えられるように**養老年金制度**を整えたり，病気で仕事を休んだときのための保障として**疾病保険制度**を整備したりしました。あと教科書には**災害保険制度**も載っていたな。これに加えて，**児童や女性の労働を制限**したりもしました。

Q このような国家による国民保護，とりわけ労働者保護政策をなんと言うか？

—— 社会政策

　ビスマルクに言わせれば，

労働者の生活のことは国家も心配しているよ。社会主義者の口車に乗って革命なんて起こさないでね。

　このようにして，ビスマルクは労働者を社会主義者から引き離そうとしたのです。社会主義者に対しては徹底的に弾圧し，労働者は社会政策で懐柔する。ビスマルクのこうした態度を「**飴と鞭**」と表現することがあります。

　ちなみにビスマルクの社会政策は，この後世界の社会政策のモデルとなります。……やっぱビスマルクはスゴイわ。

📘 貿易保護政策

　もう１つ，ビスマルクを悩ませた問題は，**東部のユンカーと西部の重化学工業の資本家の対立**でした。資本家はイギリスの安価な工業製品に関税をかけて自分たちの工業を守りたい。一方ユンカーは，安い工業製品を買いたい。また資本家は安い**ロシア産の穀物**を買いたいし，ユンカーは自分たちの農業経営を守るために，ロシア産穀物に高関税をかけたい。

　このような対立が続くなか，**1879年**に保護関税法が制定されました。結

局ビスマルクは，輸入工業製品にも，そして輸入穀物にもある程度の関税を
かけることで，2つの勢力を納得させたのでした。このように，

Q ユンカーと資本家というドイツ帝国の2大支配層の対立が緩和された
状態をなんと言うか？ ——「鉄と穀物の同盟」と言います。

⑤ 北欧諸国の情勢

📖 別冊プリント p.68 参照

さきほどデンマーク戦争のハナシが出ましたが，ここで**北欧諸国**について
触れておきましょう。

🔖 スウェーデン

スウェーデンは北方戦争（1700～1721）で**ピョートル1世**率いるロシア
に敗北しましたね。これでスウェーデンは，**バルト海の制海権**をロシアに
奪われました。また**ウェストファリア条約**によって獲得した北ドイツのバ
ルト海沿岸の領土の多くを喪失しました。当時のスウェーデンは**絶対王政**で
したが，敗戦を契機に王政に対する不満が高まり，**議会**に参集する**貴族**が王
権を制限するようになりました。

また**ウィーン会議**で**ノルウェー**を支配下におくことが承認されました。
そして19世紀後半には，豊富な鉄鉱石を背景に**鉄鋼業・造船業**が発達し
ました。

🔖 ノルウェー

ノルウェーは，1397年の**カルマル同盟**の成立以来，**デンマーク**の影響下
にありました。そのデンマークはナポレオン戦争の際に**親ナポレオン**の立場
をとったため，ナポレオンの没落とともに力を失い，ノルウェーは**スウェー
デンの支配下**に入りました。これを追認したのが，先述のとおり1815年
の**ウィーン会議**です。その後ノルウェーでは**民主的な憲法**が制定され，一
方で独立を求めた運動が続きました。そして，**1905年**に**国民投票**を通じ
て**独立**を達成しました。

▉ デンマーク

　デンマークでは，1848年に首都コペンハーゲンで起こった**三月革命**で**絶対王政が打倒**され，**責任内閣制**にもとづく**議会制民主主義**が始まりました。その後プロイセン・オーストリアに**デンマーク戦争**で敗北しましたね（→ p.173）。

　これで豊かな**シュレスヴィヒ・ホルシュタイン**を失ったことは打撃でしたが，このあとデンマーク国民は荒れ地に植林をしたりして，農業と牧畜による豊かな国土を勝ち取りました。興味のある方は，**内村鑑三**の『**デンマルク国の話**』という講演を読んでください。デンマーク国民の不屈の闘志に感動しますよ。鑑三いわく，「戦争に勝って滅びた国もあるが，戦争に負けて豊かさを獲得した国もある」。

（岩波文庫）

▉ フィンランド

　フィンランドはロシアとスウェーデンのあいだに挟まれ，両国の対立の舞台でした。しかし1809年には**ロシア**の支配下に入り，**ウィーン会議**でロシアの領有が追認されました。

　しかし独立運動は粘り強く続けられ，**1917年**のロシア十月革命を契機に**独立を達成**しました。その独立は**1919年**のヴェルサイユ条約で国際的にも承認されました。大作曲家**シベリウス**の交響詩「**フィンランディア**」を聴くと，独立を求めるフィンランドの人々の熱情を感じ取ることができます。

　では，次回はややこしい東方問題についてお話しします。

19世紀のロシアと東方問題

イギリスとロシアの対立

この回は，**19世紀のロシアの国内情勢**と，**東方問題**についてお話しします。とくに東方問題では，**複雑な国際関係**が展開します。……要するに**難しいところ**なんですよ。いつも以上に心して聞いてください。

> 私がこの『実況中継』を発刊する気になったのも，「**東方問題の説明に20ページ使っていいですよ**」と編集者から言われたからなんです。「そんな参考書，今までにないよな，よし出そう！」ってね(笑)。で，まずは**19世紀前半のロシアの動向**から確認しましょう。

① 19世紀前半のロシア

📖 別冊プリント p.70 参照

1801年に皇帝**アレクサンドル1世**が即位しました。彼はナポレオンと戦い，ウィーン会議後には**神聖同盟の結成**を提唱しました(→ p.110)。

その彼が亡くなる前後に，**デカブリストの乱**が起きました。乱の中心は，**自由主義的**な**貴族**出身の青年士官たち。しかしこれは，新皇帝ニコライ1世に鎮圧されました。

翌年の1826年，ロシアは**ガージャール(カージャール)朝ペルシア**との戦争を開始し，ロシアは勝利しました。講和条約は1828年に結ばれました。

Q この戦争の講和条約は何か？　　　——トルコマンチャーイ条約

この条約で，ロシアは**治外法権**とアルメニア地方を獲得しました。

その後，**七月革命**のときには支配下の**ポーランドの反乱**を鎮圧し，**二月革命・諸国民の春**の際には，**ハンガリー共和国を潰滅**させました。このような振る舞いから，ロシアは「**ヨーロッパの憲兵**」と呼ばれたのです。

② 東方問題⑴——エジプト=トルコ戦争

別冊プリント p.70 参照

じゃあ，本題の**東方問題**，いってみよか！
まずは，そもそも東方問題とは何か？

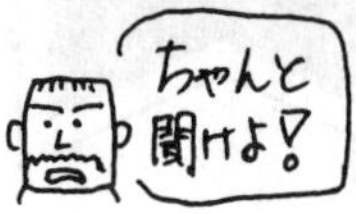
ちゃんと
聞けよ!

東方問題とは

オスマン帝国を舞台としたヨーロッパ列強の対立

オスマン帝国（トルコ）の情勢

▶ロシアの進出

東方問題の舞台となった**19世紀のオスマン帝国**は，「**瀕死(ひんし)の病人**」と呼ばれていました。すでに**1699年**のカルロヴィッツ条約で，オスマン帝国（以下トルコ）は**オーストリア**から**ハンガリー**を奪(うば)われていました。

しかし，トルコを瀕死(ひんし)にした“主犯”は，なんと言っても**ロシア**です（笑）。ロシアは17世紀の末から，数度にわたる**露土(ろと)戦争**を行いました。とくに17世紀末の**ピョートル1世**の時代には**アゾフ海に進出**しましたが，その

地図▶東方問題の舞台

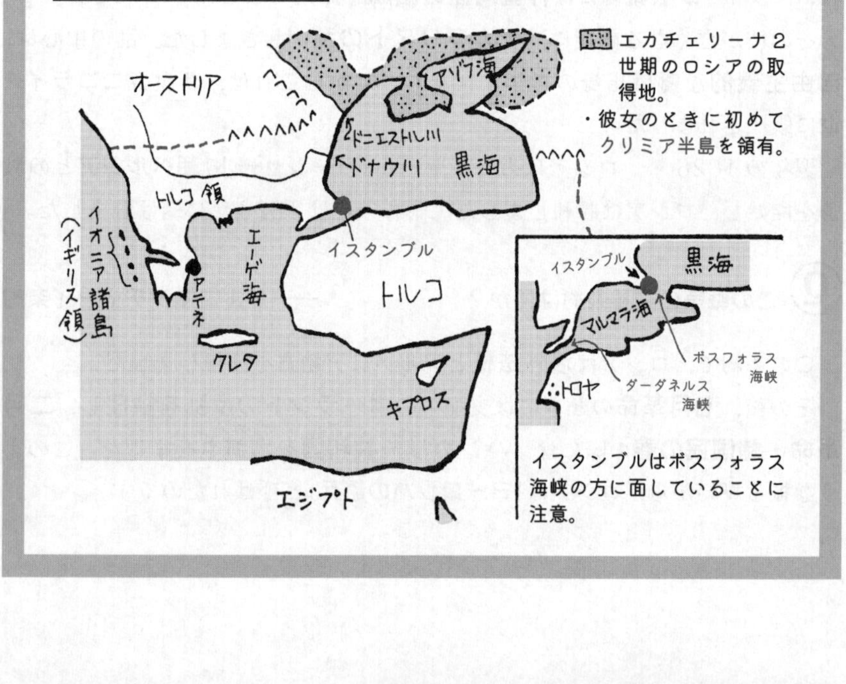
エカチェリーナ2世期のロシアの取得地。
・彼女のときに初めてクリミア半島を領有。
オーストリア
アゾフ海
ドニエストル川
ドナウ川
黒海
トルコ領
イオニア諸島（イギリス領）
アテネ
エーゲ海
イスタンブル
トルコ
クレタ
キプロス
エジプト
イスタンブル
黒海
マルマラ海
ボスフォラス海峡
ダーダネルス海峡
トロヤ
イスタンブルはボスフォラス海峡の方に面していることに注意。

後トルコの反撃によって，いったんは南下を断念しました。しかし，18世紀後半のエカチェリーナ2世の時代にはムスリム政権の**クリム（クリミア）=ハン国**を滅ぼして，**クリミア半島を領有**するにいたりました。

▶仏・英の進出

　続いて1798年には**ナポレオン**率いる**フランス軍**が，トルコ領の**エジプト**に侵攻してきました。これを迎え撃つべく，トルコがエジプトに派遣した軍人のなかで頭角を現したのが，**ムハンマド=アリー**でした。

▶ムハンマド=アリー，エジプト総督に

ムハンマド=アリー

　　　　　　　イギリスがナポレオン軍を撃退すると，ムハンマド=アリーは居座ろうとしたイギリスと戦って勝利しました。その前後に彼は**総督**となり，エジプトを事実上支配することになりました。これを**ムハンマド=アリー朝の成立**と言います。こうしてトルコは**エジプト**も失ったのです。
　　　　　　　ムハンマド=アリーは，**綿花や小麦の生産**を振興し，国家が独占的に輸出して利益を上げました。また**マムルークを虐殺**する一方で，**徴兵制を導入**しました。

🚩 英・露の対立

　さて，東方問題の軸は，**イギリスとロシアの対立関係**です。だいたい「東方問題」という言葉自体，イギリスが言い出したものですからね。要するに，「イギリスから見て，東方で起こった嫌な問題」という意味です。では，**イギリスは，何が嫌だった**のでしょうか？

　結論を言いましょう。イギリスは，**ロシアの南下政策**が嫌だったのです。ではロシアは，なぜ南下するのでしょうか？

　ロシアは，19世紀に入ると**穀物の輸出販路獲得**のため，バルカン半島や黒海・地中海方面への進出を目論むようになります。また，そのために**不凍港の確保**もめざすようになりました。これが南下の目的です。

　この動きを警戒したのがイギリスでした。なぜなら，このロシアの動きが**イギリスとインドとの連絡路**，いわゆる「**インドへの道**」を**遮断**すると判断したからでした。インドはイギリスにとって**最重要植民地**です。

■ギリシア独立戦争への介入

　こうした観点から見てみると，**ギリ
シア独立戦争**に対する**露・英・仏**の
援助も，単なるギリシア愛護主義から発したものとは考えにくくなります。

　要するに，ロシアって**ギリシア**の独立を応援して，自分の手先にしたかっ
たわけですよ。**イギリス**はそれが嫌で，この独立戦争に介入したという側面
もあります。まっ，これは教科書には書いてないですが。

■第1次エジプト=トルコ戦争（1831年～1833年）

　さて，ギリシアが1829年に独立したことは，トルコの弱体化を露呈させ
ました。そして，これはエジプトの野心家**ムハンマド=アリー**を刺激しました。
当時のエジプトは形式的にはトルコの支配下で，ムハンマド=アリーは**総督
（太守）** という立場でした。アリーはここで**エジプトの完全独立とシリア地
方への領土拡大**を考えたのです。そして両国間に，1831年，戦端が開かれ
ました。これが**第1次エジプト=トルコ戦争**です。

　トルコ側には**ロシア**が，エジプトのほうには**英・仏・墺**がつきました。オー
ストリアはロシアの強大化が恐かったので，英仏の側に立ったのでした。ロ
シア軍はイスタンブル防衛という口実のもとに，ボスフォラス海峡の両側に
展開しました。「このままでは完全にロシアの言いなりになってしまう」とい
う不安を感じたトルコは，1833年にクタヒア条約を締結して敗北を認め，

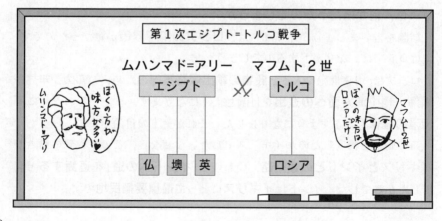

戦争を終わらせました。

Q 第1次エジプト=トルコ戦争の結果，エジプト領になったのはどこか？
——シリア

　一方，この戦争の敗北がひとつのきっかけとなって，トルコでは**タンジマー
ト**という近代化が開始されます。直訳すると「制度化」ですが，「**恩恵改革**」と
か「**再編成**」と訳します。

　当時のスルタンはアブデュルメジト1世で，**西欧をモデル**にして，司法・
行政・軍事・財政などの改革を進めようとしました。これについては，別
の回でくわしく触れることにします（→ p.260）。

▶ウンキャル=スケレッシ条約

　一方，"恩恵"と言えば，トルコに恩を売った（少なくともそう思っている）
ロシアは，トルコに**ウンキャル=スケレッシ条約**を突き付けました。この

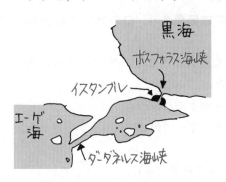

条約で，トルコは**ダーダネルス海峡
の自由航行権**をロシアに認めさせら
れました。

　ボスフォラス海峡については，も
うすでにロシアが既成事実として占
領していたので，条文には明記して
ありません。またこの海峡は，**英仏
などの国々には決して開放されま
せん**。以上のことが秘密条項として

条約に盛り込まれていました。こうして，**ロシアの南下政策にとってきわ
めて有利な状況**が生まれたわけです。

■ 第2次エジプト=トルコ戦争（1839年～1840年）

　この状況を察知した**イギリス**は恐怖しました。そして1839年に，ふたた
びエジプトとトルコが戦端を開くと，状況は一変します。

　このとき**イギリス**は**ロンドン会議**を開いて，**ロシア，オーストリア，プ
ロイセン**などと**ロンドン条約**を締結しました。これにより，「トルコが平和

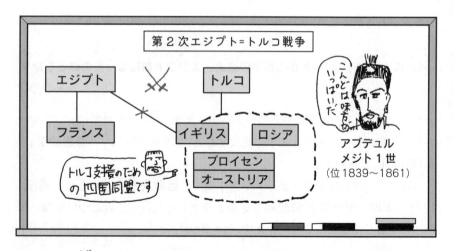

第2次エジプト＝トルコ戦争

エジプト

トルコ

フランス

イギリス　　ロシア

プロイセン
オーストリア

トルコ支援のための「四国同盟」です

こんどは味方がいっぱいだ

アブデュル
メジト1世
（位1839～1861）

状態にある限り，**外国軍艦に対してボスフォラス・ダーダネルス海峡を開かない**」ことが確認されたのです。さらにトルコに関する問題は，必ず4国の協議にはかることなども約されました。

　一方，**ウンキャル＝スケレッシ条約は破棄**され，**ロシアによるトルコ従属化は阻止された**のです。

　イギリスの「トルコをロシアの言いなりにはさせないぞ」という強い態度に，ロシアが屈したかたちになりました。

　ここで**プロイセンやオーストリア**が顔を出したのも，ロシアが南下して強大化することが恐かったからです。だって，この両国はロシアと国境も接しているしね。

　さてこの一連の事態は，**イギリスに外交的勝利**をもたらしました。

　まず，ロシアの**南下に歯止め**がかかったこと。次に，中東地域に進出して，**強大なアラブ国家の建設を夢見る**，エジプトのムハンマド＝アリーの野望を打ち砕いたこと。もしも「ムハンマド＝アリー帝国」が実現していれば，**インドとの連絡路確保**の観点から，イギリスにとってこれはこれで大きな脅威となったことでしょう。

　結局，ムハンマド＝アリーの領土は**エジプトとスーダンに限定**されることになりました。ただし統治権の世襲が認められたため，ここに**ムハンマド＝アリー朝が確立**しました。

4国がそろってトルコ支持にまわったことが，ムハンマド=アリーにとって
は致命傷になったようですね。このように，

第55回

19世紀のロシアと東方問題

Q 第2次エジプト=トルコ戦争において，“一石二鳥”とも
いえる結果をもたらしたイギリス外交の立役者は？
——パーマストン

パーマストン

　Qにするには細かい事項だったかな(?)。外相で，ホイッ
グ党(自由党)の政治家です。彼は**アヘン戦争**勃発時の外相
でもあります。

　さて，この後も東方問題は続きます。しかも今度は，**イギリス**と**ロシア**が，
直接的に武力対決をすることになりました。それが**1853年**に始まる**クリ
ミア戦争**でした。

③ 東方問題(2)——クリミア戦争

📖 別冊プリント p.72 参照

🚩「聖地(イェルサレム)管理権」問題

　第1次・第2次のエジプト=トルコ戦争では，ロシアは**トルコを援助する**
という外交方策で友好関係を保持し，そのことを通じて**トルコへの影響力
を強めよう**としました。

　そのロシアが面倒くさい「外交」に訴えるのではなく，**武力行使**をして「**南
下**」という目的を達成しようとしたのが，**クリミア戦争**です。

　その際，口実になったのが**聖地管理権問題**でした。ここで言う「聖地」とは，
パレスチナのイェルサレムのことです。当時これをめぐって，**トルコ領内の
ギリシア正教徒**と**カトリック教徒**とのあいだに対立がありました。

　そしてこの対立は，その双方の保護者を自任する**ロシアとフランス**との
あいだにも波及していきました。

▶最初はフランスが保有

　元来，聖地管理権は16世紀のスルタン**スレイマン1世**のときにフランス
に対して認められたものです。これでトルコ・フランスの関係を強化し，共
通の敵ハプスブルク家の**カール5世**に対抗しようという判断からでした。

ところが，そのフランスで18世紀後半に**フランス革命**が勃発しました。そのためフランスは聖地まで面倒が見きれなくなり，ついにはジャコバン時代に，**キリスト教そのものが否定**されるに至って，この聖地管理権は宙に浮いた状態となりました。

▶ロシアが聖地管理権を獲得

　ちょうどその前後，**エカチェリーナ2世**治世下のロシアはトルコと戦争をして，トルコ領内の**ギリシア正教徒の保護権**を獲得しました。これを約した条約を**キュチュク=カイナルジャ条約**と言いますが，まあ，細かい事項ですね。さらに1783年には，トルコの宗主権下にあった**クリム=ハン国**をロシアが併合し，**クリミア半島を獲得**しています。このことをトルコが追認したのが，1792年の**ヤッシー条約**でした。この条約名も細かいけどね。

　そして，1798年にナポレオンが**エジプト遠征**をやったとき，ロシアはトルコを支援しました。この支援の見返りとして，1808年，ついに**ロシアは聖地管理権を獲得**しました。これによって，ロシアに後押しされたトルコ領内の**ギリシア正教徒**が聖地管理権を行使することになりました。

　一方，フランスには二月革命後に**ルイ=ナポレオン**が登場し，**1852年**には**皇帝ナポレオン3世**になりました。そしてこの人，とにかくフランス国民の人気が欲しい(笑)。その彼，聖地管理権を思い出しました。そしてこれをオスマン帝国に認めさせたのです。これによって，聖地管理権は，ロシアおよびギリシア正教徒の手から，**フランス**およびフランスに後押しされた**カトリック教徒**の手にわたりました。

🚩クリミア戦争の開戦

　これにはロシアの**ニコライ1世**が反発しました。そしてオスマン帝国に対して，「このままでは，トルコ領内のギリシア正教徒の身の安全が確保できない」と主張し，**ギリシア正教徒の保護を口実**に，トルコ影響下の**モルダヴィアとワラキア**に侵攻しました。これに対して，トルコが宣戦布告。

　これが**クリミア戦争の始まり**でした。ときに**1853年10月**のことです。戦争は双方とも大きな損害を出しながら進行しましたが，翌**1854年**，

英・仏がトルコ側で参戦し，1855年には**サルデーニャ王国**も加わり，ロシアは劣勢（れっせい）に立たされました。

Ｑ クリミア戦争の攻防の決戦場となったところはどこか？
——セヴァストーポリ要塞（ようさい）

英仏は，この要塞を陥落（かんらく）させることに成功し，また**黒海**（こっかい）でも，ロシア艦隊はイギリスの**蒸気船の軍艦**（げきは）に撃破されました。こうしてロシアは敗北したのです。

■ パリ講和会議

クリミア戦争の後始末（あとしまつ）はパリ講和会議でした。ここで締結されたパリ条約では，1840年の**ロンドン条約**で約された**外国軍艦の2海峡航行禁止の確認**に加えて，ロシアは黒海の中立化をも認めさせられました。これで，ロシアは**黒海**および黒海沿岸に一切（いっさい）の**軍事施設を置くことすら禁止**されたのです。これはもはや南下の「挫折」（ざせつ）などではなく，明らかな「後退」でした。

またこのときに**モルダヴィア**と**ワラキア**がトルコから自治権を得ています。**ラテン系のルーマニア人**が居住している両地域は1859年に統合されて，1878年に**ルーマニア王国**となります。

■ クリミア戦争後の国際関係

▶英仏の友好

さて，この戦争は，ヨーロッパの国際関係の大きな転換点になりました。1つ目は，これから20年あまり**英仏の友好**が保持（ほじ）されるということ。

▶ロシア・オーストリアの対立

2つ目は，**ロシアとオーストリアの関係が悪化**したということです。

ロシア・オーストリア・プロイセンの3君主国は，**ウィーン体制下の自由主義・ナショナリズムの運動**に対抗するために，おおむね**協調関係**を続けてきました。要するに，3国が中心となって**ウィーン体制**を守り続けてきたのです。山川出版社の教科書が言う「**列強体制**」ってやつですね。1849年の**ハンガリー共和国**建国にオーストリアが苦しんでいるときに，**ロシア**

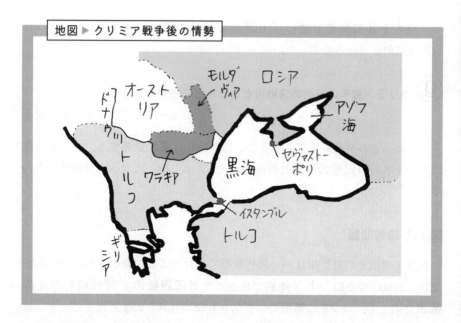

地図 ▶ クリミア戦争後の情勢

オーストリア
ドナウ川
モルダヴィア
ロシア
アゾフ海
セヴァストーポリ
黒海
ワラキア
トルコ
イスタンブル
トルコ
ギリシア

が援軍を派遣してこれを潰したのなんかは，その最たる事例です。

　ところが，オーストリアはその「恩」をロシアに返しませんでした。というのも，クリミア戦争のときに，ロシアを支援しなかったのですね。「見殺し」にされたロシアはオーストリアを恨みました。

　でもオーストリアとしてはしょうがなかったのです。だってロシアが**南下政策**を完成させれば，この国はもっと強大化します。これはオーストリアにとって大きな脅威になりますからね。さらには，ロシアと同様に**オーストリアも，バルカン半島への南下**を考えていたのでした。

　というわけで，こののち**ロシアとオーストリアはバルカン半島をめぐって対立**を深めていくことになります。

▶ドイツ・イタリアの統一に有利な状況

　また，露・墺関係の悪化は，派生的な影響をもたらしました。それは，**ドイツとイタリアの統一に有利な状況**をつくった，ということです。

　この2地域の統一の核は，**プロイセン王国とサルデーニャ王国**で，両国にとって**大きな敵はオーストリア**でした。オーストリアは**北イタリアに領土**を保持していたし，プロイセンにとってオーストリアは，**ドイツ統一の主導権をめぐるライバル**でした。

そのオーストリアがロシアと対立して，そっちでエネルギーを使うということは，サルデーニャやプロイセンにとっては，「やったー」という感じだったのです。

カヴール　　ビスマルク　　　フランツ　　　　ニコライ１世
（サルデーニャ）（プロイセン）　=ヨーゼフ１世　　（ロシア）
　　　　　　　　　　　　　　　（オーストリア）

■ ウィーン体制の最終的崩壊

最後になりますが，こんな見方があります。

> **クリミア戦争によって，ウィーン体制は最終的に崩壊した**

そもそもウィーン体制とは，**諸国の君主たちが連携**して，フランス革命が育み，ナポレオン戦争によってヨーロッパに広まった**自由主義やナショナリズムの運動に対抗**する「列強体制」でしたよね。

多くの教科書では，このウィーン体制は“**1848・1849年に崩壊した**”としています。このときに起こった「諸国民の春」を，諸国はコントロールできなくなりました。“このときにウィーン体制は崩壊した”という考え方です。これは多くの教科書に書いてあります。

しかし，です。クリミア戦争は，ナポレオン戦争以来，ひさびさに**ヨーロッパの大国が激突した戦争**でした。これは，**ウィーン体制を防衛する側の連携が崩壊**したことを意味します。よって，この瞬間にウィーン体制は崩壊した，という見方も成立するのです。このことを強調している教科書（帝国書院）もありますので，注意しておきましょう。

次のページの図解を参考にしてください。

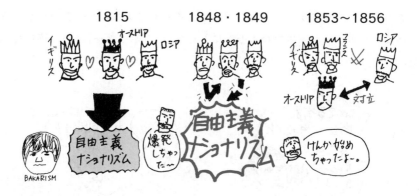

国際赤十字の結成

それからもう1つ，クリミア戦争を背景に生まれた組織があります。それは，スイスの**ジュネーヴ**に本部を置く，国際赤十字社でした。

創設者は，スイス人の**アンリ=デュナン**。彼は，クリミア戦争時のイギリス人女性**ナイティンゲール**の救護活動に感銘を受けました。

また，その後たまたま**イタリア統一戦争**のソルフェリーノの戦いに遭遇し，傷病兵たちの悲惨な境遇に心を痛めました。

これらの経験を基礎に，デュナンはたとえ戦争時であっても，中立的立場で交戦国双方の傷病兵を助ける国際的組織の設立を訴えました。

デュナンの声は諸国の人々の心を動かし，1864年に**赤十字（ジュネーヴ）条約**が結ばれ，**国際赤十字社**が設立されました。このときにデュナンは私財をなげうち，ほぼ破産したといわれています。

デュナンは1901年に第1回の**ノーベル平和賞**を受賞しました。彼以外の受賞者は考えられないですね。ちなみに，デュナンは賞金のすべてを赤十字社に寄付したそうです。　なかなかできないことですよ

ナイティンゲール伝
他一篇
リットン・ストレイチー著
橋口稔訳

（岩波文庫）

ナイティンゲールはイギリス人。フィレンツェ生まれで“フローレンス”と名付けられた。1854年にイギリスが**クリミア戦争**に参戦すると38名の看護師をつれて戦地に赴いた。**ストレイチー**の『**ナイティンゲール伝**』を読むと，“白衣の天使”的なイメージはふっ飛ぶ。むしろ敏腕プロデューサーと言うべきか。

アンリ=デュナン
（1828〜1910）

④ ロシアの近代化と挫折

④ ロシアの近代化と挫折

📖 別冊プリント p.73 参照

📕 近代化の試み——農奴解放令

さて，**クリミア戦争の敗北**はロシアにとって大きなショックでした。ニコライ1世は1855年に死去していますが，これは一説によると，絶望の果ての自殺ではないかとさえ言われています。

あとを継いだのは**アレクサンドル2世**。彼は戦争の敗因は**近代化（≒工業化）の遅れ**にあると考え，「大改革」と呼ばれる**近代化**を開始しました。皇帝みずからが音頭を取ったので，「**上からの改革**」と形容されることもあります。

Q 「大改革」の一環として，1861年に発布された法令は何か？

——**農奴解放令**

さて，農奴解放令の内容ですが，まず農民は**人格的な自由**は獲得しました。たとえば**移動の自由**とかね。しかし，農民が**土地を所有するにはいたりませ**んでした。

土地はあくまでも**地主（貴族）の所有**であり，農民が自作農になりたければ，買わなくてはなりませんでした。相場は，毎年の地代の17年分くらい。そんな現金を貧しい農民が持っているはずがありません。

また土地が得られる場合でも，農民個人に譲りわたされることはほとんどなく，多くの場合は**ミールと呼ばれる農民共同体**に引きわたされました。**ミール**は，農村で**共同耕作**や**相互扶助**のために形成されたものです。

当時のロシア政府には，このミールを通じて農民を支配しようという意図がありました。

また農奴解放令にはもう1つの大きな目的がありました。それは，**農民が移動の自由**を獲得したことによって，

**農民が工場労働者となることが可能となり，
工業化の道が開かれた**

これも目的の1つだったのだよ，大改革の

アレクサンドル2世
（位1855〜81）

195

🔲 改革の挫折

またゼムストヴォと呼ばれる地方自治体も設置され，地域の初等教育の充　実や，医療，それに道路の整備などの地域サービスに貢献しました。こうして改革は進められていきました。

しかし1863年，ロシア支配下のポーランドで反乱が起きました。これは農民反乱ではなく，ポーランドの貴族が起こしたものでした。彼らは，農奴解放令によって，自分たちの支配が動揺すると考えたのです。

この反乱を鎮圧したアレクサンドル2世は，改革をやめてしまうのでした。そして専制体制の強化の方向に舵を切り直します。

結局，農奴解放は中途半端で農民の不満は残り，立憲体制も樹立されることはありませんでした。

中途はんぱな改革でした

🔲 ナロードニキの登場

Q 改革の中止を契機に，1870年代に高揚した革命運動をなんと言うか？

——ナロードニキ運動です。

ナロードニキは「人民主義者」と訳します。彼らは都市の知識人層が中心でした。学生などを中心としたこの知識人層を，ロシア語でインテリゲンツィアと言います。彼らは，「人民の中へ」，ロシア語で「ヴ・ナロード」という標語のもとに，農村に向かいました。そして国民の大多数を占める農民を啓蒙して，革命に起ち上がらせようとしたのです。

🔲 ニヒリズムとテロリズム

しかし，多くの農民は起ち上がりませんでした。よく質問されますね，

Q 農民は貧しくて，社会体制に不満があるはずなのに，なんで起ち上がらなかったのですか？

196

答えは,「**人間とはそういうものである**」(笑)。まっ,ここは,ロシアの
お百姓さんに聞いてみましょう。

ロシア農民の
イーゴリさん

> たしかに,今の生活には**不満**があるし,将来も**不安**だべ。でもね,
> 学生さんよ,それも含めて"**日常**"なんだよ。おめえさんたちの言
> うこときいて,革命運動に起き上がったら,**日常から飛び出さな
> くちゃなんねえ**。そっちのほうが,**すごいストレスなのさ**。そこ
> んところを,頭が良いみなさんは,わかっちゃいねえんだよな。

いっぽう,挫折したナロードニキたちは,**一切の権威や伝統的価値,既
存の社会体制などを否定する思想**に傾斜していきました。

Q 挫折したナロードニキたちが行き着いたこのような思想をなんと言う
か?　　　　　　　　　　——**ニヒリズム**,日本語で**虚無主義**と言います。

じゃあ,どうやって否定するか?　**手段は暴力**でした。暴力によってすべ
てを否定し,社会を変えるのだ!　このような考え方を**暴力主義**,英語でテ
ロリズムと言います。

彼らは**1881年にアレクサンドル2世の暗殺**に成功しました。それで,
社会は変わったかって?　**社会体制って,頂点にいる人が殺されたくらい
じゃあ,びくともしないよ!**

結局このような**運動は徹底的に弾圧**され,ツァーリズムと呼ばれる**皇帝
専制体制も強化**されるという結果を招いてしまいました。

▶文学作品に描かれた革命運動

このころの革命運動を描いた文学作品を,2つ紹介しておきましょう。

1つは**トゥルゲーネフ**が著した『**父と子**』。この作品には,**ゲルツェン**や
チェルヌイシェフスキーといった運動家が活躍した
1840年代を生きた父と,ニヒリストの子供バザーロフ
が出てきます。もう1つは,ドストエフスキーの『**悪霊**』。
これは無神論に立つさまざまな革命家たちの破滅を描い
たものです。

トゥルゲーネフ
『猟人日記』
も読んで
ね

⑤ 露土戦争とベルリン会議

📖 別冊プリント p.74 参照

📕 ロシアの方向転換

さて, クリミア戦争に敗北したロシアは, **中央アジアや極東での南下を**試みました。

1860 年代以降には**中央アジアに進出し**, **トルコ系ウズベク人**のつくった 3 ハン国, すなわち**ブハラ・ヒヴァ・コーカンド 3 ハン国を征圧**しました。また清朝に対しても, **アロー戦争に乗じて領土を奪う**ことに成功しました(→ p.294)。

かくしてロシアは自信を回復したわけですが, そのロシアにあたかも助けを求めるような声が**バルカン半島**から聞こえてきました。

当時のバルカン半島は**オスマン帝国の支配下**にありました。そこで, これに対して**ロシアを中心にしてスラヴ民族の結束**を図ろうとする**民族主義**が高まっていました。それによって**トルコの支配に対抗**しようというのですが, これを**パン=スラヴ主義**と言います。

そして, バルカン半島の付け根の**ボスニア・ヘルツェゴヴィナ**で 1875 年に, 翌年には**ブルガリア**で**トルコに対する反乱**が起きたのです。トルコによるキリスト教徒・スラヴ人抑圧政策がその原因です。ブルガリアでは 1 万人以上が虐殺されたと言われています。

📕 露土戦争(1877 年～ 1878 年)

この事件はロシアにとって絶好の機会でした。トルコ領内の**キリスト教徒の保護**を口実に, ロシアはトルコに宣戦しました。これが露土戦争ですね。

Ⓠ 1878 年, ロシアがトルコと結んだ露土戦争の講和条約はなんと言うか？

——サン=ステファノ条約

ここで1つ注意！　16世紀の後半以来，ロシアとトルコのあいだにはしばしば戦争が起こっており，それらをまとめて「**露土戦争**」と言います。1877年に起こったものがもっとも有名ですが，「露土戦争」って複数あるのです。

📑 サン=ステファノ条約

　では，条約の内容を見てみましょう。まず，**ルーマニア・セルビア・モンテネグロ**の3国がトルコより**完全独立**。ルーマニアのベースになったのは，1859年に自治を認められた**モルダヴィアとワラキア**の2地域でした。

　そしてより重要なのは，トルコ領内で**自治**を認められた**ブルガリア**についてです。ブルガリアは，南方の**マケドニア**をもその領域に加えることができました。こうしてバルカン半島におけるロシアの影響力は拡大しました。

　また，何よりもロシアにとって嬉しかったのは，**ブルガリア領を通ってエーゲ海（・地中海）に抜けていける**ことでした（→ p.202 の地図も参照）。

　こうしてロシアの南下政策にとっては極めて都合のよい状況となりました。

　ということは，**イギリスにとってはまずい状況**ということになります。さらにはバルカン進出を図る**オーストリアもロシアに敵意**を抱きました。

　こうしてヨーロッパは開戦の一歩手前の状態となったのです。

📑 ビスマルク登場──「ビスマルク外交」とは？

　ここにビスマルクが「**誠実な仲介人**」と称して，しゃしゃり出てきました。

　はっきり言っときますが，当時のドイツ帝国にはバルカン半島に対する野心はありません。また，イギリスやオーストリアに対しても，またロシアに対しても，どちらかの肩を持つ気持ちはありません。では，

Q なぜここでビスマルクの登場となったのか？

それを理解するためには，**ドイツ帝国成立後のビスマルク外交の基本方針**について確認する必要があります。これは2点あります。

ビスマルク外交の基本方針

(A)**ヨーロッパの平和**
(B)**フランスの孤立化**

(A)は鉄血宰相のイメージからすると意外な感がありますね。しかし**軍備拡張と戦争政策**はあくまでも**ドイツ統一**のためであり，それを達成した今となっては，もはや必要ない。産業も，軍需以外の分野についても発展させたい。まあ，安心して国内の充実に専念するためには，(A)のような状態が好ましいわけです。

(B)については説明不要でしょう。**普仏（独仏）戦争**に勝って，フランスから取れるだけ取りましたよね。当然ながらビスマルクは**フランスの復讐を恐れた**のです。とくに恐かったのは，**露仏の接近**でした。これは地図を見ればすぐに分かりますね。ロシアとフランスが同盟でも結んだりしたら，ドイツは挟み撃ちにされてしまいますから。

さあみなさん，ここはビスマルクの気持ちになって**1878年の情勢**を見てみましょう。下手すりゃ，**英・墺とロシアの戦争**が起こりかねない。これはまず(A)の発想に反しますね。そして，もし戦争勃発となったら，**孤立したロシア**がどうするか？　同盟国を求めて第三国に手を伸ばすかもしれない。そのロシアの手を，**フランス**が握り締める可能性は十分にあります。

とすれば，ドイツとしては，英・墺とロシアとの対立そのものを緩和して，戦争を未然に防がねばならない！

戦争だけは嫌なんじゃよ！

200

■ベルリン会議（1878年）

　こうしてビスマルクは，英・墺とロシアの対立を調停するために，ベルリン会議のホスト役を務める気になったのです。この会議にやって来た主要国の顔ぶれを見てみましょう。

　まずオーストリアからは外相アンドラーシ。彼はマジャール人で，「オーストリア=ハンガリー（二重）帝国」の外相を務めていました。では，

Q ベルリン会議に出席したイギリスの首相と外相は？

──ディズレーリ首相とソールズベリ外相

　ソールズベリは中近東問題のエキスパートとして有名だった人物です。エース登場といっていいでしょう。

■ベルリン条約の締結

　さて討議の結果，**サン=ステファノ条約は破棄**されることになりました。そして新たに**ベルリン条約が締結**されました。この条約は会議に参加した各国に何をもたらし，そして何を奪ったのか？

　まずオーストリアです。この国は**ボスニア・ヘルツェゴヴィナの行政権（統治権）**を獲得しました。両地域は，形式上は**トルコ**の領土ですが，実質的支配権は**オーストリア**のものになったのです。これでオーストリアはバルカン進出の前進基地を得たことになります。

　そして **1908年**の青年トルコ革命を契機としたトルコの混乱のなか，両地域は**オーストリア領として併合**されることになります。

Q ベルリン条約でイギリスが獲得したのはどこか？

──キプロス

　ここを押さえることは，イギリスにとって何を意味するか？　ここは**スエズ運河を防衛**するのに絶好の位置にあります。この運河は**イギリス・インドを結ぶ経路の最重要の要衝**と断言していいでしょう。

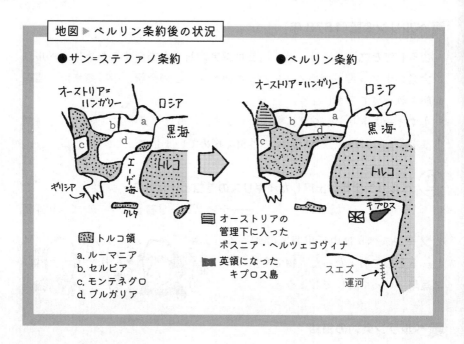

地図▶ベルリン条約後の状況

●サン=ステファノ条約

オーストリア=ハンガリー
ロシア
b
a
c
d
黒海
トルコ
エーゲ海
ギリシア
クレタ

●ベルリン条約

オーストリア=ハンガリー
ロシア
b
a
c
d
黒海
トルコ
キプロス
スエズ
運河

▦ トルコ領
a. ルーマニア
b. セルビア
c. モンテネグロ
d. ブルガリア

▤ オーストリアの
管理下に入った
ボスニア・ヘルツェゴヴィナ
▦ 英領になった
キプロス島

▨ ロシアの南下政策が挫折

さて**ベルリン条約**では，ルーマニア，セルビア，モンテネグロ3国の独立については，変更はありませんでした。これにはロシアも安堵（あんど）。

ところがブルガリアについては，大きな変更が加えられました。それは**ブルガリアの領土が大幅に縮小された**ことです。ブルガリアはマケドニア地方をトルコに返還させられ，領土が**サン=ステファノ条約**時の3分の1に縮小されてしまったのです。

しかも上の地図をよく見ると，ブルガリアの領土は**エーゲ海**には面しておらず，ブルガリア領を通って地中海へ，というロシアの野望は打ち砕かれてしまいました。こうして**ロシアの南下政策はまたまた挫折**ということになったのです。

以上，ロシアの動向を中心に，**東方問題**の展開を勉強しました。次ページの黒板も参照してください。

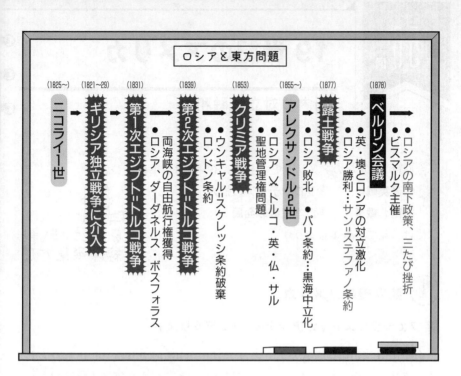

ロシアと東方問題

| (1825〜) | (1821〜29) | (1831) | (1839) | (1853) | (1855〜) | (1877) | (1878) |

ニコライ1世 → ギリシア独立戦争に介入 → 第1次エジプト=トルコ戦争 → 第2次エジプト=トルコ戦争 → クリミア戦争 → アレクサンドル2世 → 露土戦争 → ベルリン会議

・両海峡の自由航行権獲得
・ロシア、ダーダネルス・ボスフォラス

・ウンキャル=スケレッシ条約破棄
・ロンドン条約

・聖地管理権問題

・ロシア ✕ トルコ・英・仏・サル
・ロシア敗北　・パリ条約…黒海中立化

・ロシア勝利…サン=ステファノ条約

・英・墺とロシアの対立激化
・ロシアの南下政策、三たび挫折
・ビスマルク主催

ベルリン会議

①ビスマルク（普）　②アンドラーシ（墺）　③ディズレーリ（英）
④ソールズベリ（英）　⑤ゴルチャコフ（露）　⑥シュヴァロフ（露）
アントン=フォン=ベルナー画

第56回

19 世紀のアメリカ

国内の対立と融和

今回は 19 世紀のアメリカ史です。ポイントは以下の 4 つ。

　①米英戦争　　②フロンティアの拡大（かくだい）
　③南北戦争　　④資本主義の発展

では，見ていきましょう。

要は、2つの戦争と
経済発展です！

①　独立後のアメリカ

別冊プリント p.75 参照

🔖 フェデラリスト vs. アンティ＝フェデラリスト

　合衆国憲法が制定されたところまでは，第 46 回でお話ししましたよね。その憲法をめぐって，国内に対立が起きました。一方に**憲法支持派**があり，これを**連邦派**，英語で**フェデラリスト**と言いました。

　では，

Q 連邦派の中心人物で，財務長官だったのはだれか？

——ハミルトン

　これに対して，憲法反対派は**反連邦派**（**アンティ＝フェデラリスト**）と呼ばれました。

Q 反連邦派の中心人物で，国務長官だったのはだれか？

——ジェファソン

　この対立は，**強力な中央政府**（連邦政府）**の存在を認めるか，否か**（いな），ということに帰着（きちゃく）します。

　ハミルトンのような連邦派は**東部の商工業者**によって支持されていました。「いまだ弱体の諸産業を発展させるため

ハミルトン
（1757〜1804）

には，強い政府のイニシアチヴによって，**イギリス**などの脅威から**保護され
るべきである**」というのが論拠です。これに対して反連邦派のほうは，必ずし
も強力な政府は必要ないと主張します。

この対立を，持ち前の政治力，……という
より包容力と言ったほうがいいかもしれま
せんが，人徳によって緩和したのが**ワシント
ン**だったのです。

■ ジェファソンの時代

ジェファソン
(1743〜1826)

しかし2代目大統領**アダムズ**の時代を経て，1800年の
選挙ではジェファソンが大統領に当選しました。

彼の時代には，ミシシッピ川以西の**ルイジアナ**がアメリ
カ領になりました。これは買収されたもので，売ってくれ
たのはフランスです。当時の支配者は**ナポレオン**。200万
平方キロ，それが1500万ドルでした。ほとんどタダの値
段ですね。

この領土獲得は，**西部への移住**を促進し，そしてこれは，
先住民（ネイティヴ=アメリカン）との対立を激化させる契機ともなりまし
た。

またルイジアナには，**ニューオーリンズ**があります。この都市はヨーロッ
パとアメリカの貿易拠点でした。ジェファソン大統領の任期は，ちょうど**ナ
ポレオン戦争**が展開されていた時代です。ジェファソンはヨーロッパの戦争
に対しては**中立の態度**をとり，ニューオーリンズを拠点に，イギリスと，ナ
ポレオン支配下のヨーロッパ大陸の双方との貿易で利益を上げていました。

② 米英戦争とその後の時代

📖 別冊プリント p.75 参照

■ 米英戦争の勃発

しかし**1812年**から1814年まで，アメリカはまたもや**イギリスと戦争**
をすることになりました。いわゆる**米英戦争**です。米英戦争時の大統領は，
反連邦派の系譜を引くマディソンです。

1812 年といえば，ヨーロッパでは**ナポレオン**がロシア遠征をやった年でもあり，ナポレオン戦争もいよいよ大詰めの段階です。このとき，イギリスはナポレオンの**大陸封鎖令**に対抗してヨーロッパを**逆封鎖**し，世界の物産がヨーロッパに流入しないように試みました。そして，これに反発したアメリカとのあいだに戦端が開かれたのです。

　この戦争では，**イギリスと先住民が連合**しました。というのも，アメリカ人の入植者と先住民とのあいだには，**土地の支配権**をめぐる対立があったからです。五大湖方面で奮戦した首長**テカムセ**率いる**ショーニー族**は有名です。

米英戦争(1812〜1814)

　やがてナポレオンが没落して大陸封鎖令が解かれ，イギリスも逆封鎖を解くと，米英間にも**1814 年** 12 月に講和条約が結ばれました。これがガン条約です。

▶米英戦争の経済的影響

　こうして，この戦争も終わりました。入試では，この戦争の経過はとくに問題にはなりません。重要なのは**結果と影響**です。

　まずは**経済的な影響**についてです。その影響とは，

> 　**米英戦争**により，イギリスからの工業製品の輸入が途絶えたため，アメリカでは綿工業を中心に工業化が本格化した

　この戦争を通じて，アメリカはイギリスからの経済的自立が始まってゆくのでした。このあたりが米英戦争を「**第 2 次独立戦争**」と呼ぶゆえんです。

　たしかにアメリカは，1783 年に**政治的な独立**を果たしました。しかし，独立後もあいかわらず**アメリカ南部の綿花はイギリスに輸出**され，イギリスからは**工業製品が流入**していました。

　要するに，**経済的にはイギリスに従属**した状態が続いていたのです。そして米英戦争によって，この従属関係が一挙になくなったわけではありませ

んが，少なくとも**経済的自立**が始まったことは否定できないでしょう。

▶強まる国民意識

　次に，この戦争によって，建国当初から燻（くすぶ）っていた**国内対立**が**緩和**（かんわ）され，**アメリカの国民意識（ナショナリズム）**が強化されたことも否めません。このあとしばらくを「**好感情の時代**」(The Era of Good Feeling)と言い，アメリカ史上でも内部対立の少ない時代として特筆（とくひつ）されます。ちなみに**アメリカ国歌**もこの戦争の最中に生まれたものです。

■ ジャクソン時代と二大政党の成立

ジャクソン
(1767〜1845)

　1829年には**ジャクソン**が大統領に就任しました。彼はいわゆる「**普通の人(Common Man)**」の典型で，東部の出身ではなく，**フロンティア出身の初の大統領**でした。彼の支持層は，**西部の農民**，**東部の労働者**，そして**南部のプランター(農園主)**などでした。

　彼らを中心に形成され，のちの**民主党**の母体（ぼたい）となった政党が**民主共和党**。一方，反ジャクソン派を中心とした政党が，連邦派の流れをくむ国民共和党です。この国民共和党が1830年代の**ホイッグ党**と呼ばれた時代を経て，**1854年**に共和党となり，今日に至（いた）っているのです。

■ ジャクソン民主主義

　ジャクソンの時代は，「**ジャクソニアン＝デモクラシー（ジャクソン民主主義）**」という言葉が生まれるほど，民主主義が推進（すいしん）された時代でした。

　たとえば，**男性普通選挙制**が実施（じっし）されたり，**国立銀行を廃止**したりしました。国立銀行は**第二合衆国銀行**とも言い，アメリカの**中央銀行**の機能をもつ組織でした。しかしジャクソンは，この銀行が東部の資本家の利益を代表するものとして廃止（はいし）したのです。ちなみにアメリカは近代国家のなかではめずらしく，中央銀行なきままに20世紀を迎（むか）えることになりました。

▶スポイルズ＝システム

　それからジャクソンの時代には，**スポイルズ＝システム**が導入されました。これは日本語では**猟官制**（りょうかんせい）と言います。内容は，大統領が変わると，その**支**

持者たちが官僚（かんりょう）に任命されるというものです。あたかも猟の獲物（えもの）を気前よくみんなに分け与えるように，官職を与えるという意味から，猟官制という言葉ができました。要するに**情実人事**（じょうじつ）をやるということです。

スポイルズ=システム（猟官制）

　ですから，これだけ見ると，なんだこりゃ！　という制度です。しかしそれまでの官僚組織が，**東部のエリート層**に独占されていたことを考えると，**民主主義の前進**と考えることができます。

■ インディアン強制移住法

　一方，ジャクソンの時代は，**先住民**たる「**インディアン**」にとっては過酷（かこく）な時代でした。すなわち，**1830年にインディアン強制移住法**が制定され，彼らは住み慣（な）れた土地を追い立てられて，政府の定めた**居留地（保留地）**（リザベイション）への移動を強制されたのです。その居留地は**ミシシッピ川以西に設定**されていました。

　とくに，アパラチア山麓（さんろく）からオクラホマに移動させられた**チェロキー族**は，移動の過程（かてい）で4分の1の人々が死亡しました。この悲惨（ひさん）な旅は「**涙の旅路**（たびじ）」と言われています。またフロリダにいた**セミノール族**のように激しい抵抗（はげ・ていこう）をした部族もありましたが，結局はアメリカの**騎兵隊**に敗れさりました。

　このように，アメリカの領土拡大は，**先住民の追放・虐殺**（ぎゃくさつ）をともなうものだったのです。

　では，次にその領土拡大を見ていきましょう。

③ フロンティアの拡大

別冊プリント p.76 参照

　アメリカの領土的発展を「**フロンティア（辺境）（へんきょう）の拡大**」と言います。または**西漸運動**（せいぜん）と言う場合もあります。

　まず**1783年のパリ条約**でミシシッピ川以東のルイジアナをイギリスか

ら，ついで 1803 年には，**ミシシッピ川以西のルイジアナをフランス**から買収しましたね。では，

Ⓠ 1819 年，スペインから買収したのはどこか？　　　——フロリダ

Ⓠ このときのアメリカ大統領はだれか？　　　——モンロー

■ 1840 年代の領土の拡大

1840 年代は拡大のスピードがもっとも加速された時期です。

まず，**1845 年**には旧**メキシコ領**だったテキサスがアメリカ領に併合（へいごう）されました。テキサスには，ミシシッピ川以西のルイジアナ獲得（かくとく）以来，アメリカ人の移民が増加しました。そして有名な**アラモ砦の戦い**など，メキシコとの激戦の後に，1836 年に**テキサス共和国**が成立。それがアメリカに併合されたわけです。

Ⓠ 1846 年，アメリカが太平洋岸に初めて獲得した領土はどこか？　　　——オレゴン

ビーバーの毛皮のぼうし
映画「アラモ」の
ジョン＝ウエイン

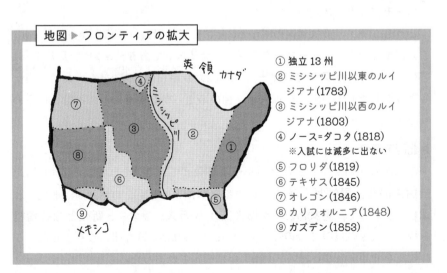

地図 ▶ フロンティアの拡大

① 独立 13 州
② ミシシッピ川以東のルイジアナ（1783）
③ ミシシッピ川以西のルイジアナ（1803）
④ ノース＝ダコタ（1818）
　　※入試には滅多に出ない
⑤ フロリダ（1819）
⑥ テキサス（1845）
⑦ オレゴン（1846）
⑧ カリフォルニア（1848）
⑨ ガズデン（1853）

英領カナダ

ミシシッピ川

メキシコ

Q 1848年，カリフォルニアのアメリカ領への併合をもたらした戦争は何か？
　　　　　　　　　　　　　──アメリカ=メキシコ(米墨)戦争

　戦争の結果，グァダルーペ=イダルゴ条約が結ばれ，**カリフォルニアはアメリカの領有**となりました。ここで言うカリフォルニアは，今のカリフォルニア州よりもだいぶ広く，現在のユタ州・アリゾナ州・コロラド州・ニューメキシコ州などまでを含むものでした。

▧ 西部の人口増加

　ほどなくして，この地域で**金鉱**が発見され，**ゴールド=ラッシュ**と呼ばれる**太平洋岸**方面への**人口移動**も起こりました。ちなみに，カリフォルニアの人たちを，**49ers(フォーティーナイナーズ)**って呼ぶことがあるの知ってる？　要するにカリフォルニアの人たちは，「金に目が眩んで**1849年にやって来た連中**」という意味なのです。多分に侮蔑的ですね。でもそこはアメリカ人。「じゃあ，そう名乗ってやろうぜ」ということで，サンフランシスコのアメフトのチームは，「49ers」。ヘルメットは，当然にも**金色**ですね(笑)。こういう，アメリカ人のユーモアのセンス，いいですね！

ここが金色

サンフランシスコ49ersの往年のクォーターバック ジョー=モンタナ(のつもり)

　こうしてアメリカは建国わずか60年にして，旧領の3倍になったのです。この領土拡大を，ニューヨークのジャーナリストであるジョン=オサリバンは"マニフェスト=デスティニィー"，すなわち「**明白な天命**」なる言葉で正当化しようとしました。領土の拡大は，神のあきらかな御意志(＝天命)というわけです。

▶北西部条令

　それから新州ができるときのルールも教えておきましょう。一定地域に，**自由人の成人男性が5千人**に達すると**準州**と呼ばれ，自治政府が形成されました。そして，**男女あわせた総人口が6万人**に達すると**新州となる資格**を持ち，既存の州の3分の2以上の承認があれば正式な州となりました。この規定を**北西部条令**と言い，1787年に制定されました。

さて，1853年には**ガズデン**という地域がメキシコより買収され，**1867年**には**アラスカ**がアメリカ領となりました。アラスカはそれまでは**ロシア領**だったところです。当時のロシア皇帝はアレクサンドル2世です。

映画「駅馬車」，ジョン=ウェインの登場シーン

乗せてくれ

◤ 大陸横断鉄道の開通

拡大された領土をつなぐ交通手段は，馬しかありませんでした。映画『駅馬車』の世界ですね。そして，

Q シカゴ・サンフランシスコ間をつなぐ最初の"**大陸横断鉄道**"が開通したのは何年か？　　　　　　　　　　　　　　　　　　　　——1869年

これは**スエズ運河の完成**と同じ年ですね。またこれで大西洋岸と太平洋岸が結ばれることとなります。このことは**国内市場の形成**という観点から非常に重要です。

▶ 誰がつくったか？

それから，「大陸横断鉄道は"**お茶とウィスキー**"がつくった」というフレーズがありますが，知ってる？

これは，鉄道建設に投入された労働力が，お茶を飲む**中国人労働者**と，ウィスキーを飲む**アイルランド人労働者**だったことに由来しています。中国人を中心とするアジア系の労働者を**苦力（クーリー）**と言いますが，彼らは1844年の**望厦**条約で中米間に通商が始まったことを契機に，アメリカに移ってきました。

それに対してアイルランド人は，**1840年代以降**に移民としてアメリカにやって来ました。きっかけは1840年代後半にアイルランドで起こったジャガイモ飢饉と，1846年の**穀物法廃止**にともなう**アイルランド農業の不振**がありました（→ p.148）。

④ 南北戦争（1861～1865）

別冊プリント p.77 参照

さて，19世紀のアメリカ史を語るうえでもっとも重要な問題について，そろそろお話ししましょう。普通は"The Civil War"（訳すと内戦）。一方，南部人に言わせると，"The War between the States"（国家間の戦争）。この

戦争の原因は，直接的には**奴隷制をめぐる対立**にありました。また，**南北の経済構造の違い**も対立の大きな原因でした。

南北間の経済的な違い

北部は従来から**商工業**がさかんでしたね。とくに米英戦争を契機に**綿工業**が発展しました。それに対して南部は**綿花**･**タバコ**･**米**などの**プランテーション**が経営されていました。

また，北部の人々，とりわけ**商工業者**は，自分たちの利益を**イギリスの安い**（しかも**大量**で**高品質**の）**商品**から防衛するために，イギリス商品に対して**高い関税をかける**ことを要求します。いわゆる**保護貿易**の立場ですね。これに対して南部の人々は，イギリスなどとの**自由貿易**を唱えます。南部の人たちにとってみれば，メイド･イン･イングランドだろうが，メイド・イン・USAだろうが，「安くて質がよけりゃそれでいいじゃんか」ということですね。

連邦主義と州権主義――南北の政治対立

また北部は，イギリスなどに対抗するためにも**中央集権的な連邦主義**を主張し，これに対して南部では州の**自治権を主張する州権主義**が支持を集めていました。北部に比べて南部は人口が少なく，議会でも連邦政府においても，どうしても**南部は少数派**になってしまいます。

自分たちの意見が反映されにくい中央権力に対して，州の自治権を保持しておきたいという南部人の気持ちは理解できますね。

奴隷制をめぐる南北の対立

これに加えて，**奴隷制をめぐる対立**がありました。

南部のプランテーションでは，**アフリカ**から連れてこられた**黒人奴隷**が

働かされていました。17世紀から**タバコや綿花のプランテーション**経営が活発化し，大量の奴隷が必要となったのです。

ちなみに**先住民（ネイティヴ=アメリカン，"インディアン"）**は，黒人に比べて逃亡の危険が高く，また農耕生活の伝統にも乏しく，プランテーションでの労働には不向きと思われていました。こうして19世紀後半で，約**400万人の黒人奴隷**がいたと言われます。

さらに綿花栽培は地力の消耗が激しく，常に新しい土地を求めて拡大が必要でした。こうして綿花プランテーションは，**ヴァージニア以南**のいわゆる「南部」のみならず，アパラチア山脈を越えて**西部にも広がっていこう**としていました。

これに対して，土地が欲しい**西部の自営農民**や，イギリスと"仲のいい"南部の勢力が拡大するのを望まない**北部の産業資本家**などは，このプランテーションの拡大を快く思っていませんでした。

■ミズーリ協定の成立

Q 1820年，新しい州のミズーリ州で奴隷制を認めるか否かをめぐる対立を発端に成立した協定をなんと言うか？　　——ミズーリ協定

この協定は奴隷制をめぐる南北の対立に対して，とりあえずの妥協を図ったものです。その内容は，**ミズーリ州は奴隷州**とするが，以後の新しい州に関しては，**北緯36度30分**に線を引いて，以北を奴隷制禁止の「**自由州**」に，以南を「**奴隷州**」にするというものでした（注：ミズーリ州は36°30'以北）。

ところが困った問題が起きました。

■1850年の妥協

それは**1850年**に，**カリフォルニア**が準州から**正式な州に昇格**したことでした。この新州は，ちょうど36度30分の真上に誕生したのです。

このときは，**カリフォルニアは自由州**となりましたが，南部の連中をなだめるために，逃亡奴隷取締法が制定され，北部に逃げ込んできた奴隷たちは，捕らえられて南部に送還されることになりました。この取り決めを「<u>1850</u>

年の妥協」と言います。

　しかし，逃げてきた奴隷たちが，目の前で捕まって南部に送り返されるというシーンは，北部の人々にはショックだったようです。多くの北部人は，このときに奴隷制の非人間性を実感したと言われます。

📖 カンザス=ネブラスカ法の制定

　さてカリフォルニアの登場で，ミズーリ協定は現状に合わないものとなったので，新しい法律が制定され，**ミズーリ協定は破棄**されました。

Q 住民投票によって奴隷州・自由州の選択を決定するという，1854 年に制定された法律は？　　　　　——カンザス=ネブラスカ法

　このカンザス=ネブラスカ法は，西部への奴隷制の拡大をはかる**南部諸州の支持**を受けましたが，**北部は反発**しました。そしてこの対立は，カンザスが準州から正式な州となる際に「流血のカンザス」(1856) と言われる事態を引き起こしました。奴隷制支持派と反対派が，住民投票の前に烈しいバトルを繰り広げたためです。アメリカ市民は，1791 年の憲法修正第 2 条で武装することが権利として認められているからね。"選挙戦"が，文字どおり本物の"戦い"になってしまうわけだよ。

📖 奴隷制反対運動

　こうした状況のなか，**1854 年**に，北部の**奴隷制反対**の人々を中心に共和党が結成されました。それ以前には，**自由土地党（フリー=ソイル党）**が奴隷制反対の運動を展開しています。また，クエーカー教徒を中心に「**地下鉄道**」という組織が結成され，奴隷を北部に逃がす活動を続けました。

Q このころ奴隷制を痛烈に批判した小説『アンクル=トムの小屋』を著した女性文学者はだれか？　　　　　　——ストウ

　また，母親が黒人奴隷だった**ダグラス**も「**ノース=スター**（北極星）」という新聞を発行して，解放の気運を盛り上げていきました。
　こうして南北の対立は煮詰まっていったのです。

フレデリック=ダグラス（1817?～1895）

幼いころに奴隷であった母親から離され，やはり奴隷として幼年・少年時代を送る。その後，ニュー=ヨークに逃亡。このころから"ダグラス"と名乗り，自由黒人の女性と結婚。ハーヴァードの学生に勧められて自伝を出版し大きな反響を得る。その後"ノース=スター"という新聞を発刊し奴隷解放を訴え続けた。**南北戦争**が始まると**リンカン**は彼を通じて，**黒人を北部の兵士として募集**しようとし，ダグラスもこれに応じた。（アーナ=A=ボーンターンの記述参照）

■ リンカン登場と南部の反発

1860 年の大統領選挙では共和党の**リンカン**が選出されました。

彼は奴隷制反対論者でしたが，**南部の奴隷制を即時廃止する，というような主張はしていませんでした**。彼の奴隷制反対とは，あくまでも西部への奴隷制拡大に対する反対だったのです。

しかし，これに対して，

Q 奴隷制存続を唱える南部諸州が，アメリカ合衆国から脱退して結成した組織（?）をなんと言うか？

——**アメリカ連合国**（南部連合）

ジェファソン=デヴィス（1808～1889）

大統領は**ジェファソン=デヴィス**。では，

Q アメリカ連合国の首都はヴァージニア州のどこに置かれたか？

——**リッチモンド**

『風と共に去りぬ』——南北戦争を描いた傑作

アメリカの女性作家**マーガレット=ミッチェル**が 1936 年に発刊した小説。南北戦争という「風」によって消えゆく南部の貴族的社会を，スカーレット=オハラという女性の生き方を通じて描いた大河小説。映画化は 1938 年。スカーレットをビビアン=リーが，レット=バトラーをクラーク=ゲーブルが演じた。アトランタが焼け落ちるシーンは圧巻だ。（翻訳は複数。写真左は，鴻巣友希子さん訳の新潮文庫版。映画の販売元はワーナー・ブラザーズ・エンターテイメント）

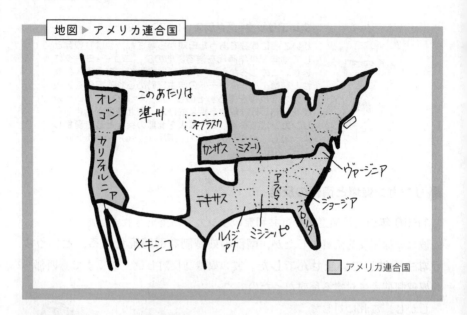

地図▶アメリカ連合国

（地図内のラベル）
オレゴン
カリフォルニア
このあたりは準州
ネブラスカ
カンザス
ミズーリ
テキサス
アラバマ
ルイジアナ
ミシシッピ
フロリダ
ヴァージニア
ジョージア
メキシコ

■ アメリカ連合国

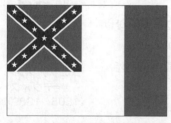

アメリカ連合国（南部連合）の旗

現在でも人種差別主義
（レイシスト）のシンボル
として掲げられることが
あります。

先ほども言ったように南部側は，南北戦争を"The War between the States"と呼びました。これは「国家間の戦争」と訳せますね。

これに対して，北部の側は"The Civil War"，すなわち「内戦」と呼んでいます。あくまで，国家主権の正統性は北部の側にあり，南部は不法に分離していった，との立場ですね。

🔲 戦争勃発

こうしてついに1861年に武力対決となったのでした。南軍にはリー将軍などが登場し，初めは南軍のほうが優勢でした。が，やがて工業生産や人口でまさる**北部が次第に優勢**となってゆきます。

リー将軍
（1807〜1870）

Q 1862年に制定され，公有地を開拓する農民に，将来の土地所有を保証した法律は何か？ ——自営農地（ホームステッド）法

この法律の制定によって，西部農民の**リンカン政権に対する支持**が決定的となり，また**西部開拓も促進**されることになりました。

ワーイ
これで自作農になれる
西部農民

国が所有する公有地を5年間耕したら，160エーカー（約65ha）の土地を無償で差し上げます。5年後には，あなたたちは，家付きの農場（homestead）を持てるのです。

リンカン
（任1861～1865）

リンカンは1863年に，北部が言う「南部反乱地域」に対して奴隷解放宣言を発しました。これには**国際的世論を味方にする**一方，**南部黒人の支持**を得て，さらには彼らの決起を促そうという意図がありました。また適用地域は，あくまで"**反乱地域**"であり，北部側についた奴隷州，たとえば，ミズーリ州やケンタッキー州などは除外されていました。

そして，奴隷解放宣言と同じ1863年，南北戦争は最大の激戦を経験します。それが**ゲティスバーグの戦い**でした。この戦いのあとに，リンカンは歴史に残る有名な演説を行います。「**人民の，人民による，人民のための政治**（支配，統治）……」。これはみんなよく知っているよね。

その後，北軍の**シャーマン将軍**が**焦土戦術**を展開し，**ジョージア州アトランタ**などを徹底して破壊しました。そしてついに，1865年に**リッチモンド**が陥落。**リー将軍**も降伏して南北戦争は終結しました。

南北戦争の犠牲者は，将兵・市民合わせて**60万人を超える**と言われています。**第一次世界大戦**のアメリカ人の犠牲者が**10数万人**，**第二次世界大戦**の犠牲者が約**40万人**。この数字が正しいとすれば，南北戦争はあきらかに，アメリカ合衆国が経験した**最大の戦争**でした。しかもアメリカ人同士が殺し合った**内戦**だったのです。

北軍はひどいわ
映画「風とともに去りぬ」の1シーン
スカーレット＝オハラ

⑤ 南北戦争後のアメリカ

別冊プリント p.79 参照

📖 戦後の南部の状況

▶軍政下の南部

　敗北した南部は5つの地区に分割され，**軍政**のもとにおかれました。要するに**軍人**が行政権を握って，反乱の再発に備えるというものです。これに対して南部諸州は結束して，**民主党一党支配**のもとで**白人優越主義**を守ろうとしました。このような南部のあり方を，「**堅固な南部**」，英語で，**ソリッド＝サウス**(The Solid South) と言います。

▶プランテーションの解体

　また戦後の南部では，北部からの資本導入などを契機に**工業化**が進行しました。一方で，**プランテーションは解体・分割**されました。

Ｑ 解体されたプランテーションの土地を借りることになった**小作人**をなんと呼ぶか？　　　　　　　　　——**シェアクロッパー**（分益小作人）

　シェアクロッパーとなったのは，「**プアホワイト**」と呼ばれる南部の**白人貧困層**。そして，黒人の多くがこのシェアクロッパーとなりました。黒人たちは，法的には，1865年に**憲法修正第13条**が憲法に付加されることで，奴隷身分からは解放されました。しかし，**土地を得ることはなかった**のです。

▶黒人差別の存続

　そして，戦後も南部の白人たちは，さまざまな妨害によって黒人の権利獲得を阻止したのでした。

Ｑ 廃止された黒人奴隷制を維持しようとして，南部で施行された一連の州法はなんと呼ばれるか？　　　　　——**ブラック＝コード**（黒人取締法）

　また，教育や公共施設，あるいは食堂や乗り物などで，白人と黒人を分離する制度（法律）を，**ジム＝クロウ制度**（法）と言います。

　ほかにも，テネシー州で結成された**KKK**（**クー＝クラックス＝クラン**）のような秘密結社による残虐なテロも頻発しました。

一方，黒人にとっては頼みとなるべき北部
も，戦後の一時期を除いて，南部白人との敵
対を望みませんでした。北部資本の南部への
流入をスムーズにするためにもね。結局，黒
人たちはほとんど無権利の状態で，シェアクロッパーなどの形で，苦しい生
活を余儀なくされたのでした。

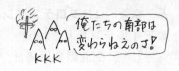

時代的には先のハナシにはなりますが，

> **Q** 黒人の無権利状態を改善しようと，1950〜1960年代，キング牧師
> らを中心に起こった運動をなんと言うか？　　　——公民権運動

🔖 アメリカ経済の発展

まあともあれ，**北部が南部を支配する**という形でアメリカの分裂は回避
されました。さらに**西部開拓**も進み，西部は**大陸横断鉄道**によってアメリカ
の東海岸と結びつけられます。こう
してアメリカの国内市場の統一も進
んで，アメリカの経済は目ざましく
発展していくことになります。

ちなみに文学者の**マーク＝トウェ
イン**は，多くのアメリカ人が金儲け
に奔走する様を，「**金ピカ時代（めっき時代）**」と表現しました。これは彼の小
説の名に由来します。

🔖 激増する移民

また，アメリカはよく「**人種のるつぼ**」と言われますね。まあ，それだけ移
民が多かったということなんですが，その数は半端じゃない。独立を果たし
たころの人口が200万人前後だったのに対し，19世紀前半以降の100年間
で3000万人以上の人々がアメリカにやってきたと言われています。

アメリカに移ってきた白人のうち，17世紀から19世紀半ばまでにやって
きたのは**西・北ヨーロッパ出身者**が多く，民族的には**アングロ＝サクソン**

系，宗教的には**プロテスタント**が主流のようです。例外は**カトリック教徒のアイルランド人**ですね。

そして，**南北戦争以降**は，従来の民族に加えて，**南欧・東欧・ロシア**からの移民も増加し，彼らのことを「**新移民**」と呼ぶ場合があります。

《注》　なお，東京書籍『世界史探究』では，「新移民」に**アジア系移民**を含めているととれる記述をしている。

新移民は，家族ぐるみで移住するものもありましたが，いわゆる「出稼ぎ」の人々も多かったようです。

▶中国系移民と日系移民

また先ほども言いましたが，大陸横断鉄道建設の際などに**中国系の移民**が西海岸にやってきましたね。彼らの多くは低賃金できびしい労働に従事させられ，**苦力（クーリー）**と呼ばれました（注：この呼び方はアメリカだけのものではない）。ヨーロッパ系の移民と，まったくといっていいほど風俗・習慣の違う中国系移民とのあいだには，しばしば摩擦が生じ，このことは大きな社会問題となりました。

こうしたことが背景となって，1882年に連邦議会は「**中国人移民禁止法（排華移民法）**」を制定しました。そしてちょうどそれと前後して，今度は**日系の移民**が移住してきました。彼らに対しても排斥運動が起こり，1913年にはカリフォルニア州議会が，実質上日系移民の土地所有を禁止する「**ウェッブ排日法案**」を可決しました。

また先の話になりますが，**1924年**には**移民法**が制定されました。この法律では，**日本人を含むアジア系移民が全面禁止**されました。また**東欧系・南欧系やユダヤ教徒の移民については制限**がもうけられました。これについては，第4巻でもう一度触れます。

■西部と先住民

最後に西部開拓と**先住民**の状況についてお話ししましょう。

まず，1860年代以降には，**ホームステッド法**の効果もあって，西部の開拓が進み，**ミシシッピ川**の流域が小麦生産地帯となりました。

また東部の都市部に食肉を供給するために，西部で**牧畜**がさかんとなり，

カウボーイが牛を連れて移動する風景が見られるようになります。さらに，ネヴァダやコロラドでは，金鉱の採掘も本格化しました。

▶先住民はどうなったか？

　一方，西部開拓の進展は，西部に移住させられた**先住民**たちとの対立を引き起こしました。

　そんななか，南北戦争中の 1864 年に，コロラドで先住民の**シアイアン族**や**アラパホー族**に対して，「**サンドクリークの虐殺**」と呼ばれる無差別虐殺事件が起きました。白旗を掲げた女性や子供を中心に，100 人以上が殺されたのです。

　また首長**ジェロニモ**に率いられた**アパッチ族**は，白人の騎兵隊と粘り強く戦いましたが，1886 年に降伏し，ここに先住民の組織的抵抗は終わりを告げました。

　そしてこの翌年，**ドーズ法**が制定され，先住民はその独自の**部族社会と文化を否定**され，**白人社会への同化**を促進されることになりました。

▶ 19 世紀アメリカ史の最後に

　このような政策に対して，アメリカ政府は正式な謝罪をしました。

まあ、
聞いてくれ

　先住民の子供たちに対して同化教育を推進してきた官庁に，**インディアン管理局（BIA）**というのがあります。2000 年に，ここの副長官だったケビン＝バガーは，**強制移住**などにともなって，「**先住民の文化や生命などを破壊してきた**」ことについて謝罪したのでした。

　1970 年に『**ソルジャー＝ブルー**』という映画が上映されました。これはサンドクリークの虐殺を描いた作品です。また，先住民に対する敬意と彼らに対する抑圧を描いた『**ダンス・ウィズ・ウルブズ**』という作品もありました。アメリカには，このような映画がたくさんありますね。

　その根底にあるのは**自分の国で起こった，あるいはアメリカが起こしてしまった“負の歴史”をきちんと考えようとする姿勢**です。

　僕は，アメリカの，そしてアメリカ国民のこういう姿勢を尊敬しています。

　以上，19 世紀のアメリカ史をお話ししました。

第57回

19世紀欧米の文化(1)

思想と文学

まず，19世紀の欧米の文化の基調（きちょう）を確認しましょう。

① ロマン主義——19世紀前半の文化の基調

別冊プリント p.81 参照

19世紀前半の文化活動の根底（こんてい）には，**ロマン主義**が存在していました。教科書では，ロマン主義とは，"**理性より感情を，未来より過去を**，そして**人類共通の普遍性（ふへんせい）より民族の個性**を重視し……"なんて形容がなされていますね。これって，どういうことでしょうか。

まずロマン主義に先行する **18世紀**は，「**啓蒙思想の時代**（けいもう）」でした。啓蒙思想とは，

> "**民族や国家の違い（ちが）を超えて（こ），すべての人間に備（そな）わっている理性に導かれて（みちび）現在の不合理を正し，明るい未来に向かって歩もうよ**"

まっ，こんな思想ですね。ところが，その**理性**に導かれて始まったフランス革命は，**ジャコバン独裁時代**（ぎゃくさつ）の虐殺を生み，その後に登場した**ナポレオン**も結局は敗北してしまいました。

とすれば，"**理性も怪しいぞ**（あや）"。じゃあ何にすがって生きていくか？ "これまでは**理性偏重**（へんちょう）だったので，これからは感情も見直そう！ また，理性に導かれたとしても，**未来はどうなるか分からない**。ならば**過去の事実に学ぶ**しかない"。19世紀に**近代歴史学が確立**したのも，こういう背景があるようです（→ p.225）。

■ 宮廷文化から，市民文化・国民文化へ

　また19世紀は，「市民文化」が繁栄した時代でした。市民文化とは，文字どおり市民，すなわち**都市の住民**，具体的には**都市の商工業者**などが好むような文化です。これに対して，それ以前の文化は「**宮廷文化**」が中心でした。これも文字どおり，宮廷にいる王侯貴族などに好まれた文化のことです。

　また19世紀後半になると，**国民意識の浸透**とともに，貧富の差の違いを越えてその国の国民一般に受容される文化も育まれていきました。これを国民文化と言います。……，ん，「国民文化って具体的にはなんですか？」

　日本なら，たとえば夏目漱石の文学かなあ。それも『明暗』よりは『坊っちゃん』だね。みーんな読んでるだろう，「日本国民」ならね！

　ついでに，そもそも「文化」とは，豊かな生活，快適な生活を営むためのさまざまな知恵のことです。"われわれの生活を幸せにしてくれるもの"と言いかえてもいいかなあ。これは第1巻でも指摘しましたね(→第1巻，p.13)。

　じゃあ，まず，この時代の思想を見ていきましょう。

② 19世紀の諸思想(注：一部18世紀を含む)　　　📖 別冊プリント p.81 参照

■ イギリス功利主義

　まずイギリス功利主義。これは19世紀のイギリスのさまざまな改革に関連して出てきます。この思想はベンサムに代表され，彼が好んで引用する「**最大多数の最大幸福**」という言葉は，この思想の象徴的表現ですね。

　ベンサムの流れをくむ思想家には，**ジョン=ステュアート=ミル**もいます。

■ 実証主義

　19世紀のフランスでは，主観的な推論を避け，**確実な事実**，とくに**自然科学に裏打ちされた事実**などを積み上げて**真理**にいたろうとする思潮が生まれました。これを実証主義と言います。

　社会主義者**サン=シモン**の弟子であった**コント**がその代表であり，彼には「**社会学の祖**」という形容もなされます。

コント
(1798〜1857)

この実証主義，僕のように**歴史**をやっているものからすると“あたりまえ”の姿勢に見えるのですが，コントをはじめ19世紀前半のフランス人にとっては，必ずしもあたりまえな考え方ではありませんでした。

というのも，18世紀のフランスは啓蒙思想に支配されていましたね。

この理性偏重の啓蒙思想に対する不信から，実証主義は台頭したと言えます。

📖 歴史主義

実証主義と同じように，**ドイツ**でも**啓蒙思想**に対する反発からある思潮が生まれました。

Q 民族の伝統や固有の歴史に立って，ものごとを考えていこうという思潮をなんと言うか？　　　　　　　　　　　　　　　——歴史主義

この思想に立脚してドイツに成立したのが，歴史学派経済学でした。

📖 歴史学派経済学

この学派の代表は，なんと言っても**リスト**ですね。**ドイツ関税同盟**のところで出てきましたね（→ p.169）。

リストたちは，**アダム=スミスたちの古典派経済学**を批判しました。

“政治権力は，積極的に経済活動に介入して，保護すべきである。自由放任でうまくいくのはイギリスだけ。イギリスに通用した経済理論は，ドイツにはあてはまらない”，と言うのです。

後日談にはなりますが，この歴史学派経済学の議論は，ドイツ帝国の宰相**ビスマルクの社会政策**の立案にも影響を与えたと言われます（→ p.180）。

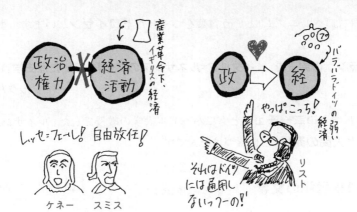

さて，リストの主張に対して，「そのとおり！」と叫ぶ法学者がいました。

Q 歴史法学の創始者とされるドイツの法学者はだれか？ ——サヴィニー

サヴィニー

　彼は，ドイツ民族固有の法理論を追究し，人類に普遍的に妥当する**自然法**の体系には批判的でした。その彼に代表される法思想の流派が**歴史法学**です。

📖 近代歴史学

　それから，「歴史学派」と言うものが幅をきかせるためには，歴史研究が必要なことは言うまでもありません。

Q 近代歴史学の手法を確立したと言われるドイツの学者はだれか？ ——ランケ

（岩波文庫）

　彼は，**厳密な史料批判**こそ歴史学の基本的手法である，としました。史料批判とは，事実を記している文書（**史料**）の**内容をきびしく吟味すること**を言います。そして，それを通じて「それは本来いかにあったか」，すなわち**過去の事実**をより**正確に再現**することが歴史の使命だと言うのですね。代表的著書は『**世界史概観**』。

後輩には「ヘレニズム」という言葉をつくった**ドロイゼン**がいます。また，

Q ランケの弟子で，『**イタリア=ルネサンスの文化**』を書いた歴史学者は？

——ブルクハルト

彼は哲学者の**ニーチェ**とともにバーゼル大学の教授でした。ルネサンスを，
「**自然と人間の発見**」と位置づけた人です。

③ 19 世紀の文学(注：一部 18 世紀を含む)

📖 別冊プリント p.82 参照

続いて，文学にまいりましょう。

📕 古典主義からロマン主義へ

　18 世紀末になると，『**ファウスト**』を書いたゲーテや，シラーが登場します。
とくにシラーの作品には"歴史物"が多く，入試にも出やすいので，内容まで
チェックしておきましょう。

シラー
(1759〜1805)

- ●『**ヴィルヘルム=テル**』：ハプスブルク家に対する
  スイスの独立運動を描く
- ●『**オルレアンの少女**』：百年戦争で活躍したジャン
  ヌ=ダルクを描く
- ●『**ヴァレンシュタイン**』：三十年戦争で活躍した
  皇帝側の傭兵隊長の悲劇を描く

　次はゲーテですが，シラーにもゲーテにも理性万能の啓蒙思想に対する反
省・反発というものが見られます。これはフランスのルソーにも見られる傾
向です。

　理性だけじゃなくて，感情・感性・個性も大事にしよう……。このような
思潮を**ロマン主義**と言いましたね。その先駆的な要素が見られるのです。こ
れをドイツでは「**疾風怒濤**」，ドイツ語で**シュトゥルム・ウント・ドラン
ク**と呼んでいます。ゲーテの『**若きウェルテルの悩み**』や，シラーの『**群盗**』

といった作品に，その息吹をかいま見ることができます。そしてゲーテの『ファウスト』。この作品は，理性万能で生きてきた人間が，感性に目覚める話です。読んだことがありますか？

ゲーテ『ファウスト』

　ファウストはすべての学問をやり終え，老境に達した人物です。そして修士になったり博士になったりしたけれども，「それがいったい何になるというのだ」と，悔いるところから始まる。

　もう一度人生をやり直したいけれども，自分はもう年をとり過ぎてしまった，とつぶやいていると，悪魔を呼び出す本が目の前に出てくる。「よし，悪魔と契約を結んで，もう一度若返ってやろう」というわけで，**悪魔メフィストフェレス**が登場。そしてここに契約が成立しました。ファウストは若さを与えられる代わりに，魂をメフィストフェレスに売り渡す約束をしたのでした。

　若返ったファウストはメフィストフェレスに連れられて，あるときはギリシア時代に飛んで絶世の美女ヘレネと恋をしたり，中世ドイツに行ってグレートヒェンという少女を不幸にしたり，いろいろなことをやるのです。そして最後は，聖母によって彼の魂が天に昇っていくという話です。

　ここには，**理性万能の啓蒙主義に対する反省**のようなものがうかがえます。
　また**理性重視の近代**以前の時代，すなわち**中世への憧れ**のようなものも感じとることができます。これも**ロマン主義**の特徴のひとつですね。

■ロマン主義文学：ドイツ

　じゃあ，その**ロマン主義文学**について。まず出てくるのがこの人。

Q ドイツのロマン主義を代表する文学者で，『青い花』という作品を書いたのはだれか？

　　　　　　　　　　　　　　　　——ノヴァーリス

ノヴァーリス
(1772～1801)

　それから**グリム兄弟**です。言語学者であるとともに『**童話集**』をまとめた人で，みなさんも読んだことがあるでしょう。ゲッティンゲン大学の教授のときには，自由主義的憲法の廃止に反対して解任されてしまいました。次は，

Q ユダヤ人で『歌の本』という作品を書いたのは？

　　　　　　　　　　　　　　　　——ハイネ

ハイネは**マルクス**の友人であった人です。彼はフランス七月革命や、シュレジエンの職工の蜂起(ほうき)に共感し、「革命詩人」と呼ばれました。

（岩波文庫）

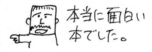

本当に面白い
本でした。

大学に入って、**西洋思想史**、**西洋哲学史**の講義をとったものの、先生の話がよく分からない、という人のために**ハイネ**の『**ドイツ古典哲学の本質**』という本を紹介しておきましょう。これはドイツ近代までの思想史の流れを面白くまとめたもので、この本の叙述(じょじゅつ)のしかたや、あふれるユーモアなどは僕の授業にも影響を与えています。読みたければ**岩波文庫**に入っているのでどうぞ。

📖 フランス

続いてフランスです。まず**スタール**（夫人）と言えば、**ルイ16世**に仕(つか)えて、財政改革を行った**ネッケルの娘**です。作品は『**デルフィーヌ**』。じゃあ、

スタール夫人
（1766～1817）

『レ=ミゼラブル』。その巻頭でユーゴーいわく、「地上に無知と悲惨がある間は、本書のごとき性質の書物も、おそらく無益ではないだろう」。(豊島与志雄訳、岩波文庫)

Ｑ フランス革命期にイギリスに亡命(ぼうめい)、ブルボン復古王政下では外務大臣も務(つと)めた文学者は？

——シャトーブリアン

続いて、**ラマルティーヌ**。作品は『**瞑想詩集**(めいそう)』です。ラマルティーヌと言えば、1848年の二月革命後の臨時政府の中心人物です。

そして**ユーゴー**はフランスを代表する文豪です。

ユーゴーの作品はなんと言っても『**レ=ミゼラブル**』。明治の文人・ジャーナリスト黒岩涙香(くろいわるいこう)は、これを「噫(ああ)、無情」と訳しました。いい訳ですね。この作品のラストシーンのところがちょうどフランスの「**七月革命**」です。

それから**デュマ**。この人も歴史ものが多いですね。ルイ13世の時代を背

228

景とした『三銃士』，そしてなんと言っても『モンテ=クリスト伯』。主人公エドモン=ダンテスの壮大な復讐劇！　寝食を忘れて読んだなあ。

■ イギリス・ロシア・アメリカのロマン主義

Q 『叙情詩選』を書き，工業化以前の時代の自然美を平明な言葉でうたったイギリスのロマン主義詩人はだれ？　——ワーズワース

　スコットもイギリス・ロマン主義を代表します。『湖上の美人』は美しい短篇。『アイヴァンホー』は，第3回十字軍ごろの中世イギリスを描く歴史小説です。リチャード1世やジョン王が出てきます。

200ページ弱の分量で，ハッピーエンド。なによりプガチョフがかっこよかった。青木はこの作品で西欧文学にはまった。（神西清訳，岩波文庫）

Q 『若きハロルドの遍歴』『ドン=ジュアン』などを書いた文人で，ギリシア独立戦争に参加したことでも有名な人物は？　——バイロン

　ロシアのロマン主義文学者と言えば，プーシキンが代表です。彼は「ロシア近代小説の祖」と位置付けられています。

Q プーシキンの『大尉の娘』の時代背景となった18世紀後半に起こった農民反乱は？　——プガチョフの乱

　この作品は高2のときに読みました。僕が西洋の近代小説をむさぼり読むようになるきっかけとなった小説です。

Q 小説『即興詩人』や，多数の童話で有名なアンデルセンはどこの国の人か？　——デンマーク

　アメリカのロマン主義の作品としてはエマソンの『自然論』。
　ホーソンの作品『緋文字』は，アメリカのピューリタン文学の代表作と言われます。緋文字とは，「姦通者（Adulteress）」，すなわち不倫を犯した女性の胸に緋色（≒赤い色）で書かれた"A"のことです。さらにアメリカの詩人で，

Q 『草の葉』という作品を書き，民主主義詩人と称されるのは？

——ホイットマンです。

　それから，ロマン主義に分類していいかどうかよくわからないのが，19世紀半ばに活躍した**メルビル**です。彼は『**白鯨(モビー=ディック)**』という作品を残しました。捕鯨船に乗り込んで味わったさまざまな体験にもとづいて書いたものですが，難解なことで有名な小説です。

◤ 写実主義の基調

　さて，感情を重んじ過ぎる傾向が出てきたロマン主義を反省して，"**人間や社会を，あるがままに描く**"という思潮が登場しました。これを**写実主義(リアリズム)**と言います。

　写実主義を生んだ社会的背景としては，**科学の発達**にともなって，ものごとを客観的な視点から正確にとらえる風潮が高まったことが挙げられます。

◤ フランス

　まずフランスの写実主義文学から。代表的な作家として，

Q 王政復古期のフランスが舞台となった小説『赤と黒』を書いたのはだれか？

——スタンダール

　主人公はジュリアン=ソレル。田舎で育った貧乏人の息子です。貧乏人の息子が出世する道は，2つしかありません。それは赤い服を着るか黒い服を着るかです。すなわち軍人になるか，聖職者になるしかないのです。その彼の野望の行き着く先は……？

　バルザックは『**ゴリオ爺さん**』『**従妹ベット**』などから成る連作を描きましたが，この連作群をまとめて『**人間喜劇**』と言いました。

　フロベールは"写実主義の確立者"と言われ，『**ボヴァリー夫人**』の作者です。この小説は人妻の浮気が主題。

🔖 イギリス

イギリスのリアリズム作家と言えば，小説『虚栄の市』で知られるサッカレーと，『二都物語』でフランス革命期を描いたディケンズです。

ディケンズ
(1812〜1870)

（岩波文庫）

とくに，ディケンズに『デイヴィッド=コパフィールド』という作品がある。これは彼の自伝的小説ですね。あとディケンズは『オリヴァー=トゥイスト』の作者でもあります。また，童話の『クリスマス=キャロル』もそうですね。

エミリー=ブロンテは『嵐が丘』の作者です。

🔖 ロシア

さて，19世紀後半のロシアには，近代文学史上の巨人たちが続々と登場します。

まずゴーゴリは『検察官』などの戯曲で帝政ロシアの腐敗を批判する一方，『死せる魂』という小説を残しました。

トゥルゲーネフの代表作は『父と子』ですが，主人公バザーロフは**ニヒリスト**の典型です。

ドストエフスキーについては，とくに後期の大作群がすごい。『**罪と罰**』『白痴』『悪霊』『未成年』と続きます。このなかでは『罪と罰』がもっとも有名でしょう。あらすじは知ってる？

主人公**ラスコリニコフ**は，有能なものは無能なものを犠牲にしてもかまわないという「論理」のもとに，因業な金貸しの老婆を殺してしまう。けれども，だんだんと良心の呵責にさいなまれていきます。そして少女ソーニャの献身的な愛にうたれ，ペテルスブルクの乾草広場というところで，みずからの罪を告白するのでした。

そして彼の最後の大作が『**カラマーゾフの兄弟**』。世界文学の最高峰ですね。ある家族の破滅と，ロシアの現状を描いた作品です。

『戦争と平和』でナポレオン戦争を描いたのはトルストイ。

もう1つの長編作品が『アンナ=カレーニナ』。アンナは高級官僚の妻です。しかし夫婦生活は冷え切っており，アンナは美貌の青年将校ウロンスキーとの恋におちいります。そして……。まあこの辺でやめておこう（笑）。

『悪霊』。訳者は江川卓さん。あの元野球選手と同姓同名。とにかく暗い作品。受験中は読まない方が無難。（新潮文庫）

『戦争と平和』。カバーはソ連版の映画『戦争と平和』のシーンのコラージュ。ソ連は1967年に，「革命50周年」の記念としてこの作品の映画をつくった。（米川正夫訳，岩波文庫）

Q 戯曲作品で『かもめ』『桜の園』を書いた作家は？　――チェーホフ

『桜の園』の冒頭は，思いっきり"ロシア"だよ。小間使いが，「まもなく二時ですわ。もう明るうございます（湯浅芳子訳，岩波文庫）」だもんな。

■ 自然主義

自然主義は写実主義をさらに徹底させた思潮です。人間や社会の本質をさらに深くえぐり出して表現しようとするものだね。ただし，写実主義・自然主義のあいだに明確な線を引くことは難しく，教科書でもしばしば一緒に論じられています。

■ フランス・イギリスほか

自然主義の文学者と言えば，まずフランスのゾラです。『居酒屋』『ナナ』という作品があります。

Q 軍部が起こした冤罪事件で，ゾラが論陣を張った事件は？

――ドレフュス事件

さあ，どうやってドレフュスの無実を証明しようか？

エミール=ゾラ
（1840～1902）

x

232

彼の『**実験小説論**』という評論も有名です。これは自然主義文学の基本理念について述べたものです。

モーパッサンは『**女の一生**』という作品。男に裏切られ続ける女性の半生が描かれています。

で，次ですが，

Q 「近代劇の祖」と言われ，『**人形の家**』を書いたノルウェーの劇作家はだれか？ —— **イプセン**

イプセン
(1828〜1906)

(岩波文庫)

『**人形の家**』の主人公は**ノーラ（ノラ）**という女性です。彼女は夫と子どもと生活する“普通の”女性でした。しかし，夫のためにした借金のことで，とうの夫になじられ，これを契機に，自分が夫の“人形”でしかなかったことに気づき，

ついには夫も子どもも置いて家出をするのでした。この作品は劇の台本（戯曲）です。上演の際には，ノーラが扉をどすんと閉める音で劇は終わります。このドアを閉める音は，ヨーロッパ（の男ども）に衝撃を与えたようです。

というわけで，この作品は**女権拡張運動（女性解放運動）**に一石を投じるものになりました。

また同じ北欧の**スウェーデン**には，**ストリンドベリ**が出ました。作品は『**令嬢ジュリー**』。彼女と下男のジャンの関係を，男性と女性，階級間の対立になぞらえつつ描いた作品です。

▶ 耽美主義

さて，写実主義・自然主義は，ありのままに描くことを徹底しました。

するとこれに反発する動きが出てきました。というのも結局，写実主義などが描き出した人間や社会の本質は，醜悪なものだったようです。とくに当時は「世紀末」の時代。社会には「退廃（デカダンス）」の雰囲気が充満していま

した。

　それで，そういう雰囲気を享受しつつ，善悪の価値判断を越えて美しいも
のに浸ろうという思潮が出てきました。これが耽美主義です。

　その代表者は，『悪の華』という詩集を出したボードレール。

Q 耽美主義の代表者で，戯曲『サロメ』，小説『ドリアン=グレイの肖像』を
書いたイギリス人は？　　　　　　　　　——（オスカー=）ワイルド

　サロメといえば，イエスを洗礼したヨハネを殺した女性ですね。

■象徴主義

アルチュール=ランボー
（1854～1891）
ヴェルレーヌとともに放浪。
19才で『地獄の季節』を出す。
そして筆を絶つ。

　ついで，耽美主義の系譜を引き継ぎつつ，客観
的・具体的表現にこだわらずに，言葉のひびきや
心に写った風景を象徴的に描こうとする思潮も
起こりました。これは象徴主義と言われます。

　象徴主義では，まずフランスのヴェルレーヌ。
作品は『艶なる宴』『言葉なき哀歌』。あと1人有名
な人物がいて，（アルチュール=）ランボーです。
その作品集が，『地獄の季節』。

　以上，今回は思想と19世紀の文学でした。

19世紀欧米の文化(2)

美術と音楽と科学

今回は，美術，音楽，科学などの分野を見ていきましょう。「何々主義」というのがいろいろ出てきますが，中心はフランスです。

① 19世紀のヨーロッパ美術史 (注：一部18世紀を含む) 📖 別冊プリント p.85 参照

🔖 古典主義

18世紀の終わりから19世紀にかけて，フランスを中心に**古典主義**の画家たちが登場しました。この派はギリシア・ローマ時代に題材を求めることも多く，**均整のとれた画面構成**を信条とします。これはあきらかに**理性**を重んずる**啓蒙思想の影響**ですね。

©植村

「ナポレオンの戴冠式」
〈ルーヴルにて〉

あんぐると
ナポレオン

どいたま

ダヴィド
(1748〜1825)

古典主義の代表的な画家は2人います。1人はダヴィドで**ナポレオン**の宮廷画家でした。ダヴィドはフランス革命の始まりを告げる「**球戯場の誓い**」や，「**ナポレオンの戴冠式**」で知られます。

もう1人は**アングル**で，作品は「オダリスク」と「ルイ13世の誓い」です。

彼と同じころ，**スペイン**にゴヤが登場しますが，彼は「何派か」という聞かれ方はしませんね。「分類」が難しい。作品としては，フランス軍の暴虐を描いた「**五月三日の処刑**」などが有名です。

🔖 ロマン主義

さて，絵画の古典主義は，文学と同じく，

理性を重んじ，感情などは抑えぎみです。これに反発して，文学と同様に絵画にもロマン主義が台頭しました。**感情を素直に描いてゆこう**という画家達ですね。

Q 先駆者のジェリコーに続いて，フランスのロマン主義を代表する画家で，「シオ（キオス島）の虐殺」を描いた人物と言えば？——**ドラクロワ**

ドラクロワ
(1798〜1863)

ドラクロワのお父さんはタレーランです。「**シオ（キオス島）の虐殺**」(→ p.116)，「**ミソロンギの廃墟に立つギリシア**」は，いずれも**ギリシア独立戦争**を題材にしたものです。「**民衆を導く自由の女神**」は**フランス七月革命**を題材としたもの。このように，激動の19世紀前半の歴史は，ドラクロワのキャンバスに描かれていくのです。

📖 写実主義・自然主義

ロマン主義のあとには，感情に溺れずに，

　"描きたいものを**客観的**に，**ありのまま**に描こうではないか"

という思潮が登場しました。これを**写実主義・自然主義**と言います。この2つの言葉は教科書にも並んで登場します。明確な区別はないようですね。

「落ち穂拾い」

このグループの代表は，**テオドール=ルソー**，**コロー**，そして「**落ち穂拾い**」「**晩鐘**」「**種まく人**」などの傑作で知られる**ミレー**です。

岩波書店のシンボル・マーク

文化の種をまく，という意味も込められているという。
『種まく人』

彼らは理想化された自然の風景ではなく，**目に映ったままの自然や人々の生活**を描こうとしました。パリから約30kmほど南に，フォンテーヌブローの森があります。そのはずれにバルビゾン村というのがあって，彼

らはここを拠点に豊かな農村の自然や，農民の生活を描きました。そこから，彼らのことを**バルビゾン派**と言うことがあります。

📖 クールベ

社会の実相をありのままに描き出そうという画家も出てきました。

『ドーミエ風刺画の世界』
（岩波文庫）

Q 「石割り」「プルードンの肖像」などを描き，写実主義の代表格と目される画家は？

——クールベ

「漫画はパリの市民を哄笑させたが，政府役人たちも，漫画に描かれれば，いまいましいが笑ったのである」。政府と一般人の間にユーモアが介在することが，民主主義的体制成熟のバロメーターの一つということか。（小林秀雄のエッセイ「吉田茂」より，『常識について』角川文庫）

彼は共和派として**パリ=コミューン**にも参加しています。「プルードンの肖像」のプルードンは**アナーキスト**です。

もう1人，**ドーミエ**がいます。彼は共和政を愛した画家で多くの風刺画を残しました。

「プルードンの肖像」

📖 印象派の登場

写実主義・自然主義は，対象（オブジェ）を**ありのまま**に描きました。するとこれに反発したグループが出てきました。対象をありのままに描くのではなく，心に写った印象に忠実に描いていこうではないか。

この一群を**印象派**と申します。また，写実主義・自然主義に対する批判にはこんなものもありました。すなわち，

　　　"写実主義や自然主義は，**本当にありのままに描いているのか？**"

対象の姿は，**日の光**の変化によって刻一刻と変化しているではないか！その一瞬一瞬の光の変化を，写実主義・自然主義は描き切っていない！

こうして，**光と影の瞬間の描写**を忠実に，しかも心に写った**心象に忠実**に描いていこうとする画家たちが出てきました。彼らは当時発明されたチュー

ブ入りの絵の具をもって，光を求めてさかんに屋外に写生に出かけていきました。

　図解にしとくか。山があって，木が生えていて，そこを朱元璋という1人の人間が歩いていました(笑)。それを写実主義的に描けばこうなります。

　ところが，印象派の連中はそうではありません。もし画家が，山，木，朱元璋のなかで，朱元璋にもっとも強い印象を受けたとすれば，こうなるのです。

　このように印象派は印象の深さの度合に応じて，あるいは自身の印象に忠実に，画面を再構成してゆくわけです。

　印象派の画家としては，まず，マネが登場。

　そのマネのまねをしたのがモネです(笑)。モネの「日の出・印象」という作品の「印象」というのが印象派の名前の由来になるのです。

Q　「踊り子」など，バレエに題材をとった作品が多い印象派の画家は？

————ドガ

　もう1人，ルノワールは光線の効果をうまく表現し，「色の魔術師」と言われます。

　このあたりは日本人も大好きですね。パリに**オルセー美術館**というのがあるけど，日本人でいっぱいだもんな。で，これには背景があります。だって，印象派の手法って，実は彼らのオリジナルではなく，**日本**が起源なのです。

　はっきり申しましょう。この連中は日本人の浮世絵師たちから学んでいる

©青木

「草上の昼食」 マネの作品，1985年，旧印象派美術館にて。現在はオルセー美術館に所蔵。

©植村

オルセー美術館。もともとは鉄道の駅だったのを改装した。

のです。**安藤広重**，**葛飾北斎**から学んでいるのです。葛飾北斎の「**冨嶽三十六景**」のなかの作品に「**神奈川沖浪裏**」という作品がありますね。

波が大きくやって来て，そのはざまに人間がいて，遠くに小さく富士山が描かれている。これこそ印象派の極意ですよ。そう言えば，印象主義音楽の**ドビュッシー**もこの絵を見て，交響詩「海」を作曲しました。

「ムーラン=ド=ラ=ギャレット」 ルノワール 1873年の作。パリのモンマルトルの丘のダンスホールに集う人々を色彩豊かに描いた作品。

ちなみに安藤広重の描いた絵を，そのままヨーロッパの印象派風に焼き直したのが，**モネ**の大作「**睡蓮**」です。

「冨嶽三十六景」
―神奈川沖浪裏

マネやモネは あっしの マネネね。
（ウマイ！師匠）

葛飾北斎
(1760～1849)
引っ越し魔。93回やったという。

後期印象派

印象派の発想をさらにエスカレートさせたのが後期印象派です。

《注》 印象派と後期印象派の関係は、前者を肯定的に継承したとする見方と、前者の
批判・否定から生まれたとする見方がある。

「サン=ヴィクトワール山」

後期印象派でまず登場するのがセザンヌ。「**サン=ヴィクトワール山**」の連作で有名です。彼は、この名前の山を数十枚描いています。

セザンヌ
(1839～1906)

ゴーガン（ゴーギャン）の出身国はフランスですが、彼は南太平洋の**タヒチ**にわたって活動しました。「かぐわしき大地」「黄色いキリスト」など作品は多数あります。

ⓒ青木

ゴッホの作品。旧印象派美術館にて。
左が「**自画像**」、右は「**サン=ベルナール
教会**」。

ⓒ植村

「**カレーの市民**」（ロダン）。ロンドン
の国会議事堂横の公園にて。

ゴッホはオランダの人ですが、南フランスのアルル地方で活躍し、最後は自殺します。「**ひまわり**」「**自画像**」「**サン=ベルナール教会**」などの作品は、後期印象派の極致です。

最後は近代彫刻を確立した**ロダン**です。「**考える人**」は有名な作品ですね。ロダンは何派に属するというわけではありません。上の写真の「**カレーの市民**」は、**百年戦争**で苦しむ人々の姿を描いたものです。

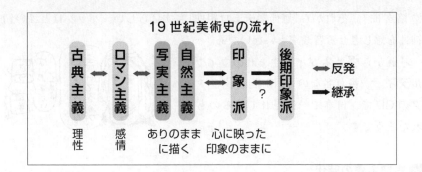

19世紀美術史の流れ

古典主義 ⟷ ロマン主義 → 写実主義 → 自然主義 ⟹ 印象派 ⟺? 後期印象派 ⟺反発 継承

理性　感情　ありのまま　心に映った
　　　　　に描く　印象のままに

📖 別冊プリント p.86 参照

② 音楽史

　次にヨーロッパを中心とした近代の音楽史を見てみましょう。慶応大学の問題などでときどき見かけますね。

　音楽は，**中世の大学の上級4学**の1つでもありましたね。でもこちらは「音を楽しむ」というよりは，世界（宇宙）の成り立ちを解き明かす手がかりというような位置づけでした。

バロック音楽の登場

　そして**17・18世紀**。音楽史は**バロック音楽の時代**を迎えます。この時代と言えば，**王権と市民（商工業者）**の伸張が著しかった時代ですね。

　音楽もキリスト教を題材にしたものばかりではなく，**王侯の気風**を反映した**きらびやかな音楽**が流行ります。

　また**市民**たちもキリスト教から距離を置いて，音楽そのものを楽しむ傾向が出てきました。市民たちは，派手派手しい音楽よりも，家庭内で演奏できるようなつつましやかな楽曲を好んだようです。

▶バロック時代の音楽家

　前者の典型は，「**音楽の母**」と言われた**ヘンデル**だろうね。ドイツ人の彼は，イギリスにわたり，**ハノーヴァー朝のジョージ1世**に仕えました。作品では，「水上の音楽」「メサイヤ」などが知られています。

　そして**バッハ**。「**音楽の父**」という"肩書き"を持つ彼にも名曲がたくさんあります。ブランデンブルク辺境伯に献呈された，その名も「ブランデンブル

ク協奏曲」。それから「無伴奏チェロ組曲」もすばらしい。バッハほど深い精神性を感じさせる音楽家もいないなあ。

それから**ヴェネツィア**生まれのヴィヴァルディ。一番有名なのは「四季」。クラシックのCDで，日本で一番売れているのもこれだそうです。

▧ 古典主義の時代

次が**古典主義**（**古典派，古典楽派**）の時代です。1770年代ごろから19世紀の初頭あたりまで。この場合の「古典」とは，"近代音楽の基礎が固まった"というような意味で使い，音楽的内容としては，形式美・様式美を追求した点に特色があります。

まずは**ハイドン**ですが，彼は「**交響楽の父**」と言われ，弦楽四重奏曲『皇帝』という作品は，ドイツの国歌にもなっている。

ハイドンの次は**モーツァルト**です。「**神童**」と言われ，600曲以上の作品を残し35才で夭折した天才ですね。なかでもピアノ協奏曲21番の第2楽章はすばらしい。ホント，"天上の音楽"という感じ。

しかしなんと言ってもモーツァルトの魅力はオペラに尽きます。とくに「フィガロの結婚」と「ドン=ジョバンニ」は人間の音楽的可能性の限界を，われわれにさし示してくれる名作です。

オペラ「フィガロの結婚」。
映画『ショー=シャンクの空に』（主演：ティム=ロビンス）のなかで，監獄の囚人たちが，「フィガロ」のアリアにじっと耳を傾けるシーンがある。印象的だった（CDはネヴィル=マリナー指揮のもの。現在廃盤）。

飯森範親指揮，山形交響楽団の快演。モーツァルトは41曲の交響曲を残した。僕は彼が10代の時につくった10番台の曲が好きだ。このCDではその軽やかさが見事に再現されている。飯森さん，そして山形交響楽団のみなさん，ブラボー！（販売元：Octavia Exton）

▶ベートーヴェン

次は「**楽聖**」と呼ばれるベートーヴェン。ベートーヴェンとくれば，まず，「**交響曲第3番英雄**」です。その第1楽章はいかにも「フランス革命の子」としての**ナポレオン**が進軍しているようなメロディです。

第3楽章では「**自由・平等・博愛**」というフランス革命の理念によって鼓舞された諸国民のざわめきが聞こえ，第4楽章では**七月革命・二月革命**を予感させるような感情の爆発が表現されています。……なんと言うか，**時代の精神を体現**しているような曲ですね。

彼の最後の交響曲は「**第9番合唱付き**」です。一番有名なのは第4楽章の「喜びの歌」ですね。詞は，ゲーテと並ぶドイツの文豪の**シラー**の「歓喜によせて」が大本です。

フルトヴェングラー
（1886〜1954）
20世紀最大の指揮者。

フルトヴェングラー指揮のベートーヴェンは，スゴイの一言に尽きる。とくに1947年の彼の復帰コンサートの「運命」。奔放にして，リリカルな指揮。ベートーヴェンの偉大な精神性を体感できる快演だった。

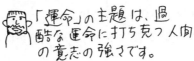

「運命」の主題は、過酷な運命に打ち克つ人間の意志の強さです。

ベートーヴェン
（1770〜1827）

📑 ロマン主義

次は**ロマン主義（ロマン派）**。ベートーヴェンが死んだあたりから19世紀末ごろまでですね。でも，20世紀に活躍したブルックナー，**マーラー**，それに**リヒャルト＝シュトラウス**などを「後期ロマン主義」とする場合もあります。

じゃあ，最初にショパンいってみようか。

Q　「ピアノの詩人」と言われたショパンの出身国は？

——ポーランドです。

祖国ポーランドがロシア軍に蹂躙されてしまった。その祖国の解放を願ってつくられたのが「革命」という曲。ピアノ練習曲です。祖国を思う悲痛な叫

びが伝わってきます。

それから「歌の王」と言われる**シューベルト**。「**魔王**」とか小学生のとき聞かされたよなあ、怖かったけど。それと交響曲「**未完成**」か。ほんとに第2楽章で終わってるんですよね。

ハンガリー出身の音楽家リストは、超絶的な技巧を駆使するピアノ曲で知られています。「ハンガリー狂詩曲(ラプソディ)」とかが有名。

次に「楽劇の王」と言われる**ヴァーグナー(ワグナー)**がいます。ヒトラーが大好きだった作曲家でした。ワグナーの代表作は「**ニーベルンゲンの指環**」というオペラ。これは**ブルグンド族**の叙事詩をもとにしたものです。

ロッシーニはイタリアのオペラ作曲家で、「セビリアの理髪師」が有名。

Q ハプスブルク家からのスイスの独立運動における伝説的英雄をテーマにしたロッシーニの歌劇は？　　　——「ウィリアム=テル」

イタリアのオペラと言えば、**ヴェルディ**もいましたね。エジプトを舞台とした「アイーダ」。これは**スエズ運河の完成(1869)**を記念して、エジプト政府の依頼に応じてつくられたものです。その「凱旋行進曲」は、サッカーの応援のときにサポーターが歌うヤツですよね。

次は**メンデルスゾーン**です。「ヴァイオリン協奏曲ホ短調」が有名ですね。交響曲では「イタリア」。

フランスの**ベルリオーズ**は「幻想交響曲」を残しました。

次は**ブラームス**です。別名"ベートーヴェンの第10番"と言われる「交響曲第1番」が有名です。僕が学生のとき、朝5時半ごろ起きてまず聴くのがこの曲でした。

📖 **国民楽派**

19世紀後半からは、**各民族の伝統に根ざした音楽**が台頭します。これを**国民楽派**と言います。その動きは、すでに19世紀前半から**スラブ民族**のあいだに起こっていました。

代表は，ロシアの作曲家たちです。まず**ムソルグスキー**は「展覧会の絵」「はげ山の一夜」で有名です。あとボロディン，キュイー，バラキレフ，リムスキー=コルサコフを加えて，ロシアの「五人組」と総称します。

　しかしなんと言っても当時のロシアを代表するのは**チャイコフスキー**でしょう。代表作と言えば交響曲第6番「悲愴<small>（ひそう）</small>」となるでしょうね。あと「くるみ割り人形」や「白鳥の湖」などのバレエ音楽も絶品ですね。

　当時は**オーストリア領**ですが**チェコ出身**の音楽家を，2人おさえときましょう。まず交響曲「新世界より」で知られるのは，**ドヴォルザーク**です。では，

Q 連作の交響詩「我が祖国」，なかでも「モルダウ」という名曲で知られる
　作曲家はだれ？　　　　　　　　　　　　　　　——スメタナ

　ノルウェーにも有名な作曲家がいます。それは，「ペール=ギュント」や「ピアノ協奏曲第1番」で知られる**グリーグ**です。

　「ペール=ギュント」は劇付き音楽で，『人形の家』の作者**イプセン**作の戯曲<small>（ぎきょく）</small>にグリーグが音楽を付けたものです。「ホルベアの時代」も清浄<small>（せいじょう）</small>でいいなあ。

　またロシア領の**フィンランド**の作曲家といえば，**シベリウス**ですね。交響詩『**フィンランディア**』は気分が高揚<small>（こうよう）</small>する名曲です。ロシア帝国は，“この曲はフィンランドの民族主義を刺激させる”という理由で上演禁止にしていたほどです。

③ 19世紀の物理・化学　　　　　📖 別冊プリント p.87 参照

　まずは，産業の発展に寄与<small>（きよ）</small>した科学の業績から，みてまいりましょう。

📕 電磁気学

Q 電磁誘導<small>（でんじゆうどう）</small>の法則や電気分解の法則を発見
　し，電磁気学の発展に寄与したイギリスの
　科学者は？　　　　　　——ファラデー

　これが重要なのは，この研究が**電動機**，すなわちモーターにつながるからです。

電気にはものを動かす力があるんだよ

ファラデー
(1791〜1867)

ファラデーの研究を基礎にして，ドイツ人のジーメンスは**発電機**を発明し，また**モーター**や**電車（電気機関車）**を実用化しました。彼が設立したジーメンス社は，現在でもドイツの電機工業の大企業です。

また電気関係では，アメリカのエディソンが，**白熱電球（電灯）**を発明していますね。それから彼は，**蓄音機**や**映画**も発明しました。

■ 熱力学

 ドイツのマイヤーとヘルムホルツが発見したのは，なんと言う法則か？
——エネルギー保存の法則

ヘルムホルツ　　　**マイヤー**
（1821〜1894）　　（1814〜1878）

エネルギーには，位置エネルギーとか，運動エネルギーとかいろいろあるだろう。それらは形は変わっても，エネルギーの総和は同じだというのがこの法則です。ということは，**熱**も運動エネルギーになりうる。
　これは**熱力学**の革新を促し，**内燃機関**の研究を促進しました。「内燃機関」とは，すなわち**エンジン**のことですね。自動車や船を動かすのに不可欠なエンジンも，たどっていけばマイヤーとヘルムホルツに恩義があるのです。

■ 内燃機関の発明，自動車産業

 軽油や重油を使った内燃機関の発明者は？　　——ドイツのディーゼル

いわゆる「ディーゼル＝エンジン」ですね。続いて，**ガソリン＝エンジン**が**ダイムラー**によって発明されました。ガソリンは軽油・重油よりも発火点が低く，より小型のエンジンがつくれるそうです。ダイムラーは，

これを**自家用車に利用**しようとしたのです。

彼が創立した会社は、1926 年にベンツ社と合併（がっぺい）してダイムラー＝ベンツとなり、ドイツを代表する自動車会社になりました。

ファラデーの電磁気学と、**マイヤーたちの熱力学**の研究や、**ジーメンス**、**ディーゼル**、**ダイムラー**たちの発明は、重化学工業を中心とする第 2 次産業革命を促（うなが）すことになります（→ p.312）。

🔖 レントゲンとキュリー夫妻

X 線の発見者はドイツのレントゲンです。彼は第 1 回のノーベル物理学賞の受賞者（1901）でした。

また 19 世紀末には**キュリー夫妻**が**放射性物質**の研究を進め、**ラジウム**を発見しました。奥さんのマリー=キュリーはポーランドのワルシャワの出身です。この 2 人もノーベル賞をとってますね。

マリー＝
キュリー
（1867〜
1934）

ノーベル
（1833〜1896）

ノーベル賞
あげます

ありがと

🔖 ノーベル

それからノーベル自身ですが、スウェーデンの技術者で、**ダイナマイト**を発明しました。その後ノーベルは、より高性能の爆薬を開発し、大もうけをします。が、それが戦争で使用され多くの人が犠牲（ぎせい）になったことに心を痛め、遺言（ゆいごん）で遺産のほぼ全額を基金として、世界平和と科学の発展に寄与（きよ）した人を讃（たた）える**ノーベル賞**を設立したのです。

🔖 有機化学

Ｑ ドイツの化学者で有機化学の基礎を確立したと
言われるのはだれか？　　　──リービヒ

有機化学の対象である有機化合物などは、生命体のなかでしか合成できない化合物のことを言います。

リービヒ
（1803〜1873）

しかしリービヒは，その有機化合物を人工的につくることに成功したのです。

リービヒは，1839年に骨の粉に硫酸を混ぜたもので肥料をつくりました。これが化学肥料の始まり。これによって**農業生産**は急速な発展を見せることになりました。このことも含め，**第2次産業革命**の中心の1つである**化学工業**の発展は，リービヒの業績抜きでは語れません。

④ 19世紀の生物学・医学，通信

 別冊プリント p.87 参照

■ 進化論

生物学の分野では，なんと言っても進化論ですね。これは宗教を含む文化全般に大きな影響を与えました。

Q 19世紀前半にビーグル号で南半球をまわり，進化論を発表したのはだれか？　　　　　　　　　　　　　　——ダーウィン

Q ダーウィンの進化論を示した1859年に発刊された著書は？　　　　　　　　　　　　　　　　　　　——『種の起源』

ダーウィン
(1809〜1882)

（岩波文庫）

ビーグル号は，南米大陸，ガラパゴス諸島，オーストラリアなどを回航した。『航海記』には生物関係のみならず，めぐった地域の風俗・社会についての洞察も記されており興味深い。

"生物は適者生存の法則にしたがって進化してきたのだ"とするこの議論，とくにキリスト教会に与えた衝撃は甚大でした。だって，『聖書』の記述，とくに神（造物主）の存在を完全否定することになりますからね。

■ 社会進化論

一方でこの議論は，社会進化論を生みました。これは，生物界と同じように，

人間の社会も発展し，進化するという議論です。

　その代表はイギリスのスペンサーです。しかしこの議論のなかには，この
後やばい方向に向かうものが出てきました。

ハーバート＝
スペンサー
（1820〜
　1903）

▌社会進化論の“危ない”傾向

　すなわち，**民族・人種・国家**にも「適者生存」「弱肉強食」を当てはめようと
するものが出てきたのです。

　　“人種や国家にも，優れたものと劣等（れっとう）なものがある”とか，

　　“強い民族や国家が弱いものを支配する，あるいは滅（ほろ）ぼすのは，自然界の

　　法則と同様に，いかんともしがたいのだ……”

という議論です。これを社会進化論のなかでも，とくに**社会ダーウィニズ
ム**と言う場合があります。

　それは，**反ユダヤ主義**などに代表される偏狭（へんきょう）な**排外主義・自民族中心主
義（エスノセントリズム）**や，かつての南アフリカの**アパルトヘイト**の根底（こんてい）
にある**人種主義（レイシズム）**につながっていきます。その行き着く先は，
ナチスのアウシュヴィッツでした。

▌遺伝の法則

　遺伝（いでん）の研究も 19 世紀に進みました。

Ⓠ オーストリアの人で，遺伝の法則を発見したのはだれか？

──メンデル

▌医学の発展──パストゥールとコッホ

　さて，19 世紀のフランスには，近代医学の発展に欠（か）かせない人物が登場し
ます。その名は**パストゥール**。

　彼はビールやワインの腐敗（ふはい）・発酵（はっこう）の研究から，微生物の研究に取り組み，
病気の原因に**細菌**（さいきん）が関与していることを突き止めました。これは**医学の革命**
でした。というのも，パストゥールによって「**予防医学**」が確立したからです。

パストゥール
(1822〜1895)

パストゥールは，羊や牛の致命傷となる炭疽病(たんそ)の細菌の毒性を弱めて投与することで，この病気からフランスの家畜を救った。ついで，**狂犬病のウイルスをウサギの組織を用いて培養**することに成功し，狂犬病ワクチンを生成した。そして1885年，彼のもとに，14カ所も狂犬に咬(か)まれたメステルという少年が連れてこられた。ワクチンが投与されると少年は快復した。

1940年，ナチス=ドイツがフランスを占領したとき，ドイツ軍将校がパストゥールの墓を見学したいとやって来た。しかし墓守の老人はそれを拒否して自殺した。この老人は，パストゥールに命を救われたメステル少年だった。(『世界伝記大事典』(ホルプ出版)の記述を参考)

ちなみにそれまでの医学とは，病気になった人を治す医学，すなわち「**治療医学**」でした。これに対して予防医学とは，そもそも病気にならないようにするための医学です。ねっ，革命でしょ!?

その後も研究は進み，**狂犬病(きょうけんびょう)**の予防接種もパストゥールが開発しました。またドイツの**コッホ**は**結核菌(けっかくきん)やコレラ菌**を発見しました。結核(かくせん)に感染しているかどうかを診(み)る**ツベルクリン反応**の手法も，コッホが基礎づけたのです。

ちなみに，彼に師事(しじ)した日本の医学者が**北里柴三郎(きたざとしばさぶろう)**です。日本の感染症研究の大家(たいか)であり，慶応大学の初代医学科長となります。また柴三郎先生は，**ペスト菌**の発見者と言われています。

▌通信革命

通信分野では，**電信機を発明したアメリカのモールス**が重要です。ただしこれは有線で，**無線電信を発明したのはイタリアのマルコーニ**でした。彼は1901年に大西洋無線電信に成功し，1907年からは営業を開始しました。

電話を発明したのはアメリカのベルでした。これは1870年代には実用化されました。その電話も今や携帯電話の時代だもんな。

以上で，19世紀を中心とした美術と音楽と科学の説明を終わります。

1909年にノーベル物理学賞を受賞したマルコーニはイタリア人にとって英雄の1人であった。1919年のパリ講和会議の際には，イタリア全権大使の代表も務めている。

西アジア地域の変容

アジア諸地域の動揺

これから4回にわたって，欧米によるアジア侵略の授業をします。この侵略によって，アジアは大きく動揺することになりました。これを「**西洋の衝撃**(英語で The Western Impact)」と言います。

そこで，今回は西アジアの動揺をエジプトを含めてお話ししましょう。

① イランとアフガニスタンの情勢 📖 別冊プリント p.89 参照

🔖 ロシアとイギリスの進出

イランには，**サファヴィー朝**がありましたが，**アフガン人**の侵入などによって，18世紀の前半に滅びました。

そして**18世紀の末**には，ガージャール(カージャール)朝が成立しました。建国者は**アーガー=ムハンマド**という**トルコ系**の人です。

Ⓠ ガージャール朝の首都はどこに置かれたか？ ——テヘラン

そのガージャール朝に襲いかかったのが**ロシア**でした。1826年に始まった**ロシア=イラン戦争**は3年後に，イランの敗北のうちに終結しました。講和条約は**トルコマンチャーイ条約**。

Ⓠ ロシア=イラン戦争でガージャール朝が失った領土はどこか？

——アルメニアの大半

さらに1841年には**イギリス**と通商条約を結び，イランはイギリスの工業製品の**市場**として，イギリスに経済的に従属することになりました。

📖 バーブ教徒の反乱

一方，1848年には，イランで大きな
反乱が起きました。これはバーブ教徒の
反乱と呼ばれ，指導者は**サイイド＝ア
リー＝ムハンマド**。彼は，**男女同権**など，
イスラーム教の改革を唱えるとともに，

王朝の**専制体制**も批判しました。この反乱は鎮圧されましたが，のちにバー
ブ教の流れをくむ**バハーイ教**が生まれています。

📖 イギリス＝イラン戦争（1856年）

1856年には，**イギリスとイランが戦争**状態になりました。きっかけは，
イランがアフガニスタンの**ヘラート**を占領したことでした。

これにイギリスはムカツイタのです。というのも，**イギリスもアフガニ
スタンを狙っていた**のでした。イギリスの目的は，

> インドを防衛するために，中央アジアに南下するかもしれないロシア
> に対する防波堤をアフガニスタンに築きたかった

ということでした。とくに**1856年**といえば，**クリミア戦争が終わった年**。
この戦争で，**ロシアは黒海方面の南下を阻止**されました。「だったらロシ
アは**中央アジアで南下を加速**させるかもしれない」，イギリスはそう思って
いたのでしょうね。

📖 アフガニスタンの保護国化

実は，それまでにイギリスも，一度**アフガニスタンを攻めています**。ここ
には，18世紀の半ばに**ドゥッラーニー朝**が成立していました。そのアフガ
ニスタンをイギリスが攻めたのが1838年で，これを**第1次アフガン戦争**と
言います。しかしイギリスは撃退されました。

「いつかアフガニスタンを支配するぞ」とイギリスが思っている矢先に，イ
ラン（**ガージャール朝**）が侵攻したので，**イギリス＝イラン戦争**となったの

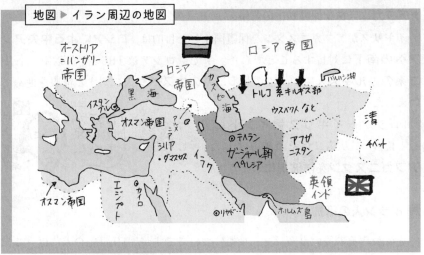

地図 ▶ イラン周辺の地図

でした。イランに勝利したイギリスは，イランにおける治外法権を獲得します。

　ついでイギリスは **1878 年**に第 2 次アフガン戦争を起こしました。イギリスは苦戦し，いったんは撃退されましたが，**1880 年**にはなんとかこの地を保護国化しました。「**保護国化**」とは，通常はその国から外交権を奪うこと

シャーロック=ホームズの相棒ワトソン博士も苦労した第 2 次アフガン戦争

　イギリスのコナン=ドイル作『名探偵シャーロック=ホームズ』。その最初の作品『緋色の研究』に，ホームズと彼の相棒となるワトソン博士の初対面のシーンがある。ホームズはワトソンと握手した瞬間に，「アフガニスタンにおられましたね？」。ホームズは，「憔悴した表情でなおかつ日焼けし，言葉の端々に医学用語が出てくる軍人ぽい男」ということから，ワトソンのことを瞬時にアフガン戦争に従軍した軍医だと判断する。その推理の論理性はさておき，第 2 次アフガン戦争が苦戦だったということは，当時のイギリスでは推理小説のネタになるくらい知られた話だった。左はテレビドラマ『シャーロック=ホームズの冒険』の DVD。ホームズ役は，"本物のホームズよりもホームズっぽい"と評されたジェレミー=ブレット（右）。俳優露口茂さんの吹き替えもすばらしい。（販売元：Happinet(SD)(B)）

第
59
回

西アジア地域の変容

を言います。「保護してやってんだから，かってに他国と外交関係を結ぶなよ」ってとこですね。このあと，多くのアジア・アフリカの国々が「保護国化」されていくことになります。

▶アフガニスタン保護国化の背景

イギリスがアフガニスタンを保護国化した目的は，**ロシアによる中央アジアへの南下**に対抗することでした。すでにロシアは 1860 年代以降，**トルコ系のキルギス人**や，同じく**トルコ系のウズベク人**に対する征服を進めていました。

「ロシアが**イギリス領インド**に近づいている！」，イギリスにはそう映りました。「じゃあ，**アフガニスタンを防波堤にしよう！**」。

🔖 イラン人の抵抗

それからその後のガージャール朝についてですが，19 世紀の末には，ここで大きな**反帝運動**が起きました。これが**タバコ＝ボイコット運動**。ターゲットはイギリスと，それとつるんだガージャール朝の国王でした。

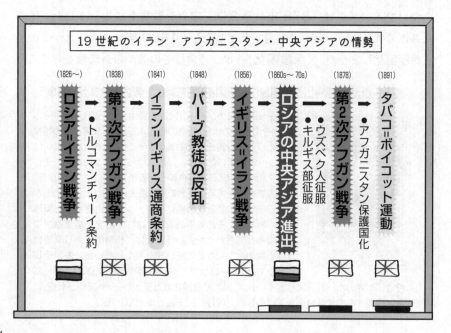

19 世紀のイラン・アフガニスタン・中央アジアの情勢

(1826〜)	(1838)	(1841)	(1848)	(1856)	(1860s〜70s)	(1878)	(1891)
ロシア＝イラン戦争	第1次アフガン戦争 ・トルコマンチャーイ条約	イラン＝イギリス通商条約	バーブ教徒の反乱	イギリス＝イラン戦争	ロシアの中央アジア進出 ・ウズベク人征服 ・キルギス部征服	第2次アフガン戦争 ・アフガニスタン保護国化	タバコ＝ボイコット運動

254

国王がイギリスにタバコの生産・販売の独占権を与えたことがきっかけで反発が高まり，宗教指導者のウラマー層を中心に運動は高揚(こうよう)しました。そして運動は勝利したのです。これについてはまた後で触(ふ)れましょう。

② オスマン帝国とエジプトの情勢

📖 別冊プリント p.90 参照

🔖 オスマン帝国，弱体化の復習

　では続いて，「瀕死(ひんし)の病人」と呼ばれていた19世紀のオスマン帝国を見てみましょう。……にしても，ひどい言い方だな(笑)。

　まずちょっと復習しようか，「瀕死」になるまでの経過(笑)。

　17世紀末にカルロヴィッツ条約で，**ハンガリーやトランスシルヴァニア**などを，**オーストリア**に取られましたね。

　それから数次の露土(ろと)戦争で，**18世紀**の末には**クリミア半島**などの**黒海北岸**が奪(うば)われました。

　そして同じく18世紀の末には，フランスとイギリスが**オスマン帝国領のエジプト**に侵入し，その後ムハンマド=アリーが**エジプトを自立**させてしまいました。また1820年代には**ギリシア**も独立してますよね。

🔖 アラブ人の民族意識の高まり——ワッハーブ派の活動

　そんななか，18世紀あたりから，**トルコ人の支配**に対する**アラブ人の民族的な自覚**が高まってきました。

　がんばったのは，ワッハーブ派と呼ばれた**アラブ人**たちで，代表者は，**イブン=アブドゥル=ワッハーブ**。彼らは，**聖者崇拝(すうはい)やイスラーム神秘主義(スーフィズム)に反発**しました。もう少し，彼らの主張を聞いてみましょう。

首像不明

イブン=アブドゥル=ワッハーブ

スミマセン

もともと，イスラーム教において"聖なるもの"は**アッラー**や天使，それに**預言者ムハンマド**あたりまでだったはず。なのに普通の人を聖者として崇めるのは，おかしいのではないか！　こういうものを持ち込んだのは，われわれ**アラブ人**よりもずっとあとにイスラーム教徒になったイラン人やトルコ人だ！　彼らが堕落させたイスラーム教を原点に戻すのだ！　"ムハンマドの時代に帰れ！"だ。

Ⓠ **ワッハーブ派が結んだアラビアの豪族は何家か？** ──**サウード家**

　ワッハーブ派とサウード家は，18世紀の半ばにアラビア半島にワッハーブ王国を建設し，オスマン帝国に対抗します。首都はリヤドに定められました。しかし，これは1818年に，エジプトの**ムハンマド=アリー**に滅ぼされました。

ロシア帝国

イスタンブル

オスマン帝国

シリア

ペルシア

エジプト

リヤド

▨ ワッハーブ王国

■ アラブ民族文化の復興

　それからオスマン帝国支配下のシリアでは，**アラブ人キリスト教徒**によって，**アラブ民族文化の復興運動**が起こりました。

　まず確認しておきたいのは，**アラブ人のなかにもキリスト教徒は存在する**ということ。今だってシリアの人口の8%はキリスト教徒だし，エジプトなんか15%だぜ。

　で，当時のアラブ人キリスト教徒って，微妙な立場でした。だって**キリスト教国の露・仏・英**なんかが侵略してくるでしょ，オスマン帝国領に対して。すると，帝国領内のアラブ人キリスト教徒に対して，「お前たちは，われわれアラブ人イスラーム教徒にとって，**敵か，それとも味方か？**」という疑念が投げかけられるようになりました。

　これに対してアラブ人キリスト教徒は，「**味方ですよ。宗教は違うけれど，同じアラブ人じゃないですか！**　ほら，言

私たちはキリスト教徒ですがアラブ人です

イスラム教徒のアラブ人

キリスト教徒のアラブ人

語だってアラビア語使っているし……」。こういう背景から，**アラビア語を通**じて**アラブ人の民族文化を復興**させようという運動が起こったのでした。

📖 エジプトの近代化と従属

　一方，エジプトはどんな状況だったのでしょうか？　確認ですが，1805年にトルコの傭兵隊長だった**ムハンマド=アリー**は，エジプトを自立させました。こうしてムハンマド=アリー朝という王朝が成立します。

　彼は**マムルークを虐殺**して**中央集権体制**を強化する一方，**フランスの援助**のもとに種々の近代化を進めました。

　さらに1820年代には，**ギリシア独立戦争**で苦しむトルコを支援し，1830年代には，2度**トルコと戦争**をしました。結局ロンドン会議（ロンドン条約）で，ムハンマド=アリーの領土は**エジプトとスーダンに限定**されることになりましたね（→ p.188）。

　またこれと前後して，エジプトは**領事裁判権・治外法権**を認めさせられたうえで，**国内市場**を開放させられました。こうしてエジプトはイギリスなどの市場として，また**綿花**などの原材料供給地として支配されたのです。

　ちなみに，エジプトでは，1860年代前半に**綿花栽培が急速に発展**していました。背景は，この時期に**綿花の国際価格が高騰**したからでした。高騰の背景は，アメリカで南北戦争が起こり，その混乱から綿花輸出がとどこおったことにありました。

　しかし1865年に**南北戦争が終結**し，**大量のアメリカ産の綿花が国際市場に再登場**すると**綿花価格は暴落**し，エジプトにとって大きな打撃となりました。

▶スエズ運河の完成とその影響

　その後**1869年**には，**スエズ運河が完成**。この大工事と，度重なる戦争，そして近代化には莫大な資金が必要で，これをエジプトは**英仏の外債**に頼りました。要するに，**英仏に借金**したわけだ。これを機に英仏は財政のみならず，内政全体に干渉するようになりました。

　さらに**1875年**には，エジプト政府が保有していた**スエズ運河会社の株**を**イギリスが買収**しました。当時のイギリス首相は**保守党のディズレーリ**。エジプトの財政難につけ込んでの買収でした。

◤ ウラービー運動

ウラービー
(1841〜1911)

すると，1881年に英仏に対する運動が，エジプトで起きました。

Ｑ この運動を，指導者の軍人の名前を冠してなんと言うか？　──ウラービー（オラービー）運動

この運動はイギリスによって鎮圧(ちんあつ)されました。軍を派遣した当時のイギリス首相は，**自由党のグラッドストン**。その後イギリスは**エジプトの単独占領**を進め，エジプトは事実上保護国化(はけん)されてしまいました。またエジプトの南の**スーダン**も占領されてしまいました。

◤ パン=イスラーム主義

鎮圧はされましたが，この運動は，思想的に見て非常に重要なものでした。というのも，彼らは**英仏を排除**するだけではなく，**立憲制の樹立**(じゅりつ)もめざしていたのです。

影響を与えた思想家は**ムハンマド=アブドゥフ**。そして彼の"師匠"(ししょう)がアフガーニーです。アフガーニーといえば，**パン=イスラーム主義**の立場に立つ思想家です。

パン=イスラーム主義の内容は，以下のとおりです。では，どうぞ。

アフガーニー
(1838〜1897)

ヨーロッパの侵略に対抗する（反帝国主義，反植民地主義）ために，イスラーム教徒は結束せよ！　民族や国家の違いを越えて，**スンナ派・シーア派という宗派の違い**を超えて！　くわしいことは，パリで弟子の**ムハンマド=アブドゥフ**とともに発刊した雑誌の『固き絆（かたききずな）』を読んでくれたまえ！

さらに，イスラーム世界の政治改革も訴え(うった)，**専制体制を批判**し，**立憲体制の樹立**(ていしょう)を提唱しました。以上のようなアフガーニーの思想は，**イランのタバコ=ボイコット運動**や，**イランやトルコの立憲革命**にも影響を与えました。

《注》 山川出版社『新世界史』では，パン=イスラーム主義の内容として，「ヨーロッパの科学や制度を積極的に取り入れる」ことも含めている。「制度」の具体例は"立憲制の樹立"のことと思われる。

③ オスマン帝国の近代化と挫折

📖 別冊プリント p.91 参照

🔖 オスマン帝国の近代化の始まり

さて 18 世紀後半のオスマン帝国は，ロシアからたびたび侵略を受けました。また国内では，**アーヤーン**と呼ばれる地方有力者が台頭していました。彼らは**徴税請負**や農場経営で力をつけ，**スルタンの中央集権体制を動揺**させれることになりました。

一方，オスマン帝国のスルタンのなかにも，ヨーロッパの進出などを契機に，**軍事を中心とした近代化**に着手する人が登場しました。

まず 18 世紀の末に即位したスルタンの**セリム 3 世**が，西欧式の軍隊を編成しました。これを**ニザーム=ジェディッド（新式軍）**と言います。さらに彼は，**軍需産業**をおこしたり，大使をヨーロッパ諸国に派遣するなど，**近代的な外交関係の樹立**もめざしました。

続いて**マフムト 2 世**の時代には，特権階級化していた**イェニチェリの解散**を断行しました。そのかわりとして，マフムト 2 世は**ムハンマド常勝軍**とよばれる西洋式の軍隊を設立しました。

そして 1830 年代には，より本格的な近代化が始まることになります。

🔖 タンジマートの開始

Ｑ 1839 年から 70 年代まで続いたトルコの近代化をなんと言うか？

——タンジマート

日本語では「**恩恵改革**」，あるいは「**再編成**」と訳しています。当時のスルタンは**アブデュルメジト 1 世**。宰相だった**ムスタファ=レシト=パシャ**が，**ギュルハネ勅令**を読み上げ，近代化の開始が宣言されました。ギュルハネと

はバラのことで，トプカピ宮殿のバラの壁画(へきが)が描かれている庭園で勅令が読み上げられたので，この名があります。

タンジマートの概要は，こんなもんです。すなわち，

西欧をモデルとした，司法・行政・軍事・財政などの近代化

▶法の下の平等

とくに強調されたのは，帝国内での「法の下の平等」がうたわれたことです。要するに多数派のイスラーム教徒と，少数派のキリスト教徒などを平等に扱(あつか)うということです。

その背景も説明しとこう。これまで**ロシア**などが，**オスマン帝国領内のキリスト教徒の保護権**を口実(こうじつ)に，**戦争**をふっかけたり**内政干渉**したりしてきましたね。そこで，「**法の下の平等**」を唱(とな)えることで，干渉される口実をなくそうとしたのです。

それから，**立憲制の樹立**が，タンジマートの視野(しゃ)に入っていたかどうかは微妙(びみょう)ですね。世界史の**教科書**でも，"タンジマートが立憲制をめざした"と書いているものはありません。スルタンも，憲法によって自分がコントロールされることを望んでいたとは考えにくいですね。

私も，憲法にコントロールされるのは望んでおらぬ

アブデュルメジト1世

■ 19世紀後半のトルコ──経済的従属

で，結局トルコはどうなったのでしょう？　結論を言うと，ぱっとしないね（笑）。

まず**英（・仏）への経済的な従属**(じゅうぞく)が進みました。これはトルコだけじゃなくて，世界的にそうだけどね。まず**1838年にトルコ=イギリス通商条約**が結ばれ，トルコは**イギリスの市場**になりました。この条約によって，イギリスはトルコに対して**領事裁判権**を認めさせ，事実上関税自主権(うば)を奪いました。またこの条約は，国際的にはトルコの領土とみなされていた**エジプトにも適用**されました。

この後，イギリスは同様の内容を持つ条約をアジア諸国と結び，**アジアの**

市場化を進めていくことになります。トルコ=イギリス通商条約はその最初のものとして重要です。

またクリミア戦争とタンジマート，いずれも莫大（ばくだい）な資金が必要でした。

Ⓠ トルコはそのための資金をどうやって調達したか？
——**外債**（がいさい）に頼りました。

外債とは，外国に対する**借金**のことです。トルコはイギリスやフランスに多額（たがく）の借金をしたため，この**英仏によって国家財政を左右**されることになります。このあたりエジプトと同じ状況ですね。

またヨーロッパとの政治的・経済的関係が強まったことに連動して，**キリスト教徒の商人**が，ヨーロッパとトルコのあいだをとりもって台頭（たいとう）しました。とくに**ギリシア人商人**と，帝国内に居住している**アルメニア人商人**です。

🔖 ミドハト憲法の制定

そしてついに，**立憲制樹立**の声も，若手の官僚（かんりょう）たちを中心として高まってきました。ヨーロッパからカネ借りるだけじゃなくて，政治体制についても良いところを学べ！　ということですね。

ミドハト=パシャ
（1822～1884）

Ⓠ こうした声を背景に，1876年に制定された憲法をなんと言うか？　——ミドハト憲法

憲法制定の中心人物だった**大宰相ミドハト=パシャ**にちなんだ名前ですね。この憲法はアジア初です。ということで，**1876年**という年号が問われることもあります。

内容としては，立憲君主政を規定する一方，**オスマン主義**が掲（かか）げられました。**オスマン主義**とは，

> オスマン帝国では，宗教・民族の違いを超えて，全住民が平等な「オスマン人」だ，とする考え方

まあ，オスマン帝国流の「**国民意識**」強化を図ろうとする発想ですね。それによって，トルコ人に対するアラブ人などの反発を抑えようという意図もあったようです。

▶スルタンによる憲法停止

一方，当時のスルタンは，憲法なんかに自分の政治をコントロールされたくないと思っていました。

Q ミドハト憲法制定時のスルタンはだれか？
　　　　　　　　　　　　——アブデュルハミト 2 世

どうせ俺は
悪者だよ

アブデュルハミト 2 世
（位 1876〜1909）

彼は，1877 年の露土戦争の勃発を口実にして，
憲法を停止してしまいました。当然，反発も起こり
ます。1889 年には憲法復活を求める結社が生まれ
ました。これが**統一と進歩団**（**統一と進歩委員会**）です。しかし弾圧がきびしく，彼らは**パリ**に拠点を移しました。そこで，**青年トルコ人**（**青年トルコ**）と呼ばれるようになりました。

彼らは 20 年後の **1908 年**に，青年トルコ革命という**立憲革命**を起こすことになります。

それからアブデュルハミト 2 世が，**アフガーニー**をトルコに呼んだことは知ってる？　スルタンは，アフガーニーのパン＝イスラーム主義のなかの，「**イスラーム教徒は結束せよ**」だけを利用しようとしました。それによって，**オスマン帝国の分裂を防ごう**としたのです。

しかし**立憲制**を唱えるアフガーニーのことをだんだん面倒に思うようになり，結局彼は獄死させられてしまうのでした。

以上，19 世紀を中心とした西アジアの情勢でした。次ページの年表と地図もみておいてください。

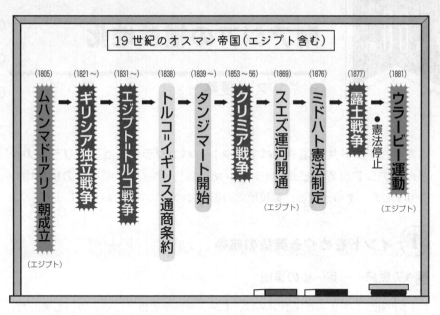

19世紀のオスマン帝国（エジプト含む）

(1805)	(1821～)	(1831～)	(1838)	(1839～)	(1853～56)	(1869)	(1876)	(1877)	(1881)
ムハンマド=アリー朝成立	ギリシア独立戦争	エジプト=トルコ戦争	トルコ=イギリス通商条約	タンジマート開始	クリミア戦争	スエズ運河開通	ミドハト憲法制定	露土戦争 ・憲法停止	ウラービー運動
(エジプト)						(エジプト)			(エジプト)

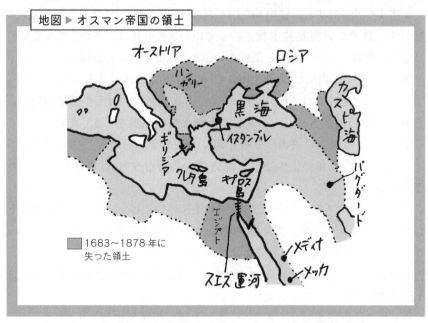

地図 ▶ オスマン帝国の領土

■ 1683～1878年に失った領土

第60回

南アジアの植民地化

イギリスの侵略

現在の**インド共和国**や，**パキスタン**，**バングラデシュ**，**スリランカ**などの**南アジア世界**や**ビルマ**（ミャンマー）は，すべて**イギリスの植民地**になりました。その過程と，植民地化の影響について，見ていきましょう。

① インドをめぐる英仏の抗争

📖 別冊プリント p.93 参照

■ 17 世紀——英・仏の進出

17 世紀，イギリスとフランスは，インドの海岸地帯に拠点を獲得しました。

まずイギリスですが，侵略の"主体"はイギリス政府ではなく，**東インド会社**です。**対アジア貿易独占権**を持っていたこの会社は，単なる貿易機関ではなく，**軍隊**の保持や外国と**条約**を結ぶことも認められた組織でした。以下では「イギリス」と表記し，必要に応じて「東インド会社」を交えることにします。

で，そのイギリスは 1623 年のアンボイナ事件で，**オランダに敗北**し，**香料諸島から放逐**されて，**インド本土へと方向転換**をしましたね。

その後，まずインド東海岸の**マドラス**（現在名チェンナイ），ついで**ボンベイ**（現ムンバイ），最後に**ベンガル地方のカルカッタ**（現コルカタ）に拠点を獲得しました。

これに対してフランスは，2 つの拠点を確保しました。すなわち南インドの**ポンディシェリ**，**ベンガル地方のシャンデルナゴル**を押さえたのです。ポンディシェリ知事として有名なのは**デュプレクス**。

フランスも，イギリスと同様，侵略の主体は**東インド会社**です。これは 1664 年に**コルベール**が再建したものでした。

そして 18 世紀半ばに入ると，いよいよ**英仏の抗争**が始まりました。

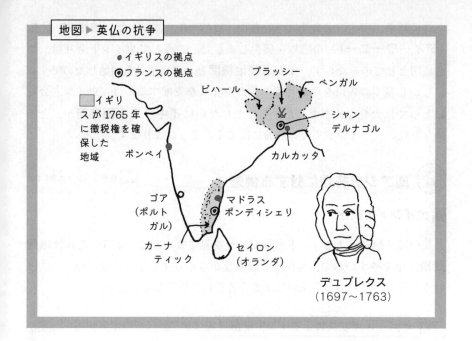

地図 ▶ 英仏の抗争

- イギリスの拠点
- フランスの拠点

イギリスが1765年に徴税権を確保した地域

ボンベイ

ブラッシー

ビハール

ベンガル

シャンデルナゴル

カルカッタ

ゴア（ポルトガル）

マドラス
ポンディシェリ

カーナティック

セイロン（オランダ）

デュプレクス
(1697～1763)

■ カーナティック戦争 & プラッシーの戦い

　抗争はまずインド東南部の**カーナティック地方**で展開されました。これを文字どおりカーナティック戦争と言い，この戦争は，18世紀の半ばに3回にわたって行われました。

　それと並行して，**1757年**には事実上の決戦となった**プラッシーの戦い**が行われました。ここでは東インド会社の書記**クライヴ**の活躍で，フランス軍と，これと連合した**ベンガル太守**の軍を撃破しました。

　その後，**フレンチ=インディアン戦争**の講和条約である**パリ条約**(1763)によって，フランスは2つの拠点の保持が認められました。しかしこの後フランスは，**インドシナ半島に方向転換**してゆくことになりました。

■ 東インド会社の変質

　一方イギリスは，続く1764年の**ブクサール**（ブクソール）**の戦い**で，インド最大の勢力である**ムガル皇帝軍**と**ベンガル太守軍**を破りました。

この結果，東インド会社はベンガル・ビハール・オリッサの**地租徴収権**（ち そ ちょうしゅうけん）
（**ディーワーニー**）と司法権を獲得しました。こうして東インド会社は，貿
易機関としてのみならず，**インド統治機関**としての活動も開始したのです。

しかし多くの人口をかかえるベンガルなどを支配するのは，東インド会社
にとっては大変な仕事でした。そこでしだいに**イギリス本国政府**が，会社
になり代わってインド支配の前面に出てくるようになります。

② 南アジア各地に対する侵略 　　📖 別冊プリント p.94 参照

◼️全インドを征圧

続いて，会社によるインドの征服過程を見てまいりましょう。これは**地図
問題**になりやすいので，地図を意識しながらやりましょう。地図の①〜⑦と
いう番号と，このあとの説明に出てくる番号は対応しています。

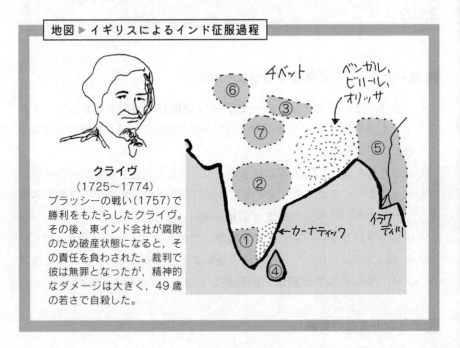

地図 ▶ イギリスによるインド征服過程

クライヴ
（1725〜1774）
プラッシーの戦い（1757）で
勝利をもたらしたクライヴ。
その後，東インド会社が腐敗
のため破産状態になると，そ
の責任を負わされた。裁判で
彼は無罪となったが，精神的
なダメージは大きく，49歳
の若さで自殺した。

ざっくりした地図で恐縮ですが，まず①**マイソール戦争**。これでインドの
南西地方が支配されました。続いて，②**マラーター戦争**。これは**綿花**（めんか）の産地

266

であるデカン高原に対する侵略戦争でした。ついで③グルカ戦争でネパールを征服します。グルカというのは，ここネパールの原住民で，この後，会社の傭兵(ようへい)として勇名(ゆうめい)をはせることになります。

1815年にはウィーン会議の結果，④セイロン島(スリランカ)を支配することになりました。それまではオランダ領でしたね。

セイロンでは，1880年代以降に茶の，20世紀に入るとゴムなどのプランテーションが経営されました。さらに南インドからタミル人を労働者として移住させました。スリランカではその後，多数派のシンハラ人(アーリヤ系で仏教徒)と，タミル人(ドラヴィダ系でヒンドゥー教徒)の対立が続くことになりますが，その遠因(えんいん)をつくったのはイギリスです。

▶ビルマ(ミャンマー)の領有

また1824年からは，3次にわたって⑤ビルマ(ミャンマー)戦争が起こされました。とくに第1次ビルマ戦争の契機(けいき)は，ビルマのコンバウン朝(アラウンパヤー朝)が，タイ語系の人々が居住するアッサム地方に進出したことでした。

戦争の結果，アッサム地方はイギリス領となり，19世紀の後半から，ここでは茶のプランテーションが経営されることになります。

そして1885年には，第3次ビルマ戦争の結果，コンバウン朝が滅ぼ(ほろ)されて全ビルマが支配され，1886年にビルマはイギリス領インド帝国の1州として併合(へいごう)されました。

▶米のプランテーション

また，ビルマを南北に貫流(かんりゅう)するイラワディ(エーヤワディ)川下流域では，米のプランテーションも始まりました。1860年代からです。契機(けいき)は，この時期に米の国際価格が高騰(こうとう)したことにありました。またタイを流れるチャオプラヤ川(メナム川)下流域や，ベトナム・カンボジアの境(さかい)を流れるメコン川の下流域でも，同じ理由で米作プランテーションが発展しました。

▶南アジア全域の征服

1846年には⑥シク戦争が起こされて，インド北西部のパンジャーブ地方が征圧(せいあつ)されました。文字どおりシク教徒を主敵とした戦争でした。

さらに1856年には，北部の⑦アワド(オウド)王国を併合(へいごう)しました。こ

の段階で，**ほぼ南アジア全域がイギリスに制圧された**ことになり，ムガル帝国も，この時期には単なる地方政権の１つというレベルに没落(ぼつらく)しています。

旧来の支配層の運命

いま「南アジア全域(≒インド)を征圧」と言いましたが，あんな広いところを支配するのは大変なことです。そこでイギリスは，

> イギリスの**直接支配**地域と，**藩王**(はんおう)**の支配地域**を**併存**(へいぞん)させた

のでした。**藩王**とは，地域の実力者のことで，日本なら戦国時代の大名にあたる存在です。その支配領域は全インドの45%ほどでした。

ヒンドゥー教徒の藩王は**マハラジャ**，ムスリムなら**ナワーブ**とか**ニザーム**と呼ばれていました。

藩王が支配する領域を**藩王国**と言い，当時は全土に550くらいあったようです。ただし「藩王が支配する」とは言っても，藩王に**完全な自治権はなく**，**軍事・外交権はイギリス東インド会社が奪いました。**

それから直接支配したい重要拠点については，武力で藩王を打倒したりしました。また藩王に男子の後継者がいない場合には領有権の相続(そうぞく)を認めませんでした。これを「**失権の原則**」と言います。

で，その領地は会社が併合しました。これらをまとめて「**藩王国とりつぶし政策**」と言います。

近代的な地税制度の導入

イギリスが，インドの農村を支配する際に，**近代的地税制度**を導入したことについても説明しておきましょう。

「**近代的**」な**地税制度**とは，**だれが土地の所有者であるかを確定**し，**土地所有者に対して土地の広さに応じて課税**するというものです。難しく考えなくていいよ。僕らがよく知ってる税制さ。

ただし，インドでは，農民がみんなで耕(たがや)す**共有地**などの存在もあり，「この土地はだれのものか?」

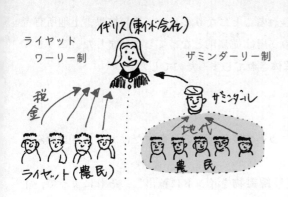

ライヤット
ワーリー制

イギリス(東インド会社)

ザミンダーリー制

税金

ザミンダール

地代

ライヤット(農民)

農民

と聞かれても,「うーん,わかんねぇ!」ということが,よくありました。

そこで**北部のベンガル管区**などでは,**ザミンダール**と呼ばれる**領主層**を土地所有者と認定して,彼らから徴税しました。これをザミンダーリー制と言います。ということは,イギリスは,耕作農民に対しては**間接的な支配**を行ったということになります。

これに対して,**南部のマドラス管区**などではザミンダールにあたる**中間的な支配層**がいなかったため,末端の**耕作農民**に対して**直接的な徴税**を行いました。これをライヤットワーリー制と言います。**ライヤット**とは,末端の耕作農民を指します。

📖 インド農村の変質

さて,イギリスの進出はインドの農村にどのような変化をおよぼしたのでしょうか?

まず,16世紀以来,**綿布**などの対貨として,イギリスなどから**大量の金・銀がインドに流入**しました。この金・銀はインドの農村にも**浸透**しました。それまでのインドの農村では,**現物経済**が主流でしたが,これ以降,**貨幣経済が農村にも広がっていく**ことになりました。これはインド農村に**貧富差の拡大**をもたらすことになりました。

▶近代的地税制度の影響

さらにイギリスが導入した**地税制度**も農村社会を大きく変化させました。

それまでのインドの農村には,農地を耕す農民だけではなく,道具をつくる職人や大工,洗濯人など,**さまざまな人々が存在**していました。彼らも自分たちの仕事の対価として,農産物を受け取っていました。そういう意味では,**生産物は耕作者の所有物ではなく,村全体の共有物**だったのです。

ところが,新しい地税制度では土地所有者は1人に限定され,それ以外の

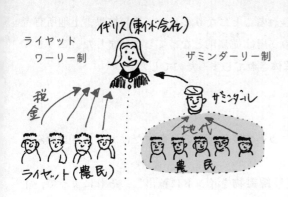

人々の伝統的な権利は無視されることになりました。その結果，土地所有者に対して職人さんたちなどの立場は従属的となってしまいました。こうして**農村の互助的な共同体は解体**されてしまったのでした。

▶ インド綿工業の衰退

　さらに，イギリスの支配によって変化したのは農村だけではありませんでした。

　イギリスは**安価な機械織り綿織物**をインドに輸出し，それによって，イ
ンド土着の手織りの綿工業は衰退させられ，多くの**綿織物職人が失職**し
てしまいます。こうして，従来インドは綿織物の**輸出地域**でしたが，1814
年を境に**輸入地域へと転落**していきました。

　さらに1853年には**アジアで最初の鉄道**が，ボンベイ・ターナー間に開
通しました。より効率よく原料を確保し，また，綿織物を売りさばくための
手段として，鉄道は敷かれたのです。

　言っておくが，**インド人の福利厚生のためじゃないよ**。「**イギリスはイ
ンドのために良いこともした**」という主張がありますが，これはまちがいで
す。そりゃ敷設された鉄道が，結果としてイン
ド人の役に立ったこともあるでしょう。しかし，
イギリスはそのために鉄道をひいたわけじゃな
い！　あくまで本国の経済発展のためです。

インド人のためを
思って鉄道をつくったわけ
ではない！

▶ インド大反乱（1857年）

　そのインドで，**1857年にインド大反乱**（or 単に"**大反乱**"）が勃発しまし
た。この大反乱の発端は，**シパーヒーの挙兵**でした。シパーヒーとは，**東
インド会社の傭兵**です。これが英語風に訛ったのが「セポイ」です。

　これを契機に，取りつぶされた**旧藩王**，土地を失った**地主**や**農民**，失職し
た**職工**たちなど，要するに，イギリスがやってきたことで被害を被った人々
すべてが広範に立ち上がりました。地域的には，**北部インド**が中心でした。

　彼らはムガル皇帝の**バハドゥール=シャー2世**を担ぎ出して大反乱のシ
ンボルとする一方，各地でイギリス軍を撃破しました。

　しかし，態勢を立て直したイギリスが反撃に出て，**1859年には鎮圧**され，

反乱の参加者は大砲の筒先に縛られて吹き飛ばされるという残酷な手段で処刑されました。

📕 東インド会社の解散とムガル帝国の滅亡

また，イギリスは，反乱中の1858年に東インド会社を解散させました。反乱の責任を取らせたわけです。これによって，インドはイギリス政府の直轄支配下に入りました。さらに同じ1858年，捕虜にした皇帝を退位させ，これによってムガル帝国も滅亡しました。

📕 「インド帝国」の成立

ラクシュミー=バーイ
（1835?～1858）
マラーター同盟の末裔の生まれ。"インドのジャンヌ=ダルク"と呼ばれたが，英軍との戦闘で戦死した。

その後，1877年にインド帝国が成立しました。インド帝国は形式的には独立国の体裁を取っていますが，実際にはイギリスの植民地です。「インド皇帝」にはイギリスのヴィクトリア女王が即位しました。ときの首相はディズレーリです。

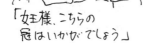

インド帝国の成立

インド皇帝の冠

ディズレーリ首相

ヴィクトリア女王

「女王様，こちらの冠はいかがでしょう」

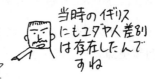

当時のイギリスにもユダヤ人差別は存在したんですね

当時の漫画。ユダヤ人だったディズレーリをステレオタイプのユダヤ人商人っぽく描いている。

インドはこの後も，最重要植民地としてイギリスに支配され続けるのです。イギリスとインドとの関係，それはインドの民族主義者の**ナオロジー**が言ったように，インドからの**「一方的な富の流出」**でした。

もちろんこれにインドの人たちが黙っていたわけではありません。それはまたいずれ。以上，インド（≒南アジア）のお話でした。

第61回

東南アジアの植民地化

19世紀を中心とした東南アジア

　第1巻では，近代以前の東南アジア史についてやりましたが，今回はこの地域の**植民地化**について学習したいと思います。ポイントは，

> どこの国が，どの地域を支配したか

　それから，確認しておきたいことがあります。それは，**欧米による東南アジア侵略の目的の変化**についてです。この変化はイギリスの**インド支配**についても同様なのですが，こんな変化がおきました。

> (A) **17世紀**までは，商業拠点の確保をともなう商業重視の進出であった
> (B) **18世紀**からは，ヨーロッパの市場向け商品作物の生産などのために，土地の支配（＝植民地支配）に転換し始めた

　たとえば，オランダが支配した**バタヴィア**にしても**マラッカ**にしても，いずれも**商業拠点**として確保されました。これらの拠点を中継して，香辛料などがヨーロッパに運ばれました。

　しかし，**17世紀の末**に主力商品である**胡椒価格が暴落**してしまいました。

　すると，オランダなどは，ヨーロッパ市場でニーズが高まりつつあった**コーヒー**や**砂糖**などの生産を，アジアで行おうとしました。そのためには現地の人から**土地を奪い**，生産を強制させなくてはなりません。

　こうして，**商業から土地の支配**（＝植民地支配）へと変化したのでした。

さらに，**19世紀**以降になると，

(C) 東南アジアは，欧米の国々にとっての工業原材料の生産地や，工業生
産物の市場として位置づけられることになった

のでした。背景は，**西ヨーロッパやアメリカ合衆国における工業化（産業
革命）**の進展です。

では，地域別に見ていきましょう。

アジア人の我々に
とっては，苦々しい
歴史ですが…。

① インドシナ半島の情勢

別冊プリント p.96 参照

■ インドシナ半島東部の植民地化

この地域の主役はフランスです。まず
きっかけは，**ベトナム**の**阮朝**の創建にフ
ランス人の宣教師ピニョーが絡んだこと
です。このころのフランス本国の権力者は
ナポレオンですね。さらに 1804 年には，
清朝から冊封を受け，国号を「**越南**」とし
ました。要するに，越南ね。初代の君主は
阮福暎（嘉隆帝）。

本格的な侵略は，ナポレオンの甥である**ナポレオン 3 世**の時代に展開さ
れました。これが **1858 年**に始まる（第 1 次）**仏越戦争**で，阮朝によるフラ
ンス人宣教師迫害が口実になりました。ベトナムは敗北し，**1862 年**には**サ
イゴン条約**が結ばれました。

Q サイゴン条約によってフランスが獲得したメコン川流域の領土はどこ
か？ ──**コーチシナ東部 3 省**

ここは越南国の南部にあたります。そのほかにも，**キリスト教布教**の自
由などを認めさせました。こうしてフランスは，東南アジアにおける最初の
拠点を確保したわけです。

また，**メコン川のデルタ地帯**では米のプランテーションが経営されまし

273

た。背景は，1860年代に，**米の国際価格が高騰**したことです。

翌年の**1863年**には隣国の**カンボジアを保護国**とし，**1867年**には**コーチシナ西部3省**も領有しました。しかしこの後ナポレオン3世は，**普仏戦争**に敗れて失脚。これでフランスの東南アジア侵略もしばらく中断です。

侵略の再開は**第三共和政**のときでした。すなわち**1883年**から**1884年**にかけての**第2次仏越戦争**によって，**ベトナムの中部のアンナン**と，**北部のトンキン**が**保護領**になりました。

Q アンナンとトンキンの保護領化を阮朝の王室に認めさせた条約をなんと言うか？
　　　　　　　　　　　　　　　　　　　　——**フエ（ユエ，アルマン）条約**

▶清仏戦争

さて，このことは**阮朝を冊封**し，**ベトナムを属国視**していた**清朝**を怒らせる結果を招き，**1884年**には**清仏戦争**が起きました。結果は清朝の敗北に終わり，**1885年**の**天津条約**で，清朝もフランスによるベトナム支配を追認することになりました。

そして，このことはアジアにおける伝統的な外交秩序である**冊封体制を動揺**させることとなります（→ p.308）。

Q 清仏戦争のときに，フランス軍に対して奮戦した中国人の部隊をなんと言うか？　——**黒旗軍**

劉永福
(1837〜1917)

指導者は**劉永福**という中国人で，もともとは清朝に対して反乱を起こして敗北し，ベトナムに逃げてきた人でした。

📕 フランス領インドシナ連邦の成立

こうして清朝の勢力を排除したフランスは**1887年**に**ハノイに総督府**を設置して**フランス領インドシナ連邦**を成立させました。

さらに，1893年には**ラオスをタイから奪い**，ついで**1899年**には，こ

れを**インドシナ連邦に編入**しました。こうして，フランスによるインドシナ3国(**ベトナム，カンボジア，ラオス**)の支配は完成したのです。ちなみに，清朝から租借した広州湾が，やはりインドシナ連邦に編入され，ハノイの総督の管轄にあったことも注意しておきましょう。

■ タイの情勢

英仏という二大勢力に挟まれた**タイ**はどうなったでしょうか。結論から言うと，タイはなんとか**植民地化を免れ**ました。

<big>Q</big> **そのタイの王朝は？**

暦の名・・・　　　建国者　　首都

──**ラタナコーシン(チャクリ，バンコク)朝**

たしかに，タイは1855年には**治外法権**などを認めた**タイ=イギリス友好通商条約**，別名**バウリング条約**を締結させられたり，フランスに**ラオス**を奪われたりしました。

しかし，**英仏がタイをめぐる直接的な衝突を回避**したため，なんとか助かったのです。

これを入試の解答風に言えば，「**英仏の緩衝地帯となったために独立を保持した**」とでもなりましょうか。むろん，国王をはじめタイ国民ががんばったのは前提ですが。

ラーマ5世
(位 1868〜1910)

<big>Q</big> **19世紀後半，近代化に努めた国王はだれか？**
──**ラーマ5世(チュラロンコーン大王)**

彼を中心とした近代化を**チャクリ改革**と言います。具体的には，まず諸侯を廃して「**県**」を設置して**中央集権体制**をめざしました。また，**鉄道の敷設，郵便制度の確立，学校の設置**などが試みられています。さらに対外的には，**治外法権の撤廃**も果たされました。

ただし**立憲体制は成立せず**，それに不満な人々は，**1932年にタイ立憲革命**を起こすことになります。

② マレー半島，インドネシア，フィリピンへの侵略

別冊プリント p.97 参照

　では次に，イギリスによるマレー半島とその周辺に対する侵略や，インドネシア，フィリピンに対する侵略を見てみましょう。ビルマ（ミャンマー）については，前回やりましたね（→ p.267）。

◤ マレー半島とその周辺

　イギリスは，ベンガル湾と南シナ海を結ぶ**マラッカ海峡**_{かいきょう}を押さえたかったようです。その目的の１つは，対**中国貿易の中継港の確保**でした。

　そこで，まず 1786 年に**ペナン島を征服**。1811 年にはオランダを抑_{おさ}えてジャワ島にも侵攻し，さらに **1819 年，シンガポールを支配**しました。シンガポール獲得の立役者_{たてやくしゃ}は，東インド会社の社員だった**ラッフルズ**。シンガポールは**自由港**として，多くの船舶_{せんぱく}の寄港地_{きこうち}となりました。自由港とは，**外国船の入港が自由**で，なおかつ**輸入貨物に関税を課さない港**のことです。

　《注》　山川出版社『新世界史』では，海峡植民地全体が自由港化されたと記している。

　1824 年には，海峡のちょうど中間に位置する**マラッカを正式に領有**します。「正式に」と言ったのは，**英蘭協定**が結ばれて，オランダの承認を取り付けたという意味で，すでに 1785 年の段階で占領しているからです。

　ここで，マラッカ支配権の推移_{すいい}を確認しておきましょう。

マラッカ支配権の推移

①マラッカ王国	②ポルトガル（1511 〜）
③オランダ（1641 〜）	④イギリス（1785 〜）

　イギリスは，**18 世紀の末**に始まる**英蘭戦争**（注：第４次英蘭戦争という場合がある）や，**ナポレオン戦争**（1796 〜 1815）の時期に，マラッカやジャワなどに拠点を持つオランダと戦っていました。とくに 1811 年には，**ラッフルズ**率いるイギリス軍が**ジャワ**を占領しました。ついでですが，ラッフルズはボロブドゥール遺跡を世界に知らしめた人物でもあります。

ラッフルズ
（1781〜1826）

しかしナポレオン戦争が終わると，イギリスはオランダとの友好関係を復活させようとしました。オランダの隣（とな）りに位置する**フランスやプロイセン**を牽制（けんせい）するためにね。

これは（下線部）教科書になのってるません

📕 マレー語圏の分断

そのため，イギリスは**1824年**に英蘭協定を結んで，ナポレオン戦争までに占領（せんりょう）した地域を，オランダに返還（へんかん）しました。これで**マラッカ海峡地帯**における**イギリス・オランダ間の勢力範囲**が確定しました。

そしてその結果，海峡の両側に存在していた**マレー語文化圏**が**分断**（ぶんだん）されてしまいました。マレー語は，この地域に**イスラーム教が浸透**（しんとう）して以来，**アラビア文字**で表記され，この地域の**共通言語**となっていたのですが……。そうそう，現在のインドネシアではインドネシア語が公用語ですが，第二次世界大戦前は，これは**マレー語**と呼ばれていたんですよ。

ま，ともあれこの分断によって，この地域ではヨーロッパ的な**1民族1言語**を志向（しこう）する国民国家の形成は**困難**となったのです。

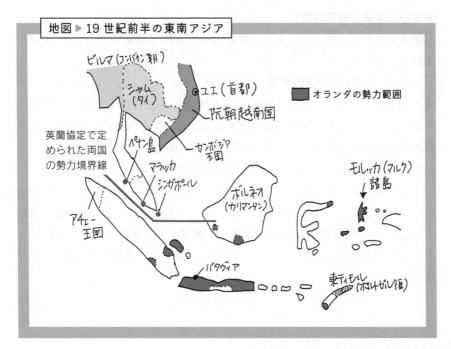

地図 ▶ 19世紀前半の東南アジア

■マレー半島内陸部の支配

　ちょっとハナシが長くなりましたね。……いつも長いけど（笑）。さて，

Q 1826年，ペナン島，シンガポール，マラッカの各植民地を併せてなんと呼ぶようになったか？
——海峡植民地

　これが**1867年**にはイギリス**本国政府の直接管轄下**に入り，**直轄海峡植民地**と呼ばれるようになりました。

　さらに1888年には，**北ボルネオ**（現在のカリマンタン島北部）がイギリスの支配下に入りました。

　そして**1895年**に，マレー半島の現地の国王が支配していた**4つの小国がイギリスの保護領**になり，ここは**マレー連合州**と呼ばれるようになりました。イギリスはこの**マレー連合州**とそれ以外の**マレー半島のほかの諸地域**，さらには**海峡植民地**をあわせて支配をしました。これを英領マレー（マラヤ）と言います。教科書の記述を見ると，この英領マレーには，北ボルネオは含まれていないようです。

▶マレー半島の経済的価値

　イギリスは，このマレー半島で錫鉱山や，**天然ゴムのプランテーション**を経営しました。

　ゴムは，**自動車産業の発展**とともにタイヤの材料として需要が激増します。とくにアメリカのフォード社が，1908年から安価な**T型フォード**という車を販売し，これが爆発的に売れ始めてから，ゴムの生産は従来よりも注目されるようになりました。**ゴム＝プランテーション**で使役されたのは，主として南インドからやってきた**ドラヴィダ系のタミル人労働者**。

　一方，**錫**はメッキの材料で，缶詰産業がさかんになると需要が増えました。錫でメッキされた鋼板を**ブリキ**と言い，これが缶の材料になるわけだ。錫鉱山では**中国人の移民**，すなわち**華僑**が労働者として使役されましたが，とくに半奴隷的な境遇にあえぐ下層の中国人労働者は，**苦力（クーリー）**と呼ばれました。

■ オランダのインドネシア支配

続いて**インドネシア**です。この地域は，**17世紀以来オランダの支配下**に入っていました。

すなわち1619年，**三十年戦争**勃発の翌年に対アジア貿易の拠点として**バタヴィアを占領**。バタヴィアって言ったら現在の**ジャワ島のジャカルタ**ですよね。そこを拠点に**香料貿易を独占**しました。

しかし，17世紀の末に**胡椒価格が暴落**すると，オランダは進出の目的をヨーロッパ市場向け**商品作物の栽培に転換**しました。そして**西ジャワのバンテン王国**や，**中部ジャワのマタラム王国**を圧迫して，18世紀末にはほぼ**ジャワ全島を支配下**におさめ，ここで**コーヒー，サトウキビ**，それに**染料の藍**などの栽培を始めたのです。

■ 強制栽培制度

そして19世紀に入ると**強制栽培制度**が始まりました。導入した総督は**ファン=デン=ボス**。

強制栽培制度は「**圧制の標本**」と言われた悪名高い制度で，**1830年**から**ジャワ島で開始**されました。内容は，以下のとおり。

> 本国向け**商品作物**（**コーヒー，サトウキビ**，藍，米）を，
> 耕地の**5分の1**に強制的に栽培させる制度

この制度が，なぜ「圧制の標本」と言われたのでしょうか？

ジャワ島では，原住民が自分たちが食べるために，**米**などをつくっていました。ところが，耕地の**20%**が本国向け商品作物の生産に使われるわけですから，**食糧生産も20%減少**してしまいます。そしてこれは，当然のようにジャワの人々を**飢餓**に追い込んでいくのでした。

▶強制栽培制度導入の背景

この制度が始まった背景は，2つあります。1つはジャワで起こった**ジャワ戦争**という反乱を鎮圧する費用を捻出するため。もう1つは，**1830年**の

ベルギー独立にともなう本国の財政危機を克服するためでした。

■ インドネシアの反抗

　こうしたオランダの支配に対して，インドネシアの人た
ちは黙っていたわけじゃない。すでに 1825 年から 1830
年までは，今言ったジャワ戦争が展開されていました。こ
れは別名**ディポネゴロの乱**と言います。ディポネゴロは，
反乱を指導した王族の名です。

ディポネゴロ
(1785〜1855)

　そして 1873 年には**スマトラ島**でアチェー戦争が勃発し
ました。

　しかしながら，結局オランダはこれを鎮圧して，1904 年に**バタヴィア**に
植民地政庁を置くオランダ領東インドを成立させました。

■ スペインによるフィリピン支配

　最後はフィリピン。ここは **16 世紀にスペインの侵略**を受けていますね。
マゼラン(マガリャンイス)がまずここに到達し，ついで**レガスピ**が本格的
な植民地化の基礎を築きました。

　とくにマニラは**アカプルコ貿易**(→第 2 巻，p.203)の拠点として栄えまし
た。しかし 19 世紀初頭にメキシコがスペインから独立すると，**アカプルコ
貿易も衰退**してしまいます。

　これに対応して，フィリピンでは，**世界市場**が必要とする**商品作物の生
産**が行われるようになりました。

　その商品作物とは，18 世紀からすでに栽培が始まっていた**タバコ**，それに
サトウキビ，そしてロープなどの材料になる**マニラ麻**です。

　これらの作物は，**アシエンダ**と言われる**大農園**で生産され，そこではフィ
リピン人の小作人が，地主に高い地代を払って生産をしました。そして生産
物はマニラから世界に輸出されていったのです。ちなみにその販売を担当し
たのは**王立フィリピン会社**という組織でした。

　その後，**マニラ**は 1834 年に**自由港**となり，多くの国々の船舶を受け入れ
ました。

　それからフィリピン人は**カトリック**に**強制的に改宗**させられ，**教区**を管轄する**スペイン人司祭**が絶大な権限を有していました。

　以上で東南アジアの植民地化を終わります。植民地化に対する本格的な民族闘争は第4巻でお話しします。

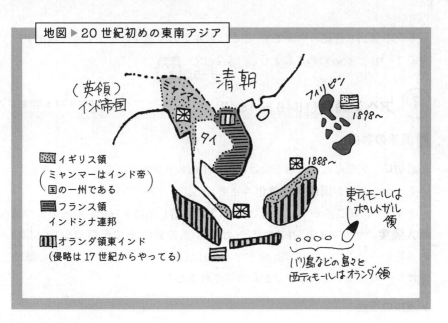

地図 ▶ 20世紀初めの東南アジア

（英領）インド帝国

清朝

フィリピン　1898〜

タイ

☷☷☷ イギリス領
（ミャンマーはインド帝国の一州である）

▤▤▤ フランス領
インドシナ連邦

▥▥▥ オランダ領東インド
（侵略は17世紀からやってる）

1888〜

東ティモールはポルトガル領

バリ島などの島々と
西ティモールはオランダ領

第62回

中国の情勢（アヘン戦争・太平天国・洋務運動）

東アジアの激動（1）

それでは，19世紀の中国です。ここは世界史の全範囲のなかでも最頻出テーマの1つ。じゃあ始めましょう。 よく出ています。

1 アヘン戦争（1840～1842）

📖 別冊プリント p.99 参照

▣ 清朝の動揺

最初に，英仏などに侵略を受ける前の中国の状況を確認したいと思います。いくつかの要因が**清朝を弱体化**させました。

まず17世紀ころから，中国では**人口が激増**し始めました。原因の1つは**新大陸産のサツマイモ**（甘藷），**ジャガイモ**（馬鈴薯），**トウモロコシ**（玉蜀黍）の栽培が普及したことです。サツマイモは**江南**の痩せた土地で，寒冷な**華北**ではジャガイモやトウモロコシが栽培されました。

▶漢族の移住

そして増えすぎた人口は，**漢族**があまり住んでいなかった地域への移住を活発化させました。また貧困に耐えかねて故郷をあとにする人々も多く出ました。彼らの向かう先は，**台湾**や，**東北地方**，**中央アジアの新疆**，**南方の広西・雲南・貴州**，あるいは**湖北・陝西・四川の3省が交わる地域**でした。

しかし見知らぬ土地で生きていくとなると，いろいろな困難が待っています。そこで，移住者たちは結束して**会党**と言われる組織をつくり助け合いました。天

漢族の移住地域

地会や哥老会がその代表です。

あるいは，宗教に心の拠り所を求めました。とくに多くの人々を引きつけた宗教に，仏教の一派である**白蓮教**がありました。

四川の辺境にいた**白蓮教徒**たちは，清朝の支配に対して**反乱**を起こしました。これは 1796 年 1 月に**乾隆帝**が退位した直後で，**嘉慶帝**の時代。そして 1813 年には，白蓮教の一派である**天理教徒の乱**も起きました。

また**漢族**の流入に反発して，**貴州**などに住む少数民族の**ミャオ族（苗族）**も**反乱**を起こしました。

▶郷紳の台頭

それから，地域の実力者といえば**地主**です。そのなかでも，引退した**官僚**や**科挙合格者**の人々は，**商業**にも手を伸ばすものもあり，地方政治をも左右する力を持っていました。彼らのことを**郷紳**と言います。

抗糧と抗租

Q その郷紳たちが指導層となって展開した，清朝に対する租税不払い（あるいは引き下げ）運動をなんと呼ぶか？
　　　　　　　　　　　　——**抗糧**

これに対して，**地主**に対する**佃戸（小作人）**の**小作料不払い（引き下げ）闘争**を**抗租**と言います。これもさかんになりました。要するに，中国の農村は動揺していたのです。

📖 イギリスの開国要求

こんな状況にあった中国に対して，**イギリス**が**開国**を**要求**してきました。その目的は，イギリス**綿織物工業**の**市場確保**，そして茶貿易の**拡大**でした。

一方，清朝中国は，貿易に対しては皇帝に対する**朝貢儀礼**を前提として，さまざまな制約を設定していました。

まず，**1757 年**以来，**開港場**と呼ばれる外国に対して開かれている港は，**広州**のみでした。またそこには，関税の徴収なども含め，貿易業務を独占的

に担当していた**特権商人たち**がいました。これを行商（こうしょう）と言います。彼らは，輸出入貨物の価格を決定するために「**公行**（コホン）」**という組織**をつくりました。

公行はイギリスにとっちゃ邪魔（じゃま）でした。だってイギリスから綿織物を持って来ても，中国側の買い手は，公行の商人だけ。すると彼らは，イギリス商品**を安値で買いたたいてしまう**のですね。反対に，公行の商人から茶などを買おうとすると，めちゃくちゃ**高い値段をふっかけられてしまう**のでした。

《注》　ただし公行は**1771年**に廃止されていた。しかしイギリスなどは公行が存続していると誤解し，アヘン戦争の際にも，その廃止を目標としていた。

これを打開するには，2つの方法しかありませんでした。すなわち，

　　①交渉によって開国を求める　　②武力で開国させる

それで，まずは交渉となったわけです。

■ イギリスの使節

Q 1793年に，貿易関係改善のため中国に到着したイギリスの使節は？

—————マカートニー

そのあとは，**アマースト**が**1816年**に派遣され，1834年には**ネーピア**が中国に赴（おもむ）きました。しかし，交渉はいずれも不調に終わります。

原因の1つは，中国側が要求した**三跪九叩頭**（さんききゅうこうとう）という儀礼（ぎれい）をイギリス側が嫌悪（けんお）したこと。これは，文字どおり3回跪（ひざまず）いて，頭を3回ずつ床（ゆか）にうちつけるというものです。

そして根本原因は，中国には**すべての物が豊富にある**ということ。イギ

リスから買わなくても，**綿織物**にしても，安いのがね。

　だいたいね，中国って，〝貧しいヨーロッパ〟と違って「**大航海**」なんてやる必要がなかったんですね。まあ，それはともかく，交渉は失敗に終わりました。ネーピアなんか，失意のうちに帰途につき，イギリスに帰りつく前に死んじゃってますものね。

　こうしてイギリスは**武力による開国**を決意し，**アヘン戦争**が起きるわけです。では，**なぜアヘンなのか？**　言っとくが，この戦争は，アヘンを中国に売りたいがための戦争ではないということです。にもかかわらず，**なぜアヘンが焦点化するのか？**　これを理解するためには，**中国とイギリスの貿易構造の変化**についての理解が必要です。これは図解で説明しよう。

アマースト　ネーピア

私たちは期待にこたえられませんでした。ゴメンなさい

📖 中英貿易の変化

▶片貿易の時期

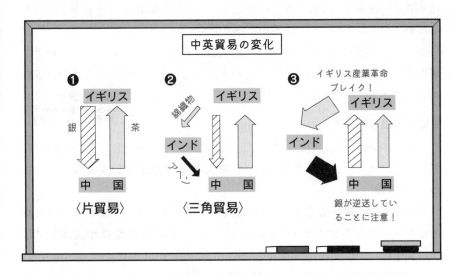

中英貿易の変化

❶
イギリス
銀　茶
中　国
〈片貿易〉

❷
綿織物
イギリス
インド
中　国
〈三角貿易〉

❸
イギリス産業革命
ブレイク！
イギリス
インド
中　国
銀が逆送していることに注意！

　図解だとこんな感じ。まず❶。イギリスは**中国から茶を輸入するだけ**です。本当を言えば，茶と引きかえに**綿織物を輸出したい**のですが，中国側は買ってくれない。それで仕方なしに**銀を支払う**。要するにイギリスは買うだけ。こういう貿易のあり方を，一般的に**片貿易**と言います。

▶アヘンの流入

　この**輸入超過**の状態を打開するために，イギリスは植民地化しつつある**インドに綿織物を輸出**し，インドから**中国にアヘンが輸送**されたのでした。❷の状態ですね。このような貿易を三角貿易と表現します。ただし三角貿易とはこれだけではなく，**大西洋**にも，新大陸・ヨーロッパ・西アフリカを結ぶ**大西洋三角貿易**というのがありましたよね。

　さて，イギリスの産業革命が本格化して**インドへの綿織物の輸出も増加**し，それにつれて**アヘンの中国流入も増大**しました。とくに**1833年**に**東インド会社**の対中国貿易独占権が廃止されると，アヘンの流入は激増しました。アヘン持ち込みの"主犯"だったのが，**ジャーディン=マセソン商会**です。

▶アヘンの害毒

わたしも アヘンの
こと、よく知りません

　ところで諸君，アヘンって知ってるか？　「僕知ってます」なんてのがいたら大変ですね（笑）。君たちが知らないことを前提に教えてやろう。これは植物のケシの子房からとれる麻薬だ。極めて常習性が強く，禁断症状もそれだけひどく，クスリが切れるとそれを手に入れるためになんでもやってしまうのだそうです。

　吸った連中は貧乏な農民から，上流階級の人たちまでみんなです。貧乏な連中は日々の生活の苦しさから，上の人たちは日々の退屈さから逃がれるために，アヘンに手を出したのです。

▶銀が流出し始めた

絶対に手を
出しちゃダメ
だぞ！

　またアヘンの流入の増加によって，これに対する代価として**茶の輸出**だけでは不十分となり，今までとは逆に，**中国から銀が出ていく**ようになりました（→図❸）。

　これは中国に**経済混乱**をもたらしました。まず銀という信頼性が高い交換手段が減少することによって流通が阻害され，**経済活動全体が沈滞**してしまいました。

　また**銀の減少**は，中国国内の**銀価格を高騰**させました。当時の税制は**銀納**を原則とする**地丁銀制**。よって銀価格の上昇は，事実上の**増税**となったのです。

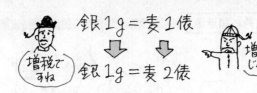

銀1g＝麦1俵
⬇ ⬇
銀1g＝麦2俵

増税ですね

増税じゃん

📖 林則徐の登場

人口の大多数を占める農民が動揺すれば，国家全体もヤバくなる。というわけで，林則徐の登場です。彼は欽差大臣として，広州に派遣されました。派遣したのは道光帝です。欽差大臣とは，皇帝になり代わってすべてを差配（コントロール）する臣下，という意味です。

林則徐
(1785〜1850)

彼はイギリスのアヘン商人に対して，アヘンを没収してこれを焼き捨てたと言われます。でも本当は違ったらしい。だって，こんなことしたら「野蛮人」のイギリスが何をするかわからない。それで，通常の2倍の交換レートで，アヘンと茶を交換したのです。イギリスのアヘン密売商人は大喜びで帰っていきました。にもかかわらず，このことを戦争の口実にするんだから，イギリスも相当のタマだよね。

📖 アヘン戦争勃発

しかし，さすがにジェントルマンの国イギリス。そのなかで，反戦演説を行ったのが当時は保守党だったグラッドストンでした。しかし戦いは始まり，清朝の軍隊はあいついで敗北しました。

若い頃のグラッドストン

イギリスよ恥を知れ！

📖 南京条約

結局清朝は敗北し，1842年に南京条約が締結されました。条約の内容は頻出事項です。

まず，公行の廃止。ただ公行自体はすでに1771年に廃止されています。ですから，実際には，行商を通じた貿易（と関税の徴税）の廃止の方が正確な表現でしょう。これにより，イギリスが言う「自由貿易」，言いかえると政

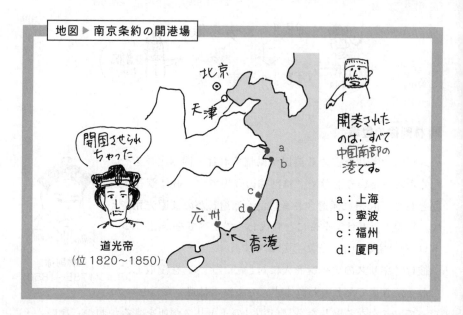

地図 ▶ 南京条約の開港場

北京
天津

開国させられ
ちゃった

道光帝
(位 1820〜1850)

a
b
c
d
広州
香港

開港された
のは，すべて
中国南部の
港です。

a：上海
b：寧波
c：福州
d：厦門

治権力が介入しない貿易をめざしました。

　さらに広州以下5港が開港されました。広州以外の4港とは，北から，a.
上海，b. 寧波，c. 福州，d. 厦門です。場所を問う問題も出るから注意。

　こうして，イギリスの綿織物をスムーズに中国に輸出できるような環境を
つくったわけです。アヘン戦争のことを「**マンチェスター**（あるいは**ランカ
シャー**）**のための戦争**」という場合がありますが，このあたりが背景のよう
です。

　さらに**香港**（香港島）**の割譲**も約
されました。香港は島だよね。その
対岸の半島部分は，2回にわたって
イギリスが割譲・租借することにな
ります。すなわち，1860年の北京
条約で**九竜半島の一部**が割譲さ
れ，1898年には半島の付け根にあ
たる**新界**が租借されたのです。

　この3つの地域は1997年に**中国に返還**されましたね。

広州と香港周辺

広州
新界(1898)
マカオ
(ポルトガル)
九竜(1860)
香港(1842)

五港通商章程と虎門寨追加条約

さて，こうして中国は開国されたわけです。そして，貿易にかんするさらに具体的な取り決めとして，1843 年 7 月に五港（五口）通商章程，10 月には，虎門寨追加条約が締結されました。

▶領事裁判権と治外法権

この 2 つの取り決めによって，まず領事裁判権がイギリスに認められました。領事裁判権とは，文字どおり**領事に裁判権を認める**ことを言います。

しかし，本来**領事**とは，外国に居住する自国民の世話をする**外交官**のことです。で，これに**裁判権**を認めるということは，何を意味することになるのか？

まず中国領内で，イギリス人が悪さをしても，**中国の法律ではそのイギリス人を裁けません**。じゃあそのイギリス人を，どのようにして裁くかというと，領事が**イギリスの法律にしたがって裁く**のです。

このように，イギリスは**自国の領土以外の地においても自国の法律を行使**できるわけです。このような特権を，治外法権と言います。

▶関税について

さらに**協定関税制**も認めさせられました。これは，**関税率**を，英中両国の"話し合い"によって定めるというものです。

ただね，話し合いといっても，対等にできるわけはないよね。だってイギリスは戦争に勝ったばっかりだし，清朝はボコられたばっかりですからね。結局は隠然たる脅かしのもとに，イギリスが求める**低い関税しか認められなかった**のです。だから協定関税制を認めるということは，清朝にとっては実質上，**関税自主権の喪失**を意味したのです（→次ページのイラスト参照）。

協定関税制の実態

▶最恵国待遇

またイギリスは**片務的最恵国待遇**をも獲得しました。この言葉の意味はよく質問されますね。

まず「**片務的**」という言葉。これは**片方にしか義務がない**ということ。すなわち中国側にだけ，義務を強制するということなのです。じゃあどんな義務か？　それはイギリスを常に「**最恵国**」にするという義務です。

じゃあ，「最恵国」とは？　たとえば，**イギリスが中国**に対して輸出する場合，中国が**20%の関税**をイギリス商品にかけることになっていた，としよう。その後，中国は**フランス**とのあいだに協定を結び，フランスの商品には**10%の関税**しかかけない，ということを取り決めた。

さあ，イギリスとフランス，中国との貿易にかんしてはどっちが有利か？　そりゃフランスのほうが有利だわね。

で，こういう場合には，中─英間にも中─仏間と同様に10%の関税を自動的にかけるようにする。これによって，**イギリスが常に「最も恵まれた」**状態で貿易ができるようにすることを，中国側に義務づける。こういう特権を持った国を「最恵国」と言うのです。

■ アヘン戦争後の情勢

総括しよう。中国は，**五港通商章程**や**虎門寨追加条約**のような一方的に不利な条約を突き付けられました。このような条約を，一般的に**不平等条約**と言います。

また，**朝貢儀礼**を前提とする制約は撤廃されました。

そして，同様の条約をアメリカやフランスも要求してきました。こうして，**1844年**にアメリカとは**望厦条約**，**フランス**とは**黄埔条約**が締

結されました。

また，1845年には，上海に租界が設定されました。租界とは，開港場における外国の支配地域のことです。ここには中国の主権はおよびません。

まあこうして中国は開国されたわけですが，問題なのは，イギリスが当初の目的を果たしたのか，ということです。答えはNO。

さっぱり伸びなかったらしいよ，綿織物の売れゆき。伝統的な中国の綿織物販売ネットワークのなかに食い入ることができなかったらしい。そのうえ，茶や絹織物の輸入は増加し続けました。要するに状況は，アヘン戦争以前となんら変化がなかったのです。

■ 中国の半植民地化

それからもう1つ確認しておきたいことがあります。それは，このアヘン戦争が，中国の半植民地化の始まりになったことです。

「半植民地化」という表現は，インドのムガル朝のように，完全に国家主権を奪われた場合には使用しません。中国のように，弱体化しているとはいえ既存の権力（＝清朝）が存続している場合に使います。侵略国は，むしろ既存の権力に

半植民地化

接近し，それを利用しながら経済的な"実利"を得ようとする傾向が見られます。

アジアでは，清朝以外では，オスマン帝国や，ガージャール（カージャール）朝ペルシアなどが，この半植民地化の対象にされました。

② アロー戦争（1856～1860）

別冊プリント p.101 参照

■ アロー戦争の勃発

さてイギリスは綿織物が思うように売れない状況を見て，より徹底した開国の必要性を感じました。こうした背景のもとに，アロー戦争が勃発したのです。別名で第2次アヘン戦争とも言います。今回はアヘン貿易が直接の原因をつくったわけではありませんが，「開国」という目的においては同じ

なので，この呼び名がついたのです。

　戦争の契機はアロー号事件ですね。これは，広州に停泊していたイギリス船アロー号を，中国の官憲が船長の許諾なしに捜索し，海賊容疑で船員の中国人を逮捕したという事件です。さらにその際に，中国官憲がイギリス国旗を引きずり下ろしたという事実もありました。

　たしかに，中国側には国際法に違反した行為はありました。だって，中国の港に停泊していようとも，イギリス船の船上は法的にはイギリスです。国旗というものは，だてに立っているわけではないのです。

　しかしだからと言って，それを戦争の口実とするのはやりすぎだよね。さらにフランスも，広西省で起こったフランス人宣教師殺害事件を口実に，軍隊を派遣しました。

　こうして，「英・仏対清朝」という形で戦争が始まりました。実際に戦闘が始まったのは 1857 年のことです。

■ 天津条約による開港地

　そして 1858 年，講和条約として天津条約が締結されました。内容を見ると，イギリスの意図がよくわかります。

　まず漢口・南京など 10 港を開港。開港地を南京条約と比較してみよう。南京条約の場合は，中国南部の港だけだったよね。それに対して今度は，華北の港に加え，長江流域の内陸港も開港されていますね。中国って海岸線から内陸部まで距離があるからね，漢口の開港などはどうしても必要だと思ったらしい。

　まあ，イギリスが望むところの，より徹底した開国は達成されたわけです。ただし，北京の外港たる天津は開港されていません。これは注意が必要です。

開港場
● 天津条約 (1858)
◎ 北京条約 (1860)

📖 天津条約，その他の内容

さらに**外交使節（公使）の北京駐在**も承認されました。認められたのは，軍隊の駐留権ではありませんよ！

そして**キリスト教布教の自由**。

しかし強引な布教は，しばしば中国民衆とのあいだに軋轢を生みました。

Ｑ こうした状況下で，各地でキリスト教反対運動が起きたが，それをなんと呼ぶか？

—— **仇教運動**

📖 北京条約

さて1858年に終わったはずの戦争が，1859年に再開されました。条約の批准書を持った英仏の使節が，中国側に砲撃されたことが原因でした。

再開された戦闘のなかで，英仏軍は首都**北京を占領**し，**カスティリオーネ（郎世寧）**が設計した**バロック風の離宮円明園**は，英仏軍によって徹底的に破壊されてしまいました。

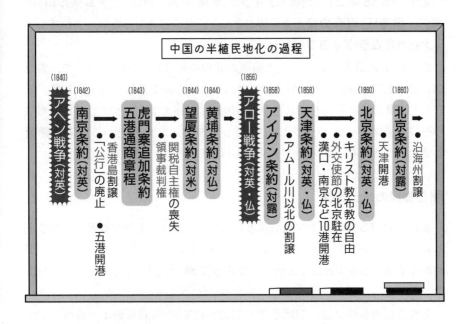

中国の半植民地化の過程

- （1840）アヘン戦争（対英）
- （1842）南京条約（対英）
  - 「公行」の廃止
  - ●香港島割譲
  - ●五港開港
- （1843）虎門寨追加条約 五港通商章程
  - 領事裁判権
- （1844）望厦条約（対米）
  - 関税自主権の喪失
- （1844）黄埔条約（対仏）
- （1856）アロー戦争（対英・仏）
- （1858）アイグン条約（対露）
  - ●アムール川以北の割譲
- （1858）天津条約（対英・仏）
  - キリスト教布教の自由
  - 外交使節の北京駐在
  - 漢口・南京など10港開港
- （1860）北京条約（対英・仏）
  - ●天津開港
- （1860）北京条約（対露）
  - ●沿海州割譲

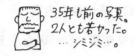
35年ほど前の写真。
2人とも若かった。
…シミジミ…。

円明園あと
この写真は，1990年に撮った。同行の植村先生の靴に注目。初めての海外旅行で緊張していた植村先生。「青ちゃん，靴は何を履いていったらいい？」。青木は冗談で，「そりゃゴム長靴ですがな」。そしたら，本当に履いてきた。植村先生，ごめんなさい。

こうして1860年に，天津条約の追加として北京条約が締結されました。これで天津条約で開港された10港に加えて，**天津の開港**も約されます。さらに，**香港島**対岸の**九竜半島の一部**がイギリスに割譲されました（→ p.288）。

■ ロシアの進出

こうした事態に乗じて，**ロシアが領土要求**を清朝に突きつけてきました。

まず，**1858年**には，清朝と**アイグン（愛琿）条約**を締結し，**アムール川**（中国名，**黒竜江**）**以北の領土**を獲得しました。交渉にあたったロシアの東シベリア総督は**ムラヴィヨフ**でした。

さらに**1860年**には，英仏と清朝の講和の仲介をした**代償**として，露清間に北京条約が締結され，ロシアはアムール川支流**ウスリー川**（中国名，松花江）**以東の地**を獲得しました。この地が**沿海州**です。ロシアはその南端に**ウラジヴォストーク（ウラジヴォストク，ウラジオストク）**という**軍港を建設**します。これこそ，ロシアの"極東における玄関"になる港ですね。

■ 日露間の領土問題

また，**1875年**，ロシアは日本とのあいだに**樺太・千島交換条約**を結びました。樺太はロシア人が言うところのサハリン。千島とは，カムチャツカ半島のすぐ南にあるシュムシュ島から**ウルップ島**（得撫島）までの島々を指します。

ちなみに日露間には，**1855年**に日露和親条約（外務省のホームページで

地図 ▶ 日露（ソ連）間の領土問題

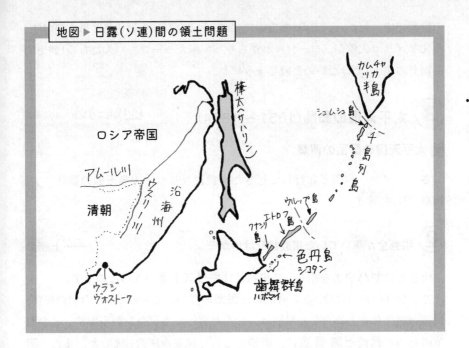

ロシア帝国

アムール川

清朝

ウラジヴォストーク

樺太（サハリン）

沿海州

ウスリー川

カムチャツカ半島

シュムシュ島

千島列島

ウルップ島

エトロフ島

クナシリ島

色丹島（シコタン）

歯舞群島（ハボマイ）

は，「日魯通好条約，下田条約」）も結ばれています。この段階では，エトロフ島（択捉島）と，それよりも南の島々，すなわち国後・色丹・歯舞群島の各島々が，日本領であることが確認されていました。

　その後日本は第二次世界大戦で敗北し，カムチャツカ半島の南の島々をソ連が占領しました。そして，日本は連合国と1951年にサンフランシスコ平和条約を結び，そこで日本は，“千島列島の放棄”を明言しました。しかしソ連はこの条約に調印していません。また，ふたたび外務省のホームページの引用ですが，「そもそも北方四島は，千島列島のなかには含まれません」ということだそうです。

　以上の各条約を見ると，国際法的には，北方四島は日本の領土だと思います。

　ただしだよ，しばしば「歴史的に見て日本の固有の領土」みたいな主張があるけど，「歴史的」という言い方はやめたほうがいいと思うのです。

　だって，エトロフ・クナシリ・ハボマイ・シコタン，これってみーんな，日本語でもロシア語でもありません。すべて先住民であるアイヌの人たち

の言葉です。だから，この「歴史的に」という言い方は不適切だと思うのです。南北アメリカ大陸が，ヨーロッパからやって来たヨーロッパ人たちの「歴史的に固有の領土」ではないのと同じようにね。

③ 太平天国の動乱 (1851 ～ 1864)

📖 別冊プリント p.102 参照

🔖 太平天国の動乱の背景

さて，アロー戦争と並行して起きた大農民反乱が，**太平天国の動乱**です。指導者は**洪秀全**。

Q 洪秀全が率（ひき）いていた宗教結社は何か？

—— **上帝会**（じょうていかい）

上帝とは**ヤハウェ**を指し，この結社は**キリスト教**のものなのです。

さて反乱の背後には，必ず**窮乏**（きゅうぼう）した**民衆**の姿（すがた）があるものです。今回の場合，民衆の窮乏化をもたらした原因は，なんと言っても**アヘン戦争**です。この戦争のための**戦費と賠償金**（ばいしょう）は，**重税**となって民衆を圧迫しました。また，**アヘン貿易**もイギリスのやりたい放題となり，その結果として大量の**銀が中国から流出**していきました。これはさっきも言ったように，事実上の増税となり，各地で「**抗糧**」（こうりょう）と呼ばれる**納税拒否（引き下げ）運動**も活発化しました。

さらに，海外貿易の中心は**広州**から新たに開港された**上海**に移りました。そりゃあ，**長江流域**のほうが人口密集地帯ですから，市場としての価値も高いわけです。こうして，**広州**とその背後の**広西・広東省**などの経済は沈滞（ちんたい）し，この地域で貧困（ひんこん）にあえぐ人々が増大しました。

🔖 太平天国の諸策

洪秀全たちは，**1851年**に広西（きょうへい）で挙兵し，**太平天国**を名（な）乗（の）りました。そして民衆の支持を集めつつ，**1853年**には**南京**（ナンキン）を首都として，ここを**天京**（てんけい）と改名しました。

この太平天国が提唱（ていしょう）した土地の均分制度を**天朝田畝制度**（てんちょうでんぽ）と言います。**地主から土地を奪**（うば）**って，女性も含めて貧農たちに分け与える**というものですね。しかし当然ながら，これは**地主たちの強**

田 ⊞ 畾畾

296

い反発を招きます。

❓ 太平天国が掲げた民族主義的スローガンは？ —— 滅満興漢

満洲族の王朝である**清朝を打倒**して，**漢民族の国家を興す**という内容ですね。そして満洲風俗である**辮髪（弁髪）も禁止**です。

さらに太平天国は，中国の因習にも挑戦しました。たとえば**纏足**。これは女子の足に布を巻き付けて発育を阻害し，甲高で小さい足にするというものです。中国の男性がそういう好みだったというよりは，むしろ女性の行動の自由を奪うことによって，男性への隷属性を強める機能があったことを強調しておきたいと思います。

その纏足を禁止しようとしたり，あるいは女性にも耕地を分与したりしようというわけですから，太平天国は**男女平等の発想**を持っていたと言えます。

それから注目すべきことに，上海にあった**租界の解放**を行っています。しかし，租界を外国支配から解放したことで，太平天国は**欧米をも敵にまわす**ことになりました。

当初欧米は，太平天国が**キリスト教的な結社**から出発したこともあって，**好意的な**

目でこれを見ていました。しかし，そのキリスト教の内容が欧米のものとは異なっていること，さらに租界の解放がこれに加わったことにより，欧米は**"太平天国は敵である"**との判断を下したのです。

🔖 太平天国の壊滅

こうして太平天国は，**地主・清朝・欧米**という３者の攻撃を受けることになったのでした。

まず，地方官僚たちは，地縁にもとづいて軍隊を組織しました。これが**郷勇**です。

曾国藩…**湘勇（湘軍）**	李鴻章…**淮勇（淮軍）**	左宗棠…**楚勇**

また，地方の有力地主である**郷紳**たちが自衛のために組織した**団練**と言われる軍隊も，太平天国の鎮圧で活動しました。

さらに，アメリカ人**ウォード**が組織した中国人部隊も鎮圧活動を行いました。これが1862年に，**同治帝**によって**常勝軍**と命名され，1863年からは，軍の指揮をイギリス人の**ゴードン**がとるようになりました。これらに対抗した太平天国軍の有名な将軍が**李秀成**です。

しかし，**1864年**には曾国藩が組織した**湘勇**の攻撃によって**天京**が陥落し，太平天国関係者の数万人が虐殺されたと言われます。さらに，太平天国と並行して，**華北**に展開していた**捻軍**と呼ばれた農民反乱軍も，1868年に**李鴻章**の**淮勇**に鎮圧されました。

▨ 新疆，中国南部の争乱

また当時の中国では，**ムスリムの反乱**も頻発しました。それは，**陝西**を中心とする地域や，南部の**雲南**など，広範囲にわたりました。

それから，**中央アジア**西部にある，清朝の藩部である**新疆**でも争乱が起きました。

ここには，**ウイグル人を中心とするトルコ系のムスリム**が居住していましたね。その彼らと，**移住してきた漢族との対立**から，1862年にムスリムの反乱が起きました。

新疆の東隣には，ウイグル人

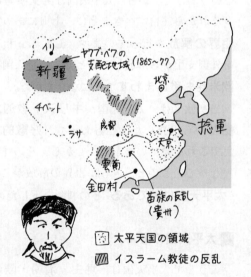

左宗棠
(1812〜1885)

▨ 太平天国の領域
▨ イスラーム教徒の反乱

と同じく，**トルコ系ムスリムのウズベク人の国家であるコーカンド＝ハン国**があります。そしてこの国の軍人ヤクブ＝ベクが，ムスリムを救援するために新疆に進攻し，占領してしまいました。

一方，コーカンド＝ハン国を侵略しようとしていた**ロシア**が，ヤクブ＝ベクを追って新疆に進攻し，**イリ地方を占領**しました。これが**1871年**のイリ事件です。

"このままだと新疆全体がロシア領になる"，と思った清朝は大軍を派遣してヤクブ＝ベクを撃破し，新疆全体を制圧しました。派遣されたのは**左宗棠**（さそうとう）でした。

そして**1881年**，清とロシアとのあいだに**イリ条約**が結ばれて，ロシア軍はイリ地方から撤退し，**中央アジア**でも露清の国境線が確定。その後，**新疆は藩部から直轄地に編入**され，**新疆省**となりました。

現在も新疆で，漢族とウイグル人の対立は続いていますね。

また，**貴州・雲南**でも，移住してきた**漢族による乱開発**に対して少数民族の**ミャオ族（苗族）**の反乱も起きました。

④ 洋務運動とその挫折

📖 別冊プリント p.103 参照

▌相対的安定期

対外戦争や太平天国の動乱をなんとか乗り越えた清朝は，**1860年代**から1870年代にかけて，**相対的安定期**（そうたい）を経験します。これを**同治帝**の治世にちなんで**同治中興**（どうちちゅうこう）と言う場合があります。同治帝の時代に盛り返した，という意味ですね。ちなみにこの同治帝の母親（こう）が，あの怖いおばちゃんの**西太后**（せいたいこう）です。皇帝になったとき，同治帝はまだ5歳でしたから，西太后が政治の実務を仕切（しき）っていたようです。

同治帝
（位 1862〜1874）　　西太后

怖いお母さんです

▌洋務運動——その基調

このころから，**洋務運動**（ようむ）と言われる**近代化運動**が始まりました。概要を確認しておこう。

「中体西用」は，「**中学を体となし，西学を用となす**」という意味です。……てか，これじゃ分からんか（笑）。これは，**儒学**（≒**中国の学術**）などの伝統的思想に立脚（りっきゃく）しつつ，**西洋の学術を学んで，軍事力などを強化する**という意味です。どこか皮相（ひそう）な感じがする表現ですね。

総理衙門の設立

洋務運動の中心人物は，皇族では**恭親王**（きょうしんのう）。本名は奕訢（えききん）。前皇帝である**咸豊帝**（かんぽう）の弟だね。彼を首席として，**総理各国事務衙門**（がもん そうり がもん）（**総理衙門，総署**）が設立されました。これは**1861年**のことであり，この役所は**外交を担当**し，しかも，従来（じゅうらい）の中華思想的立場から，諸国を野蛮（やばん）な国として対応するのではなく，**対等の外交関係**を模索（もさく）する部署として設立されたのです。

言っておきますが，中国支配層の**中華思想**そのものがなくなったわけではありませんよ。しかし，度重（たびかさ）なる戦争の敗北によって，形だけでも，近代的な外交関係を取り結ぶ必要性を感じたのでしょう。

言いかえると，中国皇帝を中心とする伝統的な外交秩序（ちつじょ）である**冊封体制**（さくほう）の維持が困難になってきたことに，清朝自身が気づき始めたのですね。

漢人官僚たち

李鴻章
（1823〜1901）

洋務運動の中心には，多くの漢人官僚がいました。さきほど登場した**曾国藩**（そうこくはん）・**李鴻章**（りこうしょう）・**左宗棠**（さそうとう）たちです。彼らはそれぞれ自分の地元に**造船所**をつくったり，**製造所**と言われる**兵器工場**を建設したりします。その財源は，**釐金**（り きん）と言われる**国内関税**（流通税）に負（お）っていました。

釐金は，もともとは太平天国などを鎮圧するために**地方で徴収されていた税金**で，これを掌握したのは地方に地盤をもつ**曾国藩**らの漢人官僚でした。ということで，洋務運動は北京の皇帝主導による**中央集権的な政策ではなく，地方主体で実施された分権的なもの**となりました。

▶ 洋務運動の挫折

こうして軍事力強化を中心に据えて洋務運動は展開されていきましたが，結局これは頓挫しました。だって戦争に負けちゃったんだもん！　それも**1884年に起こった清仏戦争の敗北**にはまだ納得がいきました。だってフランスは強いからね。

Q 清仏戦争から10年後，清が敗れた戦争は何か？　　　——日清戦争

日本にも敗北しちゃったんだ！　そして「軍隊を強くしたはずなのに，なぜ日本に負けたのか？」ということについて分析が行われました。なぜ**清朝は弱かったのか？**　そしてなぜ**日本は強かったのか？**

▶ 変法運動

結論は**立憲体制の有無**でした。**立憲体制**を樹立していた日本は，国力は清朝に比べてコンパクト。しかし憲法によって国家はまとまり，国力を集中して戦争に向ける体制ができあがっていた。一方清朝は図体はでかいけれど，憲法によって国力を集中させる体制がなかった。

このあたりに清朝の根本的弱さを見た人々は，**日本をモデルとした立憲体制**の樹立をめざす運動を展開しました。この運動が**変法運動（変法自強）**と言われるものです。中心人物には，**康有為**，**梁啓超**，**譚嗣同**などがいました。彼らの思想的基盤は**公羊学**という儒学の一派でした（→第2巻 p.189）

同じ近代化をめざす運動においても，洋務運動と変法運動とでは内容が異

なっています。前者は**政治的近代化**（＝**立憲体制の樹立**）をめざしてはいないという点でね。これは，論述問題などの格好のポイントです。注意しておきましょう。

▨ 洋務運動が残したもの

　さて，こうして見ると洋務運動って結局なんにもならなかったようですね。でも，まったく何も生まなかったのか？　いや，1つだけ，それも派生的に生まれたものがあるんだよ。

　李鴻章らの**漢人官僚**は，**洋務運動**に投下される予算を利用して，私的な軍事力強化に奔走したのでした。

　こうして，彼らの地元や任地に，"**李鴻章の軍隊**"ができちゃうわけだ。そして政治的にも，清朝中央政府からの**自立化**傾向を強める。こうして**政治・軍事的に独立した勢力**が生まれていくわけ。これをなんと言うか……？

　答えは**軍閥**。なかでも**李鴻章**が基礎をつくり，**袁世凱**が大立者になる**北洋軍**（**北洋新軍**）は有名だよね。中国近現代史になくてはならない術語が出てきたところで，今回はこれくらいにしておきましょう。

302

第63回 朝鮮の開国と日本

東アジアの激動(2)

① 朝鮮の開国

別冊プリント p.105 参照

　続いて，**朝鮮の近現代史**の授業です。ポイントは，**日本による植民地化**の過程です。その際，日本にとって「2つの敵」がありました。それは**清朝と帝政ロシア**。

　今回は**日本が朝鮮を開国**させて，**清朝を破る**までを見てみましょう。

■ 李朝朝鮮国の動揺

　19世紀の初頭，朝鮮で大きな**農民反乱**が起こりました。これは，指導者の名をとって**洪景来の乱**と言います。別名は平安道農民戦争。

　そして，**19世紀のなかごろ**からは，**アヘン戦争**が起こるなど，東アジア情勢の激動が始まりますが，そのなかにあって，

> **Q** 国王**高宗**の父親で，**摂政**として1873年まで権力を握っていたのはだれか？
> 　　　　　　　　　　　　　　　　　　　——**大院君**

　大院君は，危機に対拠するために**王権の強化**をはかり，**両班の勢力を削**ごうとします。両班とは，地方の**地主**層から輩出された**官僚**のことですね。また重税を課して王宮**景福宮**を再建し，王権の威勢を誇ろうとしました。しかし，これらは両班層からの大きな反発を生み，逆に**王権の動揺**を招いてしまいます。

　さらに，これに**外圧**が加わります。当時朝鮮の開国を狙っていたのは，**フランスとアメリカ**でした。これに対して，大院君は民衆をも組織して，**攘夷政策を実施**

大院君
(1820〜1898)

303

し，各地に「斥和碑」を建立しました。「斥和」とは，「欧米に対して，戦わずして和平を求めることを排斥する」という意味です。

このように内外情勢が緊迫しているときに，日本は朝鮮に国交を要求しました。しかし，大院君は清朝の冊封体制下にあることを理由に，これを拒否します。こうして日朝間の対立が激化してゆくのです。

■ 日本，朝鮮を開国させる

Ｑ 1875年，日本軍が朝鮮沿岸で演習中，朝鮮軍と衝突した事件をなんと呼ぶか？
——江華島事件

まず，日本海軍が朝鮮の近海を「測量」しました。この挑発行為によって，朝鮮軍とのあいだに衝突が起きたわけです。

この武力による圧力を背景に，**1876年**には**日朝修好条規**が締結されました。**江華条約**という場合もあります。これこそ日本が外国に結ばせることに成功した「初の不平等条約」でした。それによると，

日朝修好条規

①朝鮮は，釜山，仁川，元山の3港を開港する
②開港地における日本人居留地の設定，および領事裁判権を認める
③輸出入に対して関税をかけない

とくに②・③が「不平等」たるゆえんですね。

ともあれ，こうして日朝は国交を結びました。そして日本から**米商人**が朝鮮にわたり，朝鮮の米の流通を牛耳るようになります。

また大量の穀類が日本に輸出され，そのため朝鮮では食料の物価が高騰してしまいます。

■ 壬午軍乱（第1次漢城事件）

1880年代の朝鮮では，日本の進出と絡んで，2回にわたって大きな事件が勃発しました。舞台は2回とも首都漢城（**ソウル**）です。

まず，**1882 年**には**壬午軍乱**が起きました。

これは日本の進出に反発する**朝鮮軍人**が，日本の手先と見なされていた閔氏政権に対して起こした乱です。閔氏とは，**国王（高宗）の王妃**の一族，いわゆる「**外戚**」です。彼らは，**大院君**が人々の反発のために引退したあと，政権を担っていました。

しかし，軍乱が起きると，**大院君**はこれを利用して，政権に復帰しようとしました。結局これは，日本軍・清軍が介入し，大院君も清に抑留されてしまいました。

その後，日本は復活した閔氏政権とのあいだに，済物浦条約を締結し，これで，**漢城**における**日本軍の駐留権**が認められることになりました。

◤ 閔氏と開化派の対立

また清朝も，朝鮮に対する内政干渉を強め，とくに清朝の指導の下に新式軍隊が建設されることになりました。これにより，当初は親日的であった閔氏政権は，**清朝に接近**していきます。

金玉均
（1851〜1894）

この後，朝鮮には**日本にならって近代化**をめざそうとするグループが形成されました。これを**開化派**，もしくは**独立党**と言います。「独立」とは**清朝からの独立**を意味します。"近代化の進まない清朝とは縁を切って，**日本の近代化（文明開化）に学ぼうぜ**"というグループですね。

その中心人物は**金玉均**や**朴泳孝**ですが，入試では 1894 年に**暗殺された金玉均**が頻出です。

また，開化派の彼らから見ると，清朝との友好関係に固執する**閔氏**などは「**事大党**」でした。「事大」とは"大きな勢力に付く"ほどの意味で，多分に侮蔑的なニュアンスがあります。

◤ 甲申政変（第 2 次漢城事件）

壬午軍乱から 2 年後の**1884 年**の 12 月，今度は**甲申政変**が起こりました。これは，清朝の影響力が強まるなか，"このままでは日本との関係が絶たれ，

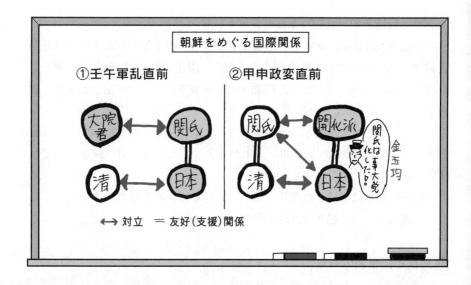

朝鮮をめぐる国際関係

①壬午軍乱直前　②甲申政変直前

↔ 対立　＝ 友好(支援)関係

朝鮮の近代化が遅れてしまう”との危機感を強めた**開化派**が起こしたクーデタですね。

　日本の援助を頼みとして，政変は決行されました。閔氏はこれに対抗して**清朝に救援**を求め，それに応じて，当時清朝の実力者である李鴻章直系の部下たる袁世凱率いる軍隊が派遣されるに至り，**金玉均や朴泳孝は日本に**亡命せざるをえなくなりました。このことは，朝鮮の近代化に期待し，朝鮮などとともに，欧米に対抗しようとしていた**福沢諭吉**を失望させることになりました。

▨ 天津条約

　甲申政変の処理にかんして，**1885年**，日清間に**天津条約**が締結されます。これは，日清両国はいったん両国の軍を朝鮮から撤兵させ，将来，**朝鮮に軍隊を派遣**する際には「事前通告」を行うというものでした。目的としては，両国に偶発戦争を防ぐ意図があったようです。

　当時の日清間には朝鮮をめぐって対立はあったものの，この段階では両国とも戦争勃発は望んでいなかったのでした。

「脱亜入欧」

朝鮮をはじめ，アジアと連帯して欧米に対抗しようと思ったけど，もうやめた。これからは，欧州列強の仲間入りだ。

福沢諭吉
(1835〜1901)

まあ，両国とも戦争まで行う余裕がなかったってことです。だって，清朝は当時もう1つの戦線を抱えているじゃないか。そう，**阮朝ベトナム**をめぐる**清仏戦争**ね。一方，日本はと言うと，**自由民権運動の高揚**に対処しなければならない，という事情があったのです。

■甲午農民戦争──日清戦争の契機

そして1894年，ついに**日清戦争**が始まりました。

全琫準
(1854〜1895)

Q 日清両国の衝突の契機となった事態は？

──**甲午農民戦争**

　これは朝鮮の西南部の全羅南道に起こった大農民反乱です。指導者は**全琫準**。この反乱には「**東学党（東学）の乱**」という呼称もあります。「**東学**」とは，崔済愚という人が19世紀半ばにおこした新宗教で，**キリスト教**などに代表される「**西学**」に対して，朝鮮の思想として「**東学**」を対置させ，欧米の侵出に対する精神的な防波堤を築こうとしたものです。**全琫準**も東学の幹部の1人でした。

■日清戦争

　この反乱に対して，**李朝朝鮮国は清朝**に援軍を要請しました。これを見て，**日本も軍を派遣**しました。
　その後日本軍は，農民軍の撃破に全力を挙げ，忠清道の公州で農民軍の主力を壊滅させることに成功したのでした。反乱の指導者全琫準は，1895年に李朝政府に捕らえられ斬首されてしまいます。
　一方，**日清両国軍も衝突**し，ここに日清戦争が始まりました。
　平壌の戦い，旅順の戦いなどの陸戦，海戦では**黄海海戦**，いずれも日本が勝利。また山東半島の要衝である**威海衛**も日本が占領しました。これでほぼ軍事的決着はつきました。

Q 1895年4月に結ばれた日清戦争の講和条約を，締結地にちなんで何条約と言うか？

──**下関条約**

ちなみに下関講和会議には，首相の**伊藤博文**（いとうひろぶみ），さらに外相の陸奥宗光（むつむねみつ）が出席しました。対する清朝の全権は**李鴻章**（りこうしょう）でした。

◤ 下関条約とその前後

この条約で日本は，**遼東半島**（りょうとう）や**台湾**（たいわん），**澎湖諸島**（ほうこ）を獲得しました。

そして朝鮮について重要なのは，清が「**朝鮮の独立**」を認めたことです。ここに，清朝の朝鮮に対する**宗主権**（そうしゅけん）は否定されました。

10年前の**清仏戦争**ではベトナムの宗主権を**喪失**（そうしつ）し，今度は朝鮮の宗主権も喪失してしまったんだね。これで，**中国**（中国皇帝）を中心とした伝統的な外交秩序である**冊封体制**は**崩壊**したのです。

▶ 甲午改革（1894年～1896年）と大韓帝国の成立（1897年）

ちなみに，日清戦争が起こると**開化派の政権**が誕生し，日本もこれを支持しました。そして**甲午改革**と呼ばれる近代化が実施されました。その内容は，行政改革，**科挙や身分制の廃止**，**太陽暦の導入**（こうはん）など広範なものでした。

また国王**高宗**は，清朝との**宗属関係**（そうぞく）（**冊封関係**）の廃棄を宣言しました。そして国号を「**大韓帝国**」と改称し，「**大韓帝国皇帝**」に即位しました。**1897年**のことです。

さて，朝鮮の宮廷（きゅうてい）では，日清戦争が終わったあと，危機感が広がっていきました。すなわち，このままだと日本の言いなりになるのでは？……。

そこで宮廷内部には，「危険な賭け（か）」に出ようとする人々が現れました。その危険な賭けとは，**ロシアの勢力**を積極的に引き込んで，**日本に対抗**させようとするものです。その中心人物と目されていたのは，**王妃閔妃**（びんひ）でした。

◤ 閔妃殺害事件

これにあせった日本は，驚くべき事件を引き起こしました。それが，**閔妃殺害事件**（おどろ）でした。

この事件の首謀者（しゅぼうしゃ）は，ソウル公使であった**三浦梧楼**（ごろう）。日本の軍人と公使館員，それに民間の日本人と反閔妃派の朝鮮人が，王宮に侵入して王妃を**虐殺**（ぎゃくさつ）のうえ，ガソリンをかけて**遺体**（いたい）を焼いてしまうという……思わず耳を疑い（うたが）たくなるような事件です。

（新潮文庫）　　　　（中公文庫）

（**左**）ドキュメンタリー作家**角田房子**さんの作品。閔妃暗殺に至る過程が詳述されている。

（**右**）三浦梧楼の自伝。自己の半生を豪放磊落に語る三浦だが，「**朝鮮事件**」（閔妃暗殺）に関するところでは，さすがに口が重い。なお釈放された三浦のところに，**侍従長の米田**が訪ねてきて**明治天皇の言葉**を伝える箇所がある。天皇は「（**三浦は**）やる時にはやるな」という感想をもらしたという。（注：この文庫本の底本である『明治反骨中将一代記』（芙蓉書房）には，この言葉が記載されているのだが，中公文庫版では削除されている）

事件の首謀者は三浦ということになっていますが，彼が漢城に赴任したのは事件のたった1カ月前でした。それから短期間のうちに，こんな大事件を果たして三浦がひとりで画策できるものなのか？　僕は，本国政府のなにがしかの指示があったと考えるほうが妥当だと思います。

彼らは日本で裁判にかけられましたが，「証拠不充分」ということで処罰されませんでした。

反日義兵闘争の始まり

閔妃殺害という暴挙に対して，朝鮮の人々が黙っていたわけではありません。彼らは，武装闘争をもって「国母報讐（王妃の仇をうつ）」のために戦います。これを，**義兵闘争**と言います。20世紀に入ってから本格化する義兵闘争と区別して，**初期義兵闘争**と言う場合もあります。

朝鮮情勢，今回はここまでとしておきましょう。

② 日本の明治維新と琉球王国の運命　　　別冊プリント p.106 参照

開国と明治維新

高校入試で勉強したことだと思うけど，**幕末**から**開国**にいたる日本の歴史を確認しておきましょう。

まず1853年に，ペリー率いる**アメリカ艦隊**が，日本に開国を求めて来航しました。いわゆる「黒船来航」ですね。

翌年の1854年，日米和親条約が結ばれて，**日本は開国**しました。これで，まず北海道の**箱館**（現在の函館）と伊豆半島の**下田**が開港されました。開港と

は言っても，これは貿易港として開港されたわけではなく，寄港したアメリカ船に，薪水・食料・石炭などを供給することが定められました。

　さらに 1858 年には日米修好通商条約が結ばれ，これを契機にオランダ，ロシア，イギリス，フランスとのあいだにも，あいついで通商条約が結ばれました。これらをまとめて，安政の五カ国条約と言います。

　これらの条約にしたがって，貿易が始まりました。しかし，領事裁判権を認めさせられ，また関税自主権が認められないという，典型的な不平等条約でした。

　こうした欧米の外圧によって危機が高まり，西郷隆盛などの下級武士を中心とした勢力によって，倒幕運動が高まりました。そして 1867 年に将軍徳川慶喜は，天皇に対して大政奉還を行い，翌年の 1868 年に明治維新が達成されました。……えっ，簡単過ぎるって!?　いいんだよ世界史は，これくらいでも（笑）。

■ 琉球王国の運命

　琉球王国の滅亡についても，触れておきましょう。琉球王国は，17 世紀初頭以来，清朝と薩摩の島津氏に対する両属体制が続いていましたね（→第 2 巻，p.182）。

　すると 1871 年に，清朝の領土である台湾に，琉球王国に属していた宮古・八重山諸島の漁民が漂着し，そこで彼らが台湾の現地民によって殺されたり，略奪を受けるという事件が起きました。

　すると日本は，1874 年に台湾に 3000 名の軍隊を送り込むのです。これを台湾出兵，あるいは「征台の役」と言います。

　清朝はこの出兵を追認し，被害漁民に見舞金を払いました。これによって，清朝は，琉球王国が日本に帰属することを事実上認めた形になりました。

　そして 1879 年，日本政府は沖縄県を設置して，琉球王国はここに滅びました。この事態を「琉球処分」と言います。

　以上，2 回にわたって東アジアの激動についてお話ししました。

第64回 帝国主義の概観と，英仏の情勢

第2次産業革命と帝国主義(1)

① 帝国主義時代の概観

📖 別冊プリント p.107 参照

まず「帝国主義」という言葉から説明しましょう。

帝国主義とは，**1870年代以降**(教科書によっては**1880年代以降**)，欧米の国々がとった**積極的な対外進出政策**のことを言います。そのために軍備を整えたり，国民の団結を図るために**ナショナリズム(国民意識)の強化**をはかったりします。図解にするとこんな感じか……。

まあ，見てください

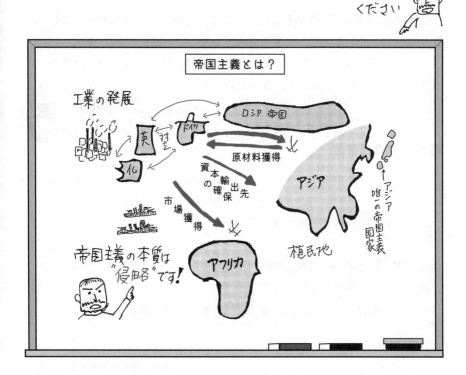

▉ 帝国主義本国の経済

まず19世紀末の，帝国主義各国の**経済の変化**から見てみましょう。

結論から言いましょう。19世紀の末には**独占資本主義**が成立しました。これは商品生産や流通が，**少数の巨大資本家に支配**されている資本主義のことを言います。

では従来（じゅうらい）の資本主義はというと，基本的には**繊維工業などの軽工業**を中心として，中小の資本家の**自由競争**が行われているような資本主義です。それがなぜ，**少数の巨大な資本家**に握（にぎ）られるようになったのか？

▉ 欧米各国に大不況が襲来

まず原因の1つとして考えられるのは，1873年に**恐慌**（きょうこう）が起こり，それ以来欧米の国々を襲（おそ）った**大不況**という事態です。**恐慌**あるいは**不況**とは，経済活動が不調に陥（おちい）る状態のこと。

この**1873年以降の大不況**は，国によって現（あらわ）れ方も原因も異なるし，かなり複雑なハナシなので，具体的な内容まではいいでしょう。

この大不況によって，企業が淘汰（とうた）され，競争に勝ち残っていけた連中が巨大資本家として君臨（くんりん）することになったのです。

こんな人は少数です

勝ち残った

独占資本家

▉ 第2次産業革命

また，独占資本主義が成立した2つ目の原因として，**第2次産業革命**も挙（あ）げられます。

じゃあ第1次の産業革命とは，どこが違うのでしょうか？

第1次：動力源……**石炭（マキ）・蒸気**　基幹産業…**繊維産業や製鉄**
第2次：動力源……**石油・電気**
　　　　基幹産業…**重化学工業・電機工業・非鉄金属工業**など

《注》 ただし，**第2次産業革命**でも，蒸気機関や石炭は使われ続ける。よって，"とって代わられる"のではなくて，"これらに加えて，**石油・電気**も利用されるようになる"と理解したほうが妥当（だとう）である。

この変化には，**19世紀の科学の発展**が不可欠でした。とくに**ファラデー**の**電磁気学**が**モーター**（電動機）開発の基礎となり，**マイヤー**と**ヘルムホルツ**の**エネルギー保存の法則**の発見が，**内燃機関（エンジン）**開発の基礎をつくったことは大きいなあ。この2つの研究によって，電気と石油が動力源になることが可能となったのです。

　それから**リービヒ**の**有機化学**の研究も**化学工業**の発展にとって，欠くべからざるものです。この3つの基礎研究なしに，第2次産業革命はありえないね（→ p.247）。

私のこと忘れないでネ　ファラデー

忘れてませんよ

🚩 銀行の役割の増大

　また**工場の規模**も巨大なものとなり，**初期投資**も莫大なものとなりました。これは**巨大資本家のみに可能**であって，中小の資本家には無理でした。

　そこで忘れてならないのは，**銀行の役割が増大**したことです。銀行は，重化学工業が必要とする**莫大な設備投資**のための**資金調達**で活躍します。

　さきほど"巨大資本家が重化学工業を担う……"みたいなことを言いましたね。でも，これは正確にはまちがいです。

　どういうことかと言うと，たとえば，今の日本の大企業であるS日鉄，Pソニック，H立製作所，それにK塾にしたって（笑），自社の資金だけで新しい工場をつくったりすることなんかできませんよ。とくに製鉄所なんて，つくるだけで千億単位の資金が必要だろ。

　そこで**銀行の登場**となるのです。企業は銀行からお金を借りて，——これを**融資**と言うのですが——，活動を続けます。しかし銀行のほうは心配です。何がって，自分が貸したお金が，ちゃんと儲けにつながっているのかどうかがね。

　下手したら，その企業が損を重ねて，倒産するかもしれません。そうならないように，銀行から役員が融資先の企業に出向して，経営に口を出すようになり，最終的には，**銀行がその企業を支配**してしまいます。130年前

ほれ！　銀行

融資　$　あっざーす　大産業資本家

にそういう事態が，そこかしこで起こりました。そしてこの事態は現在まで続いているのです。

　こうして，銀行という**金の貸し借り**で儲ける人々（銀行資本家，金融資本家）が，**商品を生産**する人々（産業資本家）を支配する体制が生まれました。これを**金融資本体制**とか，**金融資本主義**と言います。この言葉って，要するに"**金を融通する銀行が支配する資本主義**"という意味ですね。

　100年前に，この資本主義の変質に着目し，**銀行の産業支配**を分析した経済学者に**ヒルファディンク**がいます。著書はズバリ『**金融資本論**』。"20世紀の資本論"と言われる本ですね。

> 《注》　世界史の教科書では，「**金融資本（家）**」という言葉を，単に**銀行家**を指すものとして使用する場合もあるので注意。

◤ 独占の形態

　それから，教科書には**独占の形態**として，カルテル・トラスト・コンツェルンの3種類が書いてありますね。この区別もやっておきましょう。

▶カルテル

　カルテルは「企業連合」と訳し，**同種の企業**が，**企業の独立性を保ちつつ，商品価格などで協定を結んで結託**し，**市場の独占**などをめざすものです。……わかるかな，これで？　も少し説明しとくか。

　いくつかの大企業が，本来よりもずっと**安い価格**で商品を売りまくります。すると，競争力が弱い中小の企業は，なぎ倒されてしまいます。そうすれば，その後に市場は独占できる，とまあこんなシナリオです。

▶トラスト

　トラストは「企業合同」と訳します。これは**同種の複数の企業**が，同一の**資本によって支配**されたものです。とくに**アメリカ**で発達しました。**ロックフェラー**が支配する**石油トラスト**がその代表ですね。

▶コンツェルン

　コンツェルンは「**財閥**」などと訳します。これは**異種の企業**を，**巨大な銀行が支配**するものを言います。戦前の日本の三井・三菱財閥や，ドイツのIGファルベン，それにアメリカの**金融王モルガン**が支配する財閥などが典型で

すね。……アメリカでは，コンツェルンという言葉はあまり使わず，「利益集団(Interest Group)」を使うようですが。

▌帝国主義国家の対外進出

経済の堅(かた)い話が続きました。次は帝国主義国家の**対外進出**です。

すべての帝国主義国家は，**植民地を求めて**外に出ていきます。しかしこれは何も19世紀末に始まったことではありません。BC4世紀にはアレクサンドロス大王が東方遠征をやって，ギリシアの過剰(かじょう)な人口を，アジアに対して文字どおり「(民を)植え付け」ようとしました。

またイギリスは，19世紀前半を中心に，**原料供給地**や**市場**を求めて**インドを侵略**したり，**アヘン戦争**を起こしたりしましたね。

このような**過剰人口の植民**や，**市場・原料供給地の確保**といった従来の目的に加えて，19世紀末以降の帝国主義時代には，**新たな目的**が加わりました。それは，**資本輸出という目的**です。ほかの言い方としては，**国外投資・海外投資**でもいいでしょう。

▌資本輸出

イギリスを例に**資本輸出**を説明しましょうね。

まず「資本」とは，将来の儲(もう)けのために投下(とうか)されるお金のことを言います。

で，それをたとえば**マンチェスター**にではなく，インドの**ボンベイ**や**カルカッタ**に投下して，そこに**綿織物工場**をつくる。このような行為(こうい)を資本輸出というのです。

なぜボンベイやカルカッタなのか？　それはそのほうが**利潤**(りじゅん)**が大きい**からです。理由としては，そのほうが**原料供給地**や**市場に近接**(きんせつ)していること。あるいは**労働者の賃金が安価**(あんか)なことなどが挙げられます。これは，今現在，日本を含む「先進」工業国の企業が世界中でやっていることでもありますがね。

◼ 借款を通じた支配

また，ラテンアメリカやロシア，それに中国，トルコといった開発が遅れている国々の政府に対する借款（しゃっかん）も行われました。「借款」とは，国家間で成立した借金のことを言います。

で，お金を借りた各国政府は，それを資金に油田・鉄道・鉱山などの開発を行います。そしてこれらがもたらす富は，**借款の利子**（りし）という形で，お金を貸した国，もしくはその国の**金融機関**に流れていくのです。

また，お金を貸した国が，借りた国の開発を担い（にな），**さまざまな利権を直接支配**してしまうようなことも横行（おうこう）しました。

フランスは，とくにこの**借款に熱心**でした。フランスはイギリスやドイツほどには工業のめざましい発展が見られなかったので，この借款という手段で，儲け（もう）ようと考えたのです。これを強調して，フランスを「**高利貸し帝国主義**」と，表現することがあります。とくにターゲットになったのは**ロシアとトルコ**でした。

◼ 軍国主義化の進展

さて，植民地獲得の目的は分かりました。次はその余波（よは）。これも結論から言うと，**軍国主義化の進展**（しんてん）をもたらしました。

これは分かるでしょう。だって，好きで植民地になる民族はいませんからね。当然**抵抗**もありますし，また植民地獲得をめざして**欧米（日本も含めて）の国々どうしの対立**も深まり，**戦争**も想定されます。

だとすると，もし戦争が起きても，パニックにならずに粛々（しゅくしゅく）と戦争を遂行（すいこう）できるような国づくりを進めなければならない……。

そこで，そのための国づくりとしては，まず**軍需産業を育成して軍備を拡張**。そして，戦争にスムーズに**国民を動員**できるようにする……。

◼ 国民統合の強化

さらに，ひとたび戦争が起きたときに，国民がバラバラでは敗北してしまうので，**国民統合**が必要となります。この言葉は，**ナショナリズム（国民意識）の強化**，あるいは**愛国心の強化**という言葉に置きかえてもいいでしょう。

この国民統合の前提として，国家がまず行おうとしたのは，**国民教育**でした。国家が主導する教育によって，読み書き，そして計算能力を高め，**労働者や兵士**としての質の向上を図ろうとしたのです。だって，工業にしても戦争にしても，機械や武器のマニュアルを理解しなくちゃいけないだろう！

　また「**共通語（国語）**」も必要でした。だって全国から集まってきた兵士たちが，みな各地の方言しか理解できなかったら，命令の伝達もできないですからね。突撃するときに，将校が博多弁で「**ぼてくりこかせ！**（注：“やっつけろ”という意味）」と言っても，なんのことか分からないだろう（笑）。

　こうして近代帝国主義国家は，方言に対しても不寛容になっていったのです。

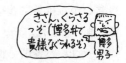

きさん，くらさる
っぞ（博多弁で
貴様なぐられるぞ）

▶国民統合のやっかいな副産物

　そしてその延長線上には，**偏狭な排外主義**が待っていました。また排外主義は，**人種（人種差別）主義**や**自民族中心主義**とも簡単に結びつきます。

　言われなき差別・偏見にもとづく人種主義は，英語で**レイシズム**（racism）。また自分が育ってきた文化，そして自分が属する民族のみをすばらしいものと勘違いし，ほかの民族の文化を否定し，それを劣ったものと見るのが自民族中心主義です。これは英語では，**エスノセントリズム**（ethnocentrism）。

　いずれも醜い考え方です。およそこの世に存在した伝統的文化に，不合理なものは存在しません。不合理なものが伝統として存続できるはずはないからです。**ヘーゲル**先生も言ってますよね。「**存在するものは合理的であり，合理的なものは存在する**」。

世界史を勉
強したら，これ
わかるよね！

▶中村哲医師の言葉

　中村哲医師は，私が尊敬する日本人の1人です。中村先生は，**アフガニスタン**で30年以上にわたって医療支援活動のみならず，砂漠化した大地に**灌漑設備**をつくってこられた方です。残念ながら2019年12月に，アフガニスタンで襲撃を受け亡くなられてしまいました。

　日本人で，クリスチャンである中村先生が，イスラーム教徒のなかで活動されるときに，肝に銘じられたことがありました。これは中村先生自身に語っていただきましょう。

中村哲先生
(1946〜2019)

それは，現地の文化を尊重するということです。アフガニスタンには，アフガニスタンの伝統的な慣習・文化があります。それを，**余所者が自分の基準に従って評価してはならないのです**。世界の文化には，確かにいろいろな違いはありますが，それは違っているだけであって，**決して優劣があるわけではないのです**。

《注》 山川出版社『詳説世界史探究』(p.357)に，中村先生のことが詳細な説明文と写真付きで掲載されました。……うれしかった。山川出版社のみなさん，ありがとうございました。

▶排外主義，人種主義の具体例

しかし 19 世紀末のヨーロッパには，残念ながら排外主義や人種主義が横行してしまいました。

ヨーロッパ各国で世紀末に高まった**反ユダヤ主義**などはその典型といえるでしょう。**ドレフュス事件**(→ p.321)は，その最たるものですね。

排外主義

俺たちはフランス人だ！

お前ら違うだろ！

青木　ドレフュス

また，**ロシア**や**東欧**ではユダヤ人に対する組織的な虐殺・暴行があいつぎました。これを「**ポグロム**」と言います。

それから，欧米には**黄禍論**も登場しました。すなわち，"日本のような黄色人種が欧米の世界秩序を乱す"という議論ですね。

……だったら，アジア・アフリカ・ラテンアメリカは 16 世紀以来，"白禍"によって大変だったよね(笑)。

■ 社会政策の実施

また，国民統合には，別の動機(背景)もありました。それは**第 2 次産業革命**の進展にともなって，**都市労働者**の数が激増し，彼らを支持基盤とする**社会主義者**が**台頭**したという事実です。「海外侵略や対外戦争をやってるスキに**革命**やられちゃたまんない！」

そういう危険性を少しでも緩和するには，労働運動などに対して**弾圧一辺倒の態度ではダメ**です。反発が革命を呼び込むかもしれませんからね。そこで政府は，たとえば**選挙権の拡大**をおこなって，労働者大衆の不満にある程度こたえました。

さらには**国家による大衆保護政策**も展開されました。これを一般的に社

会政策と言い，その先鞭をつけたのは，ドイツのビスマルクでした。ビスマルクなどは，とくに**疾病保険**や**養老保険**などの社会保険制度を整え，労働者が安心して仕事ができるように取りはからいました。

対外侵略にもいろいろ準備が要るのです。

では続いて，帝国主義各国の情勢を見ていきましょう。

英・仏の情勢

別冊プリント p.108 参照

■イギリス

ディズレーリ首相
（任 1868,
1874～1880）

▶対外政策

まずはイギリスからです。

Q 1868 年に続いて，1874 年に保守党内閣の首相となって，帝国主義政策を展開したのはだれか？　　　　　　——ディズレーリ

ディズレーリ首相は，**1875 年にスエズ運河の株を買収**したり，**1877年にインド帝国の成立**をお膳立てしたり，また 1878 年には第 2 次アフガン戦争も遂行しました。

▶「世界の銀行」

また，**イギリス**は 1870 年代以降，アメリカなどの追い上げによって「**世界の工場**」の地位を追われました。しかしそれまでに蓄積した**豊富な資金**を背景に，**投資・借款，海運・保険**などのサービスの面では，なお世界経済の中心でした。まさに「世界の銀行」と呼ばれるわけです。

とくにロンドンの中心部の**シティ**と呼ばれる金融街は，世界の金融の中心でした。

それから広大な**植民地の再編成**も行いました。具体的には，**白人**が多数派を占めている植民地については，広範な**自治**を認めたのです。このような植民地を，**自治領**と言います。

最初の自治領は，**1867 年**に自治領となった**カナダ連邦**で，その後，1901 年に**オーストラリア**，1907 年に**ニュージーランド**，そして 1910 年に**南アフリカ連邦**が自治領となりました。

また自治領・植民地, そして本国の協議機関として, 1887年には**イギリス植民地会議**が設立され, これは1907年に**イギリス帝国会議**と改称(かいしょう)されました。

▶内政——人民予算をめぐる攻防

内政の面では, 20世紀初頭の**自由党内閣**の政策が重要です。首相はアスキス。当時のイギリスは, **ドイツの海軍増強**に対抗するための**軍事予算の拡大**と, 国内の労働者をなだめるための**社会政策**が必要でした。

問題なのは, その財源。すると自由党内閣は, **強烈な累進課税**(るいしん)を前提とする予算案を提示しました。累進課税とは, 高額所得者になればなるほど高率の所得税を課すという, 至極(しごく)まっとうな税制のことです(笑)。これは"**予算案における革命**"と評(ひょう)され, 「**人民予算**」と呼ばれました。

金持ちからたくさん税を取るのさ!

ロイド=ジョージ
蔵相(任1908〜1915)

Ⓠ この「人民予算」を組んだイギリスの蔵相はだれか? ——ロイド=ジョージ

予算案は, **アイルランド国民党**や**イギリス労働党**の支持もあって, 1910年に成立しました。

また人民予算には保守党の貴族勢力が優勢な**上院**が反発しました。そこで, 自由党は議会法を提案しました。これは, **下院が貴族院に優越**(ゆうえつ)するという内容を持つもので, 国王ジョージ5世の支持もあり, 法律は1911年に成立しました。

また, 同年の1911年には国民保険法も制定されました。これは, **健康保険(疾病保険)**(しっぺい), **失業保険**という2つの**社会保険制度**が根幹(こんかん)でした。

▶労働党の成立

1906年には**イギリス労働党**が成立しました。その母体となったのが, 1900年に結成された労働代表委員会。この委員会に結集したのが, 労組と**社会民主連盟**, **独立労働党**, そしてフェビアン協会でした。フェビアン協会は, ウェッブ夫妻や作家のバーナード=ショーを中心とした組織です。

労働党は**革命をめざす政党ではなく**, **漸進的な改革を志向**(ぜんしん)(しこう)しました。これは注意だね。

■ フランス

▶軍部の陰謀

フランスでは，**1875年**に共和政の憲法が制定され，**第三共和政**が確立しました。しかしこの体制は，**王党派**や**軍部**によって動揺させられました。

とくに，**普仏戦争で敗北**し，発言権を失った軍部の一部は，国民に人気のあった軍人を担いでクーデタを起こそうとしました。

シドニー＝ウェッブ
(1859〜1947)

ベアトリス＝ウェッブ
(1858〜1943)

バーナード＝ショー
(1856〜1950)

Q この事件を，担がれた将軍の名を冠してなんと言うか？

——**ブーランジェ事件**

続いて起こったのが**ドレフュス事件**でした。これはユダヤ系の軍人ドレフュスを**ドイツのスパイ**だとする冤罪事件です。軍部はドレフュスの無罪を知っていましたが，軍法会議で終身刑に処します。これに共和政の危機を感じた人々がたちあがり，ドレフュス擁護の論陣を張りました。そのなかには，後に首相となる**クレマンソー**もいました。また，

Q 新聞に「私は弾劾する」という大統領宛の公開書簡を発表して，軍部や政府を批判した自然主義の文学者はだれか？ ——**ゾラ**

ゾラには『居酒屋』や『ナナ』という作品がありますね。

さて，ドレフュス事件が起きたのは**1894年**で，1901年には共和政擁護の人々が結集して，**急進社会党を結成**しました。そして1899年から再審が始まり，1906年に無罪が確定すると，共和政も危機を脱しました。

また1905年には，**政教分離法**も制定されました。これは国家によるカトリック教会への保護をやめ，国家の宗教的な中立を確立した法律でした。とくに**公教育**における**宗教の排除**は徹底されました。

▶急進社会党について

急進社会党についてもひとこと。名前は「急進」的ですが、資本主義体制の打倒をめざす**革命政党ではありません**。支持基盤の中心は、**農民**や**小ブルジョワジー**

〈ドレフュス，位階剥奪の図〉
大佛次郎ノンフィクション文庫『ドレフュス事件』の表紙より。大佛次郎(1897~1973)は、日本を代表する歴史小説家。出世作は『鞍馬天狗』。その後、パリ=コミューンを描いた『パリ燃ゆ』、明治維新を描いた『天皇の世紀』などの代表作を著す。

で、**議会制度**と**私有財産制**の擁護を唱(とな)えていました。

▶フランスの労働運動

1905年には、**フランス社会党**が成立しました。これは、革命を志向するマルクス主義者から、革命を否定し漸進(ぜんしん)的な社会改良をめざす穏健(おんけん)な社会主義者までを含めた組織でした。それで「統一社会党」と呼ばれることもあるようです。じゃあ、社会党は**労働者から広範(こうはん)な支持を受けたのか？** 答えは**違う**ようですね。ここは、フランスの労働者の方に聞いてみましょう。

労働者の
セッシ=ボンさん

俺たちには、**1789年の大革命**以来、**七月革命**でも**二月革命**でも、**直接行動**で世の中を変えてきた伝統がある。議会のちまちました議論なんかにゃあ、期待なんかしてねーぜ！

Ｑ このように、労働者（労働組合）の直接行動によって社会を変えようという考え方をなんと言うか？

——フランス語でサンディカリスム

英語ならサンディカリズム。サンディカとは労働組合のことです。

ドイツの19世紀末については、第54回でしゃべりましたね。では今回はこの辺で。

第65回

ロシア・アメリカの情勢

第2次産業革命と帝国主義(2)

① ロシアの情勢——第1次ロシア革命　📖 別冊プリント p.110 参照

🔖 ロシアの工業化

1890 年代からロシアにおいても**工業化**が進展しました。ロシアの工業化の特色をいくつか挙げておきましょう。

まず**国家主導**である点。いわゆる上からの工業化でした。

それから，ロシアには工業化に必要な資本がありませんでした。そこでフランスからの**借款**が頼みでした。とくに **1891 年**の**露仏同盟**の**締結**はそのきっかけとなったのです。

そしてロシア工業化の一番大きな「**業績**」が，**シベリア鉄道の開通**ですね。全線開通したのは **1905 年**，日露戦争の真っ最中です。

一方，ロシアは**穀物の輸出**によって工業化のための**資本調達**をねらいましたが，それを強行すると，国内の穀物が不足して国民生活は危機に陥ります。それを承知の穀物輸出でした。これを通称，「**飢餓輸出**」と言います。

🔖 新しい階級の誕生

この工業化は，それまで**地主（地主貴族）**と農民だけだったロシアの社会に，新しい階級を台頭させました。それは工業の担い手である**資本家（産業資本家）**と労働者でした。

🔖 ロシア社会民主労働党

こうした背景のもとに 1898 年に結成されたのが，**ロシア社会民主労働党**でした。

《注》　結成年については，山川出版社『詳説世界史探究』は「20 世紀初め」を示唆しているが，山川出版社『新世界史』と実教出版は 1898 年としている。

Q “ロシア=マルクス主義の父”と言われるこの政党のリーダーの1人はだれか？
——プレハーノフ

よろしいですか。**支持層が労働者**であるということは，党名からして分かります。そして，**レーニン**という人物がいますね。彼は『**帝国主義論**』や『**国家と革命**』などの著作で有名です。

■ ボリシェヴィキとメンシェヴィキ，何が違うか？

さて，このロシア社会民主労働党は，1903年の**ロンドン**で開かれた党大会で生じた対立によって**分裂**してしまいました。

これによって2つの**派閥**が生まれました。まず，党大会で多数派を占めた連中を**ボリシェヴィキ**と言います。ロシア語では「**多数派**」という意味です。指導者はやはりレーニンでしょう。一方少数派は，プレハーノフやマルトフらに率いられた**メンシェヴィキ**です。ちなみにその後，1906年に両派統一大会が開かれ，この時はメンシェヴィキの方が「多数派」となり，1912年に完全に分裂しました。

両派は，**党組織**と**革命観**に大きな違いがありました。まず，レーニンたちボリシェヴィキの言い分を聞いてみましょう。

ロシアは弾圧がきびしいから，党員資格を厳格にして少数精鋭の党をつくろう。それから革命は，労働者と農民が団結して，資本家と地主を打倒する社会主義革命を起こそう！　なっ，同志たちよ！

レーニン（1870～1924）

じゃあ，今度は**マルトフ**や**プレハーノフ**に率いられた**メンシェヴィキ**にお願いしましょう。それでは，マルトフさん，どうぞ（笑）。

確かに弾圧はきびしいけど，**ドイツ社会民主党**みたいに**幅広い支持**を集めていけば，社会改革は可能です。そのためには，多くの党員を集めないとダメ。それから社会主義革命はまだ早いよ。だって，ロシアは，イギリスみたいに**資本主義（≒工業化）が発達してない**もん。だから革命は，産業資本家と労働者・農民が**連携**して，皇帝と地主（貴族）を打倒するようなものになるよ。……たぶん。

プレハーノフ　　マルトフ
(1856〜1918)　(1873〜1923)

　さらに武装蜂起のような**暴力革命ではなく**，議会を通じた**ゆるやかな改革**を志向していました。歴史観の違いを図解にすると，こんな感じかな。

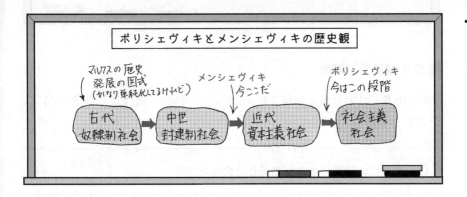

ボリシェヴィキとメンシェヴィキの歴史観

マルクスの歴史
発展の図式
（かなり単純化してるけれど）

メンシェヴィキ
今ここだ

ボリシェヴィキ
今はこの段階

古代
奴隷制社会　→　中世
封建制社会　→　近代
資本主義社会　→　社会主義
社会

📖 社会革命党

　それから社会革命党が1901年に結成されました。ロシア語の略称は**エスエル**ですね。

Q この党は支持基盤をどの階層におこうとしたか？　　　　　——農民

　やっぱり，農民て人口多いですからね。そこをまとめようとしたのでした。この点は，1860・1870年代の**ナロードニキ**の系譜ですね。

　主張としては，**全人民の土地所有**を掲げました。ですから，社会革命党は土地の私有を認めるわけですね。この点は，土地などの「生産手段の公有化」を唱えるマルクスなどとは一線を画します。

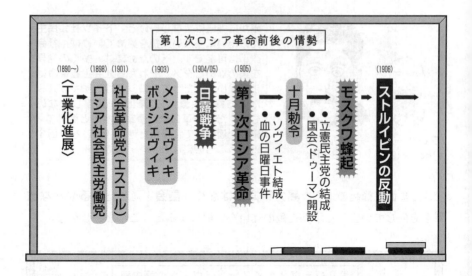

第1次ロシア革命前後の情勢

(1890〜) (1898) (1901) (1903) (1904/05) (1905) (1906)

〈工業化進展〉 → ロシア社会民主労働党 → 社会革命党(エスエル) → メンシェヴィキ ボリシェヴィキ → 日露戦争 → 第1次ロシア革命 → 十月勅令 ・ソヴィエト結成 ・血の日曜日事件 → 国会(ドゥーマ)開設 ・立憲民主党の結成 → モスクワ蜂起 → ストルイピンの反動 →

▨ 第1次ロシア革命

1905年の1月に革命が起こりました。この革命は,**第1次ロシア革命(ロシア第一革命)**と言います。

Ⓠ なぜこの時期に革命が勃発したのか?

背景は **1904年** に始まる日露戦争です。そして 1905 年に大事件が起きました。

Ⓠ 第1次ロシア革命のきっかけとなった首都ペテルブルクで起きた事件とは?
———血の日曜日事件

これは,労働者が家族とともに生活の窮状と平和を訴えようと,皇帝の住む宮殿に向かって静かなデモを行なったものです。その数約20万。ところが,このデモ隊に対して,宮殿を守る近衛兵が発砲して,1000人以上が無差別に虐殺されたという事件です。

Q このデモを指導していた司祭の名は？　　——ガポン

この事件をきっかけに各地で**農民暴動が起き**，軍でも反乱が起きてしまいました。とくに有名な軍の反乱として，

Q 黒海艦隊(こっかいかんたい)の旗艦(きかん)の水兵が起こした反乱は？

——**戦艦(せんかん)ポチョムキン号の反乱**

これは映画にもなりましたので，みなさんのなかで映画が好きな人は知っているかもしれない。監督はエイゼンシュタイン。

また，首都ペテルブルクを中心として，**労働者や兵士がソヴィエトを結成**していきました。では，このソヴィエトって何なのか？

■ソヴィエトとは？

ソヴィエトとは，教科書的な表記だと，「**労働者・兵士の評議会(ひょうぎ)(協議会)**」となります。じゃあどういう**目的**のために「**評議**」するのか。それは労働者や兵士が，**自分たちの命と生活を守るため**です。金儲(もう)けしか考えない**資本家**や，愚(おろ)かな突撃命令を出す**上官**に対し，労働者と兵士は結束して闘(たたか)います。そのために結成された組織がソヴィエトなのです。

彼らは，工場や兵舎を単位に結束して**ソヴィエト(評議会)**をつくりました。

各工場や兵舎で組織されたソヴィエトは連携(れんけい)し，ペテルブルクなどの都市全体にネットワークを持つような大きな組織に成長していきました。

さて，こうした革命の高まりに対して，当時の権力，すなわち**皇帝専制体制(こうていせんせいたいせい)(ツァーリズム)**はどのような対応をしたのか？

■十月勅令の発布

まず当時のツァーリは**十月勅令(じゅうがつちょくれい)(十月宣言)**を発しました。革命のこれ以

上の進展を抑えるためです。

Ｑ この第1次ロシア革命時の皇帝はだれか？　　　──ニコライ2世

　十月勅令の内容は，"立法権をもつ**国会の開設を約束する**"というものでした。国会をロシア語で**ドゥーマ**と言います。要するに西ヨーロッパ的な，イギリスのような近代的な議会制度をつくりますよ，という約束をしたわけです。ちなみに勅令を起草したのは**ウィッテ**で，彼はこの後**首相**になります。またウィッテは，1905年9月に終わった**ポーツマス講和会議**の，ロシア側の全権でした。

　この宣言を受け，立憲体制の樹立をめざす**ブルジョワ自由主義者**を支持基盤として，**立憲民主党（カデット）**が結成されました。このカデットに結集した人々などの穏健派は十月勅令を見て納得しました。

▶モスクワ蜂起

　ところがそう思わなかったのは，より下層の人々です。**労働者**，**農民**あるいは**兵士**。ここで言う兵士というのは，もともとは大部分が**農民**出身で，**農村で徴兵**されて都市にやってきた人々です。そこでいろんな情報に触れ，にわかに政治的に目ざめたのですね。

　それで，さらに革命を前進させるた

第1次ロシア革命後の情勢

めに，1905年12月，彼らは**モスクワ**で**蜂起**しました。しかし，これは鎮圧され，皇帝による反動が始まることになります。

📖 **ストルイピンの政策**

　こうして，しばらくロシアは**冬の時代**を迎えるわけです。

Ｑ 革命運動の弾圧を展開した首相の名は？

　　　──ストルイピン

ストルイピン首相
（任1906-11）

ストルイピンは，革命運動を徹底弾圧する一方，**ドゥーマ（国会）を無視**して**専制政治を復活**させました。

▶ストルイピンの農業改革（土地改革）

また彼は，ミールと呼ばれる**農民の共同体を解体**し，ミール単位で共有されている**農地を農民に分与**しようとしました。これを**ストルイピンの農業改革（土地改革）**と言います。

目的は2つありました。まず，農民に土地を与え**自作農を創設**することで，彼らを**皇帝の強固な支持基盤**にしようとしました。第2に，しばしば農民運動の母体となっていた**ミールを解体**することで，**農民の反抗を抑えよう**としました。

さて，土地を得て自作農になることは，たしかに農民たちの「夢」ではあります。しかし，当時のロシア農民たちの多くは，**ミールから離脱**して**農業の個人経営**を行うことを迷ったようです。気候はきびしいし，技術は低いしで，やっていけるかどうかの自信がなかったのですね。

結局のところ，土地を得てミールから離脱した人たちは，農業経営に失敗して**没落**するものが多く，また工場で**低賃金で働く労働者**になるものも少なくありませんでした。というわけで，ストルイピンの改革は，**農民たちの不満を醸成**することになりました。

この不満のはけ口を求めて，ロシアは**バルカン半島への南下**をしようとしました。これは**独・墺との対立を激化**させ，**第一次世界大戦**の原因をつくりました。そしてこの戦争中の1917年に，ロシアでは**2回の革命**が起こることになります。それについては，第4巻でお話ししましょう。

② アメリカの情勢

別冊プリント p.111 参照

次はアメリカです。さらにアメリカの進出を受ける**ラテンアメリカや太平洋地域**についても，触れておきましょうね。

◼ 独占資本の成長

まず，**南北戦争**後，工業を中心にアメリカの経済が発展しましたね。そして競争の進展とともに，**巨大な独占資本**が成長しました。

その代表は**ロックフェラー**ですね。彼は**スタンダード石油会社**の経営者です。この会社の後身の1つがエクソン(Exxon, Esso)ですね。また，スコットランド出身の移民で，「**鉄鋼王**」と呼ばれたのが**カーネギー**。アメリカ資本主義の立志伝中の人物です。

　それから，もう1人忘れてならないのが，「**自動車王**」のフォード。彼は1908年に格安の自動車，**T型フォード**を生産しました。その生産方式は，異なった作業場をつなぐ**流れ作業方式**。そして，1913年には作業場はベルトコンベヤでつながれました。今，どこの工場でもやってる方式もフォードが起源なんだね。

　その結果，T型フォードの価格はますます下がり，当時の労働者の約半年分あまりの給料で，新車が買えるようになりました。……すごいですよね！これって，今の日本と同じじゃん！

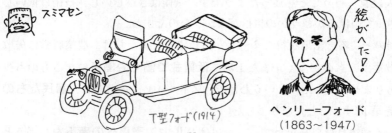

スミマセン

T型フォード(1914)

ヘンリー＝フォード
(1863〜1947)

絵がヘた！

1914年型のT型フォード(幌をたたんだ状態)。価格は490ドル。当時の労働者の平均日給が2〜3ドルだから，約半年分の収入で買える値段だった。1925年には，さらに290ドルに下がった。ちなみに，フォード社の日給は5ドル。これは，当時としては破格の高給だった。

　そして最後に登場するのは，「**金融王**」のモルガンです。彼は，カーネギーなど複数の製鉄会社を自己の資本で統合し，**USスティールを設立**しました。これを「**鉄鋼大合同**」と言います。

　こうして少数の巨大資本家の経済支配が進んだのですが，アメリカという国の国是(注：国の基本姿勢)は，**自由競争**。独占は，健全な競争を阻害するというので，**1890年**に，日本の独占禁止法にあたる法律が制定されました。これが**シャーマン反トラスト法**です。これで**スタンダード石油会社は解体**されることになりました。

📖 労働運動の組織化

一方，労働運動の組織化も進みました。

Q 1886年に上層労働者の労働組合を中心に設立された，労組の全国組織は何か？
——アメリカ労働総同盟

略称はAFLです。初代委員長は**ゴンパーズ**。彼は48年も委員長を務めました。この組織は**上層労働者が中心**だったため，資本主義そのものの変革は望んでいませんでした。資本家にとっては，"穏健な"組織だったのね。

**サミュエル=
ゴンパーズ**
（1850～1924）

イギリスからわたってきた**オランダ系ユダヤ人**。葉巻きづくりの職人として生計を立てる。**16歳**（！）にして労働者をまとめあげ，代表として労使交渉に臨んだという。ウィルソン大統領は，彼を労働問題の御意見番として重用していたらしい。

これに対して，1905年には下層の労働者を中心に，**世界産業労働者同盟**ができました。略称は**IWW**。何かプロレスの団体みたいな名前だな（笑）。指導部は**サンディカリスト**たちが握り，その尖鋭な活動は，世間の耳目を集めはしましたが，大きな勢力とはなりえませんでした。**サンディカリズム**（労働組合主義）とは，既成政党の議会活動に頼らず，**労働組合の直接行動によって社会を変革**しようとする発想のことを言います。

📖 カリブ海政策

1890年に，アメリカの連邦政府は**フロンティアの消滅宣言**を発しました。「**フロンティア（辺境）**」の定義は，アメリカの国勢調査局によると，1平方マイルあたり6人以下しか住んでいない未開拓の土地のことです。**西漸運動**と呼ばれた**西部開拓**が展開され，19世紀半ばからは西海岸からロッキー山脈に向かっても開拓が進みました。

そしてフロンティア消滅後のアメリカは，

フロンティアの消滅，そして

ロッキー山脈

次は海外，ラテンアメリカだ

積極的に海外進出に乗り出していくことになりました。その矛先は，まず「**ア**
メリカの裏庭」と言われていた**カリブ海域**に向けられたのです。これをカリ
ブ海政策と言います。

Q 侵略の準備段階として，1889 年，ワシントンで開催されたアメリカ
大陸諸国の会議をなんと言うか？

——第 1 回パン=アメリカ（汎米）会議

　これは 1826 年にボリバルたちが**パナマ**で開催した会議とは異なり，アメ
リカが主導的に動いて開いたものです。

■ 米西戦争の勃発

　そのころキューバでは，**スペイン**に対する独立運動が高揚していました。
その中心にいたのは**ホセ=マルティ**。彼自身は 1895 年に戦死しますが，こ
の独立運動を援助する，という口実のもとにアメリカはキューバに介入し，
1898 年に**米西**（アメリカ=スペイン）戦争が
勃発しました。

Q 当時の共和党のアメリカ大統領は？

——マッキンリー

背後にハバナ港を臨む。左はガ
イドの女性バティスタさん。"無
理やり"彼女の肩に手をまわさせ
られた。（撮影は 1989 年）

　彼の時代からアメリカの**帝国主義時代**が始
まると考えていいでしょう。米西戦争のきっ
かけとなった事件が，キューバのハバナ港に
おけるアメリカ軍艦**メイン号爆沈事件**です。事の真相は不明ですが，アメ
リカはこれをスペイン側の謀略として宣戦し，結果はアメリカの勝利に終わ
りました。

　米西戦争の講和条約は**パリ条約**です。内容は，以下のとおり。

①スペインはキューバの独立を認める
②スペイン領のプエルトリコ・グアム・フィリピンをアメリカが領有

そして，まちがえやすいのはハワイです。ここは米西戦争中のどさくさの
なかで**アメリカに併合**されますが，スペインから奪ったわけではないんです
よ。

カメハメハ
1世
（位1795
～1819）

■ハワイ併合

ハワイ諸島は，19世紀初めに**カメハメハ朝のカメハメハ1世**によって統一
されました。しかし，アメリカ人がこの地で**サトウキビ栽培**を始め，**製糖
業**もおこり，**中国人や日本人**も労働力として移住してきました。

そして1893年，最後の女王となる**リリウオカラニ**が，
アメリカによって退位させられ，**1898年にハワイは
アメリカに併合**されました。彼女は，ハワイアンの名曲
「アロハオエ」の作詞作曲で知られています。その後ハワ
イは，1900年にアメリカの**準州**になり，正式な州に**昇
格**したのは，1950年のことでした。

リリウオカラニ
（位1891～1893）

アメリカが**グアム・フィリピン**，それに**ハワイ**を得たことは，**アジア・
太平洋地域に進出**する**布石**を獲得したことを意味しました。

■キューバの保護国化

さて**キューバ**は，米西戦争後はアメリカ軍の**軍政下**に置かれました。
そのキューバに対して，アメリカは**プラット条項**（プラット修正）を突きつ
け**保護国化**に着手しました。

プラット条項とは，キューバ憲法を修正させて，**財政や外交**をアメリカの
主導下に置こうとするものです。共和党の上院議員プラットが提案し，1901
年に議会で可決されました。これを**受諾**したキューバは，1902年にアメリ
カの**保護国**となりました。

さらにアメリカはキューバから**グアンタナモ**を**租借**し，ここに**海軍基地
を建設**しました。ここは現在（2024年4月）にいたるも，アメリカの支配下
にあります。アメリカ映画の『バッド・ボー
イズ2』には，このグアンタナモの海軍基地が
登場します。なぜか？　それはネタバレにな
るから言えません！

◼ セオドア=ローズヴェルトの時代

さて，マッキンリーが1901年に暗殺されると，**セオドア=ローズヴェルト**が副大統領から大統領に昇格しました。

Q セオドア=ローズヴェルト時代に行われたラテンアメリカに対する強圧的な外交はなんと呼ばれるか？　　　　　　　　　——**棍棒(こんぼう)外交**

彼の時代に**パナマ運河の建設**が始まりました。パナマはアメリカの圧力で，1903年に**コロンビアから独立**させられました。そして運河建設に関連して，工事権や運河地帯の**永久租借権**をアメリカに握られ，**パナマは事実上保護国化**されました。

セオドア=ローズヴェルトは，国内的には「**革新主義**」を唱(とな)えて，1890年に制定されていた**シャーマン反トラスト法**を使い独占資本の横暴(おうぼう)を抑(おさ)え，**労働者・農民の利益保護**を提唱(ていしょう)します。しかし，対外的には侵略的傾向が強い人だったのです。

T. ローズヴェルト(1858〜1919)
　彼は**革新主義**を掲げて斬新な政治を展開しようとした。1902年の炭鉱ストライキのときに労働者の側に立ったり，マイノリティである**ユダヤ人**を初めて閣僚に任命したり，また国立公園を拡張して自然保護の姿勢を見せたり……。
　1905年のポーツマス講和会議のホスト役をつとめ，それが認められて，1906年には**ノーベル平和賞**を受賞している。
　あまたあるアメリカ大統領の評価ランキングでは，常にBest5に入る。

◼ タフト大統領

次の**大統領タフト**の場合も，「**棍棒(こんぼう)を携(たず)えた対ラテンアメリカ外交**」という点ではローズヴェルトと同様です。たとえば，1912年には内戦状態だった中米**ニカラグア**にアメリカ海兵隊を派遣して，親米政権を助けました。その後1933年まで，アメリカ軍による事実上の占領状態が続きました。

でも，タフトの場合はそれに加えて，**資本輸出**(**国外投資**，**海外投資**)や，**中南米諸国の対外債務(さいむ)をアメリカが肩代(かた)わり**することを通じて，諸国に対する経済的な影響力をも強めていこうとしました。

Q このように剝きだしの暴力だけではなく，経済力によっても支配しようというタフトの外交政策をなんと言うか？ ——ドル外交

軍事力を使わなかったわけではないぞ

タフト大統領
(任1909～13)

◤ ウィルソン時代の内政

民主党のウィルソンは1912年の大統領選挙に際して，「**新しい自由（新自由主義）**」を提唱しました。プリンストン大学の政治学・歴史学教授だったこの人，自分の理念を追求する人だったようです。

彼の任期中，内政の面では，**クレートン反トラスト法**が制定され，独占企業の活動に制限が加えられました。また労働者・農民の保護政策，それに**関税引き下げ**なども行なっています。

1919年にはウィルソンの反対にもかかわらず，**禁酒法が制定**されました。また，翌**1920年**には憲法が修正されて，**全米で女性参政権が承認**されています。**憲法修正第19条**は，こう記しています。「**合衆国市民の選挙権**は，合衆国のいかなる州も，**性別を理由としてこれを否定し，または制約してはならない**」（岩波文庫『世界憲法集』第2版）。

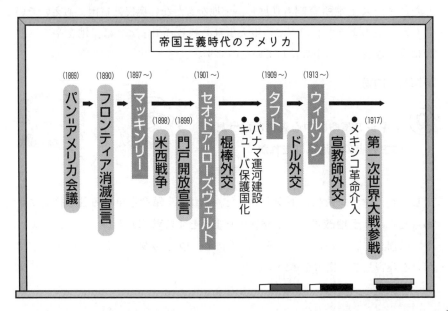

帝国主義時代のアメリカ

パン=アメリカ会議 (1889) → フロンティア消滅宣言 (1890) → マッキンリー (1897～) → 米西戦争 (1898) ・ 門戸開放宣言 (1899) → セオドア=ローズヴェルト (1901～) ・ 棍棒外交 → タフト (1909～) ・ パナマ運河建設 ・ キューバ保護国化 ・ ドル外交 → ウィルソン (1913～) ・ メキシコ革命介入 ・ 宣教師外交 → 第一次世界大戦参戦 (1917)

ウィルソンの対外政策

　対外政策ですが，まず**孤立外交**から一転して**第一次世界大戦に参戦**しました。この経緯については，第４巻でお話ししましょう。

　それから，ラテンアメリカ進出については，前の大統領たちとそう大差はないですね。たとえば，**ハイチ**やその東隣の**ドミニカ**を，「アメリカの権益を守るため」という口実で軍事占領しました。また**パナマ運河が完成**したのも**1914年**のことで，ウィルソンの時代ですね。

　それから彼の時代には，隣国**メキシコ**で**革命**が進行していました。

③　メキシコ革命とその後　　　　　📖 別冊プリント p.113 参照

メキシコ革命とウィルソン

　1910年に，メキシコで，30年以上にわたって独裁権力を振るってきた**ディアス大統領**を倒す革命が起きました。それが**メキシコ革命**です。

▶ディアスの独裁

　ディアスの時代は，アメリカやイギリスによる**メキシコの半植民地化**が進んだ時代で，とくに**鉄道・石油**などが**アメリカ資本**によって支配されました。また**大土地所有制**も進展し，土地をもたない農民は貧困にあえいでいました。そのような状況下で，軍人出身の独裁者ディアスは，**地主**やアメリカに支持されて政権を維持していたのです。

▶革命と内紛

Ｑ メキシコ革命の中心人物となった自
　　由主義者の政治家はだれか？

　　　　　　　　——マデロ

　しかし，マデロ政権は不安定でした。それは，革命を単なる独裁打倒に終わらせずに，**土地改革**にまで発展させようとする**貧農**たちのつき上げによって，動揺していたからです。それに乗じて，**ウェルタ**という反動的な軍人がマデロを殺害して，権力を奪いました。

▶外国の干渉

ウィルソンはこのウェルタ政権を承認しませんでした。またドイツがウェルタに対して武器援助をしようとすると，これを武力で阻止します。

しかしこれ，道義的には理解できないこともないんだけど，やり方がまずかったんだね。だって，武器の陸揚げが予定されているメキシコの港を，アメリカ海兵隊を派遣して占領しちゃったんだもん。ウェルタへの武器援助を阻止するために，その国の**主権を侵害**してしまったわけだよね。これにはウェルタのみならず，反ウェルタ派の人々も抗議。

このあたりが，ウィルソン外交が**宣教師外交**と呼ばれる所以ですね。「宣教師外交」とは，アメリカが，自分たちの民主主義の道義的優位性を説きながら，ラテンアメリカ諸国に対してみずからの指導力を認めさせようというものです。

📖 メキシコ憲法の制定

さて，メキシコ革命のその後なんですが，**貧農を組織した**サパタやビリャの蜂起などによって，ウェルタは失脚しました。その後，実権は地主出身の自由主義者カランサに握られます。

彼は，サパタやビリャと対立しつつも，さまざまな社会改革を下層民衆に約束し，その理念は**1917年**の**メキシコ憲法**に掲げられました。

サパタ
(1879〜1919)

たとえば**土地・地下資源・水の国家所有**を規定した第27条は，外国に対する**資源国有化**や，大土地所有制の解体をともなう**土地改革**などの法的根拠になったのです。

また**労働者の権利**を大幅に拡大したり，**義務教育の無償化**なども規定されていました。メキシコ憲法に示された理念は，メキシコが理想とする社会を明らかにしただけではなく，**ほかのラテンアメリカ諸国の近代化や社会改革の指針**ともなりました。

■ カルデナス大統領

Q 1930年代，この"メキシコ憲法"の理念を結実さ
せようと努力した大統領はだれか？
　　　　　　　　　　　　——カルデナス

**カルデナス
大統領**
(任1934〜1940)

　カルデナスの時代に，**アメリカ資本の支配下**にあっ
た石油の国有化がなされます。また土地改革も実施され，
伝統的な大土地所有制は，ほぼ姿を消したと言われます。
とくに前者は，第二次世界大戦後に澎湃として沸き起こ
る**第三世界**の「**資源ナショナリズム**」の先駆的行動として重要です。

　さらに言えば，アメリカという第一次世界大戦でもほとんど傷つくことの
なかった強力な帝国主義国家に対して，メキシコ単独の力で勝利したという
のは"すごい"と言わざるを得ません。

　メキシコは偉大だね。僕はメキシコの歴史と国民を尊敬しています。

　じゃあ，今回はここまで。

『メキシコ革命』(国本伊代著，山川出版社，世界史リ
ブレット)の表紙。メキシコの画家**リベラ**が描いた『**独
立戦争とメキシコ革命**』。上方にサパタ，左下の白髪
の人物はイダルゴである。1920年代から，メキシ
コでは，独立運動やメキシコ革命，それにインディ
オの伝統的な価値を見直す美術運動が起こった。活
動舞台として国立高等学校の壁が提供されたことか
ら，これを壁画運動という。

1952年公開のアメリカ映画『**革命児サパタ**』。監督**エリア
=カザン**。名作『エデンの東』でも知られている。また主役
サパタは**マーロン=ブランド**が演じた。原作は小説『怒りの
ぶどう』で知られる**スタインベック**。弱きもののために闘
うサパタの波乱の一生がドラマチックに描かれている。映
画は大評判となった。メキシコに隣接するテキサス州出身
のアメリカ大統領**ジョージ=ブッシュ**(父)は，自分が設立
した石油会社に，この映画の人気にあやかって「**サパタ石
油会社**」と命名した。
(DVD販売元：20世紀フォックス・ホームエンターテイメント・ジャ
パン)

第66回

列強の世界分割

アフリカ，太平洋諸島の分割

① アフリカ分割

別冊プリント p.114 参照

　アフリカ分割については，"加害者別"に整理していきましょう。まずはイギリスから。

■ イギリスによるエジプト・スーダンの占領

　イギリスのディズレーリ首相は，**1875 年にスエズ運河会社の株を買収**しましたね。こうしてますますエジプトに介入してくるイギリスに対して，**1881 年にウラービー運動**が起きました（→ p.258）。

　この後，エジプトでは**ムスタファ=カーミル**が登場し，**国民党**を結成して完全独立のための運動を展開しました。

　1881 年には，エジプトの南の**スーダン**で，イギリスとエジプトの支配に対して，**マフディー運動**が起きました。指導者は**ムハンマド=アフマド**。彼は，"**マフディー**"，すなわちイスラーム教徒の**救世主**を称しました。

　イギリスは鎮圧に苦労し，太平天国の乱で"勇名"を馳せた**ゴードン**も戦死しています。結局，鎮圧できたのは 1898 年のことでした。

■ アフリカ南部の植民地化

　イギリスによるほかの地域の侵略については，まずギニア湾の北岸のナイジェリア。また，現在の**ガーナ**にあった**アシャンティ王国**も，1902 年にイギリスに滅ぼされました。それから，東アフリカでは，**ケニアやウガンダ**がイギリス領になりました。

　そして南部アフリカ。イギリスが最初に獲得した拠点は，**ケープ植民地**ですね。**1815 年に終わったウィーン会議**でそうなりました。

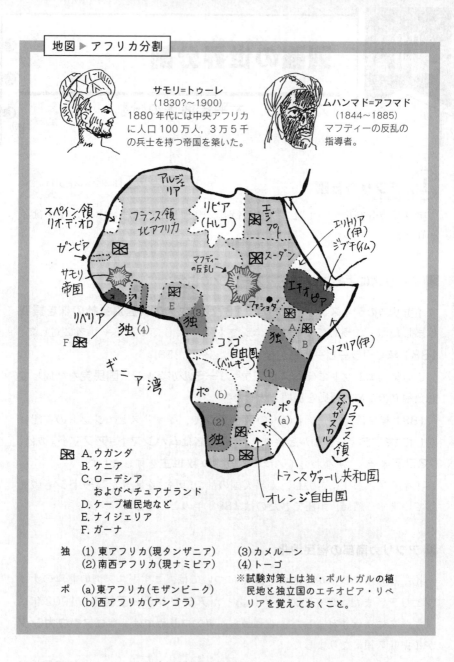

地図 ▶ アフリカ分割

サモリ=トゥーレ
(1830?〜1900)
1880年代には中央アフリカ
に人口100万人，3万5千
の兵士を持つ帝国を築いた。

ムハンマド=アフマド
(1844〜1885)
マフディーの反乱の
指導者。

アルジェリア
フランス領北アフリカ
リビア（トルコ）
エジプト
スペイン領リオ・デ・オロ
ガンビア
エリトリア（伊）
ジブチ（仏）
マフディーの反乱
スーダン
サモリ帝国
エチオピア
ファショダ
リベリア
独(4)
E
独(3)
A.
B
ソマリア（伊）
F
コンゴ自由国（ベルギー）
ギニア湾
(1)
マダガスカル（フランス領）
ポ(b)
C
ポ(a)
独(2)
D

A.ウガンダ
B.ケニア
C.ローデシア
　およびベチュアナランド
D.ケープ植民地など
E.ナイジェリア
F.ガーナ

トランスヴァール共和国
オレンジ自由国

独　(1)東アフリカ（現タンザニア）　(3)カメルーン
　　(2)南西アフリカ（現ナミビア）　(4)トーゴ

ポ　(a)東アフリカ（モザンビーク）
　　(b)西アフリカ（アンゴラ）

※試験対策上は独・ポルトガルの植
　民地と独立国のエチオピア・リベ
　リアを覚えておくこと。

　イギリス人はここで**サトウキビのプランテーション**などを経営しまし
た。労働力としては，**インド人**が使役されました。こうして，**イギリス人**，

インド人，アフリカ先住民という民族構成が成立したのです。

一方，ケープ植民地の土地を失った**オランダ系のブール人**は，原住民を放逐・殺戮（ほうちく・さつりく）しながら北上しました。この旅路（たびじ）は「グレート＝トレック」と言います。そして，1850年代には，内陸にオレンジ自由国，トランスヴァール共和国を建設。ここで，**金とダイヤモンド**が発見されました。

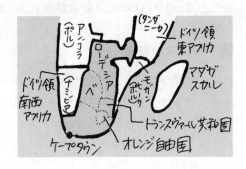

するとイギリスは2国を取り囲むように，1880年代に**ベチュアナランド**を領有し，1890年代には**ローデシア**を支配しました。

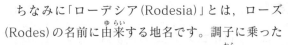

アフリカ縦断（じゅうだん）政策と呼ばれるアフリカの植民地化を進めたケープ植民地の首相はだれか？
——セシル＝ローズ

ちなみに「ローデシア（Rodesia）」とは，ローズ（Rodes）の名前に由来（ゆらい）する地名です。調子に乗ったローズは，**トランスヴァール共和国**に狙（わら）いを定めて侵略しましたが，これが見事（みごと）に失敗。ローズはケープ首相を辞任しました。

📕 南アフリカ戦争（ブール戦争）

すると今度は，**イギリス本国**が，金とダイヤモンドに目がくらんで，**1899年**，**トランスヴァール**と**オレンジ**を攻撃しました。これが**南アフリカ戦争**，もしくは**ブール戦争（ボーア戦争）**です。

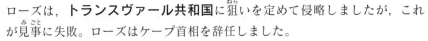

ブール戦争当時のイギリスの植民地大臣はだれか？——ジョゼフ＝チェンバレン

イギリスは3年間にわたる苦戦の後に，勝利しま

ジョゼフ＝チェンバレン
（1836〜1914）

した。そして，**トランスヴァール**と**オレンジ**に，**ケープ植民地**と**ナタール**を加えて，**1910 年**には**自治領南アフリカ連邦が成立**しました。

■ フランスの動向

続いてフランス。この国は，すでに 1830 年に**アルジェリア**を侵略しています。アラブ人**アブド＝アルカーディル**らの抵抗運動を 1840 年代までに鎮圧すると，ここには多くのフランス人が移民してきました。

フランスは東隣（どなり）の**チュニジア**を 1882 年に保護国化。また西隣の**モロッコ**も 20 世紀初頭に支配しました。

それだけではなく，西アフリカの**セネガル**やギニアも支配下に入りました。そのギニアでは，**サモリ＝トゥーレ**を指導者とする抵抗運動が，フランスを苦しめました。

さらにインド洋のマダガスカル島や，紅海（こうかい）の南端（なんたん）沿岸の**ジブチ**も支配下に。これらの地域と西アフリカを結ぶフランスの侵略政策は，イギリスの**アフリカ縦断（じゅうだん）政策**に対して，**アフリカ横断（おうだん）政策**と言います。

■ ベルギーのコンゴ領有

さて赤道直下のアフリカには，現在**コンゴ**という国があります。この地に手をつけようとしたのが，**ベルギー**でした。まずコンゴの場所を地図で確認しましょう。赤道直下ですね。

このあたりを 1870 年代に探検（たんけん）したのが，アメリカのジャーナリストの**スタンリー**。彼の目的は，行方不明となったイギリス人宣教師**リヴィングストン**の捜索（そうさく）でした。リヴィングストンがこの地に向かった目的は，**キリスト教の布教**と**奴隷（どれい）貿易の根絶（こんぜつ）**でした。

彼を発見したスタンリーは一躍（いちやく）"時の人"となり，その彼にベルギー国王の**レオポルド 2 世**が，コンゴをさらに探検させたのです。そして 1883 年に領有を宣言しました。

しかし，これはアフリカ縦断をもくろむ**イギリス**と，コンゴ近辺（きんぺん）に領土を持とうとする**ポルトガル**との対立を招（まね）きました。そして，ここにドイツの宰相（さいしょう）**ビスマルク**が登場しました。

■ベルリン会議──アフリカ領有のルール

ビスマルクは，1884年に，ベルリン会議(ベルリン=コンゴ会議)を主催しました。この会議によって，アフリカを領有する場合の国際的な原則が，2つできました。

1つ目は**先占権**。これは要するに，"早いもの勝ち"ということです。ただし，それだけで領土支配が国際的に認められるわけではありません。

2つ目のルールは，**実効支配**でした。「ここは俺のものだ」と宣言するだけではダメで，その地域で**本国人が安全に生活**し，**経済活動などが保障**されていなければならない。これが実効支配の内容です。

▶ベルギーとポルトガルの領土

この会議によって「**コンゴ自由国**」が成立しました。これはベルギーという国家の植民地ではなく，**レオポルド2世**がコンゴ国王としてコンゴを私有するというものでした。しかし，原住民に対する残虐な支配に批判が高まり，1908年に**ベルギーの国有**となりました。

同じくこのベルリン会議によって，**ポルトガル**も領土支配を国際的に承認されました。重要なのは，コンゴのすぐ南にある**アンゴラ**。また，ポルトガルがインド洋沿岸に領有したのは，現在の**モザンビーク**ですね。

いずれもかつての**奴隷貿易**の基地。必ず地図で確認しておいてください。

▶ドイツのアフリカの領土

また，この会議のあとに，ドイツが獲得した領土は次のとおり。

- **ドイツ領東アフリカ**……現在のタンザニア
- **ドイツ領南西アフリカ**…現在のナミビア
- **トーゴ** ● **カメルーン**

必ず地図で確認！
とくに最初の2つ！

東アフリカ(現タンザニア)では，**マジマジ蜂起**という先住民の反乱が起きました。「マジ」とは先住民が飲んでいた魔法の水で，これを飲むと死なないと言われていました。また**南西アフリカ**(現ナミビア)では，先住民**ヘレロ人の反乱**が起きましたが，いずれも残酷に鎮圧されました。

▧ イタリア

イタリアもアフリカ東部に領土を獲得しました。まずは紅海沿岸の**エリトリア**。そして内陸のエチオピアを侵略しましたが，この国の皇帝**メネリク2世**らに，アドワの戦いで撃退されました。イタリアは"アフリカで敗北した唯一の帝国主義国"と言われます。

メネリク2世
（位 1899〜1913）

しかし，通称"**アフリカの角**"と呼ばれる**ソマリランド**（現在のソマリア）は支配下におきました。またトルコとの戦争を通じて，1912年には，地中海沿岸の**トリポリ**と**キレナイカ**（現リビア）を獲得しています。

▧ 残された独立国とアフリカ分割の総括

こうしてアフリカの**90%**が分割されました。列強で分割に参加しなかったのは，**ロシアとアメリカ**です。

さらに**独立国**と言えば，**アメリカで解放された奴隷**たちが建国した**リベリア**と，イタリアの侵略を撃退した**エチオピア**のみとなってしまいました。

みなさんは，現在のアフリカに引かれた**国境線が直線的**なのをご存じだと思います。これは，侵略国側の都合で引かれた国境線であり，**住んでいる人たちの生活や社会をまったく無視**したものでした。

② 太平洋諸島の分割

📖 別冊プリント p.116 参照

続いて，太平洋の島々の分割について。最初に，18世紀以来のオーストラリアやニュージーランドです。

▶オーストラリア

オーストラリアには，18世紀の末にイギリスの航海者**クック**がやって来ました。以来，オーストラリアはイギリスの**流刑植民地**でした。ちなみにその後のクックですが，トンガ諸島などを経て**ハワイ**にも到達しました。そしてこれを契機にヨーロッパ人が持ち込んだ**麻疹**（はしか）などの感染症が，太

平洋の島々の人々に広がり，人口を激減させてしまいました。太平洋の島々では，「コロンブス交換」ならぬ「クック交換」が起こってしまったのです。

さて，オーストラリアでは19世紀半ばに金鉱（きんこう）が発見され，一般の移民も多数やってくるようになり，牧羊業（ぼくよう）も発展します。しかしこれらは，当然ながら，アボリジニと呼ばれる先住民の土地を奪（うば）うことになりました。

そして1901年にオーストラリアは自治領となりました。その後のオーストラリアは「白豪主義（はくごう）」と呼ばれる白人優位政策，言いかえると非白人に対する差別政策を1970年まで堅持（けんじ）することになります。

▶ニュージーランド

それはニュージーランドも同じでした。ここは，1840年にイギリス領となりました。先住民のマオリ人は部族連合を形成して抵抗（ていこう）しましたが，マオリ人の70%が殺戮（さつりく）されました。これはジェノサイドと呼ばれても仕方ないですね。そしてオーストラリアと同じように牧羊業が発展し，**1907年に自治領**となりました。

▶イギリス領の太平洋諸島

それと前後して，イギリスは赤道直下のギルバート諸島や，赤道以南のソロモン諸島，トンガ諸島，フィジー諸島などを支配しました。最初の2つの諸島では，太平洋戦争で日米の激戦が行われることになります。

▶ドイツ領

一方ドイツは，赤道以北に，マリアナ（注：グアムを除く）・パラオ・カロリン・マーシャルの4諸島と，赤道以南のビスマルク諸島を手に入れました。このうち前者の4諸島は，第一次世界大戦後に日本領となって，「南洋諸島」と呼ばれるようになります。

ゴーガン

ゴーガン描くタヒチの女性

▶フランス領とアメリカ領

フランスは赤道以南のニューカレドニア島やソシエテ諸島などを支配しました。このなかに，あのタヒチ島があります。フランスの後期印象派の画家ゴーガン（ゴーギャン）が，ここでたくさんの作品を描いたことは有名です。

またアメリカはさっき述（の）べたように，フィリピンとグアム，そしてハワ

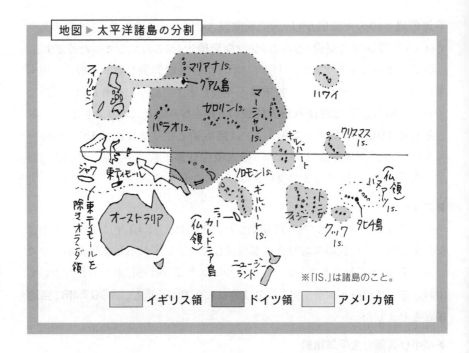

地図 ▶ 太平洋諸島の分割

フィリピン

マリアナ Is.

グアム島

マーシャル Is.

ハワイ

セロリン Is.

パラオ Is.

ギルバート Is.

クリスマス Is.

ジャワ

東ティモール

東ティモールを除くオランダ領

オーストラリア

ソロモン Is.

ギルバート Is.

ニューカレドニア島（仏領）

フィジー

トンガ

クック Is.

バスアツ（仏領）Is.

サモア島

ニュージーランド

※「IS.」は諸島のこと。

イギリス領　ドイツ領　アメリカ領

イを手に入れましたね（→ p.333）。

　それでは，これでアフリカ，太平洋諸島の分割の授業を終わります。

「われわれはどこから来たのか，われわれは何者か，われわれはどこに行くのか」(1898年)
ポール=ゴーギャン画。ゴーギャンは後期印象派の画家。1891年にタヒチに渡った。この
長い表題の絵では，人間の誕生から老いていく様が象徴的・幻想的に描かれている。

第67回

中国(モンゴル・チベット)と朝鮮

アジア諸国の変動と民族運動(1)

---

① 中国の半植民地化と抵抗

別冊プリント p.118 参照

 19世紀の中国の近代化運動

19世紀の半ばから，中国・清朝は大変でした。**アヘン戦争，アロー戦争，**そして**太平天国の反乱**などなど(→ p.296)。

そうしたなか，**西洋の技術を学んで，軍事力などの強化**をめざした近代化運動が**洋務運動**でした。

これは，ある程度は成功します。運動の中心人物は李鴻章でした。

しかしながら，洋務運動の限界は**清仏戦争**や**日清戦争の敗北**であきらかになりました。

ちゃんと書けよ！
李鴻章

清朝が失った領土

日清戦争の講和条約は，**下関条約**。清は2億両の賠償金を日本に支払い，また領土を失いました。この領土は覚えておこう。

清朝が失った領土

①台湾	②遼東半島	③澎湖諸島

澎湖諸島が入試に出ることは少ないかな。私は見たことないな。台湾については，日本は**台湾総督府**を設置して支配します。

▶三国干渉

そして問題の**遼東半島**ですが，ここは**ロシア・フランス・ドイツ**による

三国干渉によって清に返還させられました。ロシアは中国の満洲に対する野心から，フランスは露仏同盟の付き合いというところでしょうか。

ドイツはといえば，"ロシアの勢力が**極東**に向かえば，**バルカン半島は お留守**になり，そのぶん，ドイツは楽にバルカンに南下ができる"という判断がありました。

独
ヴィルヘルム2世

日本という"黄禍"に対して結束しましょう

ロシア
ニコライ2世

▨ 変法運動の高揚と挫折

さて，戦争に負けた清朝では，**政治的な近代化**がめざされるようになりました。そして，

Q 日本の明治維新に範をとった立憲体制をめざす運動をなんと呼ぶか？
——**変法運動（変法自強）**

いヤがすわった男ですネ

ありがとう

譚嗣同
（1865〜1898）

戊戌の変法が弾圧されると，康有為や梁啓超は日本に亡命したが，譚嗣同はそれを拒んだ。彼は言った。「**変法のため血を流すこと，請う嗣同より始めん**」。そして処刑された。

康有為や梁啓超，それに**譚嗣同**が運動の中心でした。

1898年には，光緒帝が詔勅を発し，変法運動は皇帝のバックアップのもとに展開されることになりました。これを当時の年号にちなんで**戊戌の変法**と言います。

戊戌

▶戊戌の政変

しかしこの試みは，西太后を中心とする保守派によって粉砕されました。光緒帝は幽閉され，康有為と梁啓超は命からがら日本に亡命します。これを**戊戌の政変**といい，戊戌の変法は，結局のところ100日あまりしか続きませんでした。このことを強調して，戊戌の変法を「**百日維新**」という場合があります。

▨ 勢力圏と租借地

一方，日清戦争の敗北は，ヨーロッパ・日本による**中国分割**を進展させ，各国は，おのおのの**勢力圏**や**租借地**を獲得しました。

勢力圏とは，鉄道敷設権や鉱山採掘権を排他的に認められたエリアのことを言います。たとえば山東省はドイツの勢力圏下に入りました。とは言っても，ここの土地すべてと住民がドイツのものになったわけではなくて，今言ったような利権を認められた地域のことを言うのです。そして，山東省にはドイツ以外の国の利権設定は，原則としてできません。

　これに対して租借地とは，期限付きで割譲された地域をいい，その地域にかんしては，中国は主権を失い外国の支配下に入るのです。

■ ロシアが獲得したもの

　では各国の「獲物」について見ていきましょう。

　まずロシアですが，この国は東北地方（注：満洲。以下しばらく「東北地方」と表記する）を勢力圏下に置きました。その一方で，1896年には東清鉄道の敷設権を獲得します。この鉄道は，シベリア鉄道の"バイパス"で，東北地方を北に迂回していたシベリア鉄道は，近道を得ることになり，「極東の玄関」たるウラジヴォストークがより近くなりました。

ロシアと独英の動き

　また1898年には，遼東半島南部を租借しました。三国干渉で日本に返還を迫った地域ですね。租借の期限は25年間。ということは，1923年には返すということです。そしてロシアは，この半島南端の大連に大きな港湾施設を，旅順には要塞を建設し始めました。

　さらに，ハルビンから，旅順・大連とを結ぶ鉄道の敷設権も獲得します。これは東清鉄道南満洲支線と呼ばれ，東北地方を縦断するものでした。

　このようなロシアの動きに，日本は恐怖を抱くようになりました。"このままでは，東北地方はロシアに押さえられてしまう。朝鮮も危ない。はては日本本土も……"。こうして日露間の対立は激化していきました。

■ ドイツ・フランス・イギリスの獲得地

ドイツは膠州湾（こうしゅうわん）を租借しました。「膠州湾租借」とは言いますが，実際には湾岸の陸地の租借と思ってください。ドイツはそこにあった小村に西欧風の都市を築きました。これが現在の青島（チンタオ）です。

イギリスは，山東半島の北東岸の威海衛（いかいえい）を租借し，**軍港を整備**しました。これは，旅順・大連に拠点を持つ**ロシア**と，山東半島の**ドイツ**を牽制（けんせい）する目的がありました。

フランスは，海南島（かいなんとう）の東側の広州湾（こうしゅうわん）を租借し，これを**ハノイ**に総督府がある**インドシナ連邦**の管轄（かんかつ）としました。

■ アメリカの動向

一方，アメリカは，この**中国分割レース**には**完全に出遅れ**ました。直接的な原因は，ほぼ同時期に**米西戦争**があったことです。

そこで，アメリカは遅れを取り戻して，**中国市場への参入**をはかるために，国務長官**ジョン＝ヘイ**が門戸開放宣言（もんこかいほうせんげん）（**門戸開放通牒**（つうちょう））を発しました。そこで示されたのが，いわゆる「ジョン＝ヘイの3原則」です。3原則とは，「門戸開放・機会均等・領土保全」のことでした。

ジョン＝ヘイ
（任1898〜1905）

特定の国が独占的に利権を獲得できる**勢力圏**の設定なんかやめて，**門戸を開放**しようよ。そして機会均等に，みんなで利権をむさぼろうよ。

まず**1899年**に，「**門戸開放・機会均等**」を提唱する覚え書きが発表されました。内容については，ヘイ自身に聞いてみましょう。

そして，**義和団事件**（ぎわだん）が起こると，ヘイは，事件の鎮圧を通じて中国分割がいっそう進行することを恐れました。そこで**1900年**に中国の「**領土保全**」（ていしょう）を提唱したのです。

■ アメリカは「躊躇した帝国主義」?

アメリカという国は，そもそもみずからが**植民地から独立した国**です。よって，他国の**主権**を奪って，植民地支配を行うことに批判的な人々が，アメリカ国内にたくさんいました。

しかし世界に利権は拡大したい……。ならば，政治的な支配は手控えて，**経済的な進出**に力点をおこう。こんな発想がヘイの宣言の根底にありました。

中国に対しても，**領土そのものの支配をめざすのではなく**，あくまで目的は，**市場参入など経済的なもの**です。このようなアメリカの姿勢を，山川出版社『新世界史』では，「(政治支配・領土支配などを)**躊躇した帝国主義**」と紹介しています。

■ 義和団事件

さて，列強が中国を喰いものにするなか，**1900年に義和団事件が勃発**しました。義和団の活動拠点は**山東省**です。

彼らは，まず**キリスト教反対運動**（仇教運動）を展開しました。そのときのスローガンが「**除教安民**」。彼らの矛先は，ほどなく山東省を喰いものにしている**ドイツ**そのものに向けられます。そして**鉄道や電信の破壊**も行いました。

そして最終的には，すべての外国勢力を駆逐しようとして「**扶清滅洋**」というスローガンが叫ばれるようになるのです。「**清を扶け，洋（≒欧米）を滅**ぼす」という意味です。

これに続いて，**清朝も列強に対して宣戦布告**をしました。**1900年**のことです。ここからを「**北清事変**」とも言うようですが，これは日本の呼称です。

▶鎮圧の主力は日本とロシア

中国側は奮戦しましたが，近代兵器で武装した列強の敵ではなく，すぐに敗北が決定的になってしまいました。ちなみに，このとき出兵した国は8つ。いわゆる"**8カ国共同出兵**"ですが，主力は**日本とロシア**でした。**イギリス**は**南アフリカ戦争**（ブール戦争，ボーア戦争）で大変。**アメリカ**も，アギナルドらによる**フィリピンの民族運動**の弾圧で"忙しく"，義和団事件に対しては大軍を派遣することができなかったのです。

■ 北京議定書

Q 義和団事件後，1901 年に中国が列強によって突きつけられた過酷な
条約をなんと言うか？
—— 北京議定書

　清朝の側からは，**辛丑和約**と言います。内容は，まず「賠償金を支払え」
ということ。総額が 4.5 億両。これは当時の清朝の国家予算の 8 年分です。
2 点目は，「**北京**に列国の**軍隊駐留権**を認めさせる」というものでした。
　1937 年の盧溝橋事件では，日中両軍が**北京の郊外**で衝突するわけです
が，あそこになぜ日本軍がいたかといえば，この**北京議定書**が法的根拠とな
るわけです。
　ついでですが，**アロー戦争**の講和条約は **1860 年**の北京条約。このときは，
「**北京**に列国の**外交使節（公使）**の駐在を認める」というものでした。混同し
ないように。注意！

■ 日本の大陸進出

　さて義和団事件の鎮圧後も，**ロシアは東北地方に大
軍を駐留**させ続けました。これが日本を警戒させ，
1904 年，日本とロシアは戦争状態に入りました。**日
露戦争**の経過はあとでお話しします（→ p.401）。

　ここでは，この戦争に勝利した日本が何を獲得した
かについて確認しておきましょう。
　まずポーツマス講和条約では，ロシアが租借してい
た**遼東半島南部**の**租借権**を日本が引き継ぐことになり
ました。ここには，**旅順・大連**という 2 つの都市が
あります。旅順には，支配のために，**関東都督府**が設置
されました。「関東」とは，"長城東端の山海関の東"とい
う意味で，もともとは東北全体を指す地名でした。

▶南満洲鉄道（満鉄）

南満洲鉄道略地図

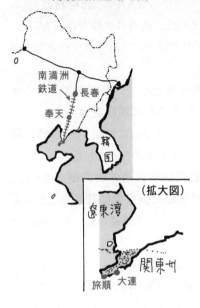

さらに，南満洲鉄道も獲得しました。これは，ロシアが**東清鉄道**の支線として敷設（ふせつ）していた**ハルビン**と**旅順**を結ぶ鉄道の南側3分の2で，**長春**（ちょうしゅん）と**旅順**間，長さ約800kmの路線です。さらにそれだけではなく，沿線の**鉱山**などの利権も得ました。

この鉄道や鉱山などを経営する企業が**南満洲鉄道株式会社**。略して**満鉄**。株の半分を日本政府が保有する**半官半民**の企業です（注：「**満鉄**」は，「**会社**」を指す場合と，「**鉄道**」そのものを指す場合があるので注意）。

関東都督府ではこれらの利権を防衛するための**陸軍**（関東都督府陸軍部）を持っていましたが，これが1919年に関東軍となりました。この軍隊は**天皇直属**。この関東軍が本国の意図（いと）を無視してしばしば独走し，日本を戦争に引き込んでいくことになるのです。

それから，僕は満鉄の「時間表」を手に入れました。そしてわかったのですが，なんと満鉄を走っていた急行列車の名前が「**ひかり**」，準急（今の快速）の名前が「**のぞみ**」でした。

これってどういうことなのでしょうか？　現在新幹線を走っている列車の名前と一緒ですね。単なる偶然？

満鉄の時間表

■「新政」の展開

さて，義和団事件の鎮圧後，当時の皇帝の名にちなんで，「**光緒新政**」，もしくは「**新政**」と呼ばれる改革が始められました。改革の主導者は西太后と，洋務派の官僚だった**張之洞**でした。さすが保守派の西太后も改革の必要性を痛感したのですね。

さて改革の内容ですが，まず，**総理衙門を廃止**して**外務部を設立**し，さらなる近代的な外交をめざしました。また，**日本の教育制度を導入する一方**，**1905 年**には**科挙を廃止**しました。さらに，日清戦争後に設立された**新軍（新式軍）**と呼ばれる**西洋式の近代的な軍隊**の整備も加速されました。

そして，最重要改革は，**立憲制を含む近代的な政治体制の樹立**でした。**1908 年**には「**憲法大綱**」が発布され，**1916 年**に**国会を開設**することも発表されました。また 1911 年には，**雍正帝**の時代以来最高の意思決定機関であった**軍機処の廃止**も断行されました。

しかし革命派はこれでは満足しませんでした。「清朝の存在そのものが，近代化にとっての最大の障害なのだ！」……ではその革命について。

② 辛亥革命と袁世凱の独裁　　別冊プリント p.120 参照

20 世紀の前半に，中国は 2 つの革命を経験します。それも含めて，中華人民共和国の成立までを俯瞰しておこう（→次ページ黒板）。

次に 2 つの革命の目的を掲げておきます。

①**辛亥革命（1911）**…異民族王朝である清朝を打倒し，漢民族を中心とする共和政国家の建設をめざす
②**国民革命（1920 年代）**…軍閥が割拠した状態を克服し，中国の統一をめざす

じゃあ，まずは**辛亥革命**からですが，なんと言ってもこれら 2 つの革命は**孫文**抜きには語れません。

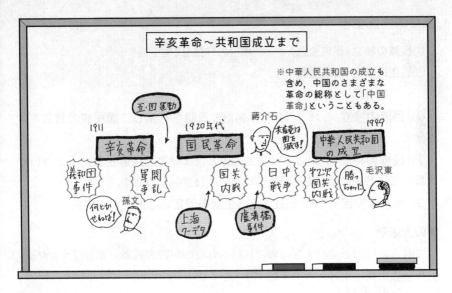

辛亥革命～共和国成立まで

※中華人民共和国の成立も含め，中国のさまざまな革命の総称として「中国革命」ということもある。

📖 孫文の三民主義

　欧米列強の侵略を防ぎ，強い中国をつくっていくためには何をなすべきか。孫文が考えたのはただ1点，すなわち，「清朝を打ち倒しつつ，同時に中国を**近代的な共和政国家として統一**し，それによって**外圧を追い払う**」。これが彼が描いたヴィジョンでした。

▶中国同盟会の結成

　その実現のために，**1894年**には，**ハワイで興中会**という結社をつくり，さらに**1905年**にはほかの結社と大同団結して，**東京で中国同盟会**を結成することになります。

　興中会と合同した結社は，章炳麟・蔡元培らの**光復会**，黄興らの**華興会**です。前者は浙江の人々が，後者は湖南の人々が中心でした。

▶三民主義

　さて，三民主義は，中国同盟会の目的を示したものです。

孫文
(1866〜1925)

横山宏章さんの『素顔の孫文―国父になった大ぼら吹き』には，孫文のかなり危うい人物像が描かれている。でも，みんな付いてきた。孫文は，魅力溢れる「大ぼら吹き」だったようだ。

孫文の三民主義

①民族の独立（民族主義）　　②民権の伸張（民権主義）
③民生の安定（民生主義）

①「**民族の独立**」とは，異民族王朝たる**清朝を打倒**し，**漢民族の独立**をめ
ざすということ。

②「**民権の伸張**」――これは民主主義とほぼ同義。**立憲主義**にもとづいて
人民主権の共和政国家を建設する。モデルはアメリカです。

③「**民生の安定**」――これは人民の**生活の安定**のことです。

▶四大綱領

これらの目的を実現するために採択_{さいたく}されたのが**四大綱領**_{こうりょう}。まあ言うなれば，
三民主義を達成するための**手段**ですね。

まず「駆除韃虜_{くじょたつりょ}」――「駆除」という言葉が直接的ですごいんですが，要する
に**満洲人を追い払う**ということですね。そして「恢復中華_{かいふく}」で，**漢民族の国
家**をつくる。この２つで「民族の独立」を果たそう_はというのです。

続いて「創立民国」――これは**人民主権の共和政国家**の樹立。これで「民権
の伸張」の実現を図ります_{はか}。

さらに「平均地権」――これは地主に集中した土地を農民に分配するという
土地改革の内容をもっています。これで「民生の安定」をめざそうとしました。
ただし，これにかんしては，のちに後
退し，**地主勢力と妥協**_{だきょう}しますがね。

■ 革命勢力の台頭

続いて，**革命の機運**や**民族主義**の高揚_{こうよう}についても述べておきましょう。

中国が**半植民地化**されたことはすでに言いましたね。これに対して利権回
収運動が高揚しました。文字どおり，外国の利権の対象となってしまった中
国の土地や鉱山，それに鉄道などを奪還_{だっかん}しようという運動です。

この運動の中心となったのは，**民族資本家**でした。民族資本家とは，**外国
資本に対抗**しつつ，土着_{どちゃく}の産業発展を図る現地の資本家のことで，要するに，
この場合は**中国人の企業家**と考えて結構です。ちなみに，これに対して外国

資本の手先となって，自国民を収奪する資本家・商人のことを買弁と言います。

また華僑も資金援助などを通じて，革命運動をサポートしていました。興中会なんて，ハワイでできた革命結社なんだけど，これも華僑の支援でできたのです。また中国同盟会も華僑の資金援助で活動しました。

それから留学生の活動も見逃せません。20世紀の初頭，多い年は1万2千人の留学生が来日しました。彼らは，日本の近代化に刺激を受け，「清朝じゃダメだ」という意識を持って帰国しました。

そして1911年，ついに辛亥革命が起こりました。

で，まずはその背景から。

鉄道国有化問題

義和団事件の賠償金の支払い等々で，清朝は財政難に陥っていました。これを克服するために，清朝は外国からの借金に頼ろうとしました。

その外国とは米，英，独，仏の4か国。日本とロシアは入っていません。これには注意！　日露にゃ，人に貸せるような金はネェよ（笑）。

で，この4国が四国借款団を形成しました。主導者はアメリカ大統領のタフト。アメリカは中国でもドル外交を展開しようとしたのでしょうね。

さて，貸す側は相手がお金を払えなかった場合の担保，つまり借金のカタを要求します。4か国が要求したのは，中国の中南部の鉄道でした。

ただ，ここに1つ問題がある。すなわち要求された鉄道は，民営の"私鉄"だったんですね。そこで，清朝は鉄道国有令を発しました。狙われた鉄道は湖広鉄道（→次ページの地図参照）。

※湖広鉄道（川漢・粤漢鉄道の総称）
ほとんどの路線は建設予定。

これに怒ったのが漢人の資本家たちです。そりゃ怒るわな。彼らは**保路同志会**という組織を結成してこれに対抗します。こうして清朝と漢民族の対立は臨界点に達しました。

▉ 武昌挙兵

最初に爆発が起こったのが**四川省**。**1911年**9月のこと。最初の暴動は四川省の**成都**で起こりました。長江のずっと上流域です。

そして10月には，**長江中流の武昌**という町で武装蜂起が起きました。これを**武昌蜂起（武昌挙兵）**と言います。武昌は，すぐ近くにある漢口と漢陽という町と合併して，現在では武漢と呼ばれています。

ここで蜂起したのは，**日清戦争**後に編成された**新軍（新式軍）**と言われる最新鋭の装備をほどこした軍隊でした。これがほかの軍隊にも波及し，**中国南部**を中心に全国に広がりました。

こうして，14の省が清朝に対して**独立宣言**を発しました。

山東省はあとに独立宣言を取り消しました

▉ 中華民国の成立

翌1912年1月1日，**中華民国の創立宣言**が南京で発せられました。南京は中華民国の首都となります。中華民国の臨時のリーダー（**臨時大総統**）になった人物は**孫文**。ちなみに中華民国は"**アジア初の共和国**"と言われます。

しかし，このキャッチフレーズは，1895年に成立した**台湾民主国**がふさわしいと思います。これは下関条約で日本に割譲されることになった台湾の人々が，日・清の支配に対してつくった独立国家なのですが，同年10月には日本軍によって粉砕されています。

話を戻しましょう。注意しておきますが，この段階で**清朝が滅びていた**

わけではありません。清朝はまだ**中国の北半分**に存在していたのです。

📖 袁世凱の登場，そして清朝の滅亡

しかし，清朝皇帝は統治能力を失っていました。このとき，

Q 清朝の内閣総理大臣として実権を握（にぎ）っていた軍人はだれか？

——袁世凱（えんせいがい）

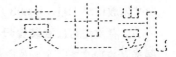

彼は**李鴻章**（りこうしょう）の後継者で，李が育成し，袁世凱が増強した軍隊，すなわち**北洋軍（北洋新軍）**（ほくようぐん）の統率者（とうそつしゃ）でした。

もしも袁世凱が南京に乱入し，本気で戦争をやっていたら，中華民国はこの段階でつぶれていたでしょう。ところが，そうはならなかった。孫文は袁世凱と取引をして，彼を味方にすることに成功したのです。この経過は孫文先生自身に語ってもらいましょう。

「**袁世凱先生，共和政**を認めていただけるのなら，あなたを中華民国の**大総統**としましょう」。私はこう言いました。袁世凱も，清朝のナンバー２よりは，中華民国のナンバー２のほうがよかったようです。こうして袁世凱は，清朝を裏切って皇帝に退位を迫ったのです。

Q 袁世凱が退位を迫った清朝最後の皇帝は？

——宣統帝（せんとうてい）

宣統帝は，本名を**愛新覚羅溥儀**（あいしんかくら ふ ぎ）と言います。その**溥儀が退位**し，清朝は滅亡しました。1912年2月のことでした。1911年ではありません。

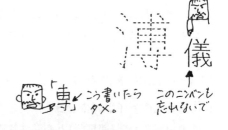

「専」←こう書いたらダメ。
このニンベンを忘れないで

📖 袁世凱の野心

臨時大総統の地位に就（つ）いた袁世凱は，**臨時約法**（りんじやくほう）という暫定憲法（ざんてい）を公布します。これは"**アジア初の共和政憲法**"と言われています。この臨時約法では，

国民主権を規定し，三権分立や，責任内閣制も明記されていました。とくに参議院と呼ばれる議会には大きな権限を認めていました。

　続いて正式な憲法もつくらなければということで，憲法を制定するための国会が招集され，国会議員選挙が 1912 年に行われました。その際に孫文や宋教仁（そうきょうじん）らが結成した政党が国民党です。これは，「革命のための組織」であった中国同盟会を，議会政党として再編成したものだね。

　そして，国民の支持は孫文たちに集まりました。袁世凱はどうしたか？決まってるだろ，徹底弾圧だよ。

　まず宋教仁が 1913 年の 3 月に上海で暗殺されてしまいました。

　一方，孫文たちは武装蜂起を起こしました。これを第二革命と言います。辛亥革命から数えて 2 番目の革命という意味ですね。1913 年のことです。しかし，これはすぐさま袁世凱によって粉砕（ふんさい）されてしまいました。敗北した孫文は日本に亡命しました。

Ｑ 1914 年，孫文が袁世凱を打倒するために亡命先の東京で結成した結社は？
　　　　　　　　　　　　　　──中華革命党

袁世凱
（1859〜1916）

◤ 日本が突きつけた二十一カ条要求

　独裁者になった袁にとっての試練（しれん）が二十一カ条要求でした。これは 1915 年に日本が突（つ）きつけたものです。

　1915 年という年は世界的に見ると，第一次世界大戦のまっ最中（さいちゅう）です。日本は日英同盟を口実（こうじつ）に参戦し，ドイツの租借地である青島を攻撃し占領していました。その日本が中国に対して何を要求したか？

　いろいろあるけど，重要なのは次の 2 点だ。

二十一カ条要求の内容

①山東省のドイツ利権を日本が引き継ぐ
②遼東半島南部（関東州）と南満洲鉄道の租借期限を，99 年間に延長する

②ですが，これらの領土や鉄道は，ロシアが**25年期限で租借**し，それを日本が**ポーツマス条約で引き継いだ**ものでした。そうすると，1923年に返還となりますが，日本はこれを延長しようとしたのです。

ところで，この当時の日本の首相はだれでしょう？　それは早稲田大学の創設者，**大隈重信**でした。

■ 国恥記念日

日本軍の強さを知る袁世凱は，日本の**二十一カ条要求を受け入れ**ました。これで彼はすっかり国民の支持を失ってしまいました。

ちなみに，その屈服した日は1915年5月9日。中国人はこの日を「**国恥記念日**」として，しっかり心に留めています。苦々しい記憶こそ，しっかりと心に留めるということですね。

■ 帝政運動の挫折

その後，袁世凱は**帝政運動**を始めました。これは文字どおり皇帝になるための運動です。始皇帝や武帝みたいになりたかったようです。

しかしこれには袁世凱の**部下たちも反対**しました。理由は，もし彼が皇帝になったら，**帝位は世襲**になりますよね。これが嫌だったのです。だって部下たちは，袁世凱が死んだら，自分が後釜に座ろうと思っていますからね。

また，帝政樹立に反対して，雲南省などでは**1915年**に武装蜂起まで起きています。この反乱を**第三革命**，もしくは「護国の役」と言います。

こうした反発にあって，彼は**帝政復活を取り消し**，同時にいっさい政治から引退し，翌1916年，失意のうちに死んでしまいました。

この後，中国はそれまで以上の大きな混乱に突入していくことになるのです。

■ 軍閥割拠の中国情勢

袁世凱死後の中国は，ひとことで言えば，**軍閥混戦の分裂状態**でした。

北洋軍が分裂して複数の**軍閥**に分かれ，それを支配した軍人たちが，中国の支配者をめざして相争うことになったのです。

おのおのの地域をその軍事的実力によって支配している者たちを「軍閥」と言います。では，どういう軍閥が当時の中国にいたのか？

　まず北のほうから，奉天派。これは**東北地方**に拠点を持っていた軍閥で，中心人物は張作霖です。

　さらに軍人の出身地によって，**馮国璋**を中心とする**直隷派**や，**段祺瑞**を中心とする**安徽派**などが代表的な軍閥でした。彼らは**北京**の支配権をめぐって争いました。当時北京を支配する政権が，国際的に中国の代表政府とみなされていたからです。

おもな軍閥と広東軍政府

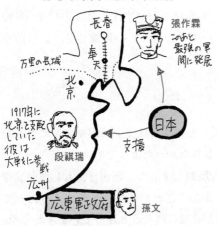

▶外国の干渉

　張作霖と段祺瑞に共通しているのは，**日本**が支援しているということでした。一方，**イギリスやフランス**は**直隷派**などを支援していました。

　外国勢力は，**軍閥の争乱が長く続くこと**を望んでいました。それによって，中国が弱体化すればするほど，外国はいろいろな利益を奪いやすくなります。……ひどい連中でしょ！

■ 広東軍政府

　外国勢力と結びついたのは，おもに中国の北半分の軍閥でした。これに対して，**中国南部**は違っていました。

Q 南部の広東派・広西派などが提携した相手はだれだったか？

――孫文

　軍閥は軍事力は持っているけど，民衆の人気はないですね。一方，孫文にあるのは人気と指導力，それから華僑などからの支援かな。こうしてお互いに足らないものを補おうとして，両者は提携したのでした。

彼らは，1917年に**広東軍政府**を**広州**に樹立しました。ただし政府とは言っても，中国全土を支配しているわけではなく，力はせいぜい中国の南部の一定地域にしかおよんでいません。

さらに，この政府はさまざまな軍閥の寄り合い所帯であり，孫文を裏切って彼を追放するようなものまで出てくる始末でした。

こういう"背信行為"にもかかわらず，**孫文**は「軍閥の力を利用しなければ中国の統一は不可能である」，と考えていました。

しかし，孫文のこうした発想を根本的に変える事件が**1919年**に起きます。それが**五・四運動**でした。ここからのお話は第4巻で！

🔖 軍閥混戦の分裂期は，地方主導の近代化が進んだ時期(?)

さて，これまで軍閥の悪口をさんざん言ってきましたが(笑)，近年この時代の再評価が始まっているようです。東京書籍の教科書によると，軍閥混戦の分裂期に，**地方軍閥の主導で教育・産業・衛生などの面で近代化が進んだ**とのことです。ごめんね，軍閥ちゃん(笑)！

🔖 モンゴル・チベットの情勢

さて**辛亥革命**は，清朝内部の**少数民族**にも刺激を与えました。とくに1911年には，清朝の**藩部**であった**外モンゴル**が独立を宣言しました。

そして1917年に**ロシア革命**が起こると，**反革命派の白軍**がモンゴル領内に侵入し，これを撃破するために**ソヴィエト赤軍**がモンゴルに侵入してきました。

すると赤軍の支援のもとに，**チョイバルサン**や**スヘ＝バートル**が**モンゴル人民革命党**を結成し，**1924年にモンゴル人民共和国を建国**したのです。この国は，"世界で2番目の社会主義国家"と言われます。

また同じく**清朝の藩部**だったチベットでは，チベット仏教の最高指導者**ダライ＝ラマ13世が独立を宣言**しました。

一方，中華民国には，**内モンゴルにモンゴル人**，**中央アジアの新疆**には**トルコ系のウイグル人**，それに**中国南部にも少数民族**がいましたが，彼らは国内にとどまりました。

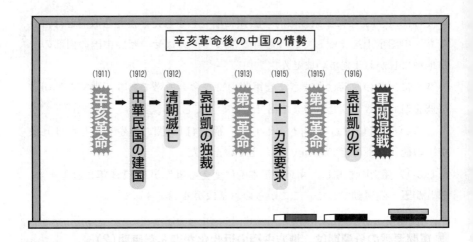

辛亥革命後の中国の情勢

(1911)	(1912)	(1912)	(1913)	(1915)	(1915)	(1916)
辛亥革命	中華民国の建国	清朝滅亡	袁世凱の独裁	第二革命	二十一カ条要求	第三革命	袁世凱の死	軍閥混戦

③ 韓国の併合

別冊プリント p.123 参照

韓国（朝鮮）については，日本が**日清戦争**に勝って清朝を朝鮮から放逐し，また**閔妃**を暗殺したあたりまでをお話ししましたね（→ p.308）。

今回は，**日本が韓国を植民地化する経過**について勉強します。まずは，日本の朝鮮支配にとって新たな敵となった**ロシアを排除**する過程からね。じゃあ，まいりましょう。

◾ 第 1 次日韓協約

1900 年の**義和団事件**を鎮圧した後も，ロシアは中国東北地方**に大軍を駐屯**し続けました。これは日本にとって恐怖でした。「日本が狙っている韓国，そして日本本土も危ない！」——そんなところでしょう。

こうして，**1904 年**，日本の攻撃をもって，**日露戦争**が始まるのです。

それと前後して，日本は韓国に**日韓議定書**を突き付けました。これは「日朝議定書」ではないですよ。朝鮮は 1897 年に「**大韓帝国**」と国号を変えていますからね。この議定書では，韓国に，日露戦争中の日本への支援や，戦後の**日本軍の駐留**を認めさせました。

さらに **1904 年**には，**第 1 次日韓協約**が締結されました。これは韓国の財政・外交にかんして，日本が顧問を派遣するというものです。明らかに韓国に対する**内政干渉**ですね。

▌第2次日韓協約

さて，日露戦争では日本が勝利し，**1905年のポーツマス条約**で，ロシアは日本が**韓国を保護国化**することを事実上認めました。

そして，当の韓国に同年11月には**第2次日韓協約**が突き付けられます。これは別名**韓国保護条約**，韓国では**乙巳保護条約**と言います。

この条約（協約）で，日本は**韓国の外交権を奪い，保護国化**しました。

また，それに先立って，特使**伊藤博文**は**韓国皇帝**に対して脅迫(きょうはく)まがいの言葉で，保護国化を受け入れさせようとしています。たとえば，もし保護国化を受け入れなければ，「（韓国の地位は）この条約を締結するより以上の困難なる境遇(きょうぐう)に坐(ざ)し，**いっそう不利益なる結果を覚悟(かくご)**せられざるべからず」などなど。

Q 韓国保護国化にともなって，1906年に日本がソウルに設置した機関は？
——**統監府**(とうかんふ)

これによって，統監を長とする日本人が，事実上，**韓国の政治全般に介(かい)入**(にゅう)することになりました。**初代統監は伊藤博文**(いとうひろふみ)です。

▌列強の承認

ちなみに，日本による韓国保護国化に対して，**欧米は事前にこれを承認**する態度を取っています。

Q 1905年7月，日米間で結ばれた，日本の韓国支配を認める覚書をなんと言うか？
——**桂・タフト協定**(かつら)

これはアメリカの**フィリピン**支配と，日本による韓国支配を相互(そうご)承認するという内容をもっています。桂とは，当時の首相である**桂太郎**(かつらたろう)のこと。**タフト**は当時の米陸軍長官です。彼は後にアメリカ大統領になります。

さらに，同年8月に締結された**第2次日英同盟**でも同様の承認がなされ，ロシアも1905年9月に結ばれた**ポーツマス条約**で，事実上，日本による韓国保護国化を認めていますね。

 の中の縦書き：韓国皇帝 高宗 / 伊藤博文

◥ 第3次日韓協約

　それから2年後，**ハーグ密使事件**が起きました。これは，**1907年**に開催されたハーグの万国平和会議に，韓国皇帝が密使を送り，韓国の窮状を訴えるという事件でした。

　で，訴えられた列国はどうしたか。諸国は，韓国には外交権がないとして，この訴えに耳を貸そうとはしませんでした。英仏などは，対ドイツ戦争が近いことに鑑み，日本との友好を維持する観点から，韓国を犠牲にしたのです。

　これに対して日本は**韓国軍の解散**を強制します。これを認めさせたのが第3次日韓協約です。これで職を奪われた旧軍人も加わって，**義兵闘争がさらに大きく拡大**しました。義兵闘争とは日本に対する武装闘争のことです。

◥ 伊藤博文の暗殺

　そのようななか，**1909年**，ハルビン駅頭で韓国保護国化の張本人である**伊藤博文**が，韓国の民族主義者安重根によって暗殺されました。

安重根
（1879〜1910）
義兵中将として抗日武闘に参加。裁判では乙巳保護条約の不当性を訴える堂々とした陳述を展開。獄中にあっても，その国を想う気概や，細やかな思いやりの心などが，日本人憲兵・看守に感銘を与えた。彼らの要望もあって200枚以上の書を獄中でしたためた。
1910年3月26日午前10時処刑。
（参考：『安重根』中野泰男）

（上）安重根が処刑された刑場。オレンジ色のレンガがきれいで，刑場という感じではなかった。
（下）安は絞首刑に処せられた。縄が生々しい。
（旅順監獄にて。著者写す）

📖 韓国併合条約

　この翌年の 1910 年に締結された韓国併合条約によって，**韓国**は完全に**国家主権を否定**され，**日本の植民地**となったのです。「併合」という表現は，「植民地化」をソフトに表現するための策でした。あまり成功しているとは思えませんがね。

Q 統監府に代わってソウルに設置された軍事・行政のすべてを統轄する
　朝鮮統治機関の名称は？　　　　　　　　　　　　——朝鮮総督府

　「韓国総督府」とは言いません。「韓国」という国号よりは，より地名的なイメージのある「朝鮮」という呼称を使うことにしたのです。初代総督は寺内正毅。現役の陸軍大将でした。

　総督は現役の大将しかなれませんでした。なぜかと言えば，朝鮮では 1905 年の**保護国化**以降に**義兵闘争が高揚**し，「準内戦状態」だったからです。そこで，軍人が総督の地位に就くことになったのです。

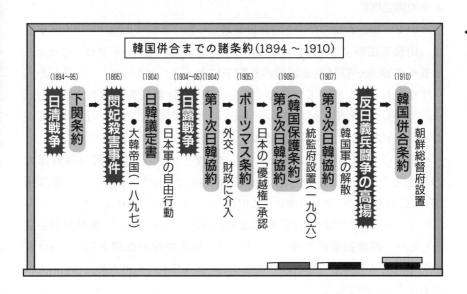

韓国併合までの諸条約（1894 ～ 1910）

- 日清戦争（1894～95）
- 下関条約（1895）
- 閔妃殺害事件
- 日韓議定書（1904）・大韓帝国（一八九七）
- 日露戦争（1904～05）・日本軍の自由行動
- 第1次日韓協約（1904）
- ポーツマス条約（1905）・外交，財政に介入
- 第2次日韓協約（韓国保護条約）（1905）・日本の「優越権」承認
- 第3次日韓協約（1907）・統監府設置（一九〇六）・韓国軍の解散
- 反日義兵闘争の高揚
- 韓国併合条約（1910）・朝鮮総督府設置

　さて教科書では，韓国・朝鮮の記述はここでいったん終わっています。ですが，流れもあるし，**植民地支配下の朝鮮**までお話ししておきましょう。

④ 日本統治下の朝鮮（1910 ～ 1945）

■ 武断政治の時代

これから 1945 年まで続く日本の支配を，朝鮮・韓国の人々は，「**日帝 36（35）年**」と表現します。その間，日本は朝鮮で何をしたのか？

最初の 10 年間は，寺内総督や 2 代目の長谷川好道総督のもとで強権的な**武断政治**が展開され，言論・出版・集会・結社の自由などはほとんど認められませんでした。

支配の前面に立ったのは**憲兵**でした。憲兵とは，本来は**軍隊内の警察**で，一般の文民警察に比べて，より組織的で大規模な軍事力の発動が可能な警察組織です。日本はこれを一般社会に対してもフルに活用しようとしたのでした。これを**憲兵警察制度**と言います。

また**朝鮮教育令**（第 1 次：**1911 年**）では，日本語や日本史の教育を強力に推し進めることが強調されました。

▶ 土地調査事業

次いで実施されたのが，**土地調査事業**でした。これは土地所有者を確定して，**地税を徴収**するための作業です。しかしこの土地調査事業は，結果として**多くの耕地・森林を総督府の支配下におく**ものとなってしまいました。

すなわち，所有権の不明瞭な土地を次つぎと**総督府の所有**とするとともに，土地所有権を明記した書類の作成を地主や農民に強制し，書類にわずかでも不備があれば，その土地はやはり総督府の所有となったのです。

総督府は王室が所有していた土地も奪いましたから，**総督府は朝鮮最大の地主**となったのです。そしてこれらの土地は，日本人移住者や，**東洋拓殖株式会社**（略称「東拓」）のような国策会社に払い下げられました。

一方，総督府が**朝鮮農村の近代化**を試みたのも事実です。**水利施設**を建設したり，**農業技術の改良**に努めた結果，**米の生産力は向上**し，これは**人口の増加**をもたらしました。しかし多くの米は日本に移出され，日本の人口増加を支えたのでした。

©青木

『朝鮮近代史料研究』——友邦協会篇
友邦協会とは，総督府に勤めていた**日本人官僚**を中心に結成された組織で，植民地時代の総督府の治世にかんする史料などの収拾・編纂を行った。この巻には，**朝鮮農民の生活向上のために奮闘する総督府関係者**の姿が記録されている。

> 学習院大学の東洋文化研究所に「友邦文庫」があります。朝鮮総督府関係史料の宝庫です。

▐ 三・一運動と武力弾圧

このような日本の支配に対して，1919年に一大民族運動が起こりました。それが**三・一運動**です。「朝鮮独立万歳（マンセー）」の声がソウルを中心として，全国に拡大し，200万人以上の人々が参加しました。そこから「**万歳運動**」，「万歳事件」という呼称もあります。

時代背景としては，まず**ロシア革命**。そして**ウィルソンの十四カ条**の影響が挙（あ）げられます。とくに，朝鮮や世界の被抑圧（ひよくあつ）民族の人々が期待したのがパリ講和会議で，**十四カ条のなかの民族自決**が，会議の原則の1つに掲（かか）げられていることでした。

運動に対して，日本側は徹底（てってい）した**武力弾圧**を試みました。なかでも，堤岩里（ていがんり）という村では，日本軍が村の教会に村民を押し込め，30人余りを銃殺（じゅうさつ）・焼殺（しょうさつ）する事件が起きました。朝鮮全体で，確認されているだけでも7000人以上の人々が殺されたと言われています。

一方，**三・一運動**に連動して，**上海（シャンハイ）**では亡命朝鮮・韓国人が中心となって，**大韓民国臨時政府**の樹立宣言もなされました。中心人物は後に韓国の初代大統領になる**李承晩（りしょうばん）**でした。

▐ 「文化政治」の提唱

こうした運動の高揚（こうよう）に恐怖した日本政府や朝鮮総督府は，この後**文化政治**

を提唱しました。文化政治とは，**武力行使を控えて**，従来よりはソフトに支配するということでした。具体的には，ある程度の**言論の自由を認め**，また**憲兵警察制度は廃止**されました。さらに朝鮮総督府の**官吏として，朝鮮の人々を採用**することも始めました。しかし，力による支配という本質には変化はありませんでした。

その「証拠」に，この後も朝鮮・韓国の人々の抗日闘争は続きます。朝鮮・中国（満洲）の国境線付近では，抗日のゲリラ活動も展開されました。これを**間島パルチザン闘争**と言います。

▨ 皇民化政策

1930 年代から，日本は**日中戦争**，そして **1941 年**からは米英との太平洋戦争に突入します。この「危機」を克服するために，従来以上に朝鮮半島からの人的・物的収奪が必要となり，「**内鮮一体**」のスローガンのもとに，**朝鮮民族（韓民族）の民族性そのものを否定**するような政策が実施されます。これを皇民化政策と言います。

まずは神社参拝の強要。「**皇居遥拝**」も推進されました。また 1938 年の**朝鮮教育令**（第 3 次改正）では，学校教育の課程から朝鮮語教育がなくなり，学校のなかでも**日本語を常用**することが事実上強制されたのです。

さらに日本風の名前に変更することを強制した**創氏改名**。要するに，日本は朝鮮の人たちから**名前を奪った**のです。

▶労働力，兵士として徴用

また**日中戦争**が始まると多くの日本人青年が徴兵され，これは国内の労働力不足を招きました。すると，日本政府は朝鮮から労働力を移送しようとしました。当初は「募集」，さらには「**官斡旋**」という形をとって，政府主導で朝鮮人労働者を日本に移送しました。

さらに **1941 年**に**太平洋戦争**が始まりました。すると 1944 年には，国民徴用令が朝鮮人にも適用され，朝鮮人は職場の移動などを禁じられ，事実上**強制労働を課せられる**ことになりました。

それらの人々の多くは，**九州や北海道の炭坑**やその他の場所で奴隷的な重労働を強いられたのです。そこからの逃亡を図り，捕まろうものなら，会社や軍・警察によって虐待され，ひどいときには虐殺されるのでした。

また 1943 年からは，朝鮮の青年に対する**徴兵制**（ちょうへいせい）も施行されました。

■ 慰安婦問題と，2015 年の日韓合意

また戦場には，将兵の性的欲望を満たすために「**慰安婦**」が送られ，1 日に多数の相手をさせられました。これに日本軍みずからが関与していたかについては，議論がありました。

しかし，日本と韓国のあいだに **2015 年**の 12 月に交渉が行われ，日本政府として次のような表明を行いました。

「慰安婦問題は，**当時の軍の関与の下**に，多数の女性の名誉（めいよ）と尊厳（そんげん）を深く傷つけた問題であり，かかる観点から，**日本政府は責任を痛感している**。**安倍内閣総理大臣**は，日本国の内閣総理大臣として改めて，**慰安婦として数多（あまた）の苦痛を経験され，心身にわたり癒しがたい傷を負われた全ての方々に対し，心からおわびと反省の気持ちを表明する**（すべ）。」

これは岸田文雄外相（2015 年当時）によって発表されました。原文は外務省のホームページに掲載されています。

また韓国政府も，この慰安婦問題が，「**最終的かつ不可逆的**に解決されることを確認する」ことになりました。要するにこの問題にかんしては，日韓双方が，これをもって終了としようというのです。

しかし，慰安婦の 3 割の人々はこの解決に納得せず，韓国民のあいだにも反発があることは事実です。

以上，20 世紀初頭の中国と朝鮮を中心にお話ししました。

第68回

トルコ・イラン，南アジア，東南アジア

アジア諸国の変動と民族運動(2)

今回は，帝国主義諸国の圧迫（あっぱく）を受ける，西アジア，南アジア，東南アジアの状況を勉強したいと思います。ではまず，西アジアから見ていきましょう。

① トルコ・イランの情勢

📖 別冊プリント p.125 参照

▣ イラン立憲革命の勃発と挫折

19 世紀の末にタバコ=ボイコット運動という反帝運動が起こったことは，以前お話しをしました（→ p.254）。指導層は**ウラマーと商人**たちでしたね。

1905 年には，イラン立憲革命が起きました。背景にあったのは**日露戦争**における日本の勝利です。「立憲体制を樹立していた日本がロシアに勝った」，じゃあそれに倣（なら）おう，というのです。また，もう 1 つの刺激（しげき）は，ロシアで起こった**第 1 次ロシア革命**でした。

翌年には，**国民議会**が招集され，**立憲君主政**が成立しました。また，国民議会は**外債を拒否**（きょひ）し，外国への**利権譲渡**（じょうと）も拒否。このような姿勢（しせい）に，イランの利権が欲しかった**イギリスとロシアは反発**しました。

結局，1911 年にイギリスの暗黙（あんもく）の承認のもとに，**ロシアがイラン議会を砲撃**（ほうげき）するという暴挙（ぼうきょ）によって立憲革命は挫折（ざせつ）し，**英露に支援されたガージャール（カージャール）朝の専制体制が復活**してしまいました。

▣ 青年トルコ革命

続いてトルコ。**1876 年**に制定されたミドハト憲法は，スルタンの**アブデュルハミト 2 世**によって停止させられました。口実（こうじつ）は**露土戦争**（ろとせんそう）の勃発（ぼっぱつ）でしたね（→ p.262）。

Q これに不満な人々は，ヨーロッパの人たちからなんと呼ばれたか？

——青年トルコ人（青年トルコ）

ほら，19世紀のヨーロッパに，青年イタリアなんていう組織があったろう？ あれになぞらえた名称のようですね。

その青年トルコ人たちがつくった結社が，**統一と進歩委員会（統一と進歩団）**でした。その**別名を青年トルコ**と言うこともあります。

《注》 帝国書院『新詳世界史』や，東京書籍などは，波線部のような記述である。

そして1908年，青年トルコ人のなかの**若手将校**を中心に，**立憲革命**が起きました。これが青年トルコ革命です。彼らの背中を押したのは，イランの場合と同じように，**日露戦争**における**日本の勝利**でした。

◾革命後のトルコ

さすがにアブデュルハミト2世も憲法を承認し，1913年からは**立憲体制が始動**しました。しかしその直前のトルコは，1911年の**イタリア=トルコ戦争**や，1912年の**第1次バルカン戦争**で領土を失うなど，苦難が続いていました。また**1908年**には革命の混乱に乗じて，**オーストリアがボスニア・ヘルツェゴヴィナを併合**していました。

「苦難を乗り切るためには，**トルコ人の結束**が必要だ」ということで，トルコ人の結束をめざす**パン=トルコ主義**が高揚しましたが，これは一方で，アルメニア人などトルコ領内の少数民族に対する抑圧を生んでしまいました。

そうこうするうちに，トルコは第一次世界大戦に**ドイツ側で参戦**し，敗北。さあどうなる，この後のトルコ？　出てこい，**ケマル！**（→第4巻）

② インドの民族運動

📖 別冊プリント p.125 参照

続いてインドの情勢についてです。なお，地名は，旧名で示します。

◾インド工業化の始まり

イギリスは，インドを**イギリス綿工業のための市場・原料供給地**として

位置づけていました。

　しかし19世紀も後半に入ると，インドに**資本輸出（国外投資）**がなされ，投下されたイギリス資本によって，ボンベイやカルカッタに近代的な工場が建設され始めました。これは**インド工業化の始まり**と言っていいでしょう。

　またその間隙をぬって，**インド人の民族資本家**も台頭してきました。ゾロアスター教徒出身の**ターター一族**などはその典型でしょう。

　また19世紀後半には，**鉄道建設も活発化**しました。これにはイギリス本国から資本が投下されましたが，本国の投資家には異常に高い利回りを保証し，不足分は**インドの税収で補填**されました。

■ 新知識人の登場

　一方，イギリスからは**西欧近代思想**の影響もおよんできて，その観点からインドの現状を批判する**新知識人も登場**してきました。

　とくに批判にさらされたのはインドの**寡婦殉死**という風習です。インドでは**サティ**と言います。これは夫に先立たれた夫人が，夫の遺体を焼く火のなかに飛び込み，一緒に焼かれて"浄化"される

ラーム=モーハン=ローイ
（1772?〜1833）

というものです。**サティ禁止運動**を展開したのは**ラーム=モーハン=ローイ**という人でした。彼が活動したのは19世紀の前半ですから，新知識人の先駆者という位置づけですね。

　また**バネルジー**という人は，インド人に対する**差別反対運動**を展開して，**全インド国民協議会**を設立し，ナオロジーという思想家は，インドとイギリスの関係を，インドからイギリスへの「**一方的な富の流出**」と表現して，イギリス支配からの解放を主張しました。

インドは奪われるだけ…
ナオロジー

■ インド国民会議の設立

　こうしてインドの現状だけではなく，イギリスの支配に対しても批判がおよぶようになっていきました。

一方，イギリスにとっても**インド大反乱**（1857～1859）の記憶は鮮明であり，もうあんな反乱はウンザリでした。

　そこで，イギリスはインドの**民族主義者**などとの**協調を図る**ために**インド国民会議**を設立しました。**1885年**のことで，結成地は**ボンベイ**（現ムンバイ）。このインド国民会議は，後には独立運動の中核として"闘う組織"となるのですが，当初は**ナオロジー**らを中心とした**対英協調的な機関**だったのです。これには注意！　またインド国民会議に結集する人々から生まれた政治勢力を**国民会議派**と言います。

■ 民族運動を分断

　しかし19世紀末から20世紀初頭にかけて，情勢は変化しました。アフリカでは，イタリアが**エチオピア**に**アドワの戦い**（1896）で敗北し，また**日露戦争**で**日本が優勢**だという事実は，「イギリスと戦って勝利できる」という期待をインド人に与えることになりました。

Q そのイギリスが，民族運動に分断を持ち込むために1905年に発した
　　法律は？　　　　　　　　　　　　　　──**ベンガル分割令**

　当時のインド総督は**カーゾン**。ベンガル分割令を彼の名にちなんで**カーゾン法**という場合もあります。後にイギリスの外相になる人です。

　ベンガル地方は民族運動の中心地だったので，**ヒンドゥー教徒とイスラーム教徒の居住地域を分断**して，宗教対立を煽ろうとするものでした。

■ カルカッタ大会

　これに対して**国民会議派**は，1906年に**カルカッタ**で**大会**を開きます。中心人物は独立急進派の**ティラク**。ここにいたって国民会議は，その性格を大きく変貌させました。もう"イギリスと仲良くするための組織"ではなくなったのです。

　この大会で採択されたのが**4綱領**でした。

全部
覚えよう!

カルカッタ大会 4 綱領

①英貨排斥(イギリス商品の不買)　②スワデーシ(国産品愛用)
③スワラージ(自治獲得)　　　　　④民族教育

　4つとも覚えたほうがいいよ。さて，この4つは，並列の関係ではありません。このなかでは，**スワラージ**がもっとも重要です。だってこれが「**目的**」なのですから。じゃあ残りの3つは何かというと，自治獲得を達成するための「**手段**」なのです。イギリスと武力闘争をしても勝ち目はありませんからね。

　国産品を愛用してインド人の**経済力**を高め，イギリスの商品を買わないことでイギリスにダメージを与える。さらに**インド人の誇り**と**民族の自覚**を取り戻すような教育を行う。言いかえると，イギリスの手先になるための**英語教育などはやめよう**というものでした。

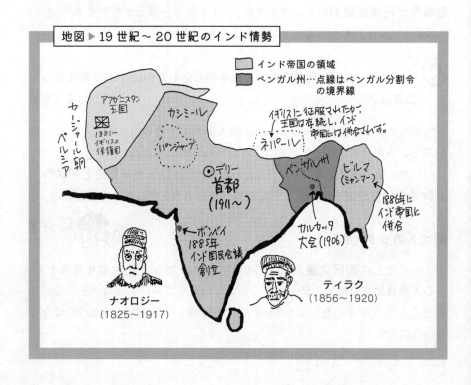

地図 ▶ 19世紀〜20世紀のインド情勢

インド帝国の領域
ベンガル州…点線はベンガル分割令
の境界線

カージャール朝
ペルシア

アフガニスタン
王国
1881〜
イギリスの
保護国

カシミール

パンジャーブ

イギリスに征服されたが
王国は存続し、インド
帝国には併合されず。

ネパール

◉デリー
首都
(1911〜)

ベンガル州

ビルマ
(ミャンマー)

1886年に
インド帝国に
併合

←ボンベイ
1885年
インド国民会議
創立

カルカッタ
大会(1906)

ナオロジー
(1825〜1917)

ティラク
(1856〜1920)

376

■ 全インド＝ムスリム連盟の結成

　これに対してイギリスは，イスラーム教徒による**全インド＝ムスリム連盟の結成を支援**することで対抗しようとしました。そして，1916年にこの連盟の指導者として登場するのが**ジンナー**です。

　もともとインドにおける**イスラーム教徒は少数派**で，多数派の**ヒンドゥー教徒**とのあいだには歴史的に長い対立がありました。また，国民会議派でも**ヒンドゥー教徒が主導権**を握っていて，これには，イスラーム教徒も従来より不満があったのです。ちなみに，連盟の綱領には**イギリスへの忠誠**も掲げられていました。

■ イギリスの妥協

　しかし，こののちイギリスの態度は軟化を見せていきます。というのも，**ドイツとの対立**が深まり，**大きな戦争**が起こりそうな雰囲気でした。そんななか，インドの人々を敵に回したくないという判断がはたらいたからでしょう。

　1911年には，国王**ジョージ5世**によって**ベンガル分割令の撤回**が宣言されました。また，インド帝国の首都も，民族運動の中心である**カルカッタ**からデリーに移されました。

　そして**1914年**に**第一次世界大戦**が勃発しました。

イギリス国王
ジョージ5世

ベンガル分割令，
撤回します

■ インドの協力

　大戦が始まると，**国民会議派**は**マドラス（現チェンナイ）で大会**を開き，**イギリスへの協力**を打ち出しました。"イギリスが大戦で苦しんでいるから，このスキに独立してやろう"という発想はなかったのですね。むしろ戦争に協力することによって，イギリスの態度も変わるだろうと思ったのです。やさしいというか，さすが仏教を生んだ国ですね。

インド省大臣
モンタギュー

首相ロイド＝ジョージ

じゃあ，独立
まとめてやるわ

戦争に
協力
しますよ

インドの人々

信じちゃ
ダメですよ♪

イギリスもそんなインドの“善意”に対して「戦後自治の約束」をしました。当時のインド省大臣モンタギューの発言でした。

　実際にイギリスは約束を守ったのか？　……守りませんよ！　逆に，インドの“善意”をもてあそぶような仕打ちに出るのです。

　この後は第4巻で。いよいよ**ガンディー**の登場です。

第④巻で　会いましょう

---

③ 東南アジアの情勢

📖 別冊プリント p.127 参照

　じゃあ，この回の最後に，東南アジアの**民族運動**について見ていきましょう。あまり細切れになると，流れがつかみづらいと思うので，**19世紀末**から，**第二次世界大戦**のあたりまで述べておきましょう。

　では，ベトナムの情勢からです。

■ベトナムの反フランス民族運動

　まずベトナムでは，**ファン＝ボイ＝チャウ**が**維新会**という結社を組織しました。

ベトナムの青年よ，日本に学べ！

ファン＝ボイ＝チャウ

Q 維新会が推進した日本への留学運動をなんと言うか？

――東遊（ドンズー）運動

　これは日本に近代化の道筋を学ぼうとするものでした。当時の日本といえば，**日露戦争**に勝ったばかりで，いうなれば「アジアの星」でした。

　しかし，**日本はこの期待を裏切る**ことになります。すなわち，**1907年**に**日仏協約**を結ぶと，ベトナムからの留学生を拒絶してしまったのです。ファン＝ボイ＝チャウは失意のうちに帰国し，1912年に**ベトナム光復会**を結成しました。これは中華民国の成立に影響を受け，**ベトナム共和国**の建国をめざす組織でした。

　また**ファン＝チュー＝チン**は国民教育に力を注ぎ，**ハノイ**に**ドンキン（東京）義塾**を設立しました。

あっ，それと忘れてならないのはホー=チ=ミン。1930年にインドシナ共産党(成立当時の名称はベトナム共産党)を組織した人ですね。彼は1945年に独立を宣言するベトナム民主共和国の，初代大統領になる人物です。

Ｑ ホー=チ=ミンが1941年に組織した抗日武装組織の名称は？
　　　　　　　　　　　　　　　　　——ベトナム独立同盟

　これは，1940年に「仏印進駐」を展開した日本に対する組織です。略してベトミン(越盟)ですが，共産主義者のみならず，そうではない民族主義者も結集した組織でした。これは第二次世界大戦後は，反フランス独立運動の組織としても活動します。……ちょっと先走りすぎかな……。

■ オランダのインドネシア支配の変化

　ジャワやスマトラはオランダの支配下にあり，強制栽培制度のような圧政が展開され，多くの餓死者(がししゃ)が出るような有様(ありさま)でした。これに対してオランダ本国でも批判が高まり，住民への福祉にも配慮(はいりょ)がなされるようになりました。このような支配策を倫理政策と言います。

　これに連動して，キリスト教の布教やある程度の自治権なども認められま

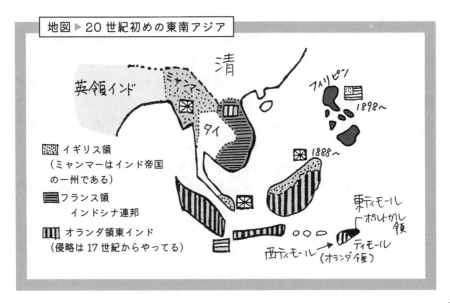

地図 ▶ 20世紀初めの東南アジア

英領インド

清

フィリピン
1898〜

ミャンマー

タイ

1888〜

　▨ イギリス領
　　(ミャンマーはインド帝国
　　の一州である)
　▤ フランス領
　　インドシナ連邦
　▥ オランダ領東インド
　　(侵略は17世紀からやってる)

東ティモール
ポルトガル領
西ティモール → ティモール
　　　　　　　(オランダ領)

した。また**現地人の官僚を育成**するために，**学校も設立**されました。そこで教育を受けたインドネシアの青年たちのあいだに，だんだんと民族的自覚が育まれていったのです。

▨ インドネシアの民族運動

Ⓠ こうしたなか，ジャワの医学生を中心に設立された民族運動組織は何か？
——ブディ=ウトモ

ブディ=ウトモとは，「最高の英知」の意味です。ジャワの文化伝統の再生を通じて，民族意識の高揚をめざしました。

ついでムスリムの知識人や商人を中心とした団体が結成されました。それ

カルティニ(1879〜1904)
25年の短い生涯であったが，残した書簡が死後出版され，大きな反響を呼ぶ。その利益は女学校設立などの支金となった。

が**1911年**に結成された**サレカット=イスラム（イスラーム同盟）**です。もともとは相互扶助を目的とする団体でしたが，1918年ごろから急進化し，**社会主義**や**民族独立**を唱えるよう

になりました。するとオランダから徹底して弾圧され，1920年代に入ると壊滅してしまいました。

それから民族主義者であり，**教育者**であり，そして**女性解放運動家**としても知られる**カルティニ**の名も押さえておいてください。

また1920年には，**インドネシア共産党**が組織されました。これは**アジア初の共産党**ですね。

その後インドネシア共産党は，1926〜1927年に武装蜂起を起こしますが鎮圧され，党は壊滅に近い状況となります。

それに対して，イスラーム教徒の民族主義者や，共産党の運動に参加していた人々を軸に結成されたのが，**インドネシア国民党**でした。その指導者は，後にインドネシア初代大統領となる**スカルノ**でした。

▣ フィリピンの民族運動

▶ホセ=リサールの活動

フィリピンでも，19世紀の後半から反スペインの民族運動が勃興しました。

Q フィリピンの民族運動家で1892年にフィリピン民族同盟を結成したのはだれか？ ——ホセ=リサール

ホセ=リサール
(1861～1896)

彼は文学者で，『反逆』などの作品を著してスペインに対する闘いを訴える一方，フィリピン人の**民族的な自覚**を促すことに尽力しました。

▶フィリピン革命と米西戦争

1896年には，武装組織**カティプーナン党**がスペインに対する本格的な武闘を開始しました。これがいわゆる**フィリピン革命**です。リサールはこの軍事行動には直接関与していませんでした。しかし彼は反乱の罪でスペインに捕らわれ，銃殺されてしまいます。

革命自体は，いったんは鎮静化しますが，**1898年**に米西戦争が起こると，革命軍の指導者アギナルドたちは**アメリカと連携**してスペインと戦いました。そして戦争はスペインの敗北に終わりました。

▶アメリカとの戦い

これをうけて，アギナルドたちは**マロロス**という都市で憲法を採択し，**フィリピン共和国**（別名"**マロロス共和国**"）の成立を宣言。大統領には**アギナルド**が就任しました。しかし，アメリカはこれを認めず，1899年からは，フィリピン=アメリカ戦争に突入します。

アギナルド
(1869～1964)

▶アメリカによる支配

アメリカは圧倒的な火力をもってアギナルドたちに勝利し，**タフト**を総督（知事）としてフィリピンを植民地化してしまいました。タフトは，1904年に本国の陸軍長官になりますが，その彼と日本の首相の名前を冠した協定が，**1905年**に結ばれた**桂・タフト協定**です。これは，日米がそれぞれのアジア

の勢力圏を認め合ったものです。タフトは，1909年には大統領になりますね。あの「ドル外交」のタフトですよ（→ p.334）。

　アメリカは，かつてのスペインと同じように，フィリピンを**タバコ**や**サトウキビ**などの生産地として**モノカルチャー化**を進めました。その結果，それに対する農民の反乱も頻発しました。

　こうしたことから，**大恐慌**後の**1934年**，アメリカは**フィリピン独立法**を制定し，"**10年後の独立**"を承認することにしました。この法律は，提案者の議員の名を冠して，**タイディングズ=マクダフィー法**という場合もあります。

　しかし，その"10年後"がやって来る前に，**1941年**に**太平洋戦争**が始まり，フィリピンは**日本の占領下**に置かれることになってしまうんですね。

　以上，20世紀初頭を中心とした西アジア，南アジア，そして東南アジアの情勢でした。

第69回

ビスマルク体制の時代と その終焉

ヨーロッパ国際関係史(1)

① ビスマルク体制の成立

 別冊プリント p.129 参照

　この 69 回と 70 回の授業では，**第一次世界大戦**に向かう**ヨーロッパの国際関係史**をお話しします。**1870 年代**から，1914 年までの 40 数年間です。

　ここは，**本当に複雑**です。刻一刻と情勢が変化します。しかも，教科書では，この過程を飛び飛びにしか記していません。……だから，**教科書を読んでも，流れがわからない**のです！　この授業が(注：つまり『実況中継』が)，**もっとも力を発揮するところ**──それが 69・70 回です。

　そのなかでポイントになる年号がいくつか出てきます。

①1890 年…ビスマルク辞任
②1898 年…ファショダ事件，ドイツで艦隊法制定
③1904 年…日露戦争の勃発，英仏協商の成立
④1907 年…英露協商・三国協商の成立

この年号にピンときたら，時代の転換点

　まず，**1870 年**から 1890 年まで。この 20 年間は，**ビスマルク**が思いのままに国際関係を展開した時期です。この時代の国際関係を，「ビスマルク体制」と言います。

　ビスマルク体制の基本はなんだったのか？　2 つのポイントがありました。

これが一番恐い　仏　ドイツ　ロシア
ビスマルク

　まず第 1 点は，**ヨーロッパの平和と安定**。そして，もう 1 つは**フランスの孤立化**でした。

　それから，忘れてならないのは，**英露**の動向です。イギリスの頭にあるの

はインドの防衛です。近代イギリスの発展は，インドの犠牲の上に成立していますからね。

そのイギリスにとってもっとも恐いのは，ロシアの動きですね。とくにその南下政策。方向は，バルカン半島，中央アジア，それに極東に向かいます。このなかで，とくに中央アジアにおける南下は，インドを直接脅かす結果をもたらします。

《注》ロシアが本当にインドを狙っていたわけではない。

■ 1871 年〜 1878 年（ベルリン会議）まで

また，なぜフランスを孤立させたいか？　それは普仏戦争の復讐に備えるためですね。ビスマルクがそのフランスに対抗してつくり上げた同盟関係があります。

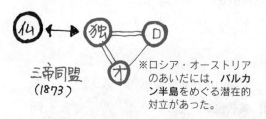

三帝同盟
(1873)

※ロシア・オーストリアのあいだには，バルカン半島をめぐる潜在的対立があった。

両面矢印(↔)は“対立”を意味すると考えてください。また，実線は“友好関係”を示し，線が多いほど関係は緊密です。

さて，ビスマルクはフランスに対抗して，ドイツ，ロシア，オーストリア 3 国のあいだに，1873 年，三帝同盟を成立させました。

ロシア・オーストリアも，フランスの共和政に対する嫌悪からこの同盟に参加しました。ちょうど第三共和政が成立するあたりだね。この 3 国の“共和政嫌い”は，フランス大革命以来の“伝統”ですね。

3 つの帝国の皇帝ですが，ドイツはもちろんヴィルヘルム 1 世，ロシアがアレクサンドル 2 世，オーストリアはフランツ＝ヨーゼフ 1 世です。

■ 三帝同盟の崩壊と独墺同盟の成立

しかし，1878 年のベルリン会議を契機に，この三帝同盟は崩壊してし

まいます。なぜか？

　この会議では，オーストリアが**ボスニア・ヘルツェゴヴィナの行政権**を獲得。一方，ロシアは，**セルビア・ルーマニア・モンテネグロ**といった"子分"の国々の独立が承認され，それはそれで嬉(うれ)しくはありました。しかし，**ブルガリア領が縮小**され，**地中海への南下は阻止**(そし)されてしまいました。それで会議後，会議のホストであったドイツ・ビスマルクを逆恨みするように

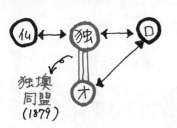

独墺
同盟
(1879)

なったのです。こうしてドイツ・ロシアのあいだに対立が生じました。

　そこでロシアに対抗するために，**1879年**に**ドイツ・オーストリア**のあいだに対ロシア秘密軍事同盟が形成されました。これを独(どく)墺(おう)同盟と言います。

■ 中央アジアにおける英露の対立

　さて，ベルリン会議でロシアのバルカン南下は阻止されました。しかしイギリスには心配な地域がありました。どこが？　それは中央アジア。

　中央アジアは，**ロシア帝国とイギリス領インドのあいだ**に位置しています。よって，イギリスは中央アジアへのロシアの進出をとくに恐れていました。なお，この地域をめぐる英露の対立は，チェスの大勝負になぞらえて「**グレートゲーム**」と呼ばれています。

　ロシアは，すでに1860年代から，**トルコ系ウズベク人**の国家に対する侵略を本格化させていて，まず，コーカンド＝ハン国を攻撃し，1867年にシル川流域を併合(へいごう)します。そしてそこに，**タシケント**を省都(しょうと)とする**トルキスタン省を設置**し，ロシア人軍人を総督として支配しました。この地域は綿(めん)花(か)の生産地として重要で，ロシアはその後鉄道の建設も進めました。当時は南北戦争の影響で，アメリカから世界への綿花供給が滞(とどこお)り，**綿花の国際価格が高騰**(こうとう)していました。あっ，それから当時のロシアでは，**綿工業**もぼちぼち始まっていました。

　その後，同じくウズベク人国家のヒヴァ＝ハン国，ブハラ＝ハン国もロシアの保護国とされました。これは1873年のこと。コーカンド＝ハン国にいたっては，1876年に全土が併合されてしまいました。

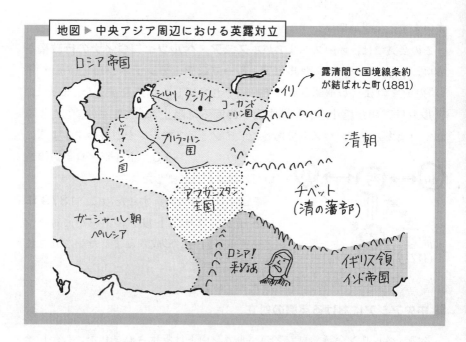

地図 ▶ 中央アジア周辺における英露対立

ロシア帝国

シベリ タシケント

コーカンド=ハン国

ビヴァ=ハン国

ブハラ=ハン国

イリ

露清間で国境線条約が結ばれた町(1881)

清朝

チベット
(清の藩部)

アフガニスタン王国

ガージャール朝
ペルシア

ロシア!来るな

イギリス領
インド帝国

　そして，これらの地域の南側には**アフガニスタン王国**があり，そのさらに南には，**イギリス領のインド**がひかえています。

　イギリスは思った，"**ロシアがすぐそばまで来ている！**"

　危機を感じたイギリスは，**1878年**から**第2次アフガン戦争**を展開し，**1880年**にアフガニスタン王国を保護国化しました。

　ここでロシアが困るわけです。要するに，1880年前後のロシアは，**中央アジア周辺ではイギリス**と，**ヨーロッパ地域ではドイツと対立**することとなり，**2つの強敵**をかかえてしまったわけですね。

▨ 三帝同盟の復活

　そこでロシアは，ふたたびドイツに接近する道を選びました。長年対立しているイギリスよりも，ドイツの方が関係修復は容易だろ

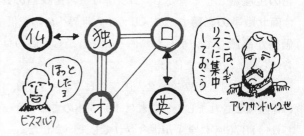

仏 ↔ 独 ─ 露

ほっとしたョ
ビスマルク

オ

英

ここは，イギリスに集中しておこう

アレクサンドル2世

うという判断です。こうして，**1881年に三帝同盟が復活**。ビスマルクもほっとしたことでしょう。

▌ 仏伊関係の悪化

さて地中海域では，フランスとイタリアの関係が悪化していました。

原因は，フランスが1881年に**チュニジアを保護国化**したこと。フランスは，1830年代に植民地化した**アルジェリア**を防衛するために，東隣のチュニジアと，西隣の**モロッコ**の領有を狙（ねら）っていました。なにせアルジェリアには，数十万人のフランス人移民がいましたからね。

で，ここで問題なのは，チュニジアを**イタリア**も狙っていたということです。チュニジアといえば，かつてのカルタゴの故地（こち）ですよね。イタリアとしては，ここを拠点にアフリカ侵略を考えていたのです。

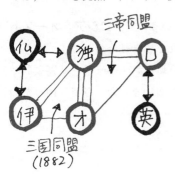

三帝同盟

三国同盟
(1882)

そのイタリアをビスマルクが引きずりこんで，同盟関係を結びました。これが**1882年**に成立した三国同盟です。

こうして，左の図のように**フランスは完全に孤立**。他方，**ドイツ**の安全は，**三帝同盟**（独・墺・露）と**三国同盟**（独・墺・伊）という2つの同盟関係によって二重に守られています。これこそまさしくビスマルク体制の究極の姿です。

Bismarck

ここまでは
よかったんじゃよ！
でもネ…。

このころのビスマルク，おもしろくってしょうがなかったんじゃないかな，「外交」が。

『ビスマルク伝』

"史上最強の宰相"ビスマルクの浩瀚（こうかん）な（幅広い，膨大な）伝記。著者は『ヴァイマル共和国史』で知られるドイツの歴史家エーリッヒ＝アイク（1878〜1964）。イギリスの政治体制やグラッドストンを尊敬する自由主義者のアイクは，ビスマルクの独裁的な政治手法には極めて批判的だった。（『ビスマルク伝』（全8巻，ペリカン社））

🟥 ビスマルク体制の危機（1887 年～ 1890 年）

▶オーストリアとイタリアの対立の表面化

　ところが，すでに 1880 年代半ばにはやっかいな問題が起きてしまいます。まず三国同盟のなかの対立が表面化してしまいました。というのも，**イタリアとオーストリア**のあいだには，従来から「未回収のイタリア」をめぐる領土問題が存在していたのでした。

　すなわち，オーストリアが支配していた**南チロル**および**トリエステ**などをイタリアは「回収」したがっていたわけです。しかしこの段階では，**三国同盟**は崩壊には至りませんでした。

▶ロシアとオーストリアの対立

　危なかったのは，三帝同盟のほうでした。というのも，**ロシアとオーストリア**の関係が，バルカン半島をめぐってこじれてしまったからです。とりわけ**ブルガリア**に勢力を伸ばそうとするロシアの動きが，オーストリアを刺激したのでした。こうして**三帝同盟は崩壊**してしまいました。さて，困ったのはドイツです。

🟥 再保障条約

　では**ドイツ**はどうしたか？　まず，**オーストリア**との友好関係は崩すわけにはいかない。同じドイツ人の国どうしだし，**三国同盟**にひびが入っても困る。かといって，ロシアとの関係を断ってしまうと，ビスマルクがもっとも恐れている事態，すなわち**フランスとロシアが同盟関係を結ぶ恐れ**が出てきます。

　そこでビスマルクはどうしたか？　なんと，**オーストリアには秘密でロシアとの友好保持を約束**したのでした。友好の期限は**３年**でした。

Ⓠ 1887 年，ドイツがロシアをつなぎとめるために結んだ条約をなんと言うか？

　　　　　　　　　　　　　　　　　——**再保障条約**

秘密の友好関係ということなので，下の図ではロシアとドイツとは点線で結んでいます。僕も"芸"が細かいね(笑)。

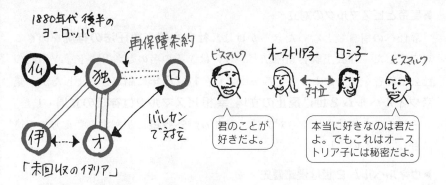

はっきり言ってビスマルクは"**浮気**"をやっているのですよ(笑)。それを平気でやってしまうのが，ビスマルクのスゴいところですね。

ところで，よく受ける質問があります。

Q 再保障条約の「再」ってどういう意味ですか？

まず再保障条約という呼び方は，ドイツの側からの呼称です。すなわち，**ドイツの立場**から見た場合，ヨーロッパの国際政治において，**ドイツの安全**はまず三国同盟で保障されています。

そして，この再保障条約は，ドイツの安全を**さらに保障する条約**，という意味合いから「再」が付いたわけです。

③ ビスマルク体制の終焉

別冊プリント p.131 参照

■ ビスマルク退場（1890年）

さて，3年後の1890年には状況が一変してしまいます。この年は**ビスマルク体制の終焉**の始まりの年です。

まず**1888年**に，ヴィルヘルム1世に代わってフリードリヒ3世が即位しますが，癌のため3か月余りで世を去り，つづいて弱冠27歳の青年皇帝ヴィルヘルム2世が即位しました。この新しい皇帝とビスマルクは，いろい

ろな問題で対立し，ついに 1890 年，ビスマルクは辞任させられてしまう
のです。

▶皇帝とビスマルクの対立

　辞任への引き金となったきっかけは，**社会主義者鎮圧法の存廃**をめぐる
対立でした。社会主義者鎮圧法というのは，その名のとおり，ドイツ国内の
社会主義者を弾圧しようとする法律です。**1878 年**に制定されましたが，**皇
帝ヴィルヘルム 2 世は廃止の立場，宰相ビスマルクは存続の立場**でした。

　そしてこの法律をめぐる対立は，両者の**対外政策**にかんする考え方の相違
にもとづくものでした。

▶ヴィルヘルム 2 世は侵略優先

　すなわち，ヴィルヘルム 2 世は，とにかく急いで**侵略**をやりたかった。「で
ないと，**世界を英仏に奪われてしまう**」というところでしょう。またその
ためには，「国内の対立はできるだけ緩和したい。たとえそれが**社会主義者**
であっても。だから**社会主義者鎮圧法は廃止すべきだ！**」

これに対してビスマルク
は**内政重視**です。「社会主義
者を弾圧しないと，安心し
て海外には出て行けません
よ！」。そして対立が表面化
すると，立場上，宰相のほ
うが辞めざるを得ません。
ということで，**1890 年**に
ビスマルクは辞任させられ
たのでした。1 つの時代の
終焉ですね。

📕 新航路政策

　若き皇帝は積極的な対外政策を提唱しました。これを**世界政策**と言います。
またヴィルヘルム 2 世は，しばしばドイツを船に見たてて演説をしていて，
そこから彼の世界政策は，「**新航路（政策）**」と表現されることもありました。

皇帝は，こう言ったそうです。

「老いた水先案内人（＝ビスマルク）に代わって，私がドイツという船の当直将校になった。目標は今までどおり。ただし，全速力でつっ走れ」。

▶再保障条約の更新拒否

一方，ヴィルヘルム2世は，**再保障条約の更新を拒否**しました。ロシアとこれ以上"浮気"を続けるのは，オーストリアに対してマズイという判断からでした。

🔳露仏同盟

頭に来たロシアは，ビスマルクがいちばん恐れていたことを決行しました。すなわち**フランス**と**同盟**を結んだのです。これが**露仏同盟**です。

Q 露仏同盟は何年に締結されたか？　　　　　　——1891年

その後，両国の関係は強化され，**1894年**にはドイツなどの攻撃に対して，共同して戦うことなどを規定した**軍事協定**が結ばれました。正確に言うと，ロシアがドイツとオーストリアから攻撃された場合，もしくはフランスがドイツとイタリアから攻撃された場合には，露仏両国は共同で戦う，というものでした。こうして，1894年に**露仏同盟は完成**にいたりました。

かくして，**ビスマルク体制は完全に崩壊**したのでした。

🔳「光栄ある孤立」

それから，この時期の**イギリス**はどこの国とも同盟関係を結んでいません。

Q このイギリスの外交をなんと言うか？　　　　——「光栄ある孤立」

これは，イギリス首相だった**ソールズベリ**が，1896年にカナダで開かれた自治領会議で使った言葉のようです。

ま，イギリスって自分に自信があるんだね。**世界一の海軍国**だし，1人でもやってゆけるという自信がある。それにどこかと同盟を結ぶと，その同盟

391

関係に引きずられて，やりたくもない戦争に巻き込まれる恐れもある……などという判断から，みずから進んで「孤立」の道を選んだのです。

こうして，1890年代半ばに，ヨーロッパに**3勢力の鼎立状況**が誕生しました。

3勢力の鼎立

①三国同盟…独，墺，伊
②露仏同盟…ロシア，フランス
③イギリス…光栄ある孤立

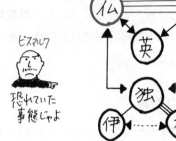

ビスマルク

恐れていた
事態じゃよ

この関係がどう変化していくのか。次回はビスマルク体制に別れを告げ，この後の国際関係について見ていきましょう。

70回

1890年代～第一次世界大戦の勃発

ヨーロッパ国際関係史(2)

今回は，**1890年**から，**第一次世界大戦**が起こる**1914年**までの24年間の歴史です。

まずは，**三国同盟**，**露仏同盟**および「**光栄ある孤立**」の**イギリス**という3勢力の関係の確認からいきましょう。

① 露仏同盟とイギリスの対立

 別冊プリント p.132 参照

1890年と1914年

三国同盟(とくに**ドイツ**)と**露仏**同盟が対立していることは言うまでもありませんが，一方で**三国同盟とイギリス**とのあいだには，**さしたる対立関係はありません**。

一方，**イギリスと露仏同盟にはきびしい対立**があったのです。これは案外忘れている人がいるかもしれません。

しかし，**1907年**段階では**イギリスと露仏同盟の対立は解消**し，**三国協商**が成立します。そしてこれが**1914年**に独・墺と衝突し，第一次世界大戦の勃発となるわけです。

ですから，1890年代以降の国際関係でどこがポイントになるかと言うと，次の2点に集約されます。すなわち，

①イギリスとドイツの対立がなぜ起こってしまったのか？
②イギリスとフランス・ロシアが，なぜ対立から友好関係に転じたのか？

これらについてお話ししていきましょう。

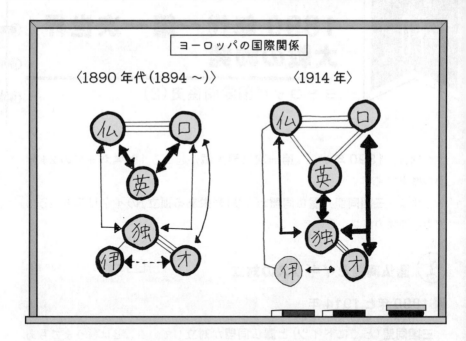

ヨーロッパの国際関係

〈1890年代（1894～）〉　　　　〈1914年〉

■ イギリス vs. 露仏同盟

　まず，**イギリス**と，**フランス・ロシア**との対立について触れておこうと思います。はじめに，イギリスとロシアの対立から。

▶イギリスとロシアの対立

　イギリスとロシアの対立は，**ウィーン体制**成立以来の伝統的なものですが，とくに19世紀の後半には，**アフガニスタン**と**ガージャール（カージャール朝）ペルシア**，および**チベット**をめぐる対立がありました。

　次ページの地図を見れば一目瞭然ですね。この3つの地域は，イギリスにとっては，**植民地インド**をロシアから守る「防波堤」ですね。

▶イギリスとフランスの対立

　一方，イギリスは**フランス**とも強烈に対立していました。対立の舞台は**アフリカ**と**東南アジア**です。

　とくに**東南アジア**。これも地図が参考になると思いますが，19世紀末の段階で，フランスはインドシナ半島の東部を支配し，**インドシナ連邦**を形成していました。

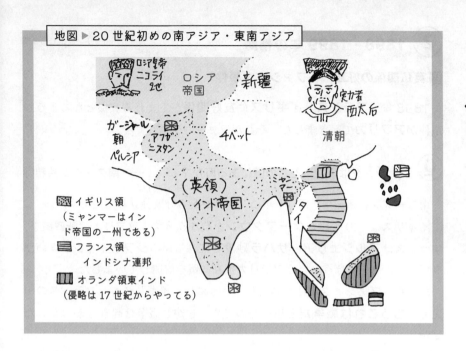

地図 ▶ 20世紀初めの南アジア・東南アジア

イギリス領
（ミャンマーはインド帝国の一州である）

フランス領
インドシナ連邦

オランダ領東インド
（侵略は17世紀からやってる）

　一方イギリスは，**インドを防衛**する観点からも，1885年に**コンバウン朝**を滅ぼし，**ビルマ（ミャンマー）全土**を支配しました。こうして英仏は，**ラタナコーシン朝タイ（シャム）**を挟んで対立していたのです。こうして挟まれたタイは，1880年代の後半から**英仏の緩衝国**になっていましたね（→ p.275）。

　そして**露仏同盟**が成立。これはイギリスにとっては大きな脅威となります。だって，インドを北から狙う位置にある**ロシア**と，インドを東から狙う位置にある**フランス**が手を組んだわけですからね。

　こういう状況ですから，19世紀末の**露仏同盟**と**イギリス**との関係は，一歩まちがえば戦争が起こってもおかしくない状態だったのです。

　ところが，1898年に英仏関係が好転するきっかけになる事件が起きました。また同年には，英独関係が悪化し始めました。いよいよ国際関係激変の始まりです。

② 1898・1899 年の情勢

📖 別冊プリント p.133 参照

🔖 英仏関係の好転──ファショダ事件

1898 年，**フランス**と**イギリス**に**友好関係**が生まれる契機となるような事件が**アフリカ**で起きました。それが**ファショダ事件**です。

Q ファショダは現在，どこの国にある町か？　　──南スーダン共和国

南スーダン共和国は，2011 年にスーダンから分離独立した国です。

イギリスは，**カイロとケープタウン**を結ぼうとする**アフリカ縦断政策**を，フランスは**アルジェリア・サハラ砂漠**と紅海沿岸の**ジブチ**やインド洋のマダガスカル島を結ぼうという**アフリカ横断政策**を展開していました。

だから，ファショダ事件が勃発したときには，イギリスも，フランスの国民も，**もうこれは戦争だ**と思ったのです。しかし戦争は起きなかった。なぜか？

それは**フランス**が譲歩したからです。当時のフランスは**ドレフュス事件**の渦中にありました。そしてそのために，フランス軍部に対する国民的な信頼が揺らいでいました（→ p.321）。

また，軍事的に見てもイギリスの**海軍力**に太刀打ちできそうにない。というわけで，「すいません」と言って去っていくフランス。それを見て，イギリスはどう思ったか，「**うーん，憎めないやつ**」(笑)。こうして，

ファショダ事件は，英仏接近の契機となった

ここが，ポイントです。ファショダ事件を**イギリスとフランスが衝突した事件**として覚えるだけでは**ダメ**です。

けんかのあとに
仲が良くなること
ってあるよね。

🔖 英仏協商が成立

少し先の話になりますが，6 年後の **1904 年**に，**英仏協商**が成立しました。その際，フランスが**イギリスのエジプト領有**を認める代わりに，

Q イギリスがフランスによる支配を認めた地域はどこか？

——モロッコです。

こうして，両国は友好関係を強化していくわけです。

📕 英独関係が悪化

一方この**1898年**から，**英独関係を悪化**させるできごとが連続しました。

まず，1898年，ドイツは海軍の軍備増強を定めた艦隊法（海軍法）を成立させました。この法律を制定した当時の海軍大臣は**ティルピッツ**。

艦隊法は「軍艦をガンガンつくるぞ」という法律です。これは**英独間の建艦競争を激化**させることになりました。

📕 ドイツの3B政策

さらに1899年には，**トルコ**からドイツが**バグダード鉄道敷設権**を獲得しました。またペルシア湾に面する**バスラの築港権**も得ました。

バグダード鉄道は，最終的にはバグダードとトルコの都である**イスタンブル**を結びつけようとする鉄道です。イスタンブルは，昔は**ギリシア人**の植民都市ですが，その段階ではビザンティオンと呼ばれていた。

イギリスなどは，これを見て，ドイツの"野心"を感じ取りました。それは，ドイツが，「ベルリン—ビザンティオン—バグダードを結ぼうとしているのではないか？」ということでした。

これを3B政策と言います。

さらにイギリスは思いました。すなわちドイツの**矛先はインドに向いているのではないか？** そこでイギリスでは，3B政策に対抗して，**カイロ—ケープタウン—カルカッタ**を結ぶ3C政策が叫ばれるようになりました。

ちょっと整理しとこうか。**1898年，1899年**の段階で，**仏英の対立は実**

1898・1899年の情勢

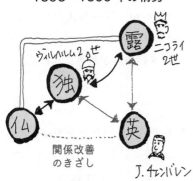

ヴィルヘルム2世
ニコライ2世
露
独
仏
英
関係改善のきざし
J.チェンバレン

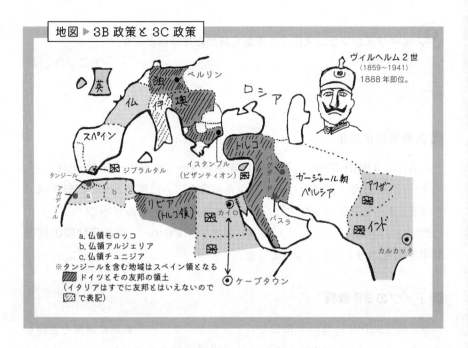

地図 ▶ 3B 政策と 3C 政策

ヴィルヘルム2世
(1859〜1941)
1888年即位。

ベルリン

英

仏 伊 墺

ロシア

スペイン

トルコ

タンジール　ジブラルタル

イスタンブル
(ビザンティオン)

バグダード

ガージャール朝
ペルシア

アフガン

アガディール

a　b　c

リビア
(トルコ領)

カイロ

バスラ

インド

a. 仏領モロッコ
b. 仏領アルジェリア
c. 仏領チュニジア
※タンジールを含む地域はスペイン領となる
▨ ドイツとその友邦の領土
(イタリアはすでに友邦とはいえないので
▨ で表記)

カルカッタ

ケープタウン

質的に解消されたと考えていいですね。

　一方，**ドイツ**と**イギリス**のあいだには，もうぬぐいがたい**対立**が生まれてしまったのでした。

③ 1899 〜 1907 年の情勢

📖 別冊プリント p.134 参照

　次に，**イギリスとロシアの関係の好転**について見てみましょう。

　話の始まりは，**1899 年**に始まる**南アフリカ戦争**です。この戦争で，イギリスは**苦戦**しました。なんせ50万人のイギリス軍が，**ブール人**のゲリラ戦によって，南アフリカの地に釘付けになったのですから。

　そして翌年の **1900 年**，イギリスにとって**イタ**い事件が起きました。

▧ 義和団事件

　それは**義和団事件**の勃発でした。義和団と清朝が，外国勢力を一掃しようとした事件(戦争)ですね。

イギリスが恐れたのは，この事件の鎮圧を契機に，ロシアの**極東への南下**が加速される恐れがあるということ。事実，ロシアは事件の鎮圧後，中国の東北地方（満洲）における**軍隊駐留を継続**しています。そういう危険に対して，イギリスはなんら手を打てない状況だったのです。

📕 日英同盟──イギリスの方針転換

"おれは無力だ。ならば，もはや1人ではやっていけない！"

そう感じたイギリスは，これまでの外交方針，すなわち**光栄ある孤立を放棄**するのでした。

ソールズベリ首相
（任 1885～86, 86～92,
1895～1902）

そのイギリスが，パートナーとして選んだ相手は，わが「**大日本帝国**」。こうして **1902 年**，日英同盟が締結されました。
同盟の内容を確認しておこう。重要なのは次の 2 点です。

日英同盟

①日英いずれかがどこかの国と戦争状態に入った場合は，もう一方は中立を保ち，第三国の参戦防止のために努力する

②日英どちらかが，2 国以上と戦争状態に入った場合は，もう一方は同盟国として参戦する

日本とイギリスが同盟を結んだ目的ははっきりしていますね。それは**ロシアに対抗**するということです。イギリスは**世界**をめぐってロシアと対立していました。そして日本は，**朝鮮半島**，あるいは中国の**東北地方（満洲）**をめぐってロシアと対立していました。

また日英は，中国と韓国におけるそれぞれの利権を承認しました。

📕 日露戦争をめぐる国際関係

▶アメリカの対日支援

こうして日本はイギリスの支援を受けることになりました。そしてもう 1 つ日本の側にまわった国があります。それは**アメリカ**でした。

アメリカも，**ロシア軍の東北地方駐留には不満**でした。中国市場参入をはかるアメリカは，**東北地方の資源や鉄道敷設**に関心を持っていたからです。

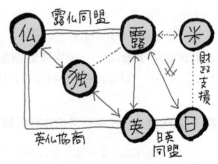

日露戦争時の国際関係

そして 1904 年に戦争が始まると，アメリカはイギリスとともに日本政府に対して，**財政的な支援を**行いました。具体的には，日本が発行した**外債**を引き受けてくれたのでした。

▶ドイツの微妙な立場

それから**ドイツ**。ドイツは**ロシアの勢力が極東に向かうことを期待して**いたのでした。

なぜかって？　そりゃドイツとオーストリアは，**バルカン半島への南下**を考えているからね。そこで**ロシアとは極力衝突したくない**んですよ。

ちなみに「黄禍論」って知ってるよね。これは，"**日本人などの黄色人種が，ヨーロッパにとって禍をなす勢力になる**"という，もろにアジア蔑視・アジア差別の議論なんだけれど，これを言い出したのは，実は**ヴィルヘルム2世**なのです。これを言い出すことで，ロシアの黄色人種に対する敵愾心を煽り，できればその**関心を極東に**向けさせる。そしてそのスキに自分たち（独墺）は，**バルカン南下**を果たす……。

▶もっと微妙な英と仏の立ち位置

それから複雑なのは，**英仏関係**ですね。**日英同盟と露仏同盟**……へたすりゃ英仏両国ともに，日露戦争に巻き込まれてしまいます。しかし，英仏両国ともに，参戦を望んではいませんでした。

さっきも言ったけど，**英仏は，ファショダ事件以来，友好関係に転換**しつつあり，また両国ともに**ドイツとの対立が激化**していました。具体的には，まず**アフリカや中近東における対立**がありました。それに加えて**ドイツの工業**が発展し，輸出が増大したことに対して，英仏の産業界が警戒を強めたことも対立の原因でした。

ですからドイツに備えるためにも，"遠い極東の戦争に巻き込まれるのは

まっぴらだ”という共通認識が，英仏のあいだにはあったのです。そこで，両国は日露戦争が始まった直後，**英仏協商**を結んだのでした。

これは，事実上「**英仏両国は，日露戦争には参戦しない**」という意思表示でもありました。そしてこのことは戦争に突入した日露にとっても好都合でした。だってロシアとしては，**イギリス**と戦わなくて済(す)むし，日本も**フランス**を相手にせずに済む。こうして日露戦争は，**日露の“シングルマッチ”**として推移(すいい)していくことになったのです。

日露戦争の推移

では，日露戦争の推移をお話ししましょう。戦争は**1904年**2月に，日本海軍の攻撃によって始まりました。翌1905年には，有名な3つの戦いが展開されます。挙(あ)げておきましょう。

日露戦争

①旅順要塞(りょじゅんようさい)の攻防戦…1904～1905，1月
②奉天(ほうてん)会戦 ……………1905，3月
③日本海海戦 …………1905，5月27/28日　（またしても僕の誕生日だ！）

戦争中の**1905年**1月には，首都の**ペテルブルク**で**第1次ロシア革命**が勃発しました。

第1次ロシア革命

これを見た，時のロシア皇帝**ニコライ2世**は，“極東で日本と戦争を続ける余裕はなくなった”，と思いました。

そこでニコライ2世は，極東に派遣(はけん)していた軍隊を**シベリア鉄道**にのせて帰還(きかん)させました。そして**革命を鎮圧**し，国内の安定を保持することに成功しました。

では，ニコライさんに，今後のことを聞いてみましょう。

首都ペテルブルクで**革命**が起きるほど，**国民の不満**は高まってますな。この不満は**侵略**によって，**外に向けよう**と思います。と言っても極東や中央アジアは遠すぎるので，手近なところの侵略がいいですねぇ。それはねぇ……。

ニコライ2世 （位 1894〜1917）

「手近なところ」──それは**バルカン半島**でした。

こうして第1次ロシア革命は，**ロシアの極東からの後退**と，**バルカン半島への再南下**という結果をもたらしたのです。そのバルカンには，**オーストリアとドイツ**が待っていました。こうして**ロシアと独墺の対立が激化**するのでした。

ロシアを追っ払って，東北地方（満洲）にアメリカの利権を確保したいなあ……。

セオドア＝ローズヴェルト大統領
（任 1901〜1909）

アメリカは、中国分割に乗り遅れましたからね

よろしいでしょうか。日露戦争は，結果としてこのような対立を生みだしたのですね。

▌日露戦争の終結

さて，日露戦争は **1905 年**に終結しました。講和の仲介(ちゅうかい)をしたのは，**アメリカ大統領セオドア＝ローズヴェルト**で，講和会議はアメリカ北東部の都市**ポーツマス**で開かれました。

▌英露協商の成立（1907 年）

さて，日露戦争を見た**イギリス**はこう思いました。「**ロシアは弱い！**」

そうなると，**イギリスにとって一番怖い敵は，ドイツ**ということになり，イギリスはドイツに集中しはじめました。一方ドイツとロシアは，バルカンをめぐって対立が激化しています。"ならば，ロシアと結んでドイツに対抗しよう！"，とイギリスは思った。

こうして 1907 年，**英露協商**が成立しました。

これはイギリスとロシアの歴史的和解と言っていいですね。そして，これは同時に**三国協商の成立**をも意味しました。

英露協商が結ばれた際，イギリスとロシアは対立があった3つの地域で，手打ち(注：仲直りを意味する言葉)を行っています。まず，

Q 英露協商で，両国が相互不干渉を定めた地域はどこか？
——チベット

Q また，両国がお互いの勢力範囲を確定した国は？
——ガージャール朝ペルシア

相互不干渉とは，要するにどっちの国もチベットを領有しようとしないということ。3つ目の地域がアフガニスタンで，ここがイギリスの保護国であることをロシアが認めました。こうして「グレートゲーム」は終了しました。こうして1907年の段階で，**第一次世界大戦**の**基本的な対決構造が完成し**たのです。

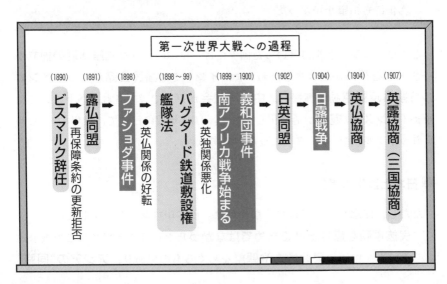

第一次世界大戦への過程

(1890)	(1891)	(1898)	(1898～99)	(1899・1900)	(1902)	(1904)	(1904)	(1907)
ビスマルク辞任	露仏同盟	ファショダ事件	艦隊法	南アフリカ戦争始まる	日英同盟	日露戦争	英仏協商	英露協商（三国協商）
	再保障条約の更新拒否	英仏関係の好転	バグダード鉄道敷設権	義和団事件				
			英独関係悪化					

このあとの**大戦勃発までの7年間**の焦点_{しょうてん}は，「戦争勃発の"**発火点**"はどこになるか？」ということになりました。その7年間を見る前に，日露戦争について，もう少し掘り下げておきましょう。

日露戦争の世界史的意義

日露戦争は世界史の論述問題では頻出の題材です。テーマは，

Ⓠ 日露戦争の持つ世界史的意義は何か？

さっそくですが，世界史的意義の第1点目は，

①第一次世界大戦の対決構造をつくった

とりわけ，**英露友好**を促進_{そくしん}し，一方で**独露対立**を激化させたことがポイントです。第2点目は，

②アジアの小国日本が，強大な陸軍国ロシアを打ち破ったことが刺激となって，世界の**民族主義**が高揚_{こうよう}し，日本に範_{はん}をとるようなアジアの近代化にも拍車_{はくしゃ}がかかった

とくに**イラン，トルコ**といった国々では，日本のような**立憲体制の樹立**をめざす**立憲革命**が起きましたね。また**インド**では**国民会議派**による**ベンガル分割令反対運動**が高揚し，**中国同盟会**が東京で設立され，**ベトナム**では**東遊（ドンズー）運動**が活発化しました。100年前の日本て，世界の"いじめられっ子グループ"のスターだったのですね。

日本と欧米の提携

ただし，注意しなくてはならないのは，日本がロシアと戦争したのは，決して**民族運動を盛り上げるためではなかった**ということです。この戦争はあくまでも，中国の東北地方や朝鮮をめぐるものであり，**アジアの"同胞**_{どうほう}**"**

を解放するために起こした戦争ではなかったのです。

　その証拠に，1905年に日本は欧米諸国とお互いのアジア支配を認め合う
ような条約（協定）を結びましたね（→ p.365）。さらに，1907年には**日仏協
約**と**第1次日露協約**を結び，日本の韓国・中国における利権はフランスや
ロシアに承認されました。

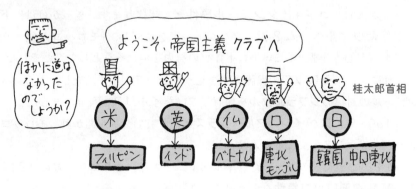

桂太郎首相

「日本の勝利は，アジアのすべ
ての国々に大きな影響を与え
た。わたしは少年時代，どんな
にそれに感激したかを，おまえ
に（注：娘のインディラ＝ガン
ディー）よく話したことがあっ
たものだ。……ところが，その
直後の成果は，少数の侵略的帝
国主義諸国のグループに，もう
1国を加えたにすぎなかった。
その苦い結果をまずさいしょに
なめたのは朝鮮であった。」（『父
が子に語る世界歴史(4)』大山さとし訳
みすず書房 p. 181より）

ネルー

（後のインド首相）

日本には
失望した！

ファン＝ボイ＝
チャウ

④ 第一次世界大戦の勃発へ（1905 〜 1914）

 別冊プリント p.136 参照

🔖 モロッコ事件

　では話を，ふたたびヨーロッパの国際関係に戻します。いよいよ**英・仏・
露**の三国協商と，**独・墺**が，どの地域で衝突するのかについて見てまいりま
しょう。

まず北アフリカのモロッコを舞台に，2回にわたって**英・仏**と**ドイツ**の対立が激化しました。

Ⓠ 1905年，第1次モロッコ事件の舞台となった町はどこか？

——タンジール

　第1次モロッコ事件は**タンジール事件**とも呼ばれます。きっかけは，**ドイツ皇帝ヴィルヘルム2世**がタンジール港を訪問し，「モロッコの領土保全，門戸開放」を主張し，この地にドイツの勢力を伸ばそうとしたことでした。

　これに対して**モロッコ**の保護国化を狙う**フランス**がまず反発し，さらにタンジールの対岸のジブラルタルを保有していた**イギリス**も反発しました。

　翌1906年に**スペインのアルヘシラス**という町で会議が開かれ，モロッコは事実上フランスの支配下に入りました。

　しかし，これに懲りなかったヴィルヘルム2世は，さらに5年後の**1911年**に**第2次モロッコ事件**を引き起こしました。

Ⓠ 第2次モロッコ事件の舞台となった港町は？

——アガディール

　モロッコで起きた内乱に乗じて，ヴィルヘルム2世はここに軍艦を派遣しました。しかし，これもイギリスとフランスが結束してドイツのモロッコ進出を阻止しました。その後，1912年のフェズ協定と，同年の仏西（フランス＝スペイン）条約を通じて，モロッコにおけるフランスとスペインの勢力範囲が定められました。

　以上がモロッコ事件のあらましです。もしドイツが強硬な態度をとっていたら，この時点で第一次世界大戦が起こってもおかしくなかったのでした。

■イタリア＝トルコ戦争（伊土戦争：1911年〜1912年）

　さて，ここで**イタリア**の動向にも触れておきましょう。

　イタリアは，**1911年**に，**トルコ**とのあいだに戦争を起こしました。これが**イタリア＝トルコ戦争**（伊土戦争）です。当時トルコの支配地域であった**北アフリカのトリポリ・キレナイカ地方**をめぐる戦争でした。ここは現在

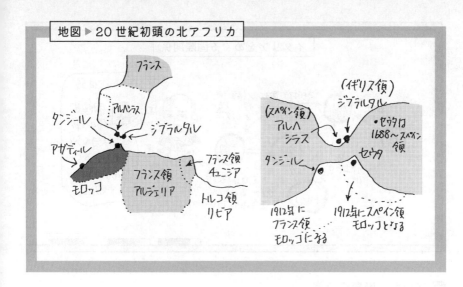

地図 ▶ 20世紀初頭の北アフリカ

のリビアにあたります。戦争はイタリアが勝利をおさめました。

　イタリアは，すでに**三国同盟**からは心が離れていました。やはり**オーストリアとの対立**がおもな原因です。

　それよりは，英仏と仲良くして**北アフリカ（リビア）への進出**を認めていただくという路線を取ったのでした。具体的には，1900年に，**仏伊協定**が結ばれ，北アフリカにおける利権を認め合いました。

　さらに，1902年には**仏伊協商**を結びました。これはドイツがフランスを攻撃した場合に，イタリアがドイツ側に立たないことを約束したものです。ですから，**三国同盟は1900～1902年**の段階で，**事実上崩壊**していると考えて結構です。

『大いなる幻影』――第一次世界大戦を描いたフランス映画

　1937年の作品『大いなる幻影』。ジャン=ギャバン演じるフランス軍のマレシャル中尉は，貴族出身のド=ボアルデュー大尉らとともにドイツ軍の捕虜となった。収容所長はドイツ軍将校ラウフェンシュタイン。しかし収容所では，敵味方の垣根を越えた心の通い合いがあった。果たして，それは幻影に終わるのか？　ジャン=ギャバンは僕がもっとも好きな俳優です。また監督はジャン=ルノワール。あの印象派を代表する画家ルノワールの次男です。

（ブルーレイ販売元：IVC Ltd.）

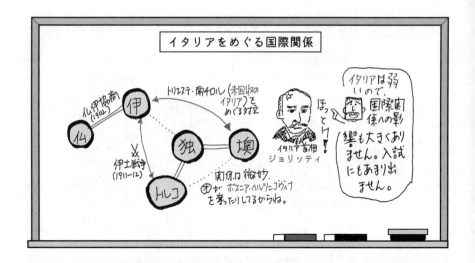

イタリアをめぐる国際関係

▨ バルカン半島の情勢

さて話を戻しましょう。モロッコにかわって，新たな戦争の発火点になったのは**バルカン半島**でした。

まず，バルカン情勢を概観しましょう。結論から言うと，ここは**パン=スラヴ主義**と**パン=ゲルマン主義**が鋭く衝突する場所でした。

パン=スラヴ主義とは，スラヴ人の結束を強めようという思想です。当時のバルカン半島には，**セルビア，モンテネグロ，ブルガリア**など，**1878年のベルリン会議**で独立や自治を認められた国々があります。いずれにも共通しているのは，**ロシア**を後ろ盾にして勢力を拡大しようとする国々だということです。これが**パン=スラヴ主義**の国々なんですね。

一方**パン=ゲルマン主義**とは，"ドイツ人は結束して大きな勢力になろうぜ！"，という思想です。中心は，もちろん**ドイツとオーストリア**。これがパン=スラヴ主義の敵でした。さらにドイツと連携する**トルコ**も，彼らの敵でした。

▶セルビアの動向

さてパン=スラヴ主義の急先鋒は**セルビア**でした。この国は「**大セルビア主義**」を掲げ，バルカン半島のスラヴ人の中心でした。そうしたら，**1908年にオーストリアがスラヴ人が住むボスニア・ヘルツェゴヴィナを併合**したのです。これはセルビアを怒らせました。

■ 第1次バルカン戦争（1912年〜1913年）

　その**セルビア**を中心として，**1912年**には**バルカン同盟**が結成されました。目的は，**トルコ**に対抗し，あわよくばその領土を奪<ruby>奪<rt>うば</rt></ruby>おうとするものです。加盟国は4国です。

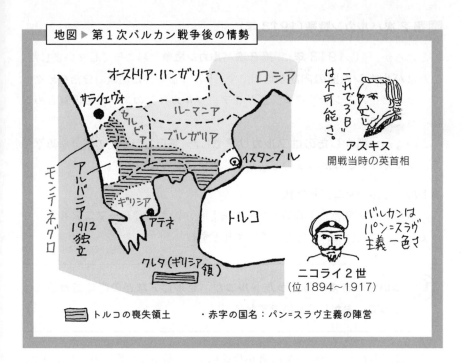

地図 ▶ 第1次バルカン戦争後の情勢

これで"3B"は不可能さ。

アスキス
開戦当時の英首相

バルカンはパン=スラヴ主義一色さ

ニコライ2世
（位 1894〜1917）

▨ トルコの喪失領土　・赤字の国名：パン=スラヴ主義の陣営

バルカン同盟加盟国

①セルビア　　②ブルガリア　　③モンテネグロ　　④ギリシア

ルーマニアは入っていないんだね。

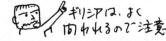

ギリシアは、よく問われるので注意

　このような状況のなかで，**1912年**に第1次バルカン戦争が起きました。これはバルカン同盟がトルコに対して起こした戦争です。**イタリア=トルコ戦争**でトルコが敗れたのに乗<ruby>乗<rt>じょう</rt></ruby>じての開戦でした。目的？　そりゃあ領土さ。とくにバルカン半島のトルコ領ね。

　この戦争では，**バルカン同盟が勝利**をおさめました。トルコは負け，ロンドン条約が結ばれます。これで，**イスタンブル**を除くバルカン半島の領土

はバルカン同盟4国の領土になり，トルコはギリシアにクレタ島も奪われました。

こうして，ロシアのバルカン半島南下にとっては，きわめて有利な状況が訪れました（→前ページ地図参照）。

◾ 第2次バルカン戦争（1913年）

ところが，同じ1913年に，第2次バルカン戦争が起こってしまいました。これはバルカン同盟の内紛が原因です。トルコから得た地域の分割をめぐって，セルビア，モンテネグロ，ギリシア，ブルガリアのあいだで内輪もめが起こったのです。

このなかで孤立したのはブルガリアでした。獲得した領土の配分をめぐって，ブルガリアがほかの3国と対立し，戦争になったのです。

▶トルコとルーマニアも参戦

さらに3国の陣営にトルコが加わりました。のちにはルーマニアも入ってきました。これについてはよく質問されますね。

Q ついさっきまで敵だったトルコが，セルビアなどの側に加わることって，おかしくないですか？

答えは，「おかしくない」（笑）。理由は簡単です。戦争って始まってしまうと，目前の敵をやっつけることが，一番の問題になるわけです。

すると"応援してくれるんだったら誰でもいい"という発想になってくる。だからきのうまで敵であっても，応援してくれるのなら味方なのだ，という発想です。トルコはトルコで，ブルガリアをやっつけて，少しでもいいから領土を奪還したいという魂胆です。ルーマニアも同じような動機で参入して来ました。こうして，戦争は拡大したのです。

▶ブルガリア，親ドイツの側に

そしてブルガリアは敗北し，領土を失いました。そりゃ負けますよね。ヨーグルト飲んでるから強いかと思ったら，そうでもなかった（笑）。

すると，負けたブルガリアは旧バルカン同盟諸国はもちろん，ロシアと

も袂を分かって，独・墺に接近しました。ブルガリアはパン=ゲルマン主義の側に付いたのです。その結果，下の地図のような状況になりました。

地図 ▶ 第2次バルカン戦争後の情勢

■ ブルガリアの喪失地　▨ 親ドイツ勢力

ワッワッワッ　バルカン通ってインドまで行ったろ

ヴィルヘルム2世

フランツ=フェルディナント
(1863〜1914)

皇帝フランツ=ヨーゼフ1世の甥。サライェヴォで暗殺される。

ドイツの**ヴィルヘルム2世**が驚喜したことは言うまでもありません。だって，3B政策はほぼ実現されたという状況になったわけですからね。

そしてこのことは**イギリス**にとっては，ドイツによって**インド**が攻撃される恐れが生じたことを意味し，さらに**ロシア**にとっては**バルカン半島への南下政策が阻止**されかねないことを意味しました。

こうして**ロシア・イギリス**と，**ドイツ・オーストリア**の対立は**臨界点**に達しました。

▶「ヨーロッパの火薬庫」

そしてもう1国，とくに**ブルガリアの"裏切り"**に恐怖した国があります。それは**セルビア**ですね。地図を見れば分かるように，オーストリアとブルガリアに挟み撃ちされている状況です。

こうして**バルカン半島**は「ヨーロッパの火薬庫」という状態となりました。あとはもうサライェヴォにおける銃声を待つばかりです。

そのような状況のなか，1914年6月28日に，オーストリアの帝位継承者フランツ=フェルディナントが，**セルビア人**青年に暗殺されました。

©青木

（左）フランツ=フェルディ
ナント夫妻が乗ってい
た車。
（右）彼が着ていた軍服。
手当てを試みた医師に
よってカラーや服の一
部が切りさかれている。
（ウィーン軍事博物館）

©青木

■第一次世界大戦の勃発

　オーストリア政府は，セルビアに"責任を取れ"と迫ります。具体的には，
セルビア人の反オーストリア運動を取りしまれ，というのです。その響きに
は，多分に内政干渉のにおいがありました。

　"もし要求にしたがわなければ戦争だ！"。こういう要求の突きつけ方を「**最
後通牒**」と言いますが，この場合もまさしくそれでした。

　ロシアの支援を頼りにセルビアは，これを拒否しました。これに対して，
事件から１カ月後の７月28日，**オーストリアはセルビアに宣戦布告**をし
ました。

　するとロシアがオーストリアに対抗して軍隊に総動員令をかけました。こ
れを見て，８月１日にドイツがロシアに宣戦します。その２日後の８月３日
にはフランスがドイツと戦闘状態に入りました。また８月４日にはイギリス
もドイツに宣戦布告。

　こうしてバタバタと戦争は拡大していきました。こうして**第一次世界大戦**
が始まりました。

▶世界を変えた第一次世界大戦

　しかし，この戦争がまさか**４年以上**も続くとは，どこの国も予想だにして
いませんでした。まさか，**1000万人以上**もの人が犠牲になるとは，思って
も見ませんでした。まさか双方で**10億発**以上の砲弾を放つことになろうと
は，考えてもみませんでした。

　さらに言えば，まさかこの戦争が，人類史上初めての「**世界大戦**」になると
は，だれも予想していませんでした。

　また，ロシア帝国，オーストリア=ハンガリー帝国，ドイツ帝国，オスマン
帝国という**４つの帝国**が，第一次世界大戦の戦中から戦後にかけて**消滅**し

てしまいました。さらに，19世紀以来大きな力を持っていた**イギリスとフランスは衰退**し，かわってアメリカ合衆国が**圧倒的な超大国**として，歴史の中心に登場しました。

　また**英仏の衰退**に連動して，その植民地支配下にあった**アジア・アフリカ**では**民族運動（独立運動）が大きく高揚**してゆくことになりました。

　要するに，**第一次世界大戦の戦前と戦後**では，世界はまったく変わっていたのです。

これで第3巻は終了です。この第一次世界大戦の展開については，第4巻でお話ししましょう。**世界戦争を経験した世界はこれからどこへ行く？**

索　引

420

青木 裕司 *Hiroshi AOKI*

- 1956年，スターリン批判の年に，福岡県久留米市に生まれる。
- 福岡県立明善高等学校を経て，九州大学文学部史学科卒。
- "世界史は日本史より面白い！"と断言してはばからない先生である。その周到に準備された講義に対する生徒の信頼は厚い。また，その問題意識と好奇心は，過去の事実にとどまらず，激動する「今」にも向けられている。年に一度解放される春には，海外に飛ぶことも多い。アビスパ福岡と福岡ホークス，それにジャズとU2をこよなく愛する2男1女の父。
- 2024年に河合塾を定年退職し，同年4月より英進館専任世界史講師となる。
- 主な著作
  『世界史探究授業の実況中継 1～4』（語学春秋社）
  『青木裕司のトークで攻略世界史B Vol.1・Vol.2』（語学春秋社）
  『1日1実況 歴史に学ぶ365日の教訓』（KADOKAWA）
  『知識ゼロからの現代史入門』（幻冬舎）
  『サクサクわかる現代史』（メディア・ファクトリー）
  『サクサクわかる世界経済の仕組み』（メディア・ファクトリー）

2024年4月から，YouTubeチャンネル「青木裕司の世界史探究授業の実況中継」を始めました。『実況中継』をテキストに，週2回のペースで配信しています。視てね！

（左）YouTubeの1シーン。論述指導をしている。

世界史探究授業の実況中継 3

2024年7月1日　初版発行

著　者　青木　裕司

発行人　井村　敦

編集人　藤原　和則

発　行　(株)語学春秋社
　　　　東京都新宿区新宿 1-10-3
　　　　TEL 03-5315-4210

本文・カバーデザイン　(株)アイム

印刷・製本　壮光舎印刷

世界史探究
授業の実況中継

[アメリカ独立革命・フランス革命・ウィーン体制・
ロシアと東方問題・アジア, アフリカの激動・帝国主義時代]

授業プリント

世界史年表

3

語学春秋社

世界史探究
授業の実況中継 *3*

授業プリント

世界史年表

語学春秋社

「世界史年表」と「授業プリント」の使い方

（1）「**世界史年表**」は**ダウンロード音声**とセットです。音声には，**各巻の授業内容の
アウトライン**が年表に沿った形で録音されています。当然ですが録音の声は，**青
木本人**です。**青木って，こんな声なのです。**復習のよい手がかりになると思いま
すから，ダウンロードして，いつでも，どこでも，どこからでも，繰り返して聴
いてください。

（2）「**授業プリント**」は，**青木が授業で実際に使用しているプリント**をベースに作成
したものです。「世界史年表」とともに，試験前などに授業内容を短時間で確認す
るツールとして活用してください。

　なお，このプリントには，数は少ないですが，**新課程になって教科書の記述か
ら消えた事項**も入っています（それについては，原則として本冊の方では触れて
いません）。これらについては，入試対策上まったく無視することもできません
ので，**ところどころ**に登場させています。

　では，はじめましょう。

授業音声『世界史年表トーク』ダウンロードのご案内
　別冊 p.1 ～ 26 に掲載の「世界史年表」の音声ファイル（mp3 形式）を無料ダウ
ンロードできます（パソコンでのご利用を推奨いたします）。

| 手順① | 語学春秋社ホームページ（https://www.goshun.com/）にアクセスし，「実
況中継 音声ダウンロード」のページからダウンロードしてください。

| 手順② | 音声ファイル（mp3 形式）は，パスワード付きの zip ファイルに圧縮され
ていますので，ダウンロード後，お手元の解凍ソフトにて，解凍してご利用
ください。なお，解凍時にはパスワード Mq4nuW6f をご入力ください。

　※お使いのパソコン環境によって，フォルダ名・ファイル名が文字化けする場合がありま
　　すが，音声は正しく再生されますので，ご安心ください。

目　次

世界史年表トーク

〈注〉右端に記したのは，同時期に他の地域で起こった主な出来事。
　　（英）はイギリス，（米）はアメリカ，（仏）はフランス，（独）はドイツ，（墺）はオーストリア，
　　（伊）はイタリア，（蘭）はオランダ，（露）はロシア，（ス）はスペインを示す。

 1　産業革命

* 問屋制家内工業
* マニュファクチュア（工場制手工業）
　　　分業と協業

| | 産業革命の背景は論述問題の頻出テーマ。 |

資本の蓄積

17C〜18C　　植民地抗争の勝利　　対オランダ，フランス

　　　市場と原材料供給地の確保

18C後半　　**農業革命の展開**　第2次囲い込み

　〜19C前半　　　　　　　　→労働力の創出

> ● 産業革命
> ◆ 機械　　綿工業中心　マンチェスター
> 　　飛び梭
> 　　多軸紡績機　水力紡績機
> 　　ミュール紡績機　力織機　綿繰り機
> ◆ 製鉄…ダービー，コート父子
> ◆ 交通革命
> 　　蒸気機関の応用・改良…ワット
> 　　蒸気機関車発明…トレヴィシック
> 　　　実用化…スティーヴンソン
> 　　蒸気船…フルトン（米）
> ◆ 通信革命
> 　　電信…モールス（米）
> 　　電話…ベル（米）
> 　　無線電信…マルコーニ（伊）

2 アメリカ独立革命

	独立 13 州の形成	
1607	ヴァージニア植民地	
	マサチュセッツ植民地…ピューリタン	
	ニューヨーク植民地	英蘭戦争(第2次)
	ペンシルヴェニア植民地…クェーカー教徒	
1732	ジョージア植民地(最南)	
	イギリスの重商主義政策	
1754～1763	フレンチ=インディアン戦争	ブラッシーの戦い (1757)
1764	砂糖法	
1765	印紙法	
	パトリック=ヘンリ「代表なくして課税なし」	
1773	茶法　ボストン茶会事件	プガチョフの乱
1774	第 1 回大陸会議	
1775～1783	独立戦争	マラータ戦争
	レキシントン・コンコードの戦い(1775)	
1775	第 2 回大陸会議　総司令官ワシントン	
1776	独立宣言　　人権と社会契約説	『諸国民の富』
	(起草者)トマス=ジェファソン	
1777	サラトガの戦い	
1778	フランス参戦	
1779	スペイン参戦	ミュール紡績機
	ラ=ファイエット　コシューシコ	
1780	武装中立同盟	
1781	ヨークタウンの戦い	
1783	パリ条約　　ミシシッピ以東のルイジアナ	ロシア, クリミア 半島併合
1787	合衆国憲法制定	
	フィラデルフィア　三権分立	
	連邦派と反連邦派の対立	
1789	ワシントン, 大統領就任	

> フレンチ=インディアン戦争後に英米の対立は激化する！

3 フランス革命 〈注〉下線部は権力の所在を示す。

	＊アンシャン＝レジーム　　【政治権力と政治体制の推移がキー。】
1774～1792	<u>ルイ16世</u>
	財政改革　重農主義者のテュルゴー　ネッケル
1789	三部会　<u>国民議会の結成</u>
	球戯場の誓い(テニスコートの誓い)…1789年
1789	バスティーユ牢獄襲撃　<u>国民議会が実権掌握</u>
	封建的特権の廃止
	人権宣言　　ラ＝ファイエット
	自由・平等　所有権　圧政への抵抗　国民主権
	ヴェルサイユ行進
1791	ヴァレンヌ逃亡事件
	1791年憲法
	<u>立憲君主政</u>　<u>立法議会</u>(1791/10/1～1792/9)
1792	8月10日事件(テュイルリー宮襲撃事件)
	王権の停止
	ヴァルミーの戦い(1792)
	<u>国民公会</u>(1792～1795)
	<u>第一共和政</u>　男性普通選挙制
	ジャコバン派…ロベスピエール，ダントン
1793	ルイ16世処刑
	第1回対仏大同盟(1793～1797)　ピット
	ヴァンデーの反乱
	<u>公安委員会</u>　保安委員会　革命裁判所　恐怖政治
1794	テルミドール9日のクーデタ
1795	共和国三年の憲法
	<u>総裁政府</u>(1795/10～1799/11)　制限選挙制
	バブーフの陰謀(1796)
1799	第2回対仏大同盟(1799～1802)
1799	ナポレオンのブリュメール18日のクーデタ

右欄（世界の動き）:

- ワシントン，大統領就任
- ハイチの奴隷反乱
- ラクスマン，根室来航
- ポーランド分割(第3回)
- 白蓮教徒の乱
- オランダ東インド会社解散

	統領政府　ナポレオン	ナポレオンの大陸制覇は地図で確認を！	
1801	コンコルダート		イギリスのアイルランド併合
1802	アミアンの和約		阮朝成立
1804	ナポレオン法典		
1804	第一帝政　皇帝ナポレオン		ハイチ独立
～1814(15)			
1805	トラファルガー海戦		ムハンマド＝アリー朝成立
	アウステルリッツの戦い(三帝会戦)		
1806	ライン同盟　大陸封鎖令		
1807	ティルジット条約		フルトン，蒸気船を発明
	ウェストファリア王国　ワルシャワ大公国		
1808～1814	スペイン反乱(半島戦争)		
1812	ロシア遠征		
1813	ライプチヒの戦い(諸国民戦争)		
1814	パリ占領　エルバ島配流		スウェーデン，ノルウェー，同君連合に
1815	ナポレオン復活		
	ワーテルローの戦い　セントヘレナ島		

4 ウィーン体制の成立と崩壊

① ウィーン体制の成立と動揺

1814～1815	ウィーン会議		
	メッテルニヒ　正統主義…タレーラン		
1815	ウィーン議定書		イギリス，穀物法制定
	〈オーストリア〉		
	ベルギー(オーストリア領南ネーデルラント)放棄		
	ロンバルディア，ヴェネツィア獲得	領土の授受関係は地図で確認を！	
	〈ロシア〉		
	ポーランド王国　アレクサンドル1世		
	フィンランド，ベッサラビア併合		
	〈プロイセン〉　ザクセン　ラインラント		
	〈イギリス〉　セイロン，ケープ植民地，マルタ島		

	〈オランダ〉　ベルギー併合
	〈ドイツ〉　ドイツ連邦の形成
	ブルボン王朝の復活
	フランス，スペイン，両シチリア王国

> ●各国の全権
> ●墺：メッテルニヒ　●仏：タレーラン
> ●普：ハルデンベルク

1815	神聖同盟　　アレクサンドル1世	
1815	四国同盟…英・墺・露・プロイセン	
1818	五国同盟(ペンタルキー)	ワッハーブ王国 滅亡
	アーヘン列国会議…フランス加盟	
	〈ドイツ〉	
1817~1819	ブルシェンシャフト　カールスバート決議	
	〈イタリア〉　カルボナリの活動	
	〈スペイン〉　スペイン立憲革命(1820)	
	←フランス軍が鎮圧	
	〈ロシア〉	
1825	デカブリストの乱　ニコライ1世	スティーヴンソ ン，蒸気機関車 実用化

② ギリシアの独立

1821~1829	ギリシア独立戦争⚔オスマン帝国	
1822	独立宣言	シャンポリオン， 神聖文字解読
1827	ナヴァリノ海戦…英・露・仏の支援	
	バイロン…『若きハロルドの遍歴』	
1829	アドリアノープル条約	カトリック教徒 解放法
1830	ロンドン会議…国際的に独立承認される	

③ フランス七月革命

1814~1830	ブルボン復古王政　ルイ18世　制限選挙制	
	シャルル10世(1824~1830)　アルジェリア侵略	
1830	七月革命	強制移住法 強制栽培制度

1830～1848	七月王政　　国王ルイ=フィリップ	
	制限選挙制　工業化の進展	
1830～1832	七月革命の余波	
	ベルギー独立　ポーランド反乱	
	イギリス，第1回選挙法改正	

④ フランス二月革命・諸国民の春

1848	二月革命	カリフォルニア併合
	第二共和政　ラマルティーヌ	
	ルイ=ブラン　国立作業場	バーブ教徒の乱
1848	四月総選挙　　社会主義者の敗北	
1848	六月暴動の鎮圧	
	ルイ=ナポレオン，大統領に	
1848～1849	諸国民（諸民族）の春	
	〈オーストリア〉	
	三月革命　　メッテルニヒ失脚	
	スラブ民族会議（1848）…パラツキー	
	ハンガリー共和国…コッシュート←ロシア軍	
	〈ロシア〉　　ポーランド独立運動	
	〈イタリア〉	
	ローマ共和国　マッツィーニ	
	←フランス軍の介入	
	〈ドイツ〉	
1848～1849	三月革命　　フランクフルト国民議会	
1837頃	〈イギリス〉　チャーティスト運動	
～1858頃	〈アイルランド〉　　ジャガイモ飢饉	
	青年アイルランド	

⑤ 社会主義の成立

空想的社会主義	サン=シモン（仏）　　フーリエ（仏）	
	オーウェン（英）	
科学的社会主義	マルクス，エンゲルス	
	「科学的社会主義」　資本主義社会の矛盾を解明	

史的唯物論(唯物史観)

『共産党宣言』『資本論』(第1巻)

国際労働者協会(1864)ロンドン

⑥ その他の社会主義思想

無政府主義 (アナーキズム)	プルードン(仏)　バクーニン(露)
修正主義	ベルンシュタイン(独) 　暴力革命否定，議会主義

5 19世紀のイギリス・アイルランド

	自由主義改革——選挙法改正	
1832	第1回選挙法改正　ホイッグ党グレイ内閣	
	産業資本家や都市の中間(中流)市民層	
	功利主義…ベンサム，「最大多数の最大幸福」	
	【経済】	
1600	東インド会社の設立	
1813	対インド貿易独占権廃止	
1833/34	対中国貿易独占権廃止	ドイツ関税同盟発足
1858	東インド会社解散	
	←インド大反乱(1857～1859)	
1846	穀物法廃止　コブデン，ブライト　ピール内閣	ポーランド蜂起
1849	航海法廃止　自由貿易体制の確立	
	【宗教】	
1828	審査法廃止	
1829	カトリック教徒解放法　オコンネル	
	【奴隷制の廃止】	
1807	奴隷貿易の廃止	
1833	奴隷制度の廃止	

6 イタリアの統一とフランス第二帝政

① フランス

1852～1870	第二帝政	
1856～1860	アロー戦争	インド大反乱
1861～1867	メキシコ出兵	南北戦争
1869	スエズ運河開通…レセップス	大陸横断鉄道
1870～1871	普仏(独仏)戦争	
1870/71～1940	第三共和政	
1871	パリ=コミューン	

●フランス王朝・政体の推移
① メロヴィング(朝)　② カロリング(朝)
③ カペー(朝)　　　　④ ヴァロワ(朝)
⑤ ブルボン(朝)
⑥ 立憲君主政 /1791～1792
⑦ 第一共和(政)/1792～1804
⑧ 第一帝政 /1804～1814・15
⑨ ブルボン復古王政 /1814・15～1830
⑩ 七月王政 /1830～1848
⑪ 第二共和(政)/1848～1852
⑫ 第二帝政 /1852～1870
⑬ 第三共和政 /1870/71～1940
⑭ ナチスの占領 /1940～1944
⑮ 第四(共和政)/1946～1958
⑯ 第五共和(政)/1958～現在

② イタリア

1820 年代	＊リソルジメント	
	カルボナリの運動	
1830 年代	青年イタリアの運動	フランス七月王政
1849	ローマ共和国　マッツィーニ	
	サルデーニャ王国	
	サヴォイア家　カルロ=アルベルト	

	ヴィットーリオ=エマヌエーレ2世　カヴール	
1853～1856	クリミア戦争参戦 (1855)	ペリー来航
1858	プロンビエールの密約	アロー戦争
	サヴォイア・ニース割譲の約束	
1859	イタリア統一戦争	
	ロンバルディアのみ獲得	
1860	両シチリア王国 (シチリア王国，ナポリ王国) 征服	
	ガリバルディ　千人隊	
	中部イタリア3公国併合	
1861	イタリア王国の成立	リンカン 南北戦争
1866	ヴェネツィア併合　普墺戦争	
1870	教皇領占領　普仏 (独仏) 戦争	
	「未回収のイタリア」	

 7　ドイツの統一

1807～	プロイセン改革　シュタイン，ハルデンベルク	
	フンボルト	
	【経済的統一】	
1828	プロイセン関税同盟	審査法廃止
1833	ドイツ関税同盟の結成 (発足 1834)	
	リスト…『政治経済学の国民的体系』	
	歴史学派経済学	
1840年代～	ドイツの工業化進展	
	【政治的統一】	
1848～1849	フランクフルト国民議会	二月革命
	小ドイツ主義　フリードリヒ=ヴィルヘルム4世	
1862	ビスマルク，プロイセン首相就任　「鉄血演説」	
1864	デンマーク戦争	太平天国滅亡 第1インター成立
	シュレスヴィヒ・ホルシュタイン問題	
1866	普墺戦争	
1867	北ドイツ連邦	アラスカ併合 カナダ連邦

ドイツ統一は，経済的統一が，政治的統一に先行して展開される。

	オーストリア=ハンガリー帝国	
1870～1871	普仏（独仏）戦争	
	エムス電報事件　セダンの戦い	
	アルザス・ロレーヌ割譲　50億フランの賠償金	
1871	ドイツ帝国の成立　帝国議会　連邦参議院	日清修好条規

 ## 8 19世紀のロシアと東方問題

	【東方問題】	
	オスマン帝国の領土と，領内の民族問題をめぐって	
	生じた国際的な対立	
	ロシアの南下政策←イギリスの反発	
1820年代	ギリシア独立戦争	
1831～1833	第1次エジプト=トルコ戦争	イギリス選挙法 改正（第1回）
	ムハンマド=アリー	
	ウンキャル=スケレッシ条約（1833）	
1839～1840	第2次エジプト=トルコ戦争	
	ロンドン会議（1840）	
1853～1856	クリミア戦争←聖地管理権問題	
	セヴァストーポリの戦い　ナイティンゲール	
	国際赤十字社　アンリ=デュナン	
1856	パリ講和会議　パリ条約　黒海の中立化	
1861	農奴解放令　アレクサンドル2世	南北戦争
1863	ポーランド反乱	奴隷解放宣言
1860年代～	ナロードニキの運動…→ニヒリズム・テロリズム	
	【露清関係】	
1858	アイグン条約　ムラヴィヨフ	
1860	北京条約　沿海州　ウラジヴォストーク	
1877～1878	露土戦争	インド帝国成立
	サン=ステファノ条約…ルーマニア・セルビア・	
	モンテネグロの独立　ブルガリア自治領化	
1878	ベルリン会議　ビスマルク「誠実な仲介人」	社会主義者鎮圧法

ボスニア・ヘルツェゴヴィナの行政権→墺

キプロス島→英

ブルガリア領の縮小→ロシアの南下挫折

9 ラテンアメリカの独立

〈ハイチ〉

1804　独立←フランスより　　　　　　　　　　　　　　フランス第一帝政

　　　　　　　トゥサン=ルヴェルチュール

〈ベネズエラ・コロンビア〉

1811　独立宣言　シモン=ボリバル

〈メキシコ〉

1813　独立宣言　イダルゴ　独立達成（1821）　　　　ライプチヒの戦い

〈アルゼンチン・チリ〉

1816　アルゼンチン

1818　チリ　サン=マルティン

〈ペルー〉

1821　独立宣言　　　　　　　　　　　　　　　　　　ギリシア独立戦争

〈ブラジル〉

1822　独立宣言←ポルトガル　　| 独立運動の主体はクリ
オーリョ。 |　ギリシア独立宣言

1826　ラテンアメリカ会議　パナマ　　　　　　　　　海峡植民地成立
ロシア=イラン
戦争

　　　カニング外交　モンロー宣言（1823）

10 19世紀のアメリカ

18C末～　フェデラリスト（連邦派）と

　　　　アンティ=フェデラリスト（反連邦派）の対立

1801～1808　大統領ジェファソン　　　　　　　　　　アイルランド併合

1812～1814　米英戦争　アメリカ工業化の契機　　　　モスクワ遠征

1829～1837　大統領ジャクソン　　| アメリカ史は常に内部対立
をはらんでいる。 |

【フロンティアの拡大】

　　　ミシシッピ以西のルイジアナ（1803）

	フロリダ（1819）	二月革命
	テキサス，オレゴン，カリフォルニア（40年代）	
	アラスカ（1867）	
1861～1865	南北戦争	
	ミズーリ協定（1820）	
	カンザス＝ネブラスカ法（1854）	日米和親条約
1860	リンカン，大統領選出	
1861	アメリカ連合国の結成	農奴解放令
1862	ホームステッド法	
1863	奴隷解放宣言	ポーランド反乱
	ゲティスバーグの戦い（1863）	
1865～	戦後のアメリカ	
	アメリカの国内市場統一→工業化を促進	
	大陸横断鉄道（1869）	スエズ運河
	黒人に対する差別の存続	

11 19世紀欧米の文化（1）

① 19世紀の諸思想（一部18世紀を含む）

イギリス 功利主義	ベンサム	『道徳と立法の原理序論』	
	J.S.ミル	『自由論』『女性の解放』	
実証主義	コント	「社会学の祖」	
歴史主義	歴史学派経済学	リスト	
	歴史法学	サヴィニー	

② 近代歴史学

	ランケ（独）	厳密な史料批判	
	ドロイゼン（独）	「ヘレニズム時代」の概念	
	ブルクハルト（スイス）	ルネサンス研究	

③ 19世紀の文学（一部18世紀を含む）

"疾風怒濤"	ゲーテ（独）	『ファウスト』	
	シラー（独）	『群盗』など	

ロマン主義	〈ドイツ〉
	ノヴァーリス　　『青い花』
	グリム兄弟　　　『童話集』
	ハイネ　　『歌の本』 "革命詩人"
	〈フランス〉
	スタール夫人　　ネッケルの娘　『デルフィーヌ』
	ラマルティーヌ　　二月革命後の臨時政府で首相に
	ユゴー　　『レ=ミゼラブル』
	〈イギリス〉
	ワーズワース　　『抒情詩選』
	スコット　　『湖上の美人』『アイヴァンホー』
	バイロン　　『若きハロルドの遍歴』
	〈ロシア〉
	プーシキン　　「ロシア近代小説の祖」
	『大尉の娘』…プガチョフの乱
	レールモントフ　　『現代の英雄』
	〈デンマーク〉
	アンデルセン　　『即興詩人』『童話集』
	〈アメリカ〉
	ホーソン　　『緋文字』
	ホイットマン　　『草の葉』 "民主主義詩人"
	メルビル　　『白鯨(モビー=ディック)』
写実主義	〈フランス〉
	スタンダール　　『赤と黒』…王政復古時代
	バルザック　　『人間喜劇』の連作
	フロベール　　『ボヴァリー夫人』
	〈イギリス〉
	ディケンズ　　『二都物語』…フランス革命期
	『ディヴィッド=コパフィールド』
	エミリー=ブロンテ　　『嵐が丘』
	〈ロシア〉
	ゴーゴリ　　『死せる魂』『検察官』

歴史に絡む作品,
著書が頻出。

	トゥルゲーネフ 『父と子』 "ニヒリスト"	
	ドストエフスキー 『罪と罰』『白痴』	
	『悪霊』『未成年』	
	『カラマーゾフの兄弟』	
	トルストイ 『戦争と平和』…ナポレオン戦争	
	『アンナ=カレーニナ』	
	チェーホフ 『かもめ』『桜の園』	
自然主義	〈フランス〉	
	ゾラ 『居酒屋』『ナナ』『実験小説論』	
	ドレフュス事件	
	モーパッサン 『女の一生』	
	〈イギリスなど〉	
	ハーディ(英) 『テス』	
	イプセン(ノルウェー)	
	「近代劇の祖」『人形の家』	
	ストリンドベリ(スウェーデン)	
	『令嬢ジュリー』	
耽美主義	ボードレール(仏) 『悪の華』	
	オスカー=ワイルド(英) 『サロメ』	
象徴主義	ヴェルレーヌ(仏) 『艶なる宴』	
	マラルメ(仏) 『詩集』	
	ランボー(仏) 『地獄の季節』	

12 19世紀欧米の文化(2)

① 19世紀の美術(一部18世紀を含む)

古典主義	ダヴィド	「球戯場の誓い」
		「ナポレオンの戴冠式」
	アングル	「オダリスク」「ルイ13世の誓い」
	ゴヤ(ス)	「五月三日の処刑」
ロマン主義	ジェリコー	「メディウス号の筏」
	ドラクロワ	「シオの虐殺」…ギリシア独立運動

		「民衆を導く自由の女神」…七月革命	
自然主義	コロー	「真珠の女」	
	ミレー	「落穂拾い」「晩鐘」「種まく人」	
写実主義	クールベ	「石割り」「プルードンの肖像」	
	ドーミエ		
印象派		光と色彩を重視	
	マネ	「草上の昼食」「笛吹く子供」	
	モネ	「日の出・印象」「睡蓮」の連作	
	ドガ	「踊り子」	
	ルノワール	「帽子の女」	
後期印象派	セザンヌ	「サン=ヴィクトワール山」の連作	
	ゴーガン	「香しき大地」	
	ゴッホ(オ)	「ひまわり」「自画像」	
彫刻	ロダン	「考える人」「カレーの市民」	

② 音楽史

バロック音楽	ヴィヴァルディ(伊)	合奏協奏曲「四季」	
(18世紀)	バッハ(独)	"音楽の父"	
		「ブランデンブルク協奏曲」	
	ヘンデル	"音楽の母"「水上の音楽」	
	テレマン	「食卓の音楽」	
古典派	ハイドン	"交響楽の父"「皇帝」	
	モーツァルト	"神童"「フィガロの結婚」	
	ベートーベン	"楽聖"「英雄」	
		「運命」「合唱」	
ロマン派	シューベルト	"歌の王"「魔王」「未完成」	
	シューマン	「ライン交響曲」	
	ワグナー(ヴァーグナー)	"楽劇の王"	
		「ニーベルンゲンの指環」	
	メンデルスゾーン	「ヴァイオリン協奏曲ホ短調」	
	ベルリオーズ(仏)	「幻想交響曲」	
	ブラームス	重厚な交響曲	

国民楽派	〈ロシア〉
	ムソルグスキー(「展覧会の絵」)
	ボロディン　キュイー　バラーキレフ
	リムスキー=コルサコフ
	チャイコフスキー　　交響曲第6番「悲愴」
	〈チェコ〉
	ドボルザーク　　交響曲第9番「新世界より」
	スメタナ　　「我が祖国」(「モルダウ」)
	〈ノルウェー〉
	グリーグ　　「ペール=ギュント」
	「ピアノ協奏曲第1番」
	〈フィンランド〉
	シベリウス　　交響詩「フィンランディア」
	〈アメリカ〉
	フォスター　　「草競馬」

> "中小国"出身の音楽家に注意。

③ 19世紀の物理・化学

電磁気学	ファラデー(英)　　電磁誘導・電気分解の法則
・熱力学	マイヤー, ヘルムホルツ(独)
	エネルギー保存の法則
	内燃機関　　ディーゼル, ダイムラー(独)
放射線・化学	レントゲン(独)　　X線の発見
など	キュリー夫妻(仏)　　ラジウムの発見
	ノーベル(スウェーデン)　　ダイナマイト
	リービヒ(独)　　有機化学の基礎　化学肥料

④ 19世紀の生物学・医学, 通信

進化論	ダーウィン(英)　　進化論　『種の起源』
・遺伝学	スペンサー(英)
	社会進化論(社会ダーウィン主義)
	排外主義, 人種主義(レイシズム),
	自民族中心主義(エスノセントリズム)
	メンデル(墺)　　遺伝の法則

予防医学	パストゥール(仏)　狂犬病の予防接種	
	伝染病・細菌学	
	コッホ(独)　コレラ菌・結核菌の発見	
通信革命	電信機　モールス(米)	
	電話　ベル(米)	
	無線電信　マルコーニ(伊)	

13 イラン・トルコの情勢

① イランとアフガニスタンの情勢

	〈イラン〉	
1796	ガージャール朝成立　首都テヘラン	バブーフの陰謀 白蓮教徒の乱
1826	ロシア=イラン戦争	海峡植民地
1828	トルコマンチャーイ条約　アルメニア割譲	審査法廃止
	治外法権	
1848	バーブ教徒の反乱　バハーイ教	二月革命
1856	イギリス=イラン戦争　治外法権	クリミア戦争終結
	イランのアフガニスタン侵攻	アロー戦争
1891	タバコ=ボイコット運動　ウラマーの指導	露仏同盟
	〈アフガニスタン〉	
1747	ドゥッラーニー朝成立　パシュトゥーン人	
1838	第1次アフガン戦争　イギリス敗北	
1878	第2次アフガン戦争　保護国化(1880)	ベルリン会議

② オスマン帝国とエジプト

	〈オスマン帝国の衰退〉	
1683	第2次ウィーン包囲	鄭氏台湾滅亡
1699	カルロヴィッツ条約　ハンガリー喪失	
1783	クリミア半島喪失　露土戦争	アメリカ独立
1798	ナポレオン軍のエジプト侵攻	
1829	ギリシア独立　アドリアノープル条約	

	〈ワッハーブ王国〉	
1744?	ワッハーブ王国成立	
	イブン=アブドゥル=ワッハーブ	
1818	王国滅亡 ムハンマド=アリー	
	〈エジプト〉	
1805	ムハンマド=アリー朝成立(~1952)	トラファルガー海戦
1831~1833	第1次エジプト=トルコ戦争	第1次選挙法改正
1839~1840	第2次エジプト=トルコ戦争	
1840	ロンドン条約 エジプト・スーダンに領土限定	アヘン戦争
1869	スエズ運河完成	大陸横断鉄道開通
1875	スエズ運河会社の株式をイギリスに売却	樺太千島交換条約
	ディズレーリ	
1881	ウラービー運動	
1882~	事実上保護国化	
	〈オスマン帝国の近代化と挫折〉	
1789	セリム3世即位 ニザーム=ジェディット	フランス革命
1808	マフムト2世即位 イェニチェリ解散	
1838	トルコ=イギリス通商条約	
1839~	タンジマート(恩恵改革) アブデュルメジト1世	
	ギュルハネ勅令	
	司法・行政・軍事・財政の近代化	
1876	ミドハト憲法	
1889	統一進歩団(青年トルコ)	大日本帝国憲法発布

14 インドの植民地化

	*イギリス3大拠点	
17C	マドラス, ボンベイ, カルカッタ	
	*フランス2大拠点	
	ポンディシェリ, シャンデルナゴル	
1744~	カーナティック戦争(1744~61(63))	

1757	プラッシーの戦い	
1765	ベンガル地方の地租徴収権獲得	印紙法
1767~	マイソール戦争(1767~69,80~84,90~92,99)	
1775~	マラータ戦争(1775~82, 1802~05, 17~18)	
1845~	シク戦争(1845~46, 48~49)	
1857~1859	インド大反乱	
	東インド会社の傭兵　ムガル帝国滅亡(1858)	アイグン条約
	東インド会社解散(1858)	
1877	インド帝国　ヴィクトリア女王　ディズレーリ	露土戦争

15 東南アジアの植民地化

	〈ベトナム〉　阮朝	
	ピニョー	
1858~1862	仏越戦争	天津条約 アイグン条約
1862	サイゴン条約	
1863	カンボジア保護国化	奴隷解放宣言 ポーランド反乱
1883, 1884	フエ(ユエ, アルマン)条約	
1884~1885	清仏戦争　　天津条約(1885)	
1887	フランス領インドシナ連邦　　総督府ハノイ	二重保障条約
	〈タイ〉	
1782~	バンコク朝(チャクリ朝)	
	ラーマ5世(チュラロンコーン大王)	
	〈インドネシア〉	
	バタヴィア　ファン=デン=ボス　強制栽培制度	
1825~1830	ジャワ戦争	
1873~1912	アチェ戦争	
	〈ビルマ(ミャンマー)〉	
1824	ビルマ戦争(1824~26, 52~53, 85~86)	
	コンバウン朝滅亡　インド帝国に併合	
	〈マレー半島〉	
1826	海峡植民地	

1867	ペナン島・シンガポール・マラッカ 直轄海峡植民地　　マレー連合州（1895）	カナダ連邦

16 東アジアの激動（1）

＊イギリスの開国要求

　　マカートニー（1793），アマースト（1816），
　　ネーピア（1834）
　綿織物の市場確保
　茶の輸入拡大　林則徐

1840～1842	アヘン戦争	
1842	南京条約	
	広州，上海など5港開港	
	行商を通じた貿易の廃止	
	香港割譲	
1843	虎門寨追加条約　　領事裁判権　関税自主権の喪失	
1844	望厦条約（→米），黄埔条約（→仏）	
1856～1860	アロー戦争　　天津条約（1858）	クリミア戦争終結
1860	北京条約	
	天津開港　公使の北京駐在	
	キリスト教布教の自由	
1851～1864	太平天国の乱	万国博覧会 （第1回）
	洪秀全…上帝会　首都…天京（南京）	
	天朝田畝制度　「滅満興漢」	
	曽国藩…湘勇，李鴻章…淮勇　常勝軍	
1860頃～	洋務運動　　総理各国事務衙門	
	富国強兵	
19C末	変法運動　　康有為　立憲体制	

> 各条約の内容に注意しよう。

> 開港場の位置は地図で確認。

> 洋務運動，変法運動の内容比較は論述の頻出ネタ。

17 東アジアの激動（2）

① 朝鮮の開国

1875	江華島事件	
1876	日朝修好条規　朝鮮の開国　不平等条約	
1895	下関条約　日清戦争　朝鮮の独立	

② 日本の幕末と明治維新

1853	ペリー率いるアメリカ艦隊が来航	クリミア戦争
1854	日米和親条約　　日本の開国	
1858	日米修好通商条約　　安政の五カ国条約	東インド会社解散
1867	大政奉還	アラスカ併合
1868	明治維新	
	〈琉球王国〉	
17C〜	清朝・薩摩藩（島津氏）に対する両属体制	
1874	征台の役	
1879	「琉球処分」　沖縄県設置	

18 帝国主義時代の開幕（1）

① 帝国主義

1873〜	大不況　第2次産業革命　独占資本主義	三帝同盟
	金融資本　カルテル，トラスト，コンツェルン	
	資本輸出（国外投資）　植民地をめぐる対立	

② イギリス

1867	第2回選挙法改正　　ダービー内閣	
1868〜	グラッドストン（自由党）	明治維新
	ディズレーリ（保守党）	
	自治領	
	カナダ連邦　オーストラリア	
	ニュージーランド　南アフリカ連邦	

③ フランス

1870/71〜1940	第三共和政　資本輸出活発	
1889	ブーランジェ事件	大日本帝国憲法
1894	ドレフュス事件	日清戦争
	ゾラ…『居酒屋』	
1905	フランス社会党　政教分離法	ポーツマス条約

④ ドイツ

1872〜1890	ドイツ帝国宰相ビスマルク
1871〜1880	文化闘争　　中央党
1878	社会主義者鎮圧法　　皇帝狙撃事件　社会政策
	ドイツ社会主義労働者党→ドイツ社会民主党(1890)
1879	保護関税法

19 帝国主義時代の開幕(2)

① 第1次ロシア革命

1898	ロシア社会民主労働党結成	
	レーニン，プレハーノフ	
1903	ボリシェヴィキ…レーニン	
	メンシェヴィキ…マルトフ	
	社会革命党(エス=エル，1901)←…ナロードニキ	
1905	第1次ロシア革命　　血の日曜日　ソヴィエト	モロッコ事件 (第1次)
1905	十月勅令…ニコライ2世	
	ドゥーマ(国会)　立憲民主党(カデット)	
1906〜1911	ストルイピン	

② アメリカの情勢

1886	アメリカ労働総同盟(AFL)	
	サミュエル=ゴンパーズ	
1890	シャーマン反トラスト法	ビスマルク辞任
1913〜1921	ウィルソン	
1920	女性参政権	

帝国主義時代の世界（1）

① アフリカ分割

	〈イギリス〉——アフリカ縦断政策	
1875	スエズ運河の株買収	
1881～1882	エジプト：ウラービー運動	三国同盟
1881～1898	スーダン：マフディー運動	
1814	ケープ植民地	
1852～1902	トランスヴァール共和国　　ブール人	
1854～1902	オレンジ自由国　　ブール人	
1899～1902	南アフリカ（ブール）戦争	義和団事件
	植民相ジョゼフ=チェンバレン	
	〈フランス〉——アフリカ横断政策	
1830	アルジェリア	七月革命
1882	チュニジア保護国化	
1896	マダガスカル領有	
	〈ドイツ〉	
1884～1885	ベルリン=コンゴ会議	清仏戦争
1885	東アフリカ（現タンザニア，ルワンダ）	天津条約
	ドイツ領南西アフリカ（現ナミビア）	
	〈ベルギー〉	
1885～	コンゴ　　レオポルド2世　　スタンレー	
	〈ポルトガル〉　アンゴラ　モザンビーク	
	〈イタリア〉　エリトリア　ソマリランド	
1895～1896	エチオピア侵入　　　アドワの戦い（1896）	
	〈独立国〉　リベリア　エチオピア	

② 太平洋諸島の分割

1901・1907	オーストラリア，ニュージーランド，自治領化	
1880年代～	ビスマルク諸島，マリアナ諸島などがドイツ領	
1898	フィリピン，グアム，ハワイがアメリカ領に	

21 帝国主義時代の世界(2)

① 中国

1894~1895	日清戦争　　甲午農民戦争	ドレフュス事件
1895	下関条約　　朝鮮の独立承認	
1896~1899	中国分割	
	南遼東半島(露)　威海衛(英)　膠州湾(独)	
	広州湾(仏)	
1898	戊戌の変法　　康有為　光緒帝	
	西太后　戊戌の政変	
1899・1900	門戸開放宣言　　ジョン=ヘイ(米)	ブール戦争
	門戸開放，機会均等，領土保全	
1900	義和団事件　「扶清滅洋」，「除教安民」	
1901	北京議定書(辛丑和約)　外国軍の北京駐留	
20C初頭	光緒新政　　科挙廃止(1905)　憲法大綱	
1911~1912	辛亥革命	モロッコ事件 (第2次)
	孫文　三民主義　武昌蜂起	
1912	中華民国建国，清朝滅亡　　宣統帝退位	バルカン戦争 (第1次)
1912~1916	袁世凱の独裁　　第二革命(1913)	
	二十一カ条要求(1915)　袁世凱の死	
1916~	軍閥争乱　　張作霖　段祺瑞	ヴェルダンの戦い

② 朝鮮の植民地化

1905	韓国保護条約(第2次日韓協約)　　統監府	
1907	第3次日韓協約　義兵闘争	万国平和会議
1910	韓国(日韓)併合条約　　朝鮮総督府	
1919	三・一運動　　武断政治から文化政治へ	ヴェルサイユ条約

22 帝国主義時代の世界（3）

① トルコ

1908	青年トルコ革命	
	アブデュルハミト2世	
1916	サイクス・ピコ協定	
1920	セーヴル条約	
	ケマル=パシャ（ムスタファ=ケマル）	
	ギリシア軍撃退	
1920年代中心	トルコ革命　スルタン制廃止	
	女性の解放　文字改革	
1923	ローザンヌ条約　ケマル=アタテュルク	ルール占領

> 青年トルコ革命と20年代を中心に展開されるトルコ革命を比較できるようにしよう。

② インド

1885	インド国民会議　ボンベイ	
1905	ベンガル分割令　カーゾン（英）	日露戦争
1906	全インド=ムスリム連盟	
1906	カルカッタ大会　ティラク	
	四綱領…スワデーシ・スワラージ・民族教育	
	・英商品ボイコット（英貨排斥）	
1917	戦後自治の約束	ロシア十月革命

> インド国民議会は，1906年から"戦う組織"へと様変わりする。

③ 東南アジア

〈フィリピン〉…反スペイン・反アメリカ	
ホセ=リサール，カティプーナン，アギナルド	
〈インドネシア〉…反オランダ	
サレカット=イスラム　インドネシア共産党	
インドネシア国民党　スカルノ	
〈ベトナム〉…反フランス	
ファン=ボイ=チャウ　東遊（ドンズー）運動	
ホー=チ=ミン　インドシナ共産党	
〈ビルマ（ミャンマー）〉…反イギリス	
タキン党	

1870 年代～1890	ビスマルク体制の時代	
1873	三帝同盟　ドイツ, オーストリア, ロシア	大不況
1879	独墺同盟	
	イタリアの接近→三国同盟 (1882)	
1887	再保障条約	インドシナ連邦成立
1890	ビスマルク辞任	
	ヴィルヘルム 2 世の世界政策	
1891～	露仏同盟　　英：「光栄ある孤立」	
1898	ファショダ事件…英仏の衝突	
1898	艦隊法 (海軍法, ドイツ)	戊戌の変法
1899	バグダード鉄道敷設権　「3B 政策」	ブール戦争
1902	日英同盟	
1904～1905	日露戦争　　ポーツマス条約	
1904	英仏協商	
1907	英露協商　　三国協商	
1905	第 1 次モロッコ事件　　タンジール事件	
1911	第 2 次モロッコ事件　　アガディール事件	辛亥革命
1912～1913	第 1 次バルカン戦争	中華民国
	バルカン同盟…セルビア, ブルガリア,	
	モンテネグロ, ギリシア	
1913	第 2 次バルカン戦争	
	ブルガリアの独・墺接近	
	「ヨーロッパの火薬庫」	
1914～1918	第一次世界大戦　　サライェヴォ事件	
	「総力戦」	

> 国際関係は短期的に目まぐるしく変化する。丹念な学習が必要。

26

第45回

イギリスの産業革命とその影響

① 産業革命とは何か？

📖 本編解説 p.1 ～ 10

産業革命の勃興

産業革命の概要：機械の大規模な導入により，工場制機械工業にもとづく大量生産が始まり，それに連動して「工業化社会」が形成されていく過程。

従来の商品生産様式

● **中世都市**における手工業
：ギルド制にもとづく生産…成員の制限や生産の統制をはかる。

● **問屋制家内工業**：**商人**が，**職人**（その多くはギルドの統制がおよばない**農村**に居住し，**農村家内工業を営む**）に対して，労賃の前貸しや原材料の供与を行って生産を行わせ，商品を回収・販売。

● **工場制手工業**（マニュファクチュア）：分業と協業を特色とする。

なぜ最初にイギリスに起こったのか？

資本の蓄積

● 背景：中世以来の商工業の発展…とくに毛織物産業の発展。
　　　　➡ ジェントリや，都市の**商工業者**（**市民**）が資本を蓄積。
　　：**スペイン**や，**オランダ・フランス**を破って，国際商業の中心を担う。
　　　　➡ 大西洋三角貿易や，**対アジア貿易**を通じて資本を蓄積。

原材料供給地，市場の確保

● 背景：毛織物産業などが発展し，**豊かな国内市場**が存在していた。
　　　　植民地抗争で勝利し，海外の**原材料供給地**や**市場**を確保。

自由な経済活動が可能な社会体制

● 背景：17 世紀のイギリス革命によって，経済活動に**介入**する王権や特権的商工業者を排除。

安価で大量の工業労働力の存在

● 背景：農業革命（とくにそれにともなう第 2 次**囲い込み**）によって，農村に居住していた農民が土地を失い（正確には地主から土地の耕作権を奪われ），**都市に流入して工業労働者**に。

*労働者とは？：生産手段（**土地・資本・工場**など）を所有せず，自己の**労働力**を商品として生きていく人々。

農業革命とその影響について

- ●概要：イギリスで 17 世紀後半に始まった，**穀物生産**と**酪農・畜産**を融合した**混合農業**（ノーフォーク農法，or **四輪作法**）への転換。
- ●**第 2 次囲い込み**：**地主**が，農民の保有地や村の共有地を柵や生け垣で囲い込む。
- ●**結果（Ⅰ）**：**農民の多くが離村**➡都市の工場で働く**工業労働者**に。
  また，土地［の保有権（耕作権）］を失った農民の一部は，
  農業労働者として農村に残る。
- ●**結果（Ⅱ）**：農業資本家の登場…地主から土地を借りて，農業経営を行う。
- ●**結果（Ⅲ）**：穀物の生産が増大し，都市の工業人口を支える結果をもたらす。

第 1 次，第 2 次囲い込みの比較

	第 1 次（15C 〜 16C）	第 2 次（18C 〜 19C 前半）
目的	牧羊場の拡大	**穀物増産**など
範囲	イングランドの一部	イングランド東半全域で，**大規模**に
権力の対応	テューダー朝は禁止	議会（地主が中心）が，法律を制定し**合法化**（「議会による囲い込み」）

 イギリス産業革命の展開

本編解説 p.11 〜 21

綿工業部門における産業革命——その促進要因

機械の大胆な導入が可能：綿工業が**新興**産業だったため。

綿製品の国内生産の気運を高めた要因は何か？

- (A) 17 世紀末以降，ヨーロッパ（イギリス）・西アフリカ・アメリカを結ぶ**大西洋三角貿易**で，東インド会社が**インド**から輸入した綿製品の**アフリカ・西インド諸島向けの再輸出**が大きな利益をもたらしていたこと。
- (B) 再輸出用を除く綿織物の国内への輸入が禁止される。
  （キャラコ禁止法 1700/1720 制定）
  ← 毛織物業者などの圧力…国内産業を守るため。

綿工業の発展

紡績機・織機の発達（□□□□ は紡績機 ）

年代	機械	発明者	特色
1733	飛び梭…織機	ジョン=ケイ	自動布織り機 ➡糸飢饉
1764頃	多軸（ジェニー）紡績機	ハーグリーヴズ	多数の糸を同時に紡げる。
1768	水力紡績機	アークライト	細く強い糸を紡げる。動力源が，馬から水車へ。
1779	ミュール紡績機	クロンプトン	上記2つの長所を合わせる。
1785	力織機	カートライト	蒸気機関で織機を動かす。
1793	綿繰り機…製綿機	ホイットニー	綿花生産地のアメリカで発明。

工業都市：ランカシャー地方のマンチェスターを中心に綿工業が発展。
　　　　　　←イギリス西岸の港リヴァプールなどから，綿花が搬入される。

綿花供給の中心地
(A) 18C：西インド諸島（とくにジャマイカ）
(B) 18C後半～19C半ば：アメリカ南部
(C) 19C半ば～：インド・エジプト

動力源の変化，製鉄業

蒸気機関の利用
- ニューコメン：蒸気機関の実用化➡鉱山の排水に使用される（1712～）。
- ワットによる改良：上下のピストン運動を円運動に変換（1769，1775）。
  - 影響：自由な工場立地が可能に。
    ＊それまでの動力源は流水で，工場立地上不便。
製鉄業：コークス製鉄法…ダービー（1709）
　　　　　製鉄都市…バーミンガムの発展。

交通・運輸の発達（「交通革命」）

鉄道の開通と蒸気機関車の実用化

- トレヴィシック：蒸気機関車の発明。
- スティーヴンソン：蒸気機関車の実用化。
- 鉄道路線
  - ストックトン―ダーリントン間（1825）
  - マンチェスター―リヴァプール間（1830）

蒸気船とその他の交通網

- 蒸気船：アメリカ人フルトンが実用化（1807）。
  外輪船クラールモント号。
  19世紀後半に、スクリュー船が主流に。
  ➡外洋の高速航行が可能に。
- 運河，道路の発達。

通信の発達（「通信革命」）

- 電信機：アメリカ人モールスが実用化。
- ドーヴァー海峡に海底電信ケーブル敷設（1850）。
  ➡国際通信社ロイターが営業開始（1851）。
- 大西洋海底ケーブル（1866），インド・イギリス海底ケーブル（1870）。
- 電話機（1876）：アメリカ人ベル
- 無線電信：イタリア人マルコーニ

産業革命の影響

イギリスの変化

- 産業資本家の台頭：地主や商業資本家に対して，新興階層として台頭。
  労働者階級（プロレタリアート）も増大。
- 社会問題の発生。
  - 都市問題：急速な都市への人口集中が原因。
    ：スラム…劣悪な環境にある都市の労働者街。
    伝染病コレラの流行。
  - 労働問題：劣悪な労働条件で労働者が酷使される。
    ：女性労働，児童労働。
    熟練職人の多くが，機械の導入によって失職。
    ➡ラダイト運動…ノッティンガムに起こった機械打ち壊し運動。

世界的な影響
- 欧米の工業化に刺激を与える。
- ラテンアメリカ，アジア，アフリカ
  ：**市場・原材料供給地**として植民地支配されるようになる。

価値観の変化
- 背景：「企業家精神」に満ちたものが，社会的に向上してゆくという事実。
- 結果：貴族的な（土地を所有するだけの）人々が君臨できた時代は終焉。
  - 新しい価値観：「家柄から才能へ」

アメリカ独立革命

📖 本編解説 p.22 ～ 23

① 植民地アメリカの創成期—イギリス以外の国々の動向

スペイン：アステカ帝国征服➡ノヴァ=イスパニア州を形成。

　　　　　カリフォルニア・フロリダも占領。

フランス：セント=ローレンス川流域を支配➡**カナダ**を領有。

　　　：カルティエ…セント=ローレンス川探検。

　　　　シャンプラン…セント=ローレンス川河口にケベック建設。

　　　　ミシシッピ川流域…ラ=サール，フランス領の宣言。

　　　　　　　　　　　　当時の国王にちなんで「**ルイジアナ**」と命名。

　◎植民地：毛皮を求めて，商人らが「**交易型**」の植民地を形成。

　　　　　　　➡先住民とは友好関係保持。　cf. イギリス…定住型（農民主体）

オランダ：ハドソン（英人）の探検…ハドソン湾に到達。

　　　　　ニューネーデルラント植民地を建設。

② イギリスによる植民地形成

📖 本編解説 p.23 ～ 27

テューダー朝：エリザベス 1 世

　　　　　➡ローリーが**ヴァージニア植民地**を築く。

ステュアート朝の時代（1603 ～ 1714）

- ●**ヴァージニア植民地**（1607）：ジェームズ=タウン
- ●**プリマス植民地**（1620）
  - ●建設者：ピューリタンを含む**ピルグリム=ファーザーズ**が建設。
  - ◎**メイフラワー契約（誓約）**：「新大陸」における社会規範のモデル。
- ●**マサチュセッツ植民地**：ピューリタンが建設。
- ●**コネティカット植民地**
  - ◎**コネティカット基本法**（1639）：近代民主主義にもとづく初の成文憲法。
- ●**メリーランド植民地**：カトリック教徒が建設。
- ●**ニューヨーク植民地**：オランダのニューネーデルランドを奪取して改称。
  - ●中心地：ニューアムステルダム➡ニューヨークに改称。

- ペンシルヴェニア植民地：クエーカー教徒のウィリアム=ペンらが建設。
- ◎アン女王戦争（1702 ～ 1713）：ユトレヒト条約（1713）
  ：ニューファンドランド，アカディア，ハドソン湾地方獲得。

ハノーヴァー朝（1714 ～）
- ジョージア植民地（1732）：債務者（さいむしゃ）救済のために本国が建設。

 13 植民地の自然・産業構造・自治　📖 本編解説 p.27 ～ 30

地域差
- 北部（ニューイングランド）：丘陵地・寒冷　商工業，漁業，自営農
  ：西インド諸島（ジャマイカなど）との貿易。
- 中部：ペンシルヴェニア　平原地帯　"The Bread Colony"
- 南部：ヴァージニア以南　温暖　タバコ・綿花・米のプランテーション。

自治意識の発達
- 背景：信仰の自由や土地や求めて移民➡進取の精神（開拓者精神（かいたくしゃ））。
- 自治の形態
  - 北部：**タウン=ミーティング**…直接民主制
  - 中・南部：**カウンティ制度**…代議制
  - **植民地議会**：各植民地単位の議会　ヴァージニア議会が最初（1619）。

④ イギリスの対アメリカ政策　📖 本編解説 p.30 ～ 33

重商主義政策：北米植民地は，本国にとっての原材料供給地・市場であり，植民地
　　　　　　　の産業発展は抑圧（よくあつ）。
- 産業抑制：羊毛品法（ようもうひん）（1699），帽子法（ぼうし）（1732），鉄法（1750）
- 貿易政策：種々の航海法を適用して，アメリカ人の**密貿易**（みつぼうえき）を規制。
- 特権付与：英政府が，一部の商工業者に貿易や商品販売の独占権を付与。

実態
- 概況：18C 半ばまでは，米英対立は表面化せず。
  ⬅**北米におけるのフランスの脅威**（きょうい）。
- 英：「有益なる怠慢」（ゆうえき）（たいまん）…米仏が結びつくことを恐れ，徹底（てってい）した抑圧（よくあつ）はせず。
- 米：フランスへの恐怖から，公然たる反英運動は起きにくかった。

高まる対立

- 契機：フレンチ=インディアン戦争（1754〜1763）の終結。
- パリ条約（**1763**）
  - フランスの敗北：ルイジアナ，カナダを失い，北米大陸から撤退。
  - 結果❶：フランスの脅威が去り，**米・英の対立が表面化**し始める。
  - 結果❷：**莫大な戦費**が，本国に財政危機をもたらす。
    - ←英は「**有益なる怠慢**」を放棄し，財政危機の克服図る。
    - ➡新たな課税に対して植民地の反発は高まり，独立の気運高まる。

⑤ 独立戦争直前までの情勢

 本編解説 p.33〜36

植民地課税の強化と，植民地の対応

- **砂糖法**（**1764**）：砂糖・糖蜜の輸入税徴収と密貿易の処罰強化。
- **印紙法**（**1765**）：植民地アメリカの印刷物に対する課税。
  - 対応：「**代表なくして課税なし**」
    - （意）本国議会への代表権がないなら，本国の課税権もないはずだ。
  - 結果：雄弁家パトリック=ヘンリなどを中心とする反対運動➡翌年撤廃。
- **タウンゼンド法**（**1767**）：茶・ガラスなどに対する特別関税。

対立の激化

- **ボストン虐殺事件**（**1770**）：英軍の発砲事件　植民地人，5人殺害される。
- **茶法**（**1773**）：**東インド会社**に，北米への茶の独占的搬入権・販売権付与。
  - 影響：アメリカ密輸商人に打撃。
    経済活動に対するイギリスの介入に，一般アメリカ人も反発。
- **ボストン茶会事件**（**1773**）
  - 概要：独立急進派（「自由の息子たち」，**サミュエル=アダムズ**中心）が，ボストン港に停泊中の東インド会社の船を襲撃。
- **「5つの耐え難き法」**（懲罰諸法，1774）
  - マサチューセッツ植民地の王領化，ボストン港閉鎖，
    軍隊宿営法，裁判の本国による管理など。
  - **ケベック法**（1774）：13植民地の人々の西方移住を妨害する法律。

第1回大陸会議の開催（1774）

- 概要：13植民地全体の会議を招集➡ジョージア以外の12植民地が参集。
- 開催地：フィラデルフィア（ペンシルヴェニア植民地）
- 決定：イギリスに対する**通商断絶**を決議。

- 内部対立
  - 愛国派(パトリオット):権利自衛のため,武力闘争も辞さず。
  - 忠誠派(国王派,勤王派,ロイヤリスト):武力闘争に反対。

⑥ 独立戦争の経過

📖 本編解説 p.36 ~ 45

独立戦争の勃発

- レキシントンとコンコードの戦い(1775)
  :マサチューセッツ植民地ボストン近郊で,英軍と植民地民兵が武力衝突。
- 第2回大陸会議(1775):武力闘争を決定。

  植民地軍の総司令官…ワシントン就任。
- ◎トマス=ペインの『コモン=センス(常識)』
  :後に,フランス革命を擁護する『人権』著す。

アメリカ独立宣言(1776年7月4日):独立の大義を内外にアピール。

- 中心的起草者:ジェファソン(後の第3代大統領)
- 内容
  (a):天賦人権論…アメリカ人の人権宣言。
  (b):社会契約説,革命権(抵抗権)
    ←イギリスの思想家ロック『統治二論(市民政府二論)』の影響。
  (c):「現在のイギリス王」の権利侵害の歴史。
    ● イギリス国王ジョージ3世(位1760 ~ 1820)
- 奴隷制を批判する文章の削除:ヴァージニア以南の農園主たちの反発。

戦争の経過

- サラトガの戦い(1777):フランスとスペインの参戦の契機となる。
- フランス・スペインの参戦(1778,1779)
  :外交官フランクリンの欧州遊説の影響。
    ※オランダもアメリカ側で参戦している。教科書には載っていないが。
- 武装中立同盟の結成(1780):ロシアのエカチェリーナ2世

  北欧・ポルトガル・プロイセン
- 義勇軍:サン=シモン(仏,空想的社会主義者),

  ラ=ファイエット(仏,後にフランス革命の指導者),

  コシューシコ(ポーランド,帰国後ロシアなどと戦う)。
- イギリス本国でも独立支持派が形成。
  :大ピット,バーク(『フランス革命史』)

終結

- ●ヨークタウンの戦い(1781)：英トーリー党ノース内閣が倒れる。
- ●パリ条約(1783)：イギリスが，アメリカ独立承認。

ミシシッピ川以東のルイジアナを割譲。

- ●ヴェルサイユ条約：英と仏・西の講和条約。
  - ●英➡西：ミノルカ島・フロリダ

アメリカ独立の意義：市民革命の側面。

- ●イギリスの**重商主義**や，本国と結託する**特権的な商工業者**を打倒して，広範な商工業者の**経済活動の自由**を達成した点は，「市民革命」の側面を有する。

7 独立後のアメリカ

📖 本編解説 p.45〜48

アメリカ合衆国憲法の制定(1787)

- ●憲法制定会議：**フィラデルフィア**で開催。
- ●アメリカ連合規約の採択(1777)。
  - ●「**アメリカ合衆国** (The United States of America)」という名称を初めて使用し，会議を招集。大陸会議を改称して，「**連合会議**」と称する。
  - ●内容：各州の大きな自治権を承認(州権主義)。

アメリカ合衆国憲法の特色

- ●概要：**民主主義(人民主権)**にもとづく**共和政国家**を規定。

  政教分離，軍隊に対する文民統制(Civilian Control)。
- ●**中央集権：連邦政府**に強力な権限(**連邦主義，集権主義**)。

  ⬅➡州権主義者の反発。
- ●三権分立の理念：フランスの思想家モンテスキュー『**法の精神**』の影響。
- ●議会：上院…人口の多寡にかかわらず，各州**2名**の代表。

  下院…各州の人口に比例して選出。
- ●対立：憲法支持派(**フェデラリスト，連邦派**)…財務長官ハミルトンら。

  憲法批判派(アンティ=フェデラリスト，反連邦派)

  …国務長官ジェファソンら。

初代大統領：ワシントン(任 1789〜1796)

- ●首都：フィラデルフィア
- ●新首都：ワシントン市(コロンビア特別区，1800〜)

  連邦政府の直轄地で，どの州にも属さず。

フランス革命

① 革命の背景

📖 本編解説 p.49 ～ 55

フランスの社会構造（旧制度，旧体制（アンシャン=レジーム）の実態）

特権身分（総人口の 10％以下）

- ●第一身分（**聖職者**）：下級聖職者は平民出身者多い。
- ●第二身分（**貴族**）
  - ：国王に仕える宮廷貴族，農民を支配する地方貴族。
    - 特権：この 2 身分がフランス全土の 40％ほどの土地を支配し，
      - **免税特権**を有する。

第三身分（**平民**）：**納税義務**を課せられた唯一の身分。

- ●上層市民（ブルジョワジー）：富裕な商工業者など。
- ●サンキュロット：しばしば革命の先頭に立った都市の下層平民。
  - …職人，小商人，労働者。
- ●農民：人口の 80％　小作人　＊極小の土地しか持たぬ者多い。

ブルボン朝の弱体化

- ●**ルイ 15 世**（位 1715 ～ 1774）
  - ：**フレンチ=インディアン戦争**など，植民地抗争に敗北。
- ●**ルイ 16 世**（位 1774 ～ 1792）：**アメリカ独立戦争**に参戦（1778 ～）。
  - ：貴族の**ラ=ファイエット**らが，義勇軍として参加。
- ◎影響：莫大な戦費がフランスに**財政危機**をもたらす一方，アメリカ独立宣言に謳われた**ロック**の社会契約論や抵抗権（**革命権**）の思想も伝播。

財政改革

- ●**財務統監**：テュルゴー（重農主義者），ネッケル（スイス出身の銀行家）。
- ●改革の概要：特権身分に対する**免税特権の廃止**，**年金の停止**など。
  - ●結果：特権身分（貴族・聖職者）の猛烈な反発。

三部会の招集と対立の激化

王権による特権身分に対する妥協

- ●**三部会の招集**（1789）：貴族・聖職者の要請により，1615 年以来の開催。

◎「貴族(特権身分)の革命」…フランスの歴史家ルフェーブルの命名。

 :最初に王権を麻痺させたのは，第三身分ではなく特権身分であった。

三部会における対立

- 対立：**財政問題**(税制問題)について討議する前に，**議決方法**をめぐり紛糾。
  - 特権身分：身分別表決を主張 ⬌ 第三身分：一人一票の個人表決。
  - 第三身分へ合流：貴族の**ミラボー伯爵**(自由主義的貴族)

       聖職者**シェイエス**(『第三身分とは何か』)

第三身分の動向

- 国民議会の結成(1789.6/17)

   :第三身分出身の議員を中心に，三部会から分離して結成。

- 国民議会の設立目的：**財政問題**の解決と，**憲法制定**をめざす。
- 球戯場の誓い(6/20)：「憲法制定の日まで議会は解散しない」
- 「憲法制定議会」と改称(7/9)：「国民議会」という通称も残る。
  - 国王の対応：保守派に動かされ，国民議会に対する武力弾圧を試みる。

 革命の勃発～立憲君主政の成立   本編解説 p.56～62

革命の勃発

バスティーユ牢獄の襲撃(1789.7/14)

- 事件の概要：パリの下層民が王政の象徴を襲撃し，国民議会を防衛する。
- 背景：**ネッケルの解任**，凶作にともなう穀物価格の値上がり，

     イーデン条約(英仏通商条約)の締結(1786)。

      …貿易拡大による関税収入の増大を図るも，イギリス商品の大量流入

       によって，**フランスの産業が不振**に陥る。

蜂起の意義：国民議会への弾圧を阻止し，事実上政権が国民議会に移行。

拡大：農民一揆が頻発("大恐怖")➡特権身分の国外亡命(墺・普へ)。

国民議会の改革と王権の対応

「封建的特権の廃止」(1789.8/4)

- 発議：**自由主義貴族**が発議。
- 直接的な動機：農民一揆の拡大を抑制する。
- 無償廃止されたもの：聖職者・貴族の**免税特権**，領主裁判権や，

       教会に対する十分の一税。

- 地代は有償で廃止：領主に納める貢納・貨幣地代は有償。
  - 条件：20 ～ 25 年分の地代を一度に支払わせることが条件。
  - 実態：下層農民が土地所有農に上昇するのは不可能。
    - ➡農民の不満残る。

人権宣言の発布（1789.8/26）

- 起草者：自由主義貴族のラ=ファイエット。
- 内容：**自由・平等**（第 1 条）…人間の根本的なあり方を提唱。
  社会契約説と**基本的人権**（第 2 条）。
  国民主権（第 3 条）。
  所有権の不可侵（第 17 条）←ブルジョワジーの意思を反映。
- 王権の対応：ルイ 16 世は両文書とも承認せず，武力弾圧試みる。

ヴェルサイユ行進（1789）

- 概要：パリ**女性**たちの武装デモ。
- 結果：国王一家をパリ市内に連行。
- 派生的影響：国民議会の面々や，種々の政治クラブもパリ市内に移動。

その他の改革事業

- 教会改革：**聖職者**をローマ教皇庁から独立させて，公務員に。
- **ギルドの廃止**：自由な経済活動を認める。
- **国内関税**の撤廃：国内市場の統一に寄与。
- 度量衡の統一：**メートル法施行**の決定…➡実施は 1799 年。
- ル=シャプリエ法（団結禁止法）：職人などの結社禁止。

1791 年憲法の制定と議会召集（1791.9 ～ 10）

1791 年憲法の概要

- 立憲君主政，一院制を規定。
- 新議会：立法議会の招集←制限選挙で選出（➡下層民衆を排除）。

立法議会の勢力状況

- 立憲君主派：フイヤン派が中心　ラ=ファイエットら。
- 共和派
  ：ジロンド派…上層の商工業者の支持　「穏健共和派」。
  急進派…ロベスピエール，ダントン➡**下層民衆**の支持獲得はかる。

1791 年の諸事件

- ミラボーの死(1791.4)：国王と民衆のパイプ役の死を意味した。
- ヴァレンヌ逃亡事件(1791.6)：国王一家の国外逃亡未遂事件。
  - 影響：国王への信頼失墜，**共和派**の台頭。
- ピルニッツ宣言(1791.8)：墺・普の革命に対する軍事的な脅迫。

  神聖ローマ皇帝…レオポルト 2 世

- 1791 年憲法の制定(1791.9)

内外の危機とその克服(1792)

「革命戦争」の勃発(1792.4)：ジロンド派**内閣**がオーストリアに宣戦。
- 背景：国王・貴族・聖職者らの反革命勢力が，外国の干渉を期待。

  これに対して民衆の反発が高まり，それにおされて開戦。
- 結果：ブラウンシュヴァイク将軍率いる普・墺軍が国境に迫る。

  ➡フランス国内の王党派活気づく。

8 月 10 日事件：パリの市民と義勇兵が，**テュイルリー宮を襲撃**。
- 結果：国王は逮捕され，王権の停止が宣言される。

  ➡立憲君主政を規定していた **1791 年憲法**も，事実上失効。

ヴァルミーの戦い(1792.9/20)
- 概要：全国より結集した**義勇兵**が，プロイセン軍を敗走さす。
- 「今日，そしてここから新しい世界史が始まる」

  (ゲーテの『滞仏陣中記』)

国民意識(ナショナリズム)の形成
- 背景：外国の干渉による危機と，それに対する"フランス人"の結束。
- **国民国家(ネイション=ステイト)**の形成を促進。

  ：国民意識に裏打ちされた国家。

  ＊フランス国歌の誕生：「ラ=マルセイエーズ」…作詞ド=リール。

第一共和政の成立(1792.9.21)

国民公会の成立
- 国民公会：男性普通選挙で議員選出➡下層民衆の初めての政治参加。
- 共和政の樹立宣言(**第一共和政**)：王政の廃止と，共和政の樹立を宣言。

議会内の勢力

＊立憲君主派：共和政の成立によって，ほぼ議会から姿を消す。

●ジロンド派：富裕な商工業者が支持基盤。

●山岳派（≒ジャコバン派）

：議会上段に議席を占めたジャコバン派を中心とする急進共和派。

●支持基盤：下層の民衆

●中心人物：**ロベスピエール，ダントン，マラー。**

④ ジャコバン独裁とその終焉　　本編解説 p.69 ～ 78

1793 年──内外の危機

第 1 回対仏大同盟の成立

●提唱者：イギリス首相ピット　英・墺・普・蘭・スペインが参加。

●背景：国王ルイ 16 世の処刑（1793.1）。

フランス軍のベルギー（墺領）侵入。

ヴァンデーの反乱：徴兵令の施行に反発して起こった西部の**農民反乱**。

←王党派の貴族が指導。

ジャコバン独裁体制の成立

ジャコバン独裁体制の成立

●革命裁判所（1793.3）：反革命容疑者の処罰を専門とする特別裁判所。

●保安委員会：国民公会の 1 委員会…反革命勢力鎮圧のための**警察組織**。

●公安委員会（1793.4）：**事実上の政府**として国防も担当する権力機関。

●独裁体制の確立：**6 月 2 日事件**を通じ，ジロンド派を議会から追放。

➡独裁体制の確立。

●恐怖政治の展開：反革命（≒反ジャコバン派）に対するきびしい弾圧や，きびしい**統制経済**を含む戦時体制。

●ギロチン（**断頭台**）の使用。

ジャコバン時代の改革

●目的：**下層民衆**の期待に応え，彼らのエネルギーを結集して革命を防衛。

●最高価格令の制定（1793.5）：物価の統制によって下層民衆の生活を保護。

●亡命財産償却法（1793.6）：亡命貴族・教会の土地を国有化ののち競売に。

●封建地代の無償廃止（1793.7）：領主の農民に対する地代を無償廃止。

- 結果：**小土地所有農**が創出される契機となる。
- **1793 年憲法**（ジャコバン憲法）の制定：実施延期…➡結局実施されず。
- 革命暦（共和暦）の制定
  ：16 世紀に教皇グレゴリウス 13 世が制定させた**グレゴリウス暦**を否定。
- 県制度：貴族の旧所領に基づく伝統的な「**州**」にかわり，
  経済的な結びつきなどに基づいた新たな行政区画を設定。
- キリスト教反対運動：**理性崇拝の運動**を推進…急進派のエベールが主導。

ジャコバン独裁の終焉

恐怖政治の激化
- 処刑：ジロンド派，王党派，王妃マリ=アントワネットの処刑（1793.10）
  ジャコバン派内部も粛清
  ➡急進派エベール，穏健派（右派）のダントンらを処刑。
- 結果：**ロベスピエールの個人独裁**の進展。
  ←公安委員会・保安委員会，国民公会内部からも反発。

恐怖政治への反発
- **商工業者**：最高価格令に反発…経済活動の自由に反する！
- **農民**：土地を得た農民は，革命の進展に消極的となり，恐怖政治を嫌悪。
- **危機は？**：対仏大同盟軍を撃破➡外国の干渉の危機は去った（?）
  ➡独裁は不要（!?）

テルミドール 9 日のクーデタ（熱月のクーデタ，1794.7）
- 概要：権力内部の内紛➡ロベスピエール派を逮捕・処刑
- 結果：急進派は内紛によって力を失い，**旧ジロンド派**などが勢力を復活。

フランス革命期の女性たちの活動

- ド=グージュ（仏）：『**女性の権力宣言**（女性と女性市民の権力の宣言）』
  - 男たちの対応：ジャコバン独裁時代に処刑される。
- メアリ=ウルストンクラフト（英）：『**女権擁護**』

⑤ 総裁政府の成立と新たな危機

本編解説 p.78 ~ 80

1795 年憲法（共和暦 3 年憲法）
- 概要：**共和政**を規定➡王政復活，王党派の伸張には反対。

- **制限選挙**の復活：「持てる人々の国へ」←上層市民の意向が反映される。
- **総裁政府**：5人の総裁からなり，政府権能は分散化。

  ←「危機は去ったのだから独裁も不要」という認識。
- 立法機関：二院制

国内の動揺の連続

- **王党派の反乱**（1795.10）：若きナポレオンが鎮圧。
- **バブーフの陰謀**（1796）：総裁政府打倒の企て発覚　「共産主義の先駆」。
- 王党派の復活：総裁政府が王党派を議会から追放（1797）。
- ジャコバン派復活：政府がジャコバン派を議会から追放（1798）。

第2回対仏大同盟の成立（1799）

- 背景：フランスの**エジプト遠征**に，イギリスが反発。
- エジプト遠征の目的：イギリスとインドとの連絡路を絶つため。
  - 戦況：エジプト派遣のフランス軍が，**アブキール湾の海戦**で，

    ネルソン提督率いるイギリス海軍に敗北（1798）。
- 影響：**第2回対仏大同盟**が成立➡フランス本国に迫る。

  フランス国内の王党派や，亡命地の貴族らの活動強まる。

諸階層の危機感

- **商工業者**：経済活動の自由・財産の保全への不安。
- **農民**：土地所有権の安定を切望。
- 結果：**有能な軍事指導者**の登場を待望。

※複雑なフランス革命史とナポレオン時代を年表にまとめました。
　復習に使ってください。

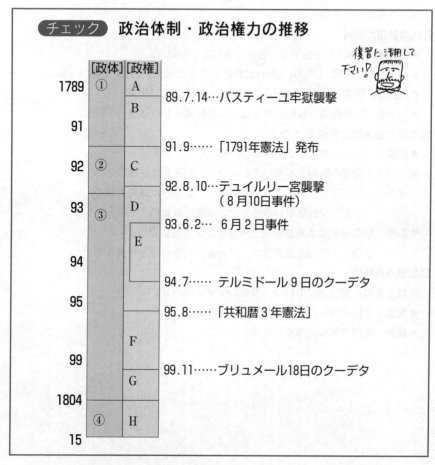

チェック　政治体制・政治権力の推移

復習に活用して下さい!

[政体]	[政権]	
1789 ①	A	89.7.14…バスティーユ牢獄襲撃
	B	
91		
		91.9……「1791年憲法」発布
92 ②	C	
		92.8.10…テュイルリー宮襲撃
93	D	（8月10日事件）
③		93.6.2…　6月2日事件
	E	
94		
		94.7……テルミドール9日のクーデタ
95		
		95.8……「共和暦3年憲法」
	F	
99		
	G	99.11……ブリュメール18日のクーデタ
1804		
④	H	
15		

① 王政　② 立憲君主政　③ 第一共和政（第二共和政は1848～1852）
④ 第一帝政（第二帝政は1852～1870）
A. ブルボン王朝　B. 国民議会　　　　　　　　　C. 立法議会
D. 国民公会　　E. ジャコバン派（≒山岳派）独裁　F. 総裁政府
G. 統領政府　　H. 皇帝ナポレオン

44

ナポレオン時代

① ナポレオンの登場

📖 本編解説 p.81 ～ 82

台頭

- 出身：**コルシカ島**出身。
- 登場：**王党派の反乱**を鎮圧（**ヴァンデミエールの反乱**，1795）。
- イタリア侵攻（1796）：墺軍を**ロディ=アルコレの戦い**に撃破。
  - 結果：オーストリアと**カンポ=フォルミオの和約**。
    - ➡第 1 回**対仏大同盟**が崩壊。

エジプト遠征（1798 ～ 1799）と権力掌握

- 結果：イギリスに敗北し，第 2 回**対仏大同盟**も結成される。
- 派生的結果：独裁権力の必要性増大。
  - ➡権能が分散している**総裁政府**は，危機に対処できず。
- **ブリュメール 18 日のクーデタ**：統領政府を樹立。
  - 結果：事実上ナポレオンの個人独裁体制が成立。

② ナポレオンのヨーロッパ制覇

📖 本編解説 p.82 ～ 89

対外政策

- オーストリアを撃破：**マレンゴの戦い**（1800）
- **アミアンの和約**（1802）：イギリスとの和約➡第 2 回**対仏大同盟**の崩壊。

ローマ教皇との関係修復

- 宗教協約（**コンコルダート**）の締結：ローマ教皇ピウス 7 世
- 内容：フランスにおける**カトリックの復権**。
  革命中に没収され，農民などに付与された**教会財産（土地）**に対して返還
  は求めない。
- 結果：農民の土地所有権が確定➡農民のナポレオンへの崇拝心高まる。

内政

- **フランス銀行の設立**（1800）：フランスの中央銀行。
- 旧体制との妥協：**貴族制の復活**。

- 終身統領に就任（1802）
  - ：1795 年憲法（共和暦 3 年憲法）の改正 ➡ **1802 年憲法**の制定。
- フランス民法典の発布（**ナポレオン法典**，**1804**）
  - 内容：**所有権の不可侵，契約の自由，法の前における平等。**

    家族制度の重視（家父長権の重視）。
- **第一帝政**（1804 〜 1814/1815）：**国民投票**を通じて即位 ⬅ 第 3 回対仏大同盟
  の結成。

フランス帝国の躍進

- トラファルガー海戦（1805）：イギリスのネルソン艦隊に敗北。
- アウステルリッツの戦い（1805）：「三帝会戦」 露—アレクサンドル 1 世。
  - 結果：墺・露の敗北 ➡ 第 3 回対仏大同盟崩壊。
- ライン同盟の結成（1806）：ナポレオンが西南ドイツ諸邦に結ばせた同盟。
  - 性格：対普・墺の軍事同盟 ➡ 神聖ローマ帝国から，16 邦が脱退表明。
  - 結果：**神聖ローマ帝国**は名実ともに消滅。

プロイセン・ロシアの敗北

- ティルジット条約（1807）：イエナの戦いなどで普・露を撃破。
  - プロイセン：エルベ川以西を奪われ，そこにナポレオンが

    ウェストファリア王国を樹立（➡ ライン同盟に加盟）。
  - ワルシャワ大公国の建国
    - ：第 2・3 回ポーランド分割時の普の獲得地を中心に建国。
- プロイセンへの影響
  - **近代化の契機：シュタイン，ハルデンベルク**の農民解放。
  - 哲学者フィヒテ：講演「**ドイツ国民に告ぐ**」で民族意識を鼓舞。
- ロシア：大陸封鎖令の実施を約束。

ナポレオン時代を題材にした芸術

- 文学：トルストイ…『**戦争と平和**』
- 音楽：ベートーヴェン…交響曲第 3 番「英雄（エロイカ）」
- 絵画：ダヴィド…「**ナポレオンの戴冠式**」

ナポレオンのヨーロッパ制覇

- 兄ジョゼフ：スペイン，ナポリ国王
- 弟ルイ…オランダ国王
- ジェローム：ウェストファリア国王
- ジョゼフィーヌと離婚：ハプスブルク家皇女マリ=ルイーズと結婚。

③ ナポレオンの没落

本編解説 p.89～92

スペイン侵攻(半島戦争，1808～)

- 前史：ナポレオンの弟ジョゼフの国王即位。
- 民衆の闘争(ゲリラ)：苦戦し，残虐な弾圧　ゴヤ「五月三日の処刑」。

ロシア遠征(1812)

- 前史：大陸封鎖令(ベルリン勅令，1806)
  - 目的：**イギリスを経済的に孤立**させ，またヨーロッパ大陸を**フランス産業の市場**として独占する。
  - 影響：イギリスに打撃を与えることはできず，イギリス海軍に逆封鎖されたヨーロッパは混乱。
- 動機：大陸封鎖令を無視するロシアによる穀物の輸出を阻止。
- 経過：**ボロディノの戦い**を経て**モスクワ占領**。
  - ←ロシアは，焦土戦術で対抗。
  - 食糧不足から，厳冬のロシア平原を撤退。
- 結果：ナポレオンの決定的敗北
  - ➡対仏大同盟の再結成…いわゆる「**解放戦争**」を展開。

ナポレオン帝国の崩壊

- ライプチヒの戦い(**諸国民戦争**，1813)
  - ：墺・普・露を中心とした反ナポレオン戦争。
- 連合軍のパリ占領(1814)：ナポレオンは，地中海のエルバ島に配流。
- **ウィーン会議**(1814～1815)：オーストリア外相メッテルニヒが主催。
  - 「会議は踊る，されど進まず」
- ナポレオンの「百日天下」
  - ナポレオンのエルバ島脱出➡フランス皇帝に返り咲く。
- ワーテルローの戦い(1815)
  - ：ウェリントン将軍(英)率いる英・普連合軍に敗北。
- 終焉：大西洋の絶海の孤島セント=ヘレナ島に流される(～1821)。

「ナポレオン」とはなんだったのか？

- 意義：フランス革命の精神を，「侵略」という手段によって諸国に伝播。
  - ナポレオンの侵略に対して，各地でナショナリズムが台頭。
- ◎結果：ヨーロッパ各地で起こる**自由主義・ナショナリズム**の運動の契機。

第49回 ラテンアメリカの独立

ラテンアメリカの独立とその後

本編解説 p.93 ~ 100

独立運動の前史・背景

- ペルーの**トゥパク=アマルの反乱**（18C末）…インカ帝国の皇帝の子孫。
- 本国への不満
  - ：人種差別：本国生まれの白人（ペニンスラール，ガチュピネス）が実権。
    - **クリオーリョ**…植民地生まれの白人　多くは地主。
    - **メスティーソ**…白人とインディオとの混血。
    - **ムラート**…黒人との混血度が高い人々（もしくは黒人）。
  - ：本国本位の重商主義政策。
  - ：植民地に重税：**フレンチ=インディアン戦争，ナポレオン戦争**の戦費調達のために，本国が植民地に対して重税をかける。
- 契機：フランス革命・ナポレオン戦争により，本国の植民地支配弱まる。

運動の経過

- **ハイチ**（サン=ドマング，1804年独立）：ラテンアメリカ初の独立。
  - フランスより独立。
  - 綿花，サトウキビ，コーヒーの**プランテーション経営**←黒人奴隷を使役。
  - 指導者**トゥサン=ルヴェルチュール**（解放奴隷）…1803年に獄死。
  - 独立：世界初の黒人共和国（ハイチ共和国）　独立後，**奴隷制廃止**。
- **メキシコ**（1821）
  - **イダルゴ**（~ 1811）：聖職者で，貧農を組織して反乱。
    - ←クリオーリョによって鎮圧。
  - スペイン立憲革命（1820）に反発する保守層が独立を宣言。
- **中央アメリカ連邦**
- **大コロンビア**（1819，コロンビアの独立）。
  - **シモン=ボリバル**（ベネズエラ生まれ）の独立運動。
  - ベネズエラ（1821）…大コロンビアの一部として独立。
- **アルゼンチン**（1816），**チリ**（1818）：サン=マルティンの運動。
- **ペルー**（1821）：サン=マルティンの活躍　後にボリバルも。
- **ボリビア**（1825）：国名にボリバルの名を冠す。

- ブラジル（1822）：ポルトガルから自立。
  - ：ドン=ペドロ1世が帝政を開始（〜1889）　奴隷制も存続。
  - ：奴隷制の廃止➡欧州から移民の増大。
  - ：帝政廃止➡共和政成立（1889）。
- ラテンアメリカ会議（パナマ会議，1826）：ボリバルの提唱。
- 目的：反スペインのための団結➡旧ポルトガル領ブラジルは不参加。

独立後のラテンアメリカ

- 政治：クリオーリョの地主が大きな力をもつ。
  - カウディーリョと呼ばれる軍事的実力者（軍閥）も大きな力。
    - ←独立戦争が展開されるなかで台頭。
- 経済：アシエンダ制…地主が支配する大土地所有制。
  - モノカルチャー体制…ヨーロッパ（イギリスなど）・アメリカが必要とする一次産品の生産に特化させられる。

メキシコの情勢

- 概況：独立後は，地主・教会に支持された軍人独裁政権が続く。
  - アメリカ=メキシコ戦争の敗北（1848）で，政権は動揺。
- 「レフォルマ（大改革）」（1850年代〜）
  - 指導者：インディオ出身の大統領フアレス（自由党）。
  - 土地改革：教会の土地所有を禁止…➡貧農への分配を試みる。
- 内戦の勃発（1858）：土地改革に反発する地主・教会が主導。
- ナポレオン3世によるメキシコ出兵（1861〜1867）。
  - ハプスブルク家のマクシミリアンを皇帝にして，メキシコ支配を試みる。
  - フアレスの勝利：マクシミリアンの処刑。

文化

- インディヘニスモ：先住民（インディオ）の文化復興の運動（思想）。
- クレオール文化：ヨーロッパとラテンアメリカ各地の文化の融合。

第50回 ウィーン体制の成立

① ウィーン体制の成立

📖 本編解説 p.101 ～ 106

ウィーン会議（1814 ～ 1815）

- **正統主義**：フランス外相タレーランの提唱。
  - 概要：フランス革命以前の王朝を正統とし，その復活・強化をはかる。
- **勢力均衡**：かつてのフランスのような強国が登場しないようにする。
- 「**列強体制**」：大国が協調して国際秩序を維持。
- 開催：オーストリア**外相メッテルニヒ**が主催。

  オスマン帝国を除くヨーロッパ諸国が参加。
- **ウィーン議定書の締結**（1815.6）：その直後に，ワーテルローの戦い。

ウィーン議定書

主要国の領土変更

- **墺**：北イタリアを獲得…ロンバルディア，ヴェネツィア，**南チロル**など。

  放棄した領土…ベルギー（➡蘭へ），ザクセン北半（➡普へ）。
- **露**：フィンランドの領有（1808 ～）の承認。
  - ：ベッサラビア併合

    ロシア皇帝が，ポーランド王国の君主を兼ねる。
    - ➡**ワルシャワ大公国**（1807 ～ 1815）は解消。
- **普**：**ザクセン北部**（➡墺），ポーランドの一部，

  ラインラント（ライン中流飛び地）。
- **英**：セイロン島・ケープ植民地（⬅**オランダ**），**マルタ島**（⬅仏）。

その他

- **ドイツ連邦の成立**：**35 の君主国**と **4 自由市**からなる連邦体制。
  - 4 自由市：ブレーメン，リューベック，フランクフルト，ハンブルク
  - ドイツ連邦議会：フランクフルトに設置　●議長：オーストリア
- **ブルボン家**が復活した王国：**フランス**，**スペイン**，**両シチリア王国**。
- **蘭**：ベルギーを併せて，**ネーデルラント王国**に。
- **スイス**：永世中立国として国際的に承認される。

② 自由主義とナショナリズム

📖 本編解説 p.107 〜 111

ウィーン体制に反対する思想——フランス革命が残したもの

自由主義（リベラリズム）

- 根幹：個人の自由な意志にもとづいて，より良き未来をめざす。
- 個人主義：自由主義の根底にある発想←啓蒙思想の影響で，「**理性**」を持つ人間を信頼し，個人の才能の自由な発露が社会の発展をもたらすという発想。
- 経済上の自由主義：政治権力による経済活動への介入に反対。
  - 理論的根拠
    - **フランス重農主義…ケネー**，テュルゴー　「レッセ・フェール」
      イギリス古典派経済学（自由主義経済学）　**スミス『諸国民の富』**
- 政治上の自由主義：君主や特定の階層による**専制**に反対する思想。
  - 発露：フランス革命，フランス七月革命・二月革命，
    君主専制に対する各地の立憲運動，英の選挙法改正。

ナショナリズム（3 つの訳語）

- 民族主義：異民族支配に対する民族的解放と，独立国家の形成をめざす。
  - 展開：東欧，アイルランド，ギリシア，イタリア（東北部・南部）
    ＊メッテルニヒは**民族主義**の運動を恐れる。
    ➡オーストリアが**複合民族国家**（多民族国家）のため。
- 国民主義：国民意識に根ざし，国民主権の統一国家（国民国家）の形成をめざす。
- 国家主義：ドイツなどでは，国民主権は留保され，国家統一のほうに重心が置かれ，行政府や君主権の肥大化をまねく。

2 つの同盟

◎いずれの同盟も，**メッテルニヒ**がウィーン体制防衛のために利用。

神聖同盟：ロシア皇帝アレクサンドル 1 世が提唱。
キリスト教にもとづき君主間の友好を進める。

- 不参加：イギリス国王，ローマ教皇，トルコのスルタン。

四国同盟：**イギリス**が提唱　加盟国：英・墺・普・露

- 性格：当初は，対フランス軍事同盟。
- アーヘン列国会議（1818）：フランスも加盟➡**五国同盟**の成立。

ウィーン体制の崩壊

第51回

① ヨーロッパの運動とラテンアメリカ独立 本編解説 p.112～116

ヨーロッパにおける運動(「1820年革命」)

ドイツ:ブルシェンシャフトの運動…学生組合の運動。
- ●目的:ドイツ統一,言論の自由めざす←カールスバート決議(1819)。

イタリア:結社カルボナリ(炭焼党)の運動。
- ●ナポリ革命(1820):両シチリア王国のブルボン朝打倒をめざす。
- ●ピエモンテ革命(1821):サルデーニャ王国における立憲革命。
- ●鎮圧:いずれも**オーストリア軍**などが鎮圧。

スペイン:軍が蜂起…リェーゴ中心。
- ●スペイン立憲革命(1820):1812年憲法の復活めざす。
- ●鎮圧:フランス軍が介入して鎮圧。

ロシア:自由主義貴族の反抗。
- ●デカブリストの乱(1825):皇帝専制体制(ツァーリズム)に反対し蜂起。
- ●目的:農奴制廃止,憲法制定をめざす←皇帝ニコライ1世が鎮圧。

ラテンアメリカの独立運動

契機:**フランス革命・ナポレオン戦争**により,本国(スペインなど)の植民地支配が弱まった。

結果:本国を動揺させ,**ウィーン体制を動揺**させる。

欧米の対応
- ●メッテルニヒ:武力干渉を企図➡ウィーン体制の動揺を恐れて。
- ◎イギリス
  - ●動機:ラテンアメリカを**イギリス産業の市場**とするため。
      イギリス外相カニング。
- ◎アメリカ:モンロー教書(1823)
  - ●動機:ヨーロッパ勢力の「新大陸」進出に対する恐怖。
  - ●内容:**ヨーロッパと南北アメリカの相互不干渉**をうったえる。
    ★直接的動機は,アメリカ西海岸へ南下しようとする**ロシアへの牽制**。

② ギリシアの独立と七月革命

本編解説 p.116 ～ 121

ギリシアの独立（オスマン帝国から）

経過

- 1814：秘密結社フィリキ＝エテリアの結成
- **1821**：**独立戦争**開始

    ← トルコの弾圧　「シオ（キオス島）の虐殺」…**ドラクロワ**作
- **1822**：**独立宣言**
- **1827**：**ナヴァリノ海戦**…英・仏・露が，トルコ（・エジプト）の艦隊撃破。
- **1829**：**アドリアノープル条約**…露ートルコ間の和約で独立承認。
- **1830**：**ロンドン会議**…列国から，独立を国際的に承認される。
- ◎義勇軍：ギリシア愛護主義に立って活動…英のロマン派文学者**バイロン**。

意義：「ウィーン会議後初の領土変更」

　　➡ **ナショナリズム**・**自由主義運動**に刺激。

フランス七月革命（**1830**）

ブルボン復古王政

- 初代国王：**ルイ 18 世**（位 1814/1815 ～ 1824）
- 政治体制：「1814 年憲章」にもとづく "立憲君主政"。
- 極端な**制限選挙**。
- 支持基盤：旧**亡命貴族**，聖職者。

国王シャルル 10 世の反動政治（位 1824 ～ 1830）。

- 10 億フラン賠償法：亡命貴族らが革命中に失った資産（土地）を補償する。
- 北アフリカの**アルジェリア**を侵略（1830）：国民の不満を外にそらす目的。

革命の勃発（7 月 27 日～ 7 月 29 日　「栄光の三日間」）

- 契機：**七月勅令**…議会の解散，言論弾圧。
- 指導者：ギゾー，ティエール（ジャーナリスト），ラ＝ファイエット。

    ラフィット…革命の黒幕の大銀行家
- **七月王政**の成立：オルレアン家の**ルイ＝フィリップ**が王位に。
- 政権の実態：**銀行家**の傀儡（かいらい）政権。

革命の波及

- **成功**：ベルギーがオランダより独立 ← ブリュッセルの蜂起が契機。

    イギリスの第 1 次選挙法改正（1832）。

- 挫折：ポーランドのワルシャワ蜂起←ロシア皇帝ニコライ1世が弾圧。

③ ウィーン体制の崩壊——二月革命と諸国民の春　本編解説 p.121～127

二月革命（1848）

七月王政の実態：金融資本家（≒**大銀行家**）が牛耳る。

　　　　　　＊「国王は，"株屋の王"」

- 制限選挙の存続：総人口の1％未満➡**産業資本家・労働者**の反発。
- 経済：七月王政期は，経済史的にはフランスの産業革命が本格化。

二月革命の勃発

- 「改革宴会」の盛行：選挙法改正を求める政治集会。
- 政府の対応：**ギゾー首相**（任1847～1848）の，改革宴会に対する弾圧。

　　　　　　　　➡パリで武装蜂起。

- 第二共和政の成立：七月王政の崩壊。

　　　　　　　➡**ブルジョワ共和派・労働者の臨時政府**が成立。

第二共和政の成立とルイ=ナポレオンの政権掌握

臨時政府の成立

- 首班：詩人**ラマルティーヌ**…ブルジョワ共和派の代表。
- 社会主義者**ルイ=ブラン**の入閣：労働者の代弁者として。

二月革命の特色（七月革命との比較）：**労働者の発言権**の増大。

- 背景：産業革命の進展にともなう，労働者の増大・組織化。
- 労働者保護政策：**国立作業場**の設立…**失業者の救済　高賃金**。
- **男性普通選挙制**の採択。

二月革命後の情勢

- **四月総選挙**：社会主義者の大敗←国民の多くを占める農民の反発。
- 穏健共和派の政府が成立。
- **農民の反発**
  - ❶臨時政府による労働者保護政策に対する反発。
  - ❷社会主義者の台頭によって，**土地が共有化されることを恐怖**。
- パリ労働者による**六月蜂起（六月暴動）**。
  - 契機：国立作業場の閉鎖。
  - 鎮圧：軍部の弾圧。

- 影響：保守勢力（君主・地主）や資本家による，全欧的な労働者階級（および社会主義者）への反撃の契機に。
- **第二共和政憲法の採択（1848.11）**：行政府…国民投票による大統領制。
- **ルイ=ナポレオン**を大統領に選出（1848.12）◀圧倒的な農民の支持。

1848年革命──ウィーン体制の崩壊

◎「**諸国民の春（諸民族の春）**」

- 概況：自由主義・ナショナリズム運動の高揚➡ウィーン体制の崩壊。

ドイツ全土：**ドイツ三月革命**の勃発…ドイツ全域の騒乱状態を示す言葉。

- ドイツで統一気運高揚➡**フランクフルト国民議会**でドイツ統一を議論。

オーストリア

- **ウィーン三月革命**：メッテルニヒのイギリス亡命。
- ベーメン（チェコ）の**スラヴ系チェック人**の活動。
  - **スラヴ民族会議**の開催：指導者**パラツキー**
  - 目標：スラヴ民族の連合と統一，オーストリアとの対等な連邦の形成。
- **マジャール人**の独立運動：ハンガリー共和国の成立宣言（1849）。
  - 首相**コッシュート**
  - マジャール人は，領内のスラヴ系**クロアティア人**の独立運動を迫害。
  - 弾圧：**ロシア軍**，およびオーストリアに派遣された**クロアティア人**の**軍隊**によって，ハンガリー共和国は壊滅。

プロイセン：**ベルリン三月革命**➡自由主義者の内閣の成立。

イタリア

- サルデーニャ国王**カルロ=アルベルト**の挙兵。
  - ：北イタリアから，**オーストリア**勢力の一掃めざす。
- **ローマ共和国**成立宣言（1849）：**マッツィーニ**率いる**青年イタリア**の運動。

イギリス

- **チャーティスト運動**：労働者の参政権要求闘争が高揚。
- **アイルランド**：青年アイルランドの反英蜂起。
  - 背景：1840年代に起こった**ジャガイモ飢饉**➡多数の餓死者。

二月革命の世界史的意義

◎「**二月革命は現代史の始まり**」

- ：1848・1849年に現代史の3大特徴のうちの2つである社会主義と民族主義が時代の前面に登場したため。

- 派生的影響：社会主義・労働者階級が台頭するなか，19 世紀前半においては改革の旗手であった産業資本家が保守化。

 ④ 社会主義の思想　　　　　　　📖 本編解説 p.128 〜 134

空想的社会主義

- サン=シモン(仏)：**アメリカ独立革命**に参加。

　　　　　　　　　　『産業社会』…組織された産業社会の実現。
- フーリエ(仏)：勤労者の相互扶助にもとづく共同社会(ファランステール)。
- オーウェン(英)：スコットランドの**ニュー=ラナーク**で工場経営。

　　　：協同組合，幼稚園を設立。

　　　アメリカに理想社会(**ニュー=ハーモニー**)の建設を試みるも，挫折。

科学的社会主義(≒マルクス主義)

- **マルクス**(1818 〜 1883)，**エンゲルス**(1820 〜 1895)。
- 主張：資本主義社会を**科学的**(≒経済学的)に分析し，根本的変革を志向。

　　　生産手段(土地や工場など)の私有を否定し，その共有化を主張。
- 暴力革命論：資本主義体制を，労働者などの**武装蜂起**や**ゼネスト**で粉砕。
- 歴史観：史的唯物論(唯物史観)
- 著作
  - 『**共産党宣言**』(1848)：今日までの歴史を踏まえ，労働者の権力掌握の必然性とく　「**万国の労働者(プロレタリア)，団結せよ！**」。
  - 『**資本論**』(1867 〜 1894)：資本主義社会の根本的な分析を試みる。

国際労働者協会(第 1 インターナショナル)の設立(1864 〜 1876)。

- 概要：労働者，社会主義結社の国際組織。
- 本部：ロンドン
- 崩壊：マルクスと，無政府主義者(アナーキスト)のバクーニンらの対立。

無政府主義(アナーキズム)

- 主張：一切の政治権力を悪とする思想。
- 論客：プルードン(仏)…「財産は窃盗である」

　　　　バクーニン(露)…マルクスと対立。

社会民主主義

- ベルンシュタインの修正主義。
- 論点：マルクスらの暴力革命を否定し，**議会をつうじた平和的革命**を主張。

第52回

19 世紀のイギリス・アイルランド

 第 1 回選挙法改正

 本編解説 p.135 ～ 138

背景——社会構造の変化

- **地主**：選挙権をほぼ独占する階級➡**トーリ党**支持。
- 新興階級：**産業資本家**(工業の担い手)・**労働者階級**
  ←**産業革命**の進展にともない台頭。

選挙制度の問題点

(a)参政権の制限：実質上**地主**が独占。

(b)「**腐敗選挙区**」：有権者人口が極端に少ない選挙区。

(c)マンチェスターのような**新興工業都市**には，議席の割り当てなし。

第 1 回選挙法改正

- **ホイッグ党グレイ内閣**：選挙法改正を実現(**1832**)。
- ◎**改正点**

  (a)腐敗選挙区は撤廃され，新興産業都市にも議席が割り当てられる。

  (b)産業資本家や都市の中間(中流)市民層への参政権拡大

  …有権者 50 万➡ 81 万(全人口の 4.5%に)。

  ＊議会における地主多数の状況は変わらず。

- 問題点：労働者には選挙権が与えられず。
- ◎**下院優越**の慣例：**議会法**の制定(1911)。

  - 議会法：下院を 3 度通過した法案を，上院は否決できない。

労働者の運動

- **団結禁止法**の廃止(1824)：労働者の組織運動が合法化される。
- **チャーティスト運動**(1837 ～ 1858)：労働者による選挙権要求闘争。

  - **人民憲章**：男性普選，**秘密投票制**，被選挙権の財産資格撤廃など 6 項目。

労働者に対する政府の対応

- チャーティスト運動を弾圧。
- **工場法**の制定(1833)：**児童労働**の制限，**工場監督官**の設置など。

  - 前史：社会主義者**オーウェン**らの尽力。

    工場法(**1819**)の制定…**9 才未満**の児童労働の禁止，

    16 才未満の児童労働を 12 時間以下に制限。

- 新救貧法(1834)：貧民救済と労働意欲の向上をはかる。
- 公衆衛生法(1848)：**下水道整備**など，都市の生活環境の改善をめざす。

　　　　　　　　　　　　　社会改革家チャドウィックが尽力。

◎功利主義：個人の幸福の追求と，社会全体の利益の増進の調和をめざす。

　　● ベンサム：標語「**最大多数の最大幸福**」『道徳と立法の原理序論』

 経済的・社会的な自由主義改革　　　📖 本編解説 p.139 ～ 144

理論的根拠

- **基調**：政治権力による経済活動への介入に反対。
- **理論的根拠：イギリス古典派経済学**
- アダム=スミス『**諸国民の富**』，リカード，マルサス『**人口論**』。

東インド会社問題

会社の特権：国王・政府から，対アジア貿易独占権を付与される。

- 産業資本家の批判：産業革命のためには，大量の**原料(綿花)**や**市場**が必要。これに東インド会社は対応できない。

インド貿易独占権の廃止(1813)

- 結果：綿花・綿布貿易の自由化。
- 背景：米英戦争(1812 ～ 1814)にともない，米国からの綿花輸入ストップ。

中国貿易独占権の廃止，すべての商業活動停止(1833：決定，1834：実施)。

- 主目的：茶貿易の自由化。
- 解散：**インド大反乱(シパーヒーの反乱**，1857 ～ 1859)勃発の責任をとらされて**解散**(1858)。

奴隷制の廃止について(1833，グレイ内閣)

- 担い手：**産業資本家，ウィルバーフォース**(キリスト教徒の人道主義者)
- 目的：**ブラジル産の安価な砂糖の輸入に反対するカリブ海域(ジャマイカ)**などのイギリス人砂糖プランターに，打撃を与えるため。
- **奴隷貿易法**(1807)：奴隷貿易の禁止。
- **奴隷解放法**(1833)：奴隷制の禁止。
- 諸国の奴隷制廃止：フランスの奴隷制廃止(1848)，アメリカ(1865)。

穀物法の廃止（1846）

- 穀物法（1815）：**地主の利益保護**のため，**輸入穀物**に対して**高関税**を課す。
- 反穀物法同盟：コブデンとブライトを中心に，マンチェスターで結成。
- 廃止（1846）：保守（トーリ）党のピール内閣時に，廃止を断行。

航海法の廃止（1849）：海外貿易に関する一切の規制を撤廃。

- 結果：**自由貿易体制**の確立。
- 目的：世界から原材料を安価に輸入し，工業製品を大量に輸出。
  - ➡イギリスは「**世界の工場**」に。
- ◎他国に対する姿勢：関税の撤廃・引き下げなど，**自由貿易政策**を要求。

宗教差別の撤廃

- 審査法（1673）：イギリス国教徒に非（あら）ざるものは，公職に就（つ）けない。
- 審査法の廃止（1828）：ただしカトリック教徒だけは，議員にはなれず。
- カトリック教徒解放法（1829）：旧教徒の公職就任を承認。
  - 民族運動家オコンネルの尽力。

③ 19世紀後半のイギリス

本編解説 p.144～146

ヴィクトリア女王（位 1837～1901）

第1回万国博覧会（1851）：工業力を披露　鉄骨とガラスづくりの水晶宮

選挙法改正
- 第2回（1867）：都市労働者に選挙権　保守党ダービー内閣
- 第3回（1884）：農業労働者，鉱山（こうざん）労働者に選挙権。
  　　　　　　　　自由党グラッドストン内閣

自由主義改革
- 教育法（初等教育法，1870）：初等教育の義務化の第一歩。
- 労働組合法（1871）：労働組合の合法化。

 ④ アイルランドの歴史

本編解説 p.146～150

◎アイルランド　●民族：**ケルト系**
　　　　　　　　●宗教：**カトリック**…聖パトリックの布教(5C)。

イギリスの侵略

- **ヘンリ2世**(12C)：アイルランドに侵攻。
- **ジェームズ1世**(17C)：**アルスター**地方にアングロ=サクソン人が植民。
- 17C後半：**クロムウェル**，**ウィリアム3世**による全島侵略。
　　　　　➡アイルランド支配の確立。

支配構造

- 宗教：イギリス国教徒―カトリック教徒
- 民族：アングロ=サクソン人―ケルト人
- 経済：イギリス人**不在地主**―アイルランド人小作人

アイルランド併合

- **アイルランド併合**(1801)：首相ピット
  - 併合：「統一法」を施行し，**自治議会を解散**。
  - 結果：グレートブリテン=アイルランド連合王国が成立。

アイルランドの苦難と諸運動

- **オコンネル**：カトリック協会を組織➡**カトリック教徒解放法**(1829)。
- **ジャガイモ飢饉**(1840年代)：多数の**餓死者**を生む。
- **穀物法廃止の影響**：ロシア・南欧・東欧の**安価な穀物**が流入して，**アイルランド農業は不振**に。
  - 結果：**アメリカへの移民が激増**する。
- **青年アイルランド**：指導者オブライエン，二月革命に影響され蜂起。

土地問題の展開(19C後半)

- **アイルランド小作権同盟**：1850年代以降，**小作権の安定**などを求める。
- **フィニアン党の結成**：**アメリカ**で結成➡アイルランドの闘争を援助。
- **自由党グラッドストン内閣の対応**
  - **アイルランド土地法**(1870)：小作人の権利保護。
  - **第1次アイルランド自治法案**(1886)
    ：**アイルランド国民党**の自治要求に対応。
  - 余波：自治に反対した**ジョゼフ=チェンバレン**らが，自由党を脱退。
    　　➡自由統一党を結成，保守党と提携。

第53回

イタリアの統一と
フランス第二帝政

① イタリアの統一運動（〜1849）

本編解説 p.151〜154

ウィーン体制下のイタリア

オーストリア領：ロンバルディア（ミラノなど），ヴェネツィア，
南チロル地方，アドリア海地方。

中北部イタリア3公国
：パルマ，トスカナ，モデナ公国➡墺（ハプ家）・ブルボン家に従属。

ローマ教皇領：中世以来，常にイタリア統一に反対。

両シチリア王国：復活したブルボン家（スペイン系）が支配。

サルデーニャ王国：首都トリノ　サヴォイア家の支配。
ピエモンテ地方で産業革命進展。

●各邦の君主たちの動勢：自由主義（とくに立憲運動）などを嫌悪。

カルボナリ（炭焼党）の活動（1820年代〜1830年代初頭）

ナポリ革命（1820）：復活したブルボン朝の打倒めざす◀オーストリア干渉。

ピエモンテ革命（1821）：サルデーニャ王国における立憲運動…スペインの
1812年憲法を模した憲法制定めざす◀サルデーニャ，墺の軍隊が弾圧。

二月革命の影響

ミラノ蜂起（「ミラノの五日間」），**ヴェネツィア蜂起**◀オーストリア軍が鎮圧。

青年イタリアの運動：マッツィーニらの統一共和国家をめざす人々
➡各地の君主権力を否定。

（注）青年イタリアは，マッツィーニによって1848年5月に解散。

「ローマ共和国」成立宣言（1849）：憲法制定会議を呼びかける。

●結果：**フランス軍**（大統領ルイ=ナポレオン）が干渉し壊滅。
教皇領を護持し，フランス国内のカトリック教徒の歓心を得る。
フランス軍は教皇領に駐留し続ける（〜1870）。

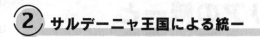
国王カルロ=アルベルトの反オーストリア挙兵（1848〜1849）

- クストーザとノバーラの戦い：ラデツキー将軍率いる墺軍に惨敗。
- 結果：国王退位➡新国王ヴィットーリオ=エマヌエーレ2世登場。

首相カヴール登場（「伊のビスマルク」）

- 富国強兵：軍制改革，鉄道・通信網の整備，修道院領の没収。
- カヴール外交：主眼目…諸国を反オーストリアの陣営に引き込むこと。
    - クリミア戦争に参戦（1855）：英仏の歓心を買うために参戦。
    - プロンビエールの密約（1858）：フランスとのあいだに締結された援助協定。
        - 内容：統一戦争を仏が援助，サヴォイア・ニースを仏に割譲。

イタリア統一戦争（1859）

- マジェンタの戦い，ソルフェリーノの戦い：オーストリアを撃破。
- フランスの単独講和：仏はサルデーニャの強大化を恐怖。
- 結果：サルデーニャはロンバルディアを獲得するにとどまる。

3公国の民衆蜂起（1860）：サルデーニャ王国への併合を希望。

- 結果：カヴール，中北部イタリア諸邦（トスカナ・パルマ・モデナ）などの併合を断行。
- フランスが併合を承認：フランスに**サヴォイア・ニース**を割譲。

両シチリア王国の滅亡

- 契機：パレルモの反乱（1860）：ブルボン家の支配に対する反乱。
- ガリバルディ率いる**千人隊**（赤シャツ隊）
    ：青年イタリアの残党が挙兵。
    - 目的：南イタリアを支配する**両シチリア王国**の打倒。
- サルデーニャ王国軍の南下
    ：ガリバルディら共和主義者に，統一の主導権を奪われないため。
- ガリバルディの動向：南イタリアの征服地を，サルデーニャ国王に献上。

イタリア王国の成立（1861）：**首都トリノ**…➡フィレンツェ（1865）

　　　　　　　　　　　　　　首相カヴール，3カ月後に急死（1861.6）。

イタリア王国成立後

ヴェネツィア併合(1866)：**普墺戦争**で墺に**宣戦**➡併合。

教皇領併合(1870)：普仏(独仏)戦争に乗じて。

イタリアの諸問題

- 教皇との対立：教皇は，イタリア王国と断交(「**ヴァチカンの囚人**」)。
- 関係の修復はラテラン条約(1929)：ヴァチカン市国の成立。
- 「**未回収のイタリア**」：南チロル，トリエステなど。

③ フランス第二帝政

本編解説 p.159～163

ナポレオン3世の時代

第二帝政の成立

- **ルイ=ナポレオンの大統領就任**(1848)：農民の支持。
- **クーデタ**(1851)：ルイ=ナポレオンが，**共和派**と**王党派**を弾圧。
  ➡議会解散。
- **第二帝政**(1852～1870)：**国民投票**を通じて，**皇帝ナポレオン3世**に。

支配の特質

- 「**ボナパルティズム**」：**資本家**と**労働者**の**勢力均衡**を利用して政権を維持。
- 基調：侵略や派手なイベントによって，政権の不安定さを糊塗。
  - **第2回万国博覧会**(1855)：パリ
  - **パリ改造**：セーヌ県知事オスマンが主導。
    放射状の道路，上下水道，公園建設。
- 経済：製鉄業なども発展し，産業革命は完了。
  *フランスの工業化の始まりは，第一帝政期。

対外政策

- 基調：度重なる**戦争**と，**対英協調**
- **クリミア戦争**に参戦(1854)：トルコへの野心から，英とともに参戦。
- **アロー戦争**(1856～1860)：英とともに清を苦しめる。
- **第1次仏越戦争**(1858～1862)：**ベトナム**(阮朝)のコーチシナを植民地化。
- **イタリア統一戦争**(1859)：サルデーニャを支援するも，途中で裏切る。
- **スエズ運河の建設**(1859～1869完成)：フランス人外交官レセップス
- **英仏通商条約**(コブデン通商条約，1860)：**最恵国待遇・関税協定**など約す。

ナポレオン3世の没落

<u>メキシコ出兵</u>(1861 〜 1867)：メキシコの混乱に乗じて支配を試みるも失敗。

普仏戦争（独仏戦争，1870 〜 1871）
- セダンの戦い：敗北し，ナポレオン3世は捕虜に。

第三共和政の成立

第二帝政の崩壊(1870)と混乱：ナポレオン3世捕虜に。

➡第三共和政の成立宣言。

- 臨時国防政府の成立(1870)：戦争指導のためにパリに成立した臨時政府。

  - 資本家層の裏切り：武装した労働者を恐怖し，ドイツと休戦(1871.1/28)。

パリ=コミューンの成立(1871.3/18)

- 概要：パリに成立した，史上初の**労働者中心の自治政府**。

- 鎮圧：**ティエール首班のヴェルサイユ政府**（資本家などに支持された臨時政府）
  が，ドイツ軍の支援のもと，5月末に**壊滅**させる。

  (5月21 〜 28日，「血の一週間」)

- 第三共和政憲法の発布(1875)

  - 規定：二院制，任期7年の大統領制，三権分立。

  - 特色：下院（男性普通選挙で選出）の権限が強く，**内閣・大統領の権限弱い。**

第54回

ドイツの統一

① 経済的統一の進展

本編解説 p.165～169

ドイツの前史

前史

- ●ウェストファリア条約（1648）
  - ：約300の諸侯が支配する領邦や，都市が存在。
- ●ライン同盟（1806）
  - ：プロイセンやオーストリアに対抗するために，ナポレオン1世が結成させる。
  - ：神聖ローマ帝国は消滅。
- ●ウィーン会議（1815）：ドイツ連邦の成立…35の君主国，4自由市。

プロイセンの近代化

- ●契機：ナポレオンに敗北し，ティルジット条約締結（1807）
  - ➡国土の半分奪われる。
- ●「ドイツ国民に告ぐ」：哲学者フィヒテによる連続講演
  - ➡ドイツの国民意識を醸成。
- ●宰相シュタインとハルデンベルクの改革。
  - ●内容：農奴制の廃止（農民解放），都市の自治，ギルドの解体による営業の自由。
    - プロイセン国内関税の撤廃，軍制改革。
    - 教育改革…ベルリン大学の設立　初代総長フィヒテ。
- ●ウィーン会議：ドイツの工業先進地域ラインラントを獲得。

経済的統一の進展

プロイセン関税同盟の成立（1828）：北部ドイツ諸邦間で，関税の撤廃を約す。

- ●目的：関税の撤廃によって，領邦を越えた商品流通，生産を活性化させる。
- ●影響：南ドイツ関税同盟，中部ドイツ通商同盟の設立を促進。

ドイツ関税同盟の成立（1833年成立，1834年発足）

- ●目的(a)：同盟領域内の関税を撤廃して，域内の市場を統一する。

(b)：外国商品（とくにイギリス生産の商品）に対しては，高関税を設定して，
域内の産業を保護する。

　　●このような貿易に対する態度を，保護主義（保護貿易）という。

●理論的根拠：歴史学派経済学…政治権力による経済活動に対する保護などを主
張。

●リスト：歴史学派の先駆者　『政治経済学の国民的体系』『農地制度論』。

●結果：ドイツの経済統一（市場統一）　　＊オーストリアは非加盟。
軍需産業や鉄道建設を中心に，産業革命（工業化）が進展（1840 年代～）。

② フランクフルト国民議会　　　📖 本編解説 p.169 ～ 171

ドイツ三月革命（1848）

●概要：ウィーン三月革命，ベルリン三月革命など➡各地の君主が動揺。

●影響：ドイツ諸邦で自由主義者の内閣が組織され，憲法制定も約束される。
墺領土内で民族運動高揚…ハンガリー共和国成立，スラヴ民族会議。

●結果：統一機運の高揚。

フランクフルト国民議会（1848 ～ 1849）

●国民議会の招集：領邦・自由市で男性普選を通じ議員選出➡統一議論展開。

●対立：小ドイツ主義…プロイセン中心の（かつオーストリアを排除した）統一。
大ドイツ主義…オーストリア中心のドイツ統一。

●結果：小ドイツ主義の勝利。

●「ドイツ国民の基本法」制定（1848.12）：統一ドイツ国民の人権宣言。

●「ドイツ国憲法」制定（1849.3）：立憲君主政・連邦制国家の形成を規定しつつも，
フランス革命がめざした国民主義的，自由主義的な国民国家の建設をめざす。

●挫折：プロイセン国王フリードリヒ=ヴィルヘルム 4 世
国王による帝冠拒否…「革命派からの帝冠は受けられない…」

③ ビスマルクによる統一　　　📖 本編解説 p.172 ～ 177

ビスマルク登場

●プロイセン宰相就任（1862）：国王ヴィルヘルム 1 世。
ビスマルク…ユンカー出身。

●議会で「鉄血演説」：軍備と兵士（≒戦争）によって，ドイツの統一をめざす。

デンマーク戦争（1864）：シュレスヴィヒ・ホルシュタイン地方の帰属問題が口実。

- ガシュタイン条約（1865）：両地域はプロイセン・オーストリアの共同管理下に。

普墺戦争（1866）

- 原因：シュレスヴィヒ・ホルシュタイン地方の領有権をめぐる対立。
- サドヴァ（ケーニヒスグレーツ）の戦い：プロイセン軍参謀総長モルトケの活躍。
- 北ドイツ連邦の成立（1867）：**ドイツ連邦は解消され，北部ドイツは政治的に統一。**
- オーストリア=ハンガリー帝国の成立。

  ：領内のマジャール人に自治を認める

  （「**妥協**（ドイツ語でアウスグライヒ）」）。

普仏戦争（独仏戦争）（1870 ～ 1871）

- 背景：普仏間に，スペイン王位継承をめぐる対立。

  ドイツ系国王の登場に仏が反対。
- **エムス電報事件**：結果として普仏間に戦争気運が高揚。
- 戦争目的：南部ドイツ統一に反対する仏を撃破する　南部ドイツ諸邦の統一。
- セダン（スダン）の戦い：ナポレオン3世捕虜➡フランス第二帝政の崩壊。
- 講和条約（1871.5）：**50億フランの賠償金，**

  石炭・鉄鉱石の産地である**アルザス・ロレーヌ2地域の**

  割譲。

4 ドイツ帝国の成立

本編解説 p.177 ～ 181

ドイツの帝国の成立

ドイツ帝国の成立（1871）

- 戴冠式：ヴェルサイユ宮殿で，ドイツ皇帝の戴冠式（ヴィルヘルム1世）。
- **ドイツ帝国憲法**：プロイセン王国を中心とした連邦国家体制を規定。
  - 連邦国家体制：22の邦（君主国），3自由市，

    2帝国直轄領（アルザス・ロレーヌ）。
- ◎「統一」の限界：20以上の領邦君主権を廃することはできなかった。

ドイツ帝国の政治システム

- 帝国議会：法律発案権・予算審議権・条約承認権などしかない。
  - 選挙制度：25歳以上の男性普選で選出。
- 連邦参議院：各領邦の代表者の議会（普が主導権）　法案の批准権を有す。

- プロイセン王国の優位：人口・面積，連邦参議員の数などで圧倒的優位を誇る。
- 帝国宰相ビスマルク：強大な権限を保持。
  - 背景：責任内閣制も欠如しており，議会(とくに帝国議会)は皇帝・政府・宰相をコントロールできず，ほとんど無力。
  - ◎「外見的立憲主義」：憲法やそれにもとづいた議会は存在するが，それらに拘束されず，皇帝・宰相が大きな権限を行使できることの形容。

ビスマルクの内政

カトリック勢力との対決

- 文化闘争(1870年代)：ビスマルクによる，ドイツ南部の**カトリック勢力**(**中央党**に結集)に対する抑圧。
- 「**帝国の敵**」：南部のカトリック教徒や，ポーランド人，後には社会主義者も。

社会主義勢力との戦い

- **ドイツ社会主義労働者党(1875)**
  ：**全ドイツ労働者協会**(ラサール派)と，**社会民主労働党**(アイゼナッハ派，ベーベル中心)が合流して結党。
- 社会主義者鎮圧法(1878)：皇帝**ヴィルヘルム1世**の狙撃事件が口実。
- 社会政策：**国家**による**国民**(とくに労働者など)に対する保護政策。
  - 具体策：**疾病保険，養老保険，災害保険**などの社会保険制度が根幹。
- **ドイツ社会民主党(1890)**：**社会主義者鎮圧法の廃止(1890)**を契機に改称。

保護関税法の制定(ビスマルク関税法)(1879)

- 目的：国内の工業・農業生産を保護して，**大資本家**と**ユンカー**の利益保護。
- 結果：資本家とユンカーの対立が緩和される➡いわゆる「**鉄と穀物の同盟**」。

⑤ 北欧諸国の情勢

📖 本編解説 p.181〜182

スウェーデン

- 北方戦争の敗北(18C初頭)：バルト海の制海権や北ドイツの領土を失う。
- 19世紀前半：隣国ノルウェーを同君連合のもとに支配。
- 19世紀後半：**鉄鋼業**などが発展。

ノルウェー

- デンマークの影響下（14C ～）：**カルマル同盟**の結成以来影響下に。
- ウィーン会議：スウェーデンの支配下に（1815）。
- 民主化の進展：民主的な憲法制定。
- 独立（1905）：国民投票を通じて。

デンマーク

- 三月革命（1848）：**絶対王政が打倒**され，**責任内閣制**が成立。
- デンマーク戦争（1864）：シュレスヴィヒ・ホルシュタイン地方を失う。
- 国民の奮闘：農業と牧畜を基盤とした国づくり。

フィンランド

- ロシアの支配（1809）：ウィーン会議で，支配を追認。
- 独立（1917）：ロシア十月革命が契機。
- 独立の国際的承認（1919）：ヴェルサイユ条約

第55回 19世紀のロシアと東方問題

① 19世紀前半のロシア

 本編解説 p.183

皇帝ニコライ1世(位1825〜1855)

デカブリストの乱(1825)

● 概要:自由主義貴族を中心として立憲体制・農奴制廃止めざす。

ギリシア独立戦争に介入(1820s)

ロシア=イラン戦争(1826〜1828)

● 概要:ガージャール(カージャール)朝ペルシア敗北

　　　　トルコマンチャーイ条約(1828)…アルメニアを割譲,治外法権。

ポーランド反乱を鎮圧(1831)

1848・1849年:「ヨーロッパの憲兵」

● 独立運動・革命運動の鎮圧に奔走(ほんそう)。

● オーストリアを支援:ハンガリー共和国を壊滅させる。

② 東方問題(1)——エジプト=トルコ戦争

 本編解説 p.184〜189

東方問題とは何か

東方問題とは何か

● 概要:**オスマン帝国領**を舞台に,領内の民族問題に絡(から)んで起こった

　　　　ヨーロッパ列強間の対立。

オスマン帝国の衰退

● **「瀕死(ひんし)の病人」**:19世紀のオスマン帝国の衰退を象徴した言葉。

● オーストリア:トルコの**第2次ウィーン包囲**を撃退(1683)。

　　　　　　　➡ **カルロヴィッツ条約**(1699)…**ハンガリー**の割譲。

● ロシア

　● ピョートル1世:アゾフ海沿岸地方に進出(17C末)◀ トルコの反撃。

　● エカチェリーナ2世:数次にわたる露土(ろと)戦争。

　　● **キュチュク=カイナルジャ条約**(1774):ギリシア正教徒の保護権を獲得。

　　● **クリミア半島を併合**(1783):クリム(クリミア)=ハン国を併合。

- ヤッシー条約(1792)：露によるクリミア半島併合をトルコが追認。
- フランス(ナポレオン軍)のエジプト侵入(1798)。
  - トルコの対応：傭兵隊長ムハンマド=アリーの反撃。
  - ムハンマド=アリー，エジプト総督に(1805)。
    ：ムハンマド=アリー朝の成立。

イギリスとロシアの対立

- 南下政策：ロシアのトルコ領(とくにバルカン半島)へ。
- 目的：穀物の輸出販路の確保，それらに付随して不凍港の確保も狙う。
- バルカン半島：宗教…ギリシア正教系　民族…スラヴ系。
- 経路：黒海・エーゲ海を結ぶ，ボスフォラス・ダーダネルス2海峡をとおって地中海へ。
- イギリスの反発：ロシアの南下は，イギリスとインドの連絡路(「インドへの道」)にとって脅威。

東方問題の展開

ギリシア独立戦争(1821〜1829)

- ロシア介入の意図：ギリシア独立を支援し，独立後のギリシアを手先に。
- 露英仏3国の支援：ナヴァリノ海戦(1827)…3国共同支援の形をつくる。

第1次エジプト=トルコ戦争(1831〜1833)

- 目的：トルコからの独立と領土拡大。
- 結果(a)：トルコの敗北…シリアをエジプトが獲得。
    ：トルコの近代化(1839〜)タンジマート(恩恵改革)開始。
- 結果(b)：ロシア・トルコ間に，ウンキャル=スケレッシ条約が締結される。
  - 内容：2海峡におけるロシア軍艦の自由航行承認➡ロシアの南下に有利。

第2次エジプト=トルコ戦争(1839〜1841)

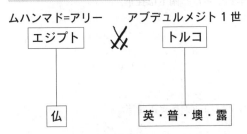

- 経過：トルコがエジプトを攻撃。
- ロンドン会議(1840)
    ：ロンドン条約。
  - トルコ支援のため，四国同盟結成。
  - イギリス外相パーマストンの策動。

- 結果(a)：ロンドン条約(1840)…ウンキャル=スケレッシ条約の破棄。
  - 内容：すべての外国軍艦の2海峡航行禁止➡ロシアの南下挫折。

71

●結果(b)：ムハンマド＝アリーの「アラブ帝国」建設の野望粉砕。

➡シリアを放棄させ，領土を**エジプト**と**スーダン**に限定。

③ 東方問題(2)――クリミア戦争　　📖 本編解説 p.189〜194

聖地（イェルサレム）管理権問題――戦争の背景

◎聖地管理権：パレスチナの聖地イェルサレムの管理権。

フランス：スレイマン１世が，フランスに認める（16世紀）。

ロシア：エカチェリーナ２世が，トルコ領内のギリシア正教徒の保護権獲得。
　　　　ロシアが聖地管理権を獲得（1808）。

フランス：ナポレオン３世が聖地管理権を要求➡トルコは承認。

●結果：管理権は，**ロシア**およびロシアに保護された**ギリシア正教徒**から，
　　　　フランスおよびフランスに保護された**カトリック教徒**の手に移る。

戦争と講和

開戦（1853）：ロシアが，トルコ領内のギリシア正教徒の保護を口実に，**モルダヴィア・**
　　　　　　　　ワラキア（現ルーマニアの一部）に侵攻⬅オスマン帝国の宣戦布告。

拡大：英仏の参戦（1854），サルデーニャ王国の参戦（1855）。

激戦地：クリミア半島の，セヴァストーポリ要塞攻防戦。

パリ講和会議（1856）

●**オーストリア**の仲介

●パリ条約

●外国軍艦の２海峡航行禁止（1840年の**ロンドン条約**の確認）。

●ロシアは，黒海沿岸における**軍艦航行権**や**軍事施設設置権**を失う。

●結果：ロシアの黒海・バルカン半島における**南下**は挫折。

国際的影響

英仏の友好関係の保持

ロシア・オーストリアの対立激化

●クリミア戦争の際に，オーストリアはロシアを支援せず。
　講和の仲介はおこなう。

●オーストリアもバルカン半島への南下を画策。

●墺露対立の派生的影響：**ドイツ・イタリアの統一**に有利な状況をつくる。

ウィーン体制の最終的な崩壊をもたらす

◎ウィーン体制下の国際関係：露・墺・普(・英・仏)が協調して，欧州の現状維持(勢力均衡_{きんこう})や，自由主義・ナショナリズムの運動を抑圧_{よくあつ}めざす。

- クリミア戦争：ナポレオン戦争以来の，大国どうしの直接対決。
  - 意義：ウィーン体制の維持をはかろうとしていた列強の協調体制が崩壊。

国際赤十字社の設立

- 前史：ナイティンゲール(英)の救護活動➡デュナン(スイス)に影響。
- 国際赤十字社(1864)：16 カ国が参集し，赤十字条約(ジュネーヴ条約)締結。

 4 ロシアの近代化と挫折　　📖 本編解説 p.195 ～ 197

近代化の開始

「大改革」の開始

- 契機：**クリミア戦争**の敗北。
- 主導者：皇帝アレクサンドル 2 世主導。

農奴解放令(1861)：農民は**移動の自由**などが認められ身分上解放されたが，農地分与は有償➡自作農は形成されず。

　　　　：自由となった農民は労働力の供給源となり，**工業化の契機**をつくる。

ゼムストヴォ(**地方自治体**)：地方の医療，教育，道路整備などに貢献。

限界：立憲体制は成立せず。

ポーランドの反乱(1863)

- 背景：農奴解放によって労働力を失う可能性があるポーランド**貴族**が反抗。
- 結果：アレクサンドル 2 世は改革の停止➡専制体制(ツァーリズム)の強化。

ナロードニキ運動

指導層：都市の**インテリゲンツィア**(知識人層)

- 先駆者：ゲルツェン，チェルヌィシェフスキーらが革命が必要性を説く。

運動の概要：農民共同体(ミール)を基礎とした平等社会の建設めざす。

　　　　　　　農民に対する啓蒙活動　「**人民の中へ**(ヴ・ナロード)」。

挫折：農民は決起せず…➡少数の革命家のみで革命を実行するという発想に。

　　　：ニヒリズム(虚無主義)…いっさいの権威・秩序(国家・皇帝など)の否定。

　　　　テロリズム(暴力主義)…暴力による社会変革。

　　　　　　　　　　➡皇帝アレクサンドル 2 世の暗殺(1881)。

結果：皇帝専制体制のさらなる強化をまねく。

文学作品：『父と子』トゥルゲーネフ，『悪霊』ドストエフスキー。

⑤ 露土戦争とベルリン会議　　　📖 本編解説 p.198〜203

露土戦争（1877〜1878）

◎パン=スラヴ主義の高揚：ロシアを中心として，スラヴ人の結束図る。

- トルコ領内のキリスト教徒の反乱。
  - ボスニア・ヘルツェゴヴィナの反乱（1875），ブルガリアの反乱（1876）。
    - トルコがキリスト教徒を大虐殺➡欧州に反トルコの気運高まる。
- 露土戦争の勃発

サン=ステファノ条約（1878）

- セルビア，モンテネグロ，ルーマニアの独立を，トルコが承認。
- ブルガリアは，トルコ領内の自治領となる。
- 影響：ロシアの南下に有利。
  - ➡ブルガリア領をとおり，ロシアはエーゲ海・地中海への南下可能。
  - ➡イギリス・オーストリアの反発➡ヨーロッパに戦争の危機。

ベルリン会議（1878）

- **ビスマルク**主催：「**誠実な仲介人**」として登場。
- ビスマルク外交の基調
  - (a)ヨーロッパの平和➡国内の充実に専念するため。
  - (b)フランスの孤立化➡フランスによる普仏戦争の復讐を恐怖，
    - とくに露仏接近を警戒。

ベルリン条約（1878）

- 墺：ボスニア・ヘルツェゴヴィナ地方の行政権（統治権）を獲得。
  - …➡両地の併合（1908）。
- 英：キプロスの行政権を確保➡**スエズ運河**の安全確保。
- 露：サン=ステファノ条約は破棄されるも，3国の独立は従前のまま。
  - しかしブルガリアの領土縮小➡ロシアの南下，再々度阻止される。

第56回

19世紀のアメリカ

① 独立後のアメリカ

本編解説 p.204 ～ 205

◎ジェファソンの時代（任 1801 ～ 1809，1800 年に大統領に選出）

- 前史：**憲法制定（1787）**➡**連邦派**（財務長官ハミルトン中心）と，

  反連邦派（国務長官ジェファソン中心）の対立。

- 領土拡大：**ミシシッピ川以西のルイジアナ**を，フランスから獲得。

  - 結果：西部開拓を促進➡**先住民**（**ネイティヴ=アメリカン**）との衝突も激化し
    始める。

- 中立政策：イギリス，ナポレオン支配下のヨーロッパ大陸と交易。

  - 貿易拠点：**ニューオーリンズ**

② 米英戦争とその後の時代

本編解説 p.205 ～ 208

米英戦争（1812 ～ 1814，大統領マディソン，講和条約…ガン条約）

- 背景：ナポレオンの**大陸封鎖**に対し，英も大陸を逆封鎖。

  ➡米と大陸の貿易を妨害。

- 影響(a)：戦争により**イギリスからの工業製品の輸入**が途絶え，アメリカでは綿
  工業を中心に**工業化が本格化**した（「**第2次独立戦争**」）。

- 影響(b)：アメリカの国民意識（**ナショナリズム**）の形成を促進。

  ➡内部対立の少ない時代を現出（「**好感情の時代**」）。

- インディアンとの戦い：ショーニー族…五大湖，族長**テカムセ**。

ジャクソニアン=デモクラシーの時代（任 1829 ～ 1837）

- ジャクソン大統領（第7代）：**西部**（**辺境**）出身の初の大統領。

- 民主主義の発展：白人男性の**普通選挙制**の拡大。

- 支持層：**西部農民**，東部の小市民などの支持⬌東部の資本家層。

  - ジャクソン支持派➡**民主共和党**…➡民主党を形成…南部が基盤。

  - 反対派➡**国民共和党**…➡ホイッグ党（**1830** 年代）…➡**共和党**（**1854**）

- 猟官制（スポイルズ=システム）：大統領支持者に官職を付与。

  ：しかし東部エリートの世襲的な官職保持は打破。

アメリカ先住民（ネイティヴ=アメリカン）に対する抑圧強化。
- **●インディアン強制移住法（1830）**
    - ：先住民を，**ミシシッピ川以西**の「**居留地（保留地）**」に追放。
- **●セミノール族**：フロリダ　黒人と結束して戦うが敗北（1835 ～ 1842）。
- **●チェロキー族**：アパラチアから，オクラホマに強制移住（「**涙の旅路**」）。
- **●先住民の激減**：騎兵隊による虐殺，移動にともなう餓死。

③　フロンティアの拡大

本編解説 p.208 ～ 211

ミシシッピ以東のルイジアナ（1783）：パリ条約でイギリスから獲得。

ミシシッピ以西のルイジアナ（1803）
- **●争奪史**：もともとはフランス領。
    - **➡フレンチ=インディアン戦争のパリ条約**を経て**スペイン領**に（1763 ～）。
    - **➡** 1800 年の**サン=イルデフォンソ条約**を経て**フランス領**に（1800 ～ 1803）。

フロリダ（1819）：スペインより買収　大統領モンロー。
- **●争奪史**：もともとはスペイン領。
    - **➡フレンチ=インディアン戦争のパリ条約**を経て**イギリス領**に（1763 ～）。
    - **➡アメリカ独立戦争のヴェルサイユ条約**を経て**スペイン領**に（1783）。

テキサス（1845）：もとはメキシコ領。
- **➡**米系移民の**メキシコに対する反乱（1836）➡テキサス共和国**。
- **➡**アメリカが併合。

オレゴン（1846）：米英戦争後，イギリスと共同支配。
　　　　　　　　　その北緯 49 度以南を領有。

カリフォルニア（1848）：現在のユタ・アリゾナなどをも含む地域。
- **●アメリカ=メキシコ戦争（米墨戦争，1846 ～ 1848）**
    - ：**グァダルーペ=イダルゴ条約**でメキシコから割譲される。
- **●ゴールドラッシュ（1848 ～）**：金鉱発見にともなう西部への急激な人口移動。
    - **●結果**：西部における**新州**の誕生を促進。
        - ＊カリフォルニア人…**"49ers"** という呼称。
- ◎**"Manifest Destiny"**（マニフェスト=デスティニー，「**明白な天命**」）
    - ：領土の拡大を宗教的に正当化する言葉。
- ◎**北西部条令の制定（1787）**：新州成立の規定。

●規定：自由民の成年男子 5 千人で準州の資格。

男女の総人口 6 万人で，「正式州」昇格の資格を獲得。

ガズデン(1853)：メキシコより買収。

アラスカ(1867)：ロシアより買収。

大陸横断鉄道の開通(1862 ～ 1869 完成)

：**スエズ運河**の完成と同年　＊シカゴ―サンフランシスコ間

●建設労働力：中国人とアイルランド人の移民(「**お茶とウィスキー**」)。

(a)**中国人**：アヘン戦争・アロー戦争後の混乱。

➡**クーリー**(苦力)と呼ばれる下層労働者に。

(b)**アイルランド人**：ジャガイモ飢饉と，**穀物法廃止**にともない安価な穀物の流入による**アイルランド農業の不振**。

④ 南北戦争(1861 ～ 1865)

 本編解説 p.211 ～ 217

南北の相違

産業構造：北部…**商工業**(とくに綿工業)

南部…**農業**　とくに綿花のプランテーション。

貿易政策：北部…**保護貿易**…イギリスからの工業生産物に高関税。

南部…**自由貿易**

奴隷制　：北部…反対　南部…賛成

政治意識：北部…**連邦主義**(**集権主義**)

南部…**州権主義**

奴隷制をめぐる対立

◎北部の反対理由：人道的な立場からの反対に加え，**奴隷制プランテーション**の西部への拡大が，**西部の自営農民**の生活を圧迫し，**北部産業の市場を縮小**する恐れ。

ミズーリ協定(1820)：**ミズーリ州は奴隷州**とし，以後の新州については**北緯 36 度 30 分以北**は自由州，以南は奴隷州とする。

カリフォルニアの州昇格(1850)：自由州として州に昇格←南部の反発。

●対応：**逃亡奴隷取締法**を制定(「**1850 年の妥協**」)。

カンザス=ネブラスカ法(1854)

●内容：ミズーリ協定を破棄し，**住民投票によって自由州・奴隷州を選択**。

- 影響：新州成立のたびごとに，自由州・奴隷州の対立が激化。

  「流血のカンザス」…カンザスが新州に昇格する際の流血衝突。

共和党の成立(1854)：ホイッグ党や，ほかの奴隷制反対勢力が結集。

- 支持基盤：主として東部の産業資本家，西部の自営農民。

奴隷解放の運動・世論の高揚

- **フリーソイル運動**：新州を自由州にする運動にも参加　自由土地党。
- **「地下鉄道」**：奴隷を北部に逃亡させる組織　クエーカー教徒が中心。
- **『ノース=スター(北極星)』**：奴隷出身のダグラスが編集した新聞。
- **『アンクル=トムの小屋』**：女性作家ストウの作品。

南北戦争(1861 ～ 1865)

リンカン登場：大統領選出(1860)，就任(1861)。

- 主張：「奴隷制拡張」の反対論者　＊「南部奴隷制の存続はやむなし」

  強力な**連邦制**を主張し，合衆国の分裂は絶対に容認しない。

アメリカ連合国(南部連合)の結成

- 成立：南部7州(後に11州)が，合衆国(連邦)から分離。
- 主張：奴隷制や州権の維持。
- 首都：リッチモンド(ヴァージニア州都)
- 大統領：ジェファソン=デヴィス

戦争勃発(1861)

- 開戦：南軍がサムター要塞攻撃。

  南軍リー将軍 ⟷ 北軍グラント将軍

北部の施策

- **自営農地法(ホーム=ステッド法，1862)**
  - 内容：公有地を5年間開墾した者に，160エーカーの土地付与。
  - 目的：(政)**西部農民の支持**を獲得。

    (経)**西部開拓**を促し，西部を北部産業の**市場**として確保。
- **奴隷解放宣言(1863)**：南部黒人の決起を促し，国際的な支持も集める。

北部の勝利(1865)

- **ゲティスバーグの戦い(1863.7)**：戦いの後に，ゲティスバーグ演説。
- 北部**シャーマン将軍の焦土戦術**：ジョージア州**アトランタ**(『風とともに去りぬ』
  の舞台)，サウスカロライナ州コロンビアなどを焼き尽くす。
- **リンカン暗殺(1865)**：戦争終結直後に暗殺。

⑤　南北戦争後のアメリカ

📖 本編解説 p.218〜221

南部の変化

軍政を施行：南部諸州を5つの軍管区に分割し，連邦軍（≒北軍）の軍政下。

奴隷制大農園（プランテーション）の変質

- 変化：プランターの多くは地主に，黒人の多くはシェアクロッパーに。

　　　　ほかに南部の**白人貧困層**（「プアホワイト」）もシェアクロッパーに。

黒人差別の存続

◎**憲法修正第13条**（1865）：奴隷解放宣言が憲法に明文化される。

- **KKK（クー＝クラックス＝クラン）**

　　：狂信的な白人の黒人弾圧組織　テネシー州ナッシュヴィルで結成。

- **ブラック＝コード（黒人取締法）**：黒人の権利行使を妨害するために制定された

　　南部諸州の**州法**。

- **ジム＝クロウ制度（法）**：黒人を教育や公共施設，それに交通機関などで分離（差

　　　　　　　　　　　　　別）するための諸制度。

- **「堅固な南部」**（The Solid South）

　　：南部の体制・伝統を維持しようとする人々の言葉。

- **公民権運動**（1950年代〜）：差別を撤廃し有色人種の権利を保護する運動。

　- **公民権法**（1964）：黒人選挙権の保障，公共機関・施設での人種差別を禁じ

　　　　　　　　　　　　る法律。

　- **キング牧師**：非暴力主義に立つ指導者　暗殺（1968）。

アメリカ経済の発展

北部産業資本の発展

- 背景：南部の**原料供給地化・市場化**。

　　　　西部開拓の進展にともなう**西部の市場化**。

　- 促進要因：**大陸横断鉄道**の開通。

- 北部資本の南部流入。

- **『金ピカ時代（めっき時代）』**：文学者**マーク＝トウェイン**の小説に由来。

　　　　　　　　　　　　　　戦後のアメリカの拝金主義を揶揄。

移民の増大

- 移民労働者の増大：ドイツ系移民◀ドイツ三月革命の挫折。

　　　　　　　　　　イギリス・アイルランド，北欧など。

- **新移民**：南欧・東欧・ロシア（・アジア）からの移民の増加。
- 中国系移民：下層労働者（**苦力，クーリー**）
  - 中国人移民禁止法（排華移民法）（1882）
- 日本人移民
  - ウェッブ排日法案（1913）
    - ：カリフォルニアにおける日本人の土地所有を禁止。
  - **移民法**（1924）：日本人を含むアジア系移民の全面禁止。
    - ：東欧・南欧系，ユダヤ教徒の移民に制限を設ける。

西部開拓の進展（1860年代〜）

- **牧畜業**の発展：西部に「牧畜王国」　カウボーイの活躍。
  - ➡都市部へ食肉供給。
- **ネヴァダ，コロラド**の金鉱採掘。
- 小麦生産の発展：**ミシシッピ川以西**に農民が移住。
  - 促進要因：ホーム=ステッド法の制定と，大陸横断鉄道の開通。
  - 派生的影響：ネイティヴ=アメリカンへの抑圧強まる。
    - **アパッチ族**：首長ジェロニモに率いられ，最後の組織的抵抗を展開。
    - **ドーズ法**（1887）：先住民の**部族の解体**と，**独自の文化を解体**して，**白人社会に同化**させる法律。

19 世紀欧米の文化(1)

(1) ロマン主義——19 世紀前半の文化の基調　 本編解説 p.222 ~ 223

◎ロマン主義

- ●啓蒙思想への反発：**理性万能**への反発。
- ●ロマン主義の基調：理性より感情，現在より**過去**，
  普遍的な人類よりも**民族の個性**を重視。

◎歴史学の隆盛

(2) 19 世紀の諸思想　 本編解説 p.223 ~ 226

功利主義：幸福を価値の基準とする。

　　　　イギリス自由主義改革の論拠の 1 つ。

- ●ベンサム：『道徳と立法の原理序論』　「最大多数の最大幸福」
- ●(J.S.)ミル：『自由論』『女性の解放』

実証主義

- ●概要：確実な事実にもとづいた実証的な知識に，価値判断の基準を置く。
- ●コント(仏)：「社会学の祖」　『実証社会学講義』

歴史主義

- ●概要：啓蒙主義の理性万能を批判し，民族固有の価値を重視。
  ドイツを中心に発展。
- ●歴史学派経済学：イギリス古典派経済学を批判。
  - ●リスト：ドイツ関税同盟の成立に論拠を付与。
- ●**歴史法学**：民族独自の法体系を重視。
  - ●サヴィニー：自然法思想などの法思想を批判。

近代歴史学

- ●ランケ(独)：近代歴史学の基礎つくる　厳密な**史料批判**(**実証主義史学**)。
  『世界史概観』
  - ●「それは**本来いかにあったか**」：事実の再現こそ歴史学の使命。

- ドロイゼン(独):「ヘレニズム時代」の概念を提起。
  - フランクフルト国民議会議員，小ドイツ主義の立場。
- ブルクハルト(スイス):『イタリア=ルネサンスの文化』

 ③ 19世紀の文学　　　📖 本編解説 p.226～234

古典主義からロマン主義へ

- 思潮:「**疾風怒濤(シュトゥルム・ウント・ドランク)**」
  - ➡理性万能への疑問。
- ゲーテ(独):ヴァイマル公国の宰相。
  - 『**ファウスト**』『若きウェルテルの悩み』
- シラー(独):歴史を題材にとったもの多し　『オルレアンの少女』
  - 『ヴァレンシュタイン』『ヴィルヘルム=テル』『群盗』

ロマン主義の文学

◎基調:**感情**，**個性**の重視。

ドイツ

- ノヴァーリス:『青い花』
- グリム兄弟:『童話集』　言語学者　ドイツ統一問題に絡んで大学を失職。
- ハイネ:"革命詩人"　マルクスとも親交　『歌の本』

フランス

- シャトーブリアン:ブルボン復古王政下で外相。
- スタール夫人:ルイ16世の財務総監だった**ネッケル**の娘。
- **ラマルティーヌ**:二月革命後の臨時政府首班　『瞑想詩集』
- ユーゴー:『**レ=ミゼラブル**』…王政復古から七月革命の時代を描く。
- デュマ:『モンテ=クリスト伯』。

イギリス

- バイロン:『若きハロルドの遍歴』『ドン=ジュアン』
  - **ギリシア独立戦争**に参加。
- スコット:『アイヴァンホー』…ジョン王の時代が背景。
- ワーズワース:詩人

ロシア，その他

- プーシキン(露):『大尉の娘』…**プガチョフの乱**が時代背景。

- アンデルセン(デンマーク)：『即興詩人』『童話集』
- ホイットマン(米)：『草の葉』「民主主義詩人」
- メルビル(米)：『白鯨』　※ロマン主義かどうかは(？)
- ホーソン(米)：『緋文字』…アメリカのピューリタン文学。

写実主義

◎基調：科学の発達を背景に，**人間・社会**を，**客観的にありのままにとらえる。**

フランス

- スタンダール：『**赤と黒**』…王政復古期，青年ジュリアン=ソレルの挫折。
- フロベール：『ボヴァリー夫人』
- バルザック：『人間喜劇』の連作　『従妹ベット』『ゴリオ爺さん』

イギリス

- ブロンテ：『嵐が丘』
- ディケンズ：『二都物語』…フランス革命時代のイギリスとフランス。
　　　　　　　　　『デイヴィッド=コパフィールド』『オリヴァー=トゥイスト』

ロシア，その他

- ゴーゴリ：戯曲に才をなす　『外套』『検察官』　小説『死せる魂』
- トゥルゲーネフ：『父と子』…主人公バザーロフはニヒリスト。
- ドストエフスキー：『罪と罰』『白痴』『悪霊』『未成年』の大作群。
　　　　　　　　　　そして『カラマーゾフの兄弟』。
- トルストイ：『**戦争と平和**』…ナポレオン戦争時のロシアを描く大河小説。
　　　　　　　『**アンナ=カレーニナ**』
- チェーホフ：『桜の園』『かもめ』などの戯曲作品。

自然主義

◎基調：人間・社会の本質をえぐる。

- ゾラ(仏)：『居酒屋』『ナナ』『実験小説論』
　　　　　　ドレフュス事件で，フランス軍部や政府を批判。
- モーパッサン(仏)：『女の一生』
- イプセン(**ノルウェー**)：『**人形の家**』…自立する女性ノラ。
　　　　　　　　　　　　➡**女性解放運動**に影響。
- ストリンドベリ(**スウェーデン**)：『令嬢ジュリー』

耽美主義
<small>たん び</small>

◎耽美主義：善悪の価値判断を越えた「美」を最高の観念とする。
- ●ボードレール（仏）：詩集『悪の華』
- ●オスカー＝ワイルド（英）：『サロメ』『ドリアン＝グレイの肖像』

◎象徴主義：人間の内面を，暗示的な表現で描く。
- ●ヴェルレーヌ（仏）：『艶なる宴』
- ●ランボー（仏）：詩集『地獄の季節』

（新潮文庫）

（岩波文庫）

この作品は怖い。放蕩を続ける美青年ドリアン＝グレイ。その部屋に掲げられている彼の肖像画は，彼の汚濁の所業を反映してだんだんと醜悪な形相に変化していく。そして……。

怖い作品です

19 世紀欧米の文化(2)

 19 世紀のヨーロッパ美術史　　本編解説 p.235～241

古典主義

◎基調：均整のとれた理性的な画面構成◀啓蒙思想の影響。

- ●ダヴィド：ナポレオンの宮廷画家。
  「球戯場の誓い」「ナポレオンの戴冠式」
- ●アングル：「オダリスク」「ルイ 13 世の誓い」
  - ＊ゴヤ（スペイン）：ナポレオン軍の暴虐を描いた「五月三日の処刑」。

ロマン主義

◎基調：感情や個性の自由な表現。

- ●ジェリコー：ロマン主義の先駆者　「メディウス号の筏」
- ●ドラクロワ
  - ●「シオの虐殺」　「ミソロンギの廃墟に立つギリシア」
    …ギリシア独立戦争を描く。
  - ●「民衆を導く自由の女神」…フランス七月革命

自然主義，写実主義

◎基調：自然や社会を，客観的にありのままに描く。

- ●バルビゾン村を中心に活動した画家たち（バルビゾン派）。
  - ●コロー：「真珠の女」「イタリア風景」
  - ●ミレー：農民の生活を題材にしたもの多し。　「落ち穂拾い」「晩鐘」
- ●クールベ：パリ＝コミューンにも参加　「石割り」「プルードンの肖像」
- ●ドーミエ：風刺画で知られる。

印象派

◎基調：刻一刻変化する光と影を表現。

- ●マネ：印象派の総帥　「草上の昼食」「笛吹く子供」
- ●モネ：「日の出・印象」「睡蓮」の連作
- ●ドガ：「踊り子」　バレエに題材をとった作品多い。
- ●ルノワール：色の魔術師　「帽子の女」「読書」

後期印象派

- ●セザンヌ：「サン＝ヴィクトワール山」の連作

- ゴーガン：南太平洋のタヒチにわたる。「かぐわしき大地」
- ゴッホ（蘭）：南仏で活動　「ひまわり」「自画像」「サン=ベルナール教会」
- ロダン：彫刻家　**「考える人」**

　　　　「カレーの市民」…**百年戦争**に苦しむ市民を描く。

音楽史

📖 本編解説 p.241～245

バロック音楽

- **ヴィヴァルディ**（伊）：イタリア=バロックを代表する作曲家　「四季」
- **ヘンデル**（独）：**"音楽の母"**　イギリス=ハノーヴァー朝に仕える。

　　　　　　　　「水上の音楽」「メサイヤ」
- **バッハ**（独）：**"音楽の父"**　「ブランデンブルク協奏曲」

　　＊ヘンデルとバッハを，「前古典派」とする見方もある。

古典主義（古典派，古典楽派）の音楽

◎概要：近代音楽様式の完成。

- **ハイドン**（独）：**"交響楽の父"**
- **モーツァルト**（独）：**"神童"**　600余りの交響曲・協奏曲・オペラ作品。
- **ベートーヴェン**（独）：**"楽聖"**　9つの交響曲　「英雄」「運命」

ロマン主義（ロマン派）

- **ショパン**（ポーランド）：**"ピアノの詩人"**　「革命」「別れの曲」
- **シューベルト**（墺）：**"歌の王"**　「魔王」　交響曲「未完成」
- **リスト**（ハンガリー出身）：ドイツ人　ピアノの名曲で知られる。
- **ヴァーグナー（ワグナー）**（独）：**"楽劇の王"**　「ニーベルンゲンの指環」
- **ロッシーニ**（伊）：オペラで知られる　「セビリアの理髪師」

　　　　　　「ウィリアム=テル」…**スイス独立運動**の英雄。
- **ヴェルディ**（伊）：オペラ「アイーダ」…スエズ運河完成記念。
- **メンデルスゾーン**（独）：交響曲「イタリア」　劇付音楽「真夏の夜の夢」
- **ベルリオーズ**（仏）：交響曲「幻想交響曲」
- **ブラームス**（独）：交響曲「第1番」

国民楽派

◎概要：**民族の伝統**に根ざした音楽。

- **ムソルグスキー**（露）：組曲「展覧会の絵」
- **チャイコフスキー**（露）：バレエ音楽「くるみ割り人形」「白鳥の湖」

　　　　　　交響曲「悲愴(ひそう)」

- ドヴォルザーク（チェコ）：交響曲「新世界より」
- スメタナ（チェコ）：交響詩「我が祖国」…「モルダウ」はとくに有名。
- グリーグ（ノルウェー）：劇付音楽「ペール＝ギュント」
- シベリウス（フィンランド）：交響詩「フィンランディア」

③ 19世紀の物理・化学

 本編解説 p.245〜248

電磁気学

- ファラデー（英）：電磁誘導・電気分解の法則。
- ジーメンス（独）：**発電機を発明し，電車（電気機関車）・モーターを実用化。**
- エディソン（米）：**白熱電球**（電灯），**蓄音機，映画**を発明。

熱力学

- マイヤー，ヘルムホルツ（独）：**エネルギー保存の法則**
- 影響：**内燃機関（エンジン）の研究・開発を促進。**
- ディーゼル（独）：軽油・重油を使ったエンジンの開発。
- ダイムラー（独）：ガソリン＝エンジンの発明。
  - ➡ダイムラー＝ベンツ自動車会社を創業。

放射線，化学など

- レントゲン（独）：**X線**の発見➡初のノーベル賞受賞者。
- キュリー夫妻（仏）：**ラジウム**の発見➡**放射性物質**研究の基礎をつくる。
- ノーベル（スウェーデン）：**ダイナマイト**の発明。
- リービヒ（独）：有機化学の基礎を確立。
  - ➡**化学肥料の開発**➡農業生産の著しい発展。

④ 19世紀の生物学・医学，通信

本編解説 p.248〜250

進化論・遺伝学

- ダーウィン（英）：**適者生存**（自然淘汰）の理論に立脚。
  - 『**種の起源**』(1859)：『聖書』の天地創造などを否定。
- スペンサー（**英**）
  - 社会進化論：人間の社会・文明も「野蛮から文明へ」と発展する。
- 社会ダーウィニズム
  - 概要：進化論を，民族や国家の優越性の説明に利用。

- ●派生：**排外主義**（ショーヴィニズム），**人種主義**（レイシズム），
  自民族中心主義（エスノセントリズム）につながる。
- ●メンデル（墺）：**遺伝の法則**

医学

- ●パストゥール（仏）：狂犬病の予防接種　伝染病・細菌学の研究。
  - ●「**予防医学**」の基礎を確立。
- ●コッホ（独）：コレラ菌・結核菌の発見　ツベルクリンの開発。
    北里柴三郎も師事。

通信革命

- ●電信：モールス（米）
- ●**無線電信の発明**：マルコーニ（伊）…大西洋無線電信（1901）
- ●**電話**：ベル（米）

第59回

西アジア地域の変容

① イランとアフガニスタンの情勢

📖 本編解説 p.251 ~ 255

イラン(ペルシア)の半植民地化——ロシア・イギリスの侵略

- ●ガージャール(カージャール)朝(1796 ~ 1925)：**トルコ系**ガージャール族
  - ●建国者：**アーガー=ムハンマド**　首都：**テヘラン**
- ●**ロシア=イラン戦争**(1826 ~ 1828)
  - ●トルコマンチャーイ条約(1828)：**アルメニア**の大半を割 譲
- ●**イギリス=イラン通商条約**(1841)
  - ●結果：イランはイギリスの**市場**となり，経済的な従属下に。
- ●**バーブ教徒の反乱**(1848)
  - ●指導者：シーア派の改革派サイイド=アリー=ムハンマド
  - ●概要：農民反乱
    - ●専制体制の腐敗への反発，露・英による従属化に反対する。
    - ●既成の宗教儀礼撤廃，**男女同権**などを主張…➡**バハーイ教**が継承。
- ●**イギリス=イラン戦争**(1856)
  - ●背景：アフガニスタンをめぐる，イギリスとイランの対立。
  - ●英の意図：**クリミア戦争**の敗北で**バルカン半島**の南下を阻止された**ロシア**が，**中央アジア**に南下することを恐れ，それに対抗する防波堤をアフガニスタンに構築しようとした。
  - ●結果：英がペルシア湾岸占領。
    　　　　イランは**治外法権**も承認させられ，アフガニスタン領有を断念。

アフガニスタンの情勢

- ●**ドゥッラーニー朝**(18世紀半ば~)
- ●**第1次アフガン戦争**(1838 ~ 1842)：イギリスが完敗。
- ●**第2次アフガン戦争**(1878 ~ 1880)
  　：英は撃退されるも，外交によって**保護国化**(1880)。
- ●**第3次アフガン戦争**(1919)
  　：ラワルピンディー条約で，イギリスから独立。

イランの反帝運動

- ●**タバコ=ボイコット運動**(1891)

- 反発：タバコ専売権を，王朝がイギリス人に付与。
- 勝利：宗教指導層（**ウラマー**）・商人が主導し専制批判も高まる。

② オスマン帝国とエジプトの情勢　📖 本編解説 p.255 ～ 259

アラブ人の民族意識の高まり

ワッハーブ派（18C 半ば～）：イブン＝アブドゥル＝ワッハーブ
- 概要：**イスラーム復古主義**を掲げ，イスラーム**神秘主義**（**スーフィズム**）と聖者
崇拝などをトルコ人やイラン人がもたらしたものと批判。
　　「**ムハンマドの時代に帰れ**」
- ワッハーブ王国建設：アラビアの豪族サウード家と結んで王国建国。
- 結果：エジプトのムハンマド＝アリーに滅ぼされる（1818）。

アラブ民族文化の復興運動（**19C 初め**）
- 担い手：**シリアのアラブ人キリスト教徒知識人**が中心。
- 概要：**言語**（アラビア語）を通じて，**アラブ人の民族意識**を高める。

エジプトの情勢

ムハンマド＝アリーの動向：エジプトで自立（1805）。
- 中央集権体制：マムルークを虐殺　近代化←フランスの援助。
- ロンドン会議（1840）：領土をエジプトとスーダンに限定される。
- 半植民地化：領事裁判権・**治外法権**を認めつつ，**国内市場をヨーロッパに開放**。
　　　　　　エジプト産綿花はイギリスの工業の原材料に。
- 英仏の干渉：エジプトが，英仏の外債に頼る財政を展開。

スエズ運河の完成
- スエズ運河の完成（1869）
- イギリスが**スエズ運河の株買収**（1875）：保守党ディズレーリ首相

ウラービー運動（オラービー運動，1881 ～ 1882）
- 目的：英仏の支配を排除，**立憲制の樹立**←ムハンマド＝アブドゥフの影響。
- 鎮圧：イギリスが鎮圧し，その後単独占領➡事実上**保護国化**。

パン＝イスラーム主義

- 内容：ムスリムの結束と，**反帝国主義・反植民地主義**が主たる内容。
- アフガーニー：上記に加え，立憲制の樹立も唱える　イラン生まれ。

- ●影響：ウラービー運動，タバコ=ボイコット運動などにも影響。
- ●活動：弟子ムハンマド=アブドゥフとパリで雑誌『固き絆』を刊行。

③ オスマン帝国の近代化と挫折

📖 本編解説 p.259 ～ 263

近代化の序曲

- ●セリム 3 世(19 世紀初頭)：西欧式の新式軍(ニザーム=ジェディッド)創建。
- ●マフムト 2 世：特権階級化していたイェニチェリを解散。
- ◎トルコ=イギリス通商条約(1838)
  - ●概要：領事裁判権の承認，関税自主権の喪失　エジプトにも適用される。
  - ●意義：イギリスが世界を経済的に支配するために，世界各国と結んだ条約の典型となる。

タンジマート(恩恵改革，再編成，1839 ～ 1876)

改革の概要

- ●スルタン：アブデュルメジト 1 世(位 1823 ～ 1861)
- ●開始の勅令(ちょくれい)：宰相ムスタファ=レシト=パシャによる「ギュルハネ勅令」。
- ●概要：西欧をモデルとした，司法・行政・軍事・財政などの近代化。
- ●法の下の平等：ムスリムとキリスト教徒などの平等を提唱。
  - ●動機：「キリスト教徒保護」の口実のもとに行われる，ヨーロッパ(とくにロシア)の干渉を回避するため。

影響

- ●英仏の経済進出：改革や戦争の費用を，英仏の外債に頼る。
- ●ギリシア人，アルメニア人商人の台頭。
- ●政治的影響：西欧の立憲体制の影響を受け，スルタン専制に対する批判が高まり，立憲体制樹立の要求も高まる。

立憲体制をめざす動き

ミドハト憲法の制定(1876)

- ●概要：立憲君主政　責任内閣制・二院制議会の設置。
        帝国内の諸民族の平等(オスマン主義)を提唱。
- ●スルタン・アブデュルハミト 2 世の反動。

- 露土戦争の勃発を口実に，憲法を停止（1877）。
- アフガーニー招聘：パン=イスラーム主義を援用して，帝国の分解阻止を図る。

スルタンへの反発

- 統一と進歩団（統一と進歩委員会）の結成（1889）➡立憲運動を展開。
- パリに拠点移動：青年トルコ人（青年トルコ）と呼ばれるようになる。
- 青年トルコ革命（1908）

南アジアの植民地化

① インドをめぐる英仏の抗争

📖 本編解説 p.264～266

イギリスの動向

- ●進出の主体：**東インド会社**の成立（1600）。
- ●**アンボイナ事件**（**1623**）
  - ●結果：**オランダ**に敗北し，イギリスは香料（**モルッカ，マルク**）諸島より撤退
    ➡**インド本土**へ方向転換。
  - ●インドの３大拠点：**マドラス**（チェンナイ，1639）…インド東海岸
    ボンベイ（ムンバイ，1661）
    カルカッタ（コルカタ，1690）…ベンガル地方

フランスの動向

- ●**東インド会社**の設立（1604）…**コルベール**が再建（1664）。
- ●２大拠点：**ポンディシェリ**（1674）…知事**デュプレクス**
  シャンデルナゴル（1673，ベンガル地方）

英仏の抗争

- ●**カーナティック戦争**（1744/46～1761/63，3次）：インド東南部の抗争。
- ●**プラッシーの戦い**（**1757**）
  ：東インド会社書記**クライヴ**の活躍で，仏とベンガル太守軍を破る。
- ●**パリ条約**（**1763**）：フランスは，ポンディシェリ・シャンデルナゴル以外の地
  から撤退させられる➡**インドシナ半島**へ方向転換。

イギリスの勝利

- ●**ブクサールの戦い**（1764）
  ：イギリスがベンガル太守軍・ムガル皇帝軍を撃破。
- ●結果：ベンガル・ビハール・オリッサの**地租徴収権**（ディーワーニー）を獲得。
- ●東インド会社の機能変化：会社が**インド統治機関**としても活動開始。

93

② 南アジア各地に対する侵略

 本編解説 p.266 ～ 271

南アジア制圧の経過

マイソール戦争(1767 ～ 1799，4 次)：西南インドの制圧。

マラーター戦争(1775 ～ 1818，3 次)

 ：**デカン高原**西部のヒンドゥー勢力(**マラーター同盟**)を打倒。

ネパール(1814 ～ 1816)：ヒマラヤ山麓(さんろく)のネパール制圧。

      グルカ族はイギリスの傭兵(ようへい)に。

セイロン島(スリランカ)：ウィーン会議(**ウィーン議定書**)で領有(1815)。

 ● 茶のプランテーション(1880 年代～)，**ゴム**=プランテーション(20C)。

   ：南インドから**タミル人**を労働者として移住させる。

ビルマ(ミャンマー)戦争(1824 ～ 1826，1852，1885 ～ 1886，3 次)

 ● **第 1 次戦争**：**アッサム地方**，アラカン(バッセイン)地方の併合。

  ● 契機：ミャンマーの**コンバウン朝**が，アッサム地方(タイ語系民族居住)に進
    出。

  ● アッサム地方：茶の**プランテーション**経営(19 世紀後半～)。

 ● **第 3 次戦争**：コンバウン朝(**アラウンパヤー朝**)を滅(ほろ)ぼす(1885)。

     イギリス領インド帝国の一州として併合。

 ● 米のプランテーション：イラワディ(エーヤワディー)川デルタでさかんに。

シク戦争(1845 ～)：パンジャーブ地方の**シク教徒**を制圧。

オウド(アワド)王国の併合(1856)：南アジア全域の支配完成。

藩王国の存在

● イギリスの直轄(ちょっかつ)支配地域と藩王国が併存(へいぞん)。

 ● 藩王国：藩王が支配　**軍事・外交権**はイギリス(会社)が奪(うば)う。

● **藩王国とりつぶし政策**：各地の支配者(藩王)に男子の継承者がいない場合には領
     有権を認めず(**失権の原則**)，東インド会社がその領地を併合。親英的な
     藩王国は存続。

イギリスによる支配の実態

農村支配：近代的地税制度の導入

- 北部インド（ベンガル管区など）：ザミンダーリー制を施行。
  - ：ムガル朝時代の領主層・豪農・徴税請負人（＝ザミンダール）を，地主と認めて徴税の義務を負わせ，耕作農民に対する間接支配を行う。
- 南部インド（マドラス管区など）：ライヤットワーリー制
  - ：末端の耕作農民（ライヤット）を直接支配し，徴税する制度。
- 影響：農村の共同体が崩壊。

インドの市場化・原料供給地化，インドの（手織り）綿工業の運命

- 結論：英は機械織りの安価な綿製品の輸出によってインド綿業を衰退させ，インドは綿布輸出地域から輸入地域へと転落。　＊逆転は 1814 年。
- 貿易政策の変化：東インド会社の対インド貿易独占権を剥奪（1813）。
- 鉄道建設（1853 ～）：ボンベイ・ターナー間➡綿花などの効率向上のため。

インド大反乱（シパーヒーの反乱，1857 ～ 1859）

- 契機：東インド会社の傭兵（シパーヒー）の蜂起　＊火薬の包み紙のアブラ。
- 性格：当初は兵乱だったが，旧藩王・旧地主層・土地を失った農民，イギリス製品の流入によって失職した手工業者も参加し，北部インド全体の反乱に発展。
- 挙兵：メーラトで挙兵。
  - ➡ムガル朝の皇帝バハドゥール=シャー 2 世を担ぎ出す。
    "インドのジャンヌ=ダルク"ラクシュミー=バーイの活躍。
- 結果：反乱の責任をとらされ，東インド会社解散（1858）。
  - ➡英国政府の直轄支配。
    ムガル皇帝も廃位され，ムガル帝国も滅亡（1858）。

インド帝国の成立（1877）

- ヴィクトリア女王が，「インド皇帝」に（英首相ディズレーリ）。

東南アジアの植民地化

【東南アジア(南アジア)進出，その目的の変化】

(A) **16 〜 17 世紀**：香辛料などの輸入のために，**商業拠点の確保**を主目的に進出した。

(B) **18 世紀**：**本国やヨーロッパ市場**向けの**商品作物の栽培**が本格化し，商業から**土地の支配**(＝植民地支配)へと，進出の目的が転換。

● 転換の契機：オランダ東インド会社とイギリス東インド会社の競合による**胡椒**(香辛料)**価格の暴落**。

(C) **19 世紀〜**：欧米の工業原材料(食糧)供給地，商品市場として位置づけ。

● 背景：欧米で進行する**工業化**(産業革命)に対応して。

① インドシナ半島の情勢

本編解説 p.273 〜 275

ベトナム・カンボジア・ラオス

フランスによる侵略の始まり

● **阮朝の創建**(1802)：建国者…**阮福暎**(嘉隆帝)　国号「**越南**(ベトナム)**国**」

　● 仏人宣教師ピニョーの支援。

● **清に冊封される**(1804)：「越南国王」

● **第 1 次仏越戦争**(1858 〜 1862)：ナポレオン 3 世(第二帝政)の時代。

　● **サイゴン条約**：コーチシナの東部 3 省領有(西部 3 省は 1867 年に併合)。

　　　　　：**キリスト教**の布教，サイゴンなど 3 港開港，メコン川自由航行権。

● **カンボジアの保護国化**(1863)

◎世界市場への編入：**メコン=デルタ地帯**で，**米作プランテーション**が発展。

　● 促進要因：コメの国際価格の高騰。

インドシナ支配の完成

● **第 2 次仏越戦争**(1883 〜 1884)

　● フエ(ユエ，アルマン)条約：アンナン(中部)，トンキン(北部)を保護領化。

● **清仏戦争**(1884 〜 1885)：ベトナムに対する「**宗主権**」を主張する清と抗争。

　● 天津条約(1885)：清朝は，ベトナムに対する宗主権を喪失。

◎意義：アジアにおける中国を中心とする伝統的な外交秩序である冊封体制を
　　　　動揺させる。
- 劉永福が率いる黒旗軍の奮戦。
- インドシナ連邦の成立(仏印，1887)：ハノイに総督府を設置。
- ラオス奪取(1893)：タイより獲得➡インドシナ連邦に編入(1899)。

ラタナコーシン朝タイ(シャム)

◎東南アジアで唯一，**政治的な独立を維持**。
- 王朝：ラタナコーシン朝(バンコク朝，チャクリ朝)

バウリング条約(タイ=イギリス友好通商条約，1855)
- 概要：**治外法権**と**低関税**を強制される　後にフランスとも。

ラーマ5世(チュラロンコーン大王，位 1868 〜 1910)
- 近代化(チャクリ改革)：諸侯を廃し，県を設置➡中央集権体制めざす。
　　　：**鉄道**建設，**郵便**制度，**学校**教育，治外法権の撤廃も達成。
- 外交：英仏の緩衝地帯として，独立を維持。

 マレー半島，インドネシア，フィリピンへの侵略　📖 本編解説 p.276 〜 281

マレー半島，マラッカ海峡——イギリスの侵略

海峡植民地の成立(1826)
- ペナン島領有(1786)
- シンガポール(1819)：東インド会社の社員**ラッフルズ**が尽力。
  - ラッフルズ：1811 年にジャワを占領し，**ボロブドゥール遺跡**を紹介。
  - シンガポールの自由港化：外国船の自由な入港を認め，輸入貨物に関税を課さない。
- マラッカ(1824)：**英蘭協定**(1824)によって領有。
- 直轄海峡植民地(1867)：イギリス本国政府の直轄となる。

北ボルネオ(北カリマンタン)領有(1888)

マレー連合州の成立(1895)：マレー半島の4邦の保護領化。
◎英領マレー：海峡植民地とマレー連合州を併せた呼称。

経済的価値
- 錫鉱山：**華僑資本**による経営のもと，中国人労働者(苦力)を使役。
  - 発展：**缶詰産業**の発展とともに，メッキの材料として需要が高まる。

- ゴム=プランテーション：南インドから**タミル人**を移住させ，労働力に。
  - 発展：20 世紀に入り，**自動車産業の発展**とともに急成長。

インドネシア——オランダの侵略

支配の開始

- 発端（17 世紀初頭）：バタヴィア（現ジャカルタ）占領（1619）。
- 侵略：西ジャワのバンテン王国，中部ジャワのマタラム王国を圧迫（18C）。
  - ➡ 18 世紀末には，ほぼ全ジャワ島を支配。
- **英蘭協定（1824）**：オランダのインドネシア支配，イギリスのマレー半島に対する支配を相互承認。

抵抗

- **ジャワ戦争（ディポネゴロの乱，1825 ～ 1830）**：ジャワ島の大反乱。
- **アチェー戦争（1873 ～ 1904）**：スマトラ北部の抵抗。

強制栽培制度

- 開始（1830）：総督**ファン=デン=ボス**がジャワで実施。
- 内容：耕地の 5 分の 1 に，本国向け**商品作物**を**強制的に栽培**させる制度。
  - 商品作物：**コーヒー，サトウキビ，藍**(あい)（青い染料(せんりょう)の原料）
- 背景：**ジャワ戦争**や，**ベルギーの独立**にともなうオランダ本国の財政危機。
- 影響：インドネシア農村を疲弊(ひへい)させ，本国でも統治に対する批判高まる。

フィリピン——スペインの侵略

- スペイン人の来訪：**マゼラン（1521），レガスピ**の侵略（1571）
- 支配：教区を管轄(かんかつ)するスペイン人の司祭が，強制的にカトリックに改宗させたフィリピン人の上に君臨。
- 貿易：16 世紀に，**マニラがアカプルコ貿易**の中継地として繁栄(はんえい)。
  - 衰退(すいたい)：17 世紀前半に銀が減少。
    メキシコの独立でアカプルコ貿易は衰退。
- 対応：世界市場向け**商品作物**の栽培：**サトウキビ，タバコ，マニラ麻(あさ)**（ロープの材料）。
- マニラの**自由港化**(1834)

中国の情勢（アヘン戦争・太平天国・洋務運動）

 アヘン戦争(1840 ～ 1842)　　　本編解説 p.282 ～ 291

清朝の動揺

人口の激増：17 世紀以降，**サツマイモ**(甘藷)，**ジャガイモ**(馬鈴薯)，

トウモロコシ(玉蜀黍)など，**アメリカ大陸原産の作物**が普及。

- サツマイモ…江南の痩せた土地で栽培。
- ジャガイモ・トウモロコシ…華北の寒冷地で栽培。

人口の流動化：四川・陝西・湖北の三省が交わる地域や，

中国**東北地方**(満州)，台湾，

中央アジア東部の**新疆**，**広西・雲南・貴州**に移住。

- 少数民族との対立：貴州・雲南…ミャオ族(**苗族**)・**ヤオ族**

新疆…トルコ系ムスリムの**ウイグル人**。

移住者たち

- 会党に参加：天地会・哥老会…相互扶助のための組織。
- 白蓮教(仏教系の民間信仰)に入信➡**白蓮教徒の乱**(1796，嘉慶帝期)。

農村の動揺：江南などでは，在地地主が指導する税の不払い(引き下げ)闘争(**抗糧**)

や，小作農民(佃戸)の小作料不払い(引き下げ)闘争(**抗租**)が激化。

イギリスの動向

清に対する開国要求

- 英：茶の輸入拡大と，綿製品の輸出拡大を期待。
- 英の対応：東インド会社の対中国貿易独占権の撤廃(1834)。
- 阻害要因：**朝貢体制**にともなう制限。
  - 開港場は広州のみ(**1757 ～**，乾隆帝)。
  - 行商(公行)：特権商人団体が，海外貿易の独占権を行使。

英・清の交渉

- マカートニー(**1793**)：**乾隆帝**と謁見。
- アマースト(1816)：嘉慶帝

- ネーピア(1834)：道光帝
* 「三跪九叩頭」という儀礼の問題もあって交渉は決裂。

中国──イギリス貿易関係の変化

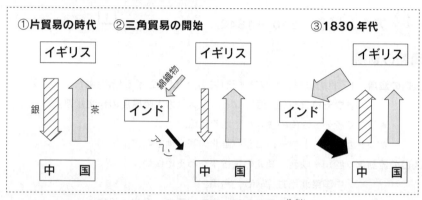

- 結果：中国へのアヘン流入➡中国人の肉体・精神を破壊。

   中国銀の流出➡銀の価格が高騰。

   ➡事実上の増税となり，農民の生活も圧迫。

アヘン戦争の勃発

戦争の契機
- 林則徐：欽差大臣(特命全権大使)として広州に➡アヘン没収・焼き捨て。

開戦：外相パーマストン ⬌ グラッドストンの反戦演説。

戦争の結果──中国の開国

❶南京条約(1842)

   ：行商(公行)の廃止，アヘンの賠償(アヘン貿易の公認はなし)。
   広州以下五港(上海，寧波，福州，厦門，広州)の開港。
   香港島の割譲。

❷虎門寨追加条約(1843)：付属条項として五港通商章程。

- 協定関税制：事実上，関税自主権を中国より奪う。
- 領事裁判権の承認：中国領土内のイギリス人は中国法の適用外とし，イギリ
   ス法を適用する(治外法権)。また，彼らに対しては，イギリスから派遣さ
   れた領事に裁判を担当する権利を認める(領事裁判権)。
- 片務的最恵国待遇：イギリスを，常にもっとも恵まれた貿易待遇とする。
   * 一方的に片方に不利益な条約を，一般的に**不平等条約**という。

その後の情勢

- ●租界の設定：開港場のなかの外国支配地域　**上海租界**が初めて（1845）。
- ●アメリカと**望厦条約**，**フランス**と**黄埔条約**（1844）。

中国の開国の意義

- ●朝貢貿易体制の**崩壊**：対等な主権国家としての交易関係樹立。
- ●半植民地化の始まり：既存の権力を温存し，それを利用しつつ植民地化。
  - …オスマン帝国・カージャール朝ペルシア・清朝など。

アヘン戦争後の情勢

- ●貿易：アヘンの中国流入は増加。
  - 綿織物の輸出は増えず➡また戦争を起こし，徹底した開国を！

② アロー戦争（1856 ～ 1860）

 本編解説 p.291 ～ 296

アロー戦争の勃発（1856）

- ●主因：綿製品の輸出伸びず➡英のさらなる開国要求。
- ●「第2次アヘン戦争」：「開国」という要求において第1次と同質。
- ●口実：中国官憲のアロー号臨検事件（広州），
  - 仏人宣教師殺害事件（広西省）。

戦争の結果

天津条約（1858）

- ●開港場：長江中流域の漢口，下流域の南京など10港開港。
  - 華北の港も開港。
  - ●長江の自由航行。
- ●**外交使節（公使）**の北京駐在。
- ●**キリスト教布教**の自由を公認。
  - ●影響：中国各地に**仇教運動**（＝キリスト教反対運動）。

再開戦（1858）：英仏軍，バロック式の庭園を有する円明園を破壊。

北京条約（1860）

- ●天津条約の確認：加えて天津の開港➡計11港を開港。
- ●**九竜半島**の一部をイギリスに割譲　＊半島主要部（**新界**）は1898年に租借。

極東におけるロシアの動向

アイグン条約（愛琿条約，1858）
- アムール川（黒竜江）以北領有：東シベリア総督ムラヴィヨフが交渉。

北京条約（1860）：アロー戦争の調停の見返りとして，ウスリー川以東の地（沿海州）を獲得➡その南端に軍港ウラジヴォストークを建設。

樺太・千島交換条約（1875）：樺太（サハリン）➡露，千島列島全島➡日本
- 日露和親条約（1855）：エトロフ（択捉）・クナシリ（国後）・色丹・歯舞群島の日本領有をロシアが承認。

---

③ 太平天国の動乱（1851～1864）　　📖 本編解説 p.296～299

動乱の背景
- アヘン戦争による多額の**戦費・賠償金**➡**重税**となって民衆に転嫁される。
- アヘン貿易の拡大➡銀の流出➡**銀価格の高騰**➡事実上の**増税**。
- **上海開港**の影響で，広州や広東・広西省の経済が沈滞。
    - ➡この地の民衆の困窮化を招く。
- 結果：移民の激増➡東南アジア・アメリカなど（**華僑・苦力**）。

動乱の勃発
- 挙兵：**広西**で挙兵（1851）➡「太平天国」と称する。
- 指導者：**洪秀全**を指導者とするキリスト教的結社上帝会が中核。
- 発展：湖南省を北上し，長江流域の諸都市を占領（首都**天京**，1853）。

太平天国の政策
- 「**天朝田畝制度**」：**地主制**を否定し貧農に土地分配，新しい郷村組織形成。
- 「**滅満興漢**」：異民族支配に対する反発。
- **因襲の打破**：満洲風俗「**辮髪（弁髪）**」の禁止➡「**長髪族の乱**」なる呼称。
    - アヘンの吸引禁止，纏足の禁止（➡男女同権）。
- **上海租界**の解放：欧米の反発。

太平天国の壊滅
- 地主の動向：自衛の軍隊（**団練**）を組織。

102

- 郷勇：官僚たちが組織した軍隊。
  - 郷勇：曾国藩…湘勇(湘軍)　李鴻章…淮勇(淮軍)　左宗棠…楚勇
- 欧米の介入：義勇兵部隊を組織…米人**ウォード**が創建。
  - 同治帝によって「常勝軍」と命名される(1862)。
    - ➡後に英人**ゴードン**が指揮。
  - 壊滅：将軍…**李秀成**の活躍。
    - 壊滅(1864)…天京陥落。湘勇の攻撃。
  - 捻軍の鎮圧(1868)：華北に展開していた農民軍(捻軍)も壊滅。

その他の地域の争乱

- **新疆ムスリムの反乱**(1862〜1864)：漢族とトルコ系ムスリムの対立。
  - **コーカンド=ハン国**のムスリム軍人ヤクブ=ベク，新疆の実権を握る。
    - ⬅ロシア軍が**イリ地方**を占領(**イリ事件**，1871)。
    - ⬅清朝(左宗棠)：ヤクブ=ベクを破り，新疆を奪還。
  - **イリ条約**(1881)：イリ地方を清朝に返還。
    - ➡新疆の直轄領化(新疆省の成立)。
- ミャオ(苗)族の反乱：貴州・雲南での漢族の乱開発に対して反発。

④ 洋務運動とその挫折

📖 本編解説 p.299〜302

「**同治中興**」：同治帝期(位1862〜1874)の一時的安定期をさす言葉。

洋務運動の展開

- 概要：**富国強兵**をめざして，**欧米の軍事技術**の獲得などを中心として展開された近代化運動。
- 「**中体西用**」：**張之洞**が提唱した運動の基調。
  - 概要：欧米からは科学・技術を学び，**儒教**にもとづく社会体制・伝統，君主専制体制などは維持する。
- 主体：**李鴻章，曾国藩，左宗棠**，張之洞らの**漢人官僚**　皇族：恭親王

運動の内容

- **富国強兵策**：江南製造局…官営武器工場　紡績工場の建設。
  - 輪船招商局(汽船会社)
- **鉄道敷設**：天津―北京
- 総理各国事務衙門の設置(**総理衙門，総署**，1861)。

- ●機能：外国との対等な外交樹立のための官庁（初代首席：恭親王）。
- ●釐金：近代化の財源として導入された国内関税（流通税）。
- ●洋務運動の限界露呈：**清仏戦争**（1884 ～ 1885），**日清戦争**（**1894 ～ 1895**）
の敗北。

洋務運動から変法運動へ

- ●変法運動（変法自強）：**明治維新**後の日本にならい，立憲体制をめざす。
- ●中心：**康有為**，**梁啓超**，譚嗣同らが中心。
- ●公羊学派：社会変革を志す儒学の一派 『春秋』 公羊伝に立脚。

◎洋務運動は何を残したか？

- ●結論：李鴻章らの漢人官僚らは，洋務運動の予算で自前の軍隊を育成し，清朝
から自立した軍事勢力を形成…➡「軍閥」の成立を結果。

第63回

朝鮮の開国と日本

① 朝鮮の開国

📖 本編解説 p.303〜309

19世紀における李朝朝鮮国の動揺

洪景来の乱(1811〜1812):不平官僚と農民の反乱(平安道農民戦争)。

支配階級の対立

- **大院君政権**(1863〜1873):国王(高宗)の父親(大院君)が実権を握る。
  - 政策:鎖国政策,攘夷政策➡仏・米の艦隊を民衆を動員して撃退。
- **閔氏政権**(1873〜):国王高宗の王妃閔妃一族を中心とする一派。

朝鮮をめぐる日本と清の対立

日本による開国要求

- 開国拒否:大院君政権は,清の藩属国(冊封下)であることを理由に拒否。
- **江華島事件**(1875):日本軍が朝鮮軍を挑発,紛争を起こす。
- **日朝修好条規**(**江華条約**,**1876**)
  - **領事裁判権,輸出入に対する無関税**などを規定した不平等条約。
  - 朝鮮の開国:釜山・元山・仁川が開港される。

壬午軍乱(**1882**)

- 概要:親日的な閔氏政権に対する兵士の反乱➡大院君政権の擁立めざす。
- 経過:日清が軍事介入➡清朝の支持のもとに閔氏政権が復活。
- 結果:閔氏らが,清朝との関係を緊密化させる➡閔氏の「**事大党化**」。
- 済物浦条約:ソウルの日本公使館に軍隊駐留権を認めさせる。
- 閔氏政権に対する反発:開化派(**独立党**)の金玉均,朴泳孝。

甲申政変(**1884**)

- 目的:閔氏政権を打倒し,親日的政府樹立後に急速な近代化を計画。
- 結果:閔氏の依頼を受けた**李鴻章**が,**袁世凱**率いる軍を派遣し鎮圧。
- **天津条約**(**1885**):日清両国は,朝鮮に出兵する際には「事前通告」。

日清戦争(1894〜1895)

- **甲午農民戦争**(指導者全琫準)➡李朝は清国に援軍の要請➡日本も出兵。
  - 乱の性格:東学信徒が中心(「**東学党(東学)の乱**」)。

- ●東学：1860年ころに崔済愚が唱えた新宗教　キリスト教などの「西学」に対抗するために，「東学」を対置。
- ●下関条約（1895）
  - ●「朝鮮の独立」を承認：伝統的な冊封体制が崩壊。
  - ●領土割譲：遼東半島，台湾，澎湖諸島を日本に割譲。
- ●甲午改革（1894 ～ 1897）：多岐にわたる近代化。

閔妃殺害事件（1895）
- ●概要：ソウル公使三浦梧楼の主導による王妃殺害事件。
- ●目的：閔妃を中心とした宮廷内の親ロシア派の一掃。
- ●「大韓帝国」：李朝朝鮮国が，国号を改称（1897）。

 ② 日本の明治維新と琉球王国の運命　本編解説 p.309 ～ 310

日本の開国
- ●ペリー率いるアメリカ艦隊，浦賀に来航し開国迫る（1853）。「黒船来航」。
- ●日米和親条約（神奈川条約，1854）
  - ●開国：下田・函館の開港。
- ●日米修好通商条約（1858）
  - ●貿易に関する規定：治外法権，関税自主権の放棄を日本が承認。
  - ●蘭，露，英，仏とも同等の条約を結ぶ。
    - ➡米も含めて「安政の五カ国条約」という。

明治維新（1868）
- ●倒幕運動：薩摩・長州藩の下級武士を中心とする運動。
- ●大政奉還（1867）：将軍徳川慶喜が，天皇に政権を返還。
- ●明治維新（1868）
- ●日清修好条規の締結（1871）：国交樹立　対等条約。

琉球王国の滅亡
- ●「両属体制」：薩摩藩の島津氏の支配を受け，一方で（明・）清からは冊封される。
- ●台湾出兵（「征台の役」，1874）：八重山漁民の殺害に対する報復。
  - ●清の対応：日本の軍事行動を清国が承認。
  - ●結果：沖縄（八重山諸島も含めて）の日本領有を清朝が承認。
- ●沖縄県を設置（「琉球処分」，1879）：琉球王国の滅亡。

第64回

帝国主義の概観と，英仏の情勢

① 帝国主義時代の概観

 本編解説 p.311～319

◎「帝国主義」：1870年代以降の，**武力侵略**をともなう積極的な**植民地獲得**政策。

資本主義の変質

独占資本主義の成立

- **独占資本主義**：**少数の巨大資本家**によって，生産・流通が支配された資本主義。
- 従来の資本主義：**軽工業**中心，多数の資本家が**自由競争**を展開。

変化の契機

- **1873年の恐慌**：およびそれ以来の大不況によって，経済界の再編が進行。
- **第2次産業革命**
  - 動力（エネルギー）源：蒸気・石炭➡**電気・石油**（石炭も利用）。
  - 基幹産業：軽工業から，**重化学工業**・電機工業・非鉄産業など。

銀行の役割の増大

- 役割：重化学工業が必要とする**莫大な設備投資**のための**資本を融資**。
- 帰結：生産を担う**産業資本**と，資金調達を担う銀行資本との結合。
  - ➡**金融資本体制（金融資本主義）**が成立し，**銀行が産業を支配**。
- 分析：ドイツ社会民主党の**ヒルファディンク**…『**金融資本論**』の分析。

独占の形態

- **カルテル（企業連合）**：同一業種の企業が，価格などで協定。企業の独立性は高く，**市場の独占**などが目的。ドイツで発展。
- **トラスト（企業合同）**：同一業種を**同一の資本**で再編成　アメリカで発展。
- **コンツェルン**：**銀行が異種の企業を支配**　戦前の日本の「**財閥**」。

植民地の獲得

従来の目的：本国の工業が必要とする，**原材料の確保**と**市場の獲得**。
本国の社会不安を鎮めるための**移民先**の確保。

新目的

- **資本輸出（海外投資，国外投資）**：国外で企業活動を行うための資本を**投下**。

- 借款：フランスなどが，植民地以外に対しても積極的な資本輸出を展開。
- 海外企業経営の利点：原材料供給地・市場に近接，労働力が安価。

軍国主義化の進展

- 目的：植民地の反抗を抑え，ほかの帝国主義国に対抗。
- 結果：諸国間の軍拡競争の激化，本国の産業に占める軍需産業の肥大化。

国民統合の強化

背景：列強間の対立が深まり戦争の危機が高まるなか，国民としての結束が求められる。

統合強化の方法

- 国民教育：教育の義務化を通じて，初等教育・共通語(国語)教育の徹底化。
- 選挙権の拡大：下層民衆の政治参加を認めて，国民的一体感を形成。
- 社会政策の実施：国家による労働者などの保護…社会保険制度が根幹。

国民意識強化の余波

- 排外主義，人種主義(レイシズム)，過度な愛国主義の進展。
  ➡国内の少数派(マイノリティ)への抑圧。
- 反ユダヤ主義(反セム主義)
  ：ドレフュス事件(仏，1894)
  ロシア・東欧でユダヤ人虐殺が横行(ポグロム)。
- 黄禍論：アジア(とくに日本)が欧米に災いをなす　ヴィルヘルム2世。
  「おうかろん」とも呼ぶ。

 2　英・仏の情勢 本編解説 p.319〜322

イギリス

対外政策

- ディズレーリ首相：スエズ運河株買収(1875)，
  インド帝国成立(1877)，
  第2次アフガン戦争(1878〜)。

「世界の銀行」：豊富な資金力で，世界の金融を支配。

- ロンドンのシティ：銀行・保険会社が集中し，資本輸出の拠点となる。

イギリス植民地の再編成

- 基調：白人系植民地に自治権を付与➡**自治領**の成立。
- カナダ連邦(**1867**)，オーストラリア(**1901**)，ニュージーランド(**1907**)，南アフリカ連邦(**1910**)。

20世紀初頭の自由党内閣の政策

- 「人民予算」成立(**1910**)：蔵相**ロイド=ジョージ**
  - 目的：**ドイツ**に対抗するための**海軍力増強**と，**社会政策**の財源を，過度の累進課税によって確保➡**富裕層への大増税**。
    - ⬅保守党貴族層の反発。
- **議会法**(**1911**)：**下院**の優越を規定。
- 国民保険法の成立(**1911**)：健康(疾病)保険，失業保険。

イギリス労働党の成立(1906)

- 労働代表委員会の結成(**1900**)：労働党の前身。
  - フェビアン協会：**ウェッブ夫妻**，劇作家**バーナード=ショー**。
  - 独立労働党：ケア=ハーディー
  - 社会民主連盟：ハインドマン(労働党結党には不参加)
- 発展：漸進的な社会改革を志向➡自由党にかわり，保守党の対抗勢力に。

フランス

第三共和政の動揺

- 軍部の陰謀
  ：ブーランジェ事件(**1889**)…クーデタ未遂事件
  ドレフュス事件(**1894**)…ユダヤ系将校をドイツのスパイとした冤罪。
- 急進社会党の結成(**1901**)：共和政擁護派が結集。
- **政教分離法**(**1905**)：国家の宗教における中立性，公教育の無宗教化。

フランス社会党の成立(1905)

- 方針：**議会**を通した社会の改良を志向　指導者：ジャン=ジョレス
- 労働運動：政党の議会活動に頼らず，労働者の直接行動(ゼネストや武装闘争など)による変革を志向(**サンディカリスム**)。

ロシア・アメリカの情勢

① ロシアの情勢──第1次ロシア革命

 本編解説 p.323～329

革命の前史

ロシアの工業化(1890年代～)
- ●特色：**国家主導**による上からの工業化。
- ●財源：**フランス**からの**借款**で資本を調達。
  - ←**露仏同盟**の締結(1891)が契機。
- ●結果：ペテルブルク・モスクワ・バクーなどで工業発展。
  - **シベリア鉄道**の開通(1905)。
  - 社会構造の変化➡産業資本家・労働者の増大。

ロシア社会民主労働党
- ●支持基盤：**労働者**
- ●指導者：**プレハーノフ**…「ロシア=マルクス主義の父」
  - レーニン 『帝国主義論』『国家と革命』
- ●党の分裂：ロンドンの党大会(1903)➡党組織論・革命観をめぐり対立。
  - ●**メンシェヴィキ**：マルトフ，プレハーノフら。
    - ●党組織：誰でも加入できる大衆政党を。
    - ●革命観：労・農が，資本家とともにゆるやかな革命を。
  - ●**ボリシェヴィキ**：レーニンら
    - ●党組織：**少数精鋭**，軍隊的・中央集権的な党建設をめざす。
    - ●革命観：**労働者・農民**を主体に，帝政・資本家・地主を打倒する革命。

社会革命党(通称**エスエル**，1901)
- ●ナロードニキの流れを組み，**農民**の組織化めざす。

第1次ロシア革命の展開(1905)

背景：日露戦争

血の日曜日事件(1905.1)
- ●概要：首都ペテルブルクで，司祭ガポンに率いられた労働者のデモに近衛兵が発砲し，多数の犠牲者を出す。

110

● 波及：各地で農民暴動，軍内部でも反乱。

　　　　➡黒海艦隊の戦艦ポチョムキン号の反乱。

ソヴィエトの結成

● 概要：**労働者・兵士**が結成した**評議会**（協議会）。

● 結成：各工場や兵舎を単位に選挙で代表を出し，連携する。

　　　　➡全ペテルブルク=ソヴィエト。

● 武装：権力・資本家に対抗するために武装。

革命の終息

● ポーツマス講和条約（1905.9）：日本との講和　全権：ウィッテ。

● 十月勅令（**十月宣言**）：皇帝ニコライ 2 世による，革命勢力への妥協。

　● 内容：**国会**（ドゥーマ）の開設を約す。

　　　　➡自由主義者・資本家は納得。

● 立憲民主党（通称**カデット**）の結成。

　● 特色：ブルジョワ自由主義者を支持基盤とし，立憲体制を志向。

● 首相ウィッテ：自由主義改革を推進。

● **モスクワ**の労働者蜂起を鎮圧（1905.12）。

　● 反動の開始：ウィッテ首相の解任，国会の立法権制限。

ストルイピン首相の時代（1906 ～ 1911）

専制政治の復活：国会の解散　反政府運動の弾圧。

ストルイピンの農業改革（土地改革）

● 概要：ミール（**農民共同体**）を解体し，農民に土地を分与。

● 目的：農民反抗の組織的基盤を解体する。

　　　　共有地を各農民に分与し，**自作農を創設**しツァーリの支持層拡大。

● 結果：農民間の**貧富差の増大**➡没落した農民は不満をつのらせる。

● 対応：不満を外にそらすために，**バルカン半島**への南下を試みる。

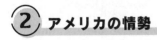 **アメリカの情勢**　　　　　　　📖 本編解説 p.329 ～ 336

アメリカ資本主義の発展

独占資本主義の成立

● ロックフェラー：スタンダード石油会社を設立（1870）。

　➡ほかの石油会社をも支配➡アメリカの石油産業を一元的に支配。

- シャーマン反トラスト法（1890）：独占を排除する法律。
  - ➡スタンダード石油会社の解体。
- カーネギー：アメリカの「鉄鋼王」　スコットランドからの移民。
- モルガン：アメリカの「金融王」。
  - 1901年の鉄鋼大合同で，USスティール社設立。
- フォード社
  - 流れ作業方式の導入（1913）：ベルトコンベヤで各作業場をつなぐ。
    - ➡大量生産方式の確立➡安価なT型フォードの生産。
    - ➡さらなる価格引き下げに成功➡アメリカを「車社会に」。

労働運動の組織化

- アメリカ労働総同盟（AFL，1886）：委員長ゴンパーズ。
  - 組織：上層の労働者中心　職業別労組の連合体　社会主義には批判的。
- 世界産業労働者同盟（IWW，1905）
  - 組織：産業別の労組連合で，下層労働者中心　革命的な労働運動。

アメリカの対外進出

海外進出の始まり

- 契機：「フロンティアの消滅」宣言（1890）…連邦政府が宣言。
- 第1回パン=アメリカ会議（1889）：ワシントン
- 米西戦争（1898）：キューバ独立をめぐってスペインと戦争。
  - パリ条約：プエルトリコ，グアム，フィリピンをアメリカが領有。
    - キューバの独立を承認。
  - キューバ：1890年代に反スペイン独立運動　指導者ホセ=マルティ。

ハワイの運命

- カメハメハ朝：19世紀初めに，カメハメハ1世がハワイ諸島を統一。
- アメリカ人の進出：サトウキビ栽培，製糖業。
- 併合（1898）：女王リリウオカラニが，アメリカに退位させられる（1893）。

棍棒外交

- 大統領セオドア=ローズヴェルトのラテンアメリカ外交。
- 姿勢：武力を前面にしたラテンアメリカ政策。
- キューバ保護国化：プラット条項でキューバ憲法を修正，保護国化。
  - グアンタナモを租借：海軍基地を建設。
- パナマ運河の建設開始（1903〜1914）：パナマをコロンビアから独立させる。
  - 運河地帯の永久租借権を獲得…運河完成（1914）。

ドル外交

- 概要：大統領タフト　積極的な資本輸出。

ウィルソンの時代(任 1913 ～ 1921)

- 「**新しい自由**(**新自由主義**)」：独占資本の抑制，労働者・農民の保護。
- 第一次世界大戦に参戦(**1917**)。
- **禁酒法**の制定(1919)：ウィルソンは反対。
- **女性参政権**(1920)：憲法修正 19 条…性別による投票権の制限を禁止。
- ハイチ，ドミニカを軍事占領。
- **宣教師外交**：民主主義の道義的優位性を説きながら進出。

③ メキシコ革命とその後

📖 本編解説 p.336 ～ 338

ディアス大統領独裁の時代(1874 ～ 1911)：軍人独裁者の支配。

- 半植民地化の進行：**アメリカ資本**などによる支配進行(鉄道・石油・鉱山)。
- 大土地所有制の進展：貧農，さらに困窮（こんきゅう）　外国資本による土地支配。

メキシコ革命(1910 ～ 1917)

- マデロの蜂起：自由主義の政治家で，ディアス独裁の打倒をめざす。
  - その後：**土地改革**を求める貧農層と対立。
- 反革命クーデタ(1913)：ディアス派の軍人**ウェルタ**がマデロを殺害。
- **サパタの蜂起**：貧農を組織し土地改革を志向。
  　　　　　　　　ビリャ…山賊（さんぞく）出身の革命家。
- カランサ：ブルジョア自由主義者で，結局は実権掌握（しょうあく）。

メキシコ憲法(1917)

- 外国・教会の土地所有禁止，地下資源の国有化。
- 労働者のスト権・団結権，8 時間労働制(社会権を規定)。

◎革命の意義：ラテンアメリカの近代化，社会改革の方向性のモデルに。

大統領カルデナス(1930 年代)

- 国内改革：土地改革の実施，鉄道国有化を断行。
- アメリカ資本支配下の石油国有化を断行。

列強の世界分割

① アフリカ分割

📖 本編解説 p.339 〜 344

イギリスの動向

エジプト・スーダンの植民地化と抵抗

- ●ムハンマド=アリー朝(1805 〜 1952):エジプト・スーダンを支配(ロンドン条約で承認される)。
- ●**スエズ運河の株買収**(1875)
  - ●概要:エジプト政府が保有する国際スエズ運河会社の株式を買収。
  - ●イギリス首相ディズレーリ:金融資本家**ロスチャイルド**の融資。
- ●エジプトの財政破綻:英仏に対する外債が累積し,英仏の財務管理下に(1878)。
- ●**ウラービー運動**(1881 〜 1882):英仏に対する従属化に反対。
  - ●立憲体制の樹立もめざす

      ←ムハンマド=アブドゥフの思想的影響←アフガーニー。
  - ●鎮圧:**グラッドストン**内閣が鎮圧➡以後,軍事占領(事実上の保護国化)。
- ●**マフディー運動**(1881 〜 1898)
    :「救世主」を称する**ムハンマド=アフマド**が指導。
  - ●活動:ハルツームを占領し,英将軍**ゴードン**(常勝軍の指揮官)も戦死。
- ●**ムスタファ=カーミル**:完全独立を求めて**国民党**を結成　新聞発行・教育。

ギニア湾沿岸,アフリカ東岸

- ●ギニア湾北岸:アシャンティ王国滅ぼす(1902,現在のガーナ)。

      ナイジェリア。
- ●東海岸:**ケニア**と,その内陸の**ウガンダ**。

南部アフリカ

- ●**ケープ植民地**を獲得(1815):ウィーン議定書でオランダより獲得。
  - ●サトウキビ=プランテーション:インド人労働者移入・南アのインド人社会形成。
  - ●ブール(ボーア)人:先住民と戦いつつ北上(「**グレート=トレック**」)。
    - ●**オレンジ自由国**(1854),**トランスヴァール共和国**(1855)
- ●ケープ植民地首相セシル=ローズ(任 1890 〜 1896)

- アフリカ縦断政策：カイロとケープタウンをつなぐ進出政策。
- ベチュアナランド：英保護領(1885)➡ケープ植民地に併合(1895)。
- ローデシア：1895年に支配されたローズの名前にちなむ植民地。
- ローズの陰謀によるトランスヴァール侵攻が失敗(1896)
  ➡ローズ失脚。
- **南アフリカ戦争**(ブール戦争，ボーア戦争，1899～1902)
  - 植民相ジョゼフ=チェンバレン
  - 自治領**南アフリカ連邦**の形成(**1910**)。
    ：ケープ植民地，トランスヴァール，オレンジ，ナタール。

フランスの動向(アフリカ横断政策)

北アフリカ・サハラ地域
- **アルジェリア**(**1830**)：アブド=アルカーディルの民族闘争(～1840年代)。
- **チュニジア**(**1882**)：アルジェリアの東隣　フランスによって保護領化。
- **モロッコ**(1912)：フェズ協定で保護国化。

西アフリカ・マダガスカル
- サモリ=トゥーレ
  ：ギニアを中心にサモリ帝国を建国し，フランスと闘争。
- マダガスカル：現地の王国滅ぼす。

その他の国々の動向

ドイツ
- **ベルリン会議**(ベルリン=コンゴ会議，**1884～1885**)：ビスマルクが主催。
  - アフリカ領有の原則確立
    ◎**先占権**：アフリカは「無主の土地」とされ，最初に支配した国が支配権を持つ。
    ◎**実効支配**：その地域でヨーロッパ人の安全や経済活動などを保障できること。そのために植民地境界を画定し，現地に行政・治安機構をつくる必要あり。
  - **ドイツ領東アフリカ**(現タンザニア)
    ：先住民による**マジマジ蜂起**起こる。
    「マジ」…先住民が飲んでいた「魔法の水」。

- **ドイツ領南西アフリカ（現ナミビア）**
  - ：先住民**ヘレロ人の反乱**←絶滅政策により，8割が虐殺される。
- **トーゴ，カメルーン**

ベルギー

- **米人スタンリー**のコンゴ川流域探検：英人宣教師**リヴィングストン**の捜索。
  - **リヴィングストンの活動：キリスト教布教**と，**奴隷貿易の根絶**。
- **コンゴ自由国**（1885）：国王レオポルド2世の私有地
  - ➡ベルリン会議で領有承認。
- **ベルギー領コンゴ**（1908）：国家の領有
  - ←国王の過酷な支配に批判が高まったため。

ポルトガル

- **アンゴラ**：ギニア湾沿岸の奴隷貿易基地。
- **東アフリカ（現モザンビーク）**：インド洋沿岸

イタリア

- **紅海沿岸のエリトリア**（1885）
- **インド洋沿岸のソマリランド**（1889）：現在のソマリア。
- **エチオピア帝国**侵略：皇帝メネリク2世　アドワの戦いで敗北（1896）。
- **イタリア=トルコ戦争**（1911～1912）
  - ：トルコ領の**トリポリ・キレナイカ**（現リビア）を獲得。

独立国

- **エチオピア帝国**
- **リベリア共和国**（1847）：**アメリカの解放奴隷**が建国。

 2 太平洋諸島の分割　　　📖 本編解説 p.344～346

イギリス

オーストラリア

- **イギリス人航海者クック**の来航（1770）：イギリス領に➡**流刑植民地**に。
- **金鉱発見，牧羊業開始**（19世紀半ば）：先住民**（アボリジニ）**の土地奪取。
- **自治領**（1901）：白豪主義

ニュージーランド

- **クック**の来航。
- **イギリス領化**（1840）：先住民**マオリ人の抵抗**
  - ←イギリスはマオリ人の70%を虐殺。

●自治領（1907）

その他の地域

- ●ニューギニアの南西部　●ギルバート諸島：赤道直下の諸島。
- ●ソロモン，フィジー，トンガ，クック諸島：赤道以南の島々。

ドイツ

- ●マリアナ，パラオ，カロリン，マーシャル諸島：赤道以北。
- ●ビスマルク諸島：赤道以南。　●ニューギニアの北東部。

フランス

- ●ニューカレドニア島
- ●ソシエテ諸島：**タヒチ島**には，**画家ゴーガン**が来訪。

アメリカ

- ●ハワイ諸島　●グアム島：マリアナ諸島　●フィリピン諸島

太平洋諸島の分割

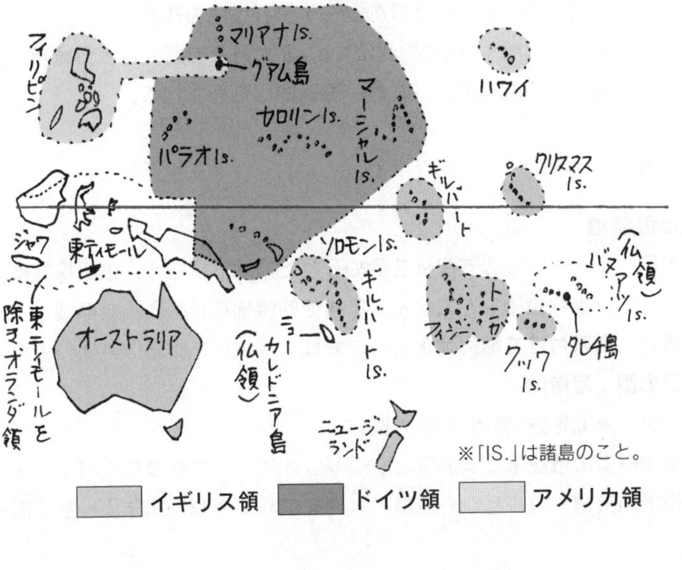

※「IS.」は諸島のこと。

イギリス領　　ドイツ領　　アメリカ領

117

第**67**回

中国（モンゴル・チベット）と朝鮮

① 中国の半植民地化と抵抗

 本編解説 p.347 ～ 354

日清戦争

日清戦争（1894 ～ 1895）
- 対立：**李朝朝鮮国**の支配権をめぐる争い。
- 契機：**甲午農民戦争**の鎮圧に清が出兵←日本も出兵。
- 経過：豊島沖海戦，黄海海戦➡北洋艦隊（清の主力艦隊）の敗北。

下関条約（1895）
- 清国全権：**李鴻章**　　●日本全権：首相**伊藤博文**，外相**陸奥宗光**。
- 内容：**台湾**，**澎湖諸島**，**遼東半島**の割譲。

　　　　朝鮮が清の半属国状態から**独立**。
- 三国干渉（1895）：露・仏・独の 3 国が，**遼東半島を返還**させる。

清朝の近代化の試み

- **変法運動**（**変法自強**）：康有為，梁啓超，譚嗣同らが中心。
- 「**戊戌の変法**」（1898）：立憲体制をめざす←光緒帝が支持。
- 反発：**西太后**らの宮廷内保守派のクーデタ（「**戊戌の政変**」）。
- 結果：光緒帝の幽閉　「戊戌の変法」は，3 カ月余で挫折（「百日維新」）。

　　　　康有為，梁啓超の日本亡命　譚嗣同は処刑される。

中国分割

勢力圏と租借地
- **勢力圏**：土地・住民の支配権を認められた領域ではなく，**鉱山採掘権**や，

　　　　　鉄道敷設権などにかんする**排他的特権**を認められた領域。
- **租借地**：**期限付きで植民地化**された領域　＊住民・領域は外国の主権下。

各国の勢力圏・租借地

(a)**ロシア**：**東北地方**（満洲）を勢力圏に。
- 東清鉄道の敷設権：満洲里とウラジヴォストークをつなぐバイパス。
- 南満洲支線：ハルビン―旅順・大連をつなぐ➡1898 年より敷設開始。

- 遼東半島南部の租借(1898):25年間の租借(→1923年返還予定)。
  - 大連に港湾施設，旅順に要塞を建設。
- (b)イギリス:長江流域を勢力圏に。
  - 威海衛(山東省)を租借し軍港建設，九龍半島(新界)も租借。
- (c)ドイツ:山東省を勢力圏に。
  - 膠州湾を租借(1898):青島に軍港建設。
- (d)フランス:中国南部の広西・広東・雲南省を勢力圏に。
  - 広州湾を租借(1899):インドシナ連邦に編入。
- (e)日本:福建省を勢力圏に。
- (f)アメリカ
  - 中国分割の出遅れを取り戻し，中国市場への参入もめざす。
    - 米西戦争(1898):グアム，フィリピン，プェルトリコ獲得。
  - 門戸開放宣言(門戸開放通牒，1899/1900)
    - 国務長官ジョン=ヘイ:「三原則」を提唱。
    - 三原則:門戸開放・機会均等(1899)，領土保全(1900)。

義和団事件(1900)とその後

義和団:山東省を中心にキリスト教反対運動(仇教運動)「除教安民」

鉄道・電信の破壊も行う。

「扶清滅洋」を唱え，北京・天津へ進軍(1900)。

清朝が列強に宣戦→北京の列国公使館が包囲される。

- 8カ国共同出兵:日・露2国の軍隊を主力とする列国軍が鎮圧。
- 英米は大軍の派遣できず。
  - イギリス:南アフリカ戦争で苦戦。
  - アメリカ:アギナルドらの反米闘争に苦戦。

北京議定書(辛丑和約)(1901)
- 賠償金:4.5億両
- 外国軍隊の北京駐留権を承認。

ロシアの動向:東北地方(満洲)全土の占領。

→日本との対立激化…→日露戦争(1904)。

日露戦争後の情勢——日本の大陸進出

ポーツマス講和条約(1905.9)

- 南樺太(北緯50度以南)割譲。
- 遼東半島南部：租借権をロシアから継承。
- 南満洲鉄道：南満洲支線(長春〜大連・旅順)と沿線の鉱山などの利権獲得。

中国大陸進出の拠点確保

- 南満洲鉄道株式会社の設立(略称「満鉄」, 1906)：鉄道と周辺鉱山の経営。
- 関東都督府(1906)：関東州と南満洲鉄道を管轄。
  - 関東軍(1919)：関東都督府の陸軍部が独立し，天皇直属となった軍隊。

清朝の延命策——「光緒新政(新政)」

- 科挙の廃止(1905)。
- 総理衙門の廃止：外務部を設置。
- 日本にならった教育制度の導入
- 新軍(新式軍)の整備。
- 憲法大綱の発布(1908)：強大な君主権を規定。
- 国会開設の公約：予定は1916年➡1913年開設を約束(1910)。
- 軍機処の廃止：責任内閣制の導入　しかし閣僚は満洲皇族中心。

 2　辛亥革命と袁世凱の独裁　本編解説 p.354〜364

孫文登場

活動開始

- 出身：広東省出身　字名は逸先(or 中山)。
- 興中会の結成(1894)：清朝打倒を期してハワイで結成。

←華僑による経済的支援。

中国同盟会の結成(1905)：東京で結成　会員の多くは日本留学生。

- 3結社の団結：興中会(孫文)，華興会(黄興)，光復会(章炳麟・蔡元培)。
- 三民主義：民族の独立，民権の伸長，民生の安定。
- 四大綱領
  - ：駆除韃虜，恢復中華…清朝打倒と，漢民族の国家建設。

    創立民国…共和政国家の建設。

    平均地権…富の再分配による民生安定。

- 機関紙「**民報**」：主要執筆者…章炳麟，汪兆銘。

民族主義（反外国，対清朝）の高まり，その担い手

- **民族資本家**：**紡績業**などで経済力をつけ，**外国資本**の支配や買弁に反発。
  - **利権回収運動**：外国に支配されている中国利権の奪還をめざして活動。
- **華僑・留学生**：清朝を打倒し，漢民族の主権国家の建設をめざす。

辛亥革命（1911）

革命の勃発

- 契機：民営の鉄道国有化…**四国借款団**（英仏米独）に対する担保確保。
- 反発：江南の漢人資本家などは，保路同志会を結成。
- **四川暴動**（1911.9）：鉄道国有化に反対する暴動が，**成都**などで発生。
- **武昌蜂起**（1911.10）：清朝が派遣した**湖北新軍**が蜂起。
  - **「新軍」**：**日清戦争・義和団事件**後に編成された，西洋式の「新建陸軍」。
- 蜂起の影響：中南部14省，清朝からの**独立宣言**を発す。

中華民国の成立

- 建国宣言（1912.1）：**孫文**が**臨時大総統**に就任。
- 首都：南京
- 清朝の弾圧：軍人袁世凱に，中華民国の打倒を。
  - **袁世凱**：李鴻章の部下で，彼が育成した**北洋軍**の実力者。

清朝の滅亡

- 袁世凱と孫文の取引：**共和政の維持**を条件に，袁世凱を**臨時大総統**に。
- **清朝の滅亡**（1912.2）：清朝最後の皇帝**宣統帝**の退位。

  ➡袁世凱，臨時大総統に就任。

- 臨時約法を採択：臨時憲法で，「アジア初の共和政憲法」。
  - 内容：国民主権，三権分立，責任内閣制を規定　議会に大きな権限。
- 国民党の結成：革命をめざす中国同盟会から，議会政党へ組織を改組。

袁世凱の時代（1913～1916）

袁世凱独裁化の始まり

- 第1回国会選挙：国民党が勝利するも袁が弾圧➡**国民党を解散**させる。
- 第二革命の勃発（1913）：孫文・黄興らの蜂起。

  ⬅袁の弾圧，後に「正式大総統」となる。

- 孫文，中華革命党を結成（1914）：東京で結成された，反袁世凱の結社。
- 新約法の制定（1914）：大総統の権限を強めた新憲法。

袁世凱の挫折と死（1915～1916）

- 二十一カ条要求：日本が，関東州・満鉄の租借期限の延長などを要求。
  - 袁世凱は受諾：要求受諾の日（1915.5/9）…「国恥記念日」。
- 帝政運動：帝政復活をめざす運動
  ➡国会の活動を停止（皇帝即位は 1916.1）。
- 第三革命の勃発（護国の役，1915）
  ：雲南から起こった，共和政擁護のための蜂起。
- 袁世凱の死（1916）：北洋軍が分裂し，軍閥の争乱状態が起きる契機に。
- 軍閥：新軍の指揮官たちが，清朝時代の官僚・地主らと連携して地域を支配したもの。

各地の軍閥政権——ポスト袁世凱の情勢

中国中北部の軍閥

- 北京をめぐる争い：外国から正統政府と承認されるため。
- 奉天派（東北地方）：張作霖←日本が支援。
- 安徽派：段祺瑞←日本が支援。
- 直隷派：馮国璋・曹錕←英・仏が支援。

南部の諸軍閥

- 広東・広西派：陳炯明・白崇禧・李宗仁。
- 広東軍政府の樹立（1917～）：孫文と西南の軍閥が提携し地方政権。

中国周辺の諸民族

外モンゴル

- 独立宣言：辛亥革命に乗じて，中国からの独立を宣言。
- ロシア革命：ロシアの反革命軍（白軍）がモンゴル侵入。
  ←ソヴィエト赤軍の追撃。
- モンゴル人民革命党：チョイバルサン，スヘ＝バートルらが結成。
  ←ソヴィエトの支援。
- モンゴル人民共和国（1924）：世界で2番目の社会主義国家。

チベット：ダライ＝ラマ 13 世が独立宣言。

内モンゴル，新疆：中国にとどまる。

③ 韓国の併合

📖 本編解説 p.364 〜 367

韓国の保護国化
- 日韓議定書(1904)：日露戦争に際し韓国内の自由な軍事行動を認めさす。
- 第 1 次日韓協約(1904)：日本が派遣した顧問が，外交・財政に介入。
- 韓国保護条約(第 2 次日韓協約，1905)：**外交権**を奪い保護国化。
  - 統監府の設置：初代統監**伊藤博文**
  - 義兵闘争の活発化：日本に対する武装闘争。

列強の承認
- 桂・タフト協定(1905)
  ：米の**フィリピン**支配と日本の韓国支配を相互承認。
- 日英同盟の改訂(第 2 次日英同盟，1905)
  ：英の**インド**支配と，日本の韓国支配を相互承認。
- ポーツマス講和条約(1905)
  ：日本の韓国に対する事実上の支配権をロシアが承認。

韓国併合
- 第 3 次日韓協約(1907)
  - 概要：韓国軍の解散➡義兵闘争のさらなる高揚。
  - 口実：ハーグ密使事件…**万国平和会議**(1907)に韓国皇帝が密使を派遣。
- 伊藤博文暗殺(1909)：韓国の愛国者**安重根**が，ハルビン駅頭で暗殺。
- 韓国併合条約(1910)
  - 朝鮮総督府の設置：初代総督寺内正毅　軍・警による「**武断政治**」。

④ 日本統治下の朝鮮(1910 〜 1945)

📖 本編解説 p.368 〜 371

併合直後の支配体制
- 憲兵警察制度：軍隊内の警察である憲兵が，一般社会の治安維持も担当。
- 土地調査事業の実施：近代的地税制度確立のために土地を測量し，
  　　　　　　　　　　地租を課すために，全国を測量。
  - 結果：広大な耕地・森林が総督府の支配下に。
  - **東洋拓殖**株式会社(東拓)の設立：奪取した土地の経営を行う株式会社。
- 朝鮮教育令(第 1 次，1911)：日本語や日本史の教育を推進。

朝鮮民族の闘争

- 三・一運動（**1919**）：ソウルを中心に全国を揺るがす　犠牲者 7000 名以上。
  - 国際的影響：**ロシア革命**（1917）

    米大統領**ウィルソン**提唱の**十四カ条**…民族自決を提唱。
- **大韓民国臨時政府**の樹立宣言（1919）：**上海**で**李承晩**らが宣言。
- 「**文化政治**」：ある程度の**言論の自由**などを認める。

支配の実態

- 皇民化政策：朝鮮人の民族性を否定する政策。
  - 背景：日中戦争・太平洋戦争の進行のなかで，朝鮮の人的・物的資源を**収奪**
    する必要性が高まる　「**内鮮一体**」がスローガン。
- 朝鮮教育令（第 3 次改正，1938）…学校における朝鮮語使用を事実上禁止。
- **創氏改名**（1939 ～）：朝鮮の人々から名前を奪う。
- **労働者の徴用**：強制労働で炭坑などで酷使。
- **慰安婦**：兵士の相手をさせられた朝鮮女性。

    ほかに中国・フィリピン・インドネシア，戦時中は占領地の

    オランダ人女性も。
- **徴兵**（1943 ～）

トルコ・イラン，南アジア，東南アジア

本編解説 p.372 ～ 373

① トルコ・イランの情勢

イラン立憲革命

- タバコ=ボイコット運動（1891）：商人・宗教指導層（ウラマー）が主導。
- イラン立憲革命（1905 ～ 1911）
  - ：立憲体制，国会（**国民議会**）の開設。
  - 外国への利権譲渡や，外債の禁止。
- 挫折（1911）：ロシアの軍事介入←イギリスの黙認。
- 結果：ガージャール（カージャール）朝の専制体制の復活。

青年トルコ革命

青年トルコ革命（サロニカ革命）（1908）
- 指導者：軍人エンヴェル=パシャ 「統一と進歩委員会」，青年トルコ。
- 目的：アブデュルハミト 2 世が停止したミドハト憲法の復活。

革命後の苦悩
- **ボスニア・ヘルツェゴヴィナ**喪失（1908）：革命の混乱に乗じて，墺が併合。
- **イタリア=トルコ戦争**（1911 ～ 1912）：トリポリ・キレナイカ（**リビア**）を喪失。
- **第 1 次バルカン戦争**（1912 ～ 1913）：バルカン半島のほとんどと，クレタ島喪失。
- 結果：青年トルコ党内閣のドイツ接近。
  - 偏狭な**パン=トルコ主義**に傾斜➡アルメニア人を大虐殺。

本編解説 p.373 ～ 378

② インドの民族運動

インドの変化

インドの工業化
- 鉄道の建設：採算を度外視して 19 世紀後半に急速な勢いで建設。
  - イギリス本国の投資家には異常に高い利回りを保証し，不足部分はすべてインドの税収で補填。

- ●ボンベイ・カルカッタなどに近代的工場。
  - ：イギリスからの**資本輸出**によって工場建設。
- ●民族資本家も成長：外国資本に対抗しつつ，国内を活動の中心とする土着の資本家…綿工業など，軽工業を中心に成長。

「新知識人」の増大

- ●ラーム=モーハン=ローイ
  - ：**サティ**(寡婦殉死)禁止運動…女性の地位向上を主張。
- ●バネルジー：人種差別反対運動　全インド国民協議会を結成(1883)。
- ●ナオロジー：「**富の流出**」理論で，イギリスのインド支配を批判。

インド国民会議の設立

- ●設立：ボンベイ(ムンバイ)で開催(**1885**)。
- ●目的：高まる**民族運動を懐柔**するために，イギリスが主催。
- ●組織者：英総督ダファリン，民族運動家ナオロジー，
  - バネルジー(後に合流)。
- ●「**国民会議派**」：インド国民会議に結集した人々が形成した政治勢力。

民族運動の急進化

イギリスの動向

◎民族運動への刺激
- ：イタリアのエチオピア侵略失敗(**アドワの戦い**，1896)。
  - **日露戦争**で日本が優勢。
- ●**ベンガル分割令**(カーゾン法)**の発布**(**1905**)：インド総督カーゾンが発令。
  - ●内容：ベンガル州をヒンドゥー教徒とイスラーム教徒居住地域に分離。
    - ➡民族対立，宗教対立を煽る。
- ●**全インド=ムスリム連盟の結成**(1906)
  - ：運動体についても，宗教的な分断をはかる。

国民会議派の急進化

- ●カルカッタ大会(**1906**)：独立急進派の**ティラク**らの登場。
  - ➡反英独立をめざす。
- ●4綱領：**スワラージ**(**自治獲得**)，**スワデーシ**(**国産品愛用**)，
  - **民族教育**，**英貨排斥**(**イギリス商品のボイコット**)。
- ●英の対応：ベンガル分割令の撤回(1911)…国王ジョージ5世の宣言。
  - 首都…カルカッタ(民族運動の中心地)➡デリーへ移動。

第一次世界大戦とインド

- 国民会議派の**マドラス大会**(1914)：参戦と対英協力。
- イギリスの対応：**戦後自治の約束**(1917)…インド省大臣モンタギュー。

3　東南アジアの情勢
本編解説 p.378～382

ベトナムの反フランス民族闘争

ファン=ボイ=チャウ

- **維新会**を結成。
  - **東遊（ドンズー）運動**：日本への留学運動を提唱。
  - 挫折：**日仏協約**(1907)を契機に，日本はベトナム人留学生を拒絶。
- **ベトナム光復会**(1912)：ベトナム共和国の建国めざす。
  - ←**辛亥革命**・中華民国の建国に影響を受ける。

ファン=チュー=チン：**ドンキン（東京）義塾**を開校…国民教育の充実ため。

ホー=チ=ミン：**インドシナ共産党**を結成。

- **ベトナム独立同盟（越盟）**…日本のベトナム北部進駐に対抗する組織。

インドネシア──オランダ

支配の転換

- 支配：強制栽培制度のような強圧的な支配。
- **倫理政策**：キリスト教の布教，現地人の福祉，現地人への権力委譲。

民族団体

- **ブディ=ウトモ**（最高の英知，1908）
  - ：ジャワの文化伝統の再生を通じて，民族意識の高揚をめざす。
- **サレカット=イスラム**（イスラーム同盟，1911）
  - ：知識人・商人の相互扶助団体➡社会主義・独立を唱える組織に。
- **インドネシア共産党**(1920)：アジア初の共産党➡武装蜂起失敗。
- **インドネシア国民党**(1927)：指導者**スカルノ**…後の初代大統領。

フィリピン

民族闘争

- 文学者ホセ=リサール
  :「プロパガンダ運動」…民族的自覚を促す啓蒙運動。
  フィリピン民族同盟（1892）
- 武装闘争組織カティプーナン党の結成。
- フィリピン革命（1896）
  :武装蜂起➡ホセ=リサールの銃殺（1896）。

アメリカの支配（1898～）

- 米西戦争（1898）：パリ条約を通じてアメリカが買収。
- フィリピン共和国の独立宣言（1899）：大統領アギナルド
  :マロロスに革命議会を設置（➡「マロロス共和国」という呼称）。
- フィリピン=アメリカ戦争（1899～1902，1910 年代）
  :アギナルドらによる武装闘争を鎮圧。
- アメリカの支配：初代総督タフト…➡後に陸軍長官，アメリカ大統領。
- 10 年後の独立承認（1934）
  :フィリピン独立法（タイディングズ=マクダフィー法）

第69回

ビスマルク体制の時代と その終焉

① ビスマルク体制の成立

本編解説 p.383 ～ 387

◎各国の外交の基調

- ●ビスマルク体制：ヨーロッパの平和。
  - ：フランスの孤立化…とりわけ露・仏 2 国の接近を警戒（けいかい）。
- ●イギリス：インド防衛➡ロシアの南下政策をもっとも警戒。
- ●ロシア：南下政策…①バルカン半島，②中央アジア，③極東。

1873 ～ 1878 年

- ●三帝同盟（さんていどうめい）の成立（1873）：ドイツ，ロシア，オーストリア
  - ●背景：共和政が復活したフランスに対する，3 帝国の嫌悪（けんお）。

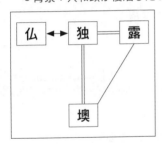

- ● 3 皇帝：独…ヴィルヘルム 1 世，
  - 露…アレクサンドル 2 世，
  - 墺…フランツ=ヨーゼフ 1 世

ベルリン会議（1878）

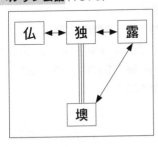

- ●結果：ロシアの南下が阻止（そし）され，
  - 独露関係が悪化。
    - ➡三帝同盟の崩壊（ほうかい）。
- ●対応：ドイツ=オーストリア同盟（独墺同盟）の
  - 成立（1879）。

1878 ～ 1882 年

- ●英露関係の悪化
  - ●原因：第 2 次アフガン戦争（1878 ～ 1880）
    - ➡アフガニスタン王国をイギリスが保護国化（1880）。

- 動機：中央アジアを南下する**ロシア**に対して，**インドを防衛**するため。
- **ロシアの中央アジア南下**
  - 1860・70年代に，トルコ系**ウズベク**人の3ハン国を征服（保護国化）。
    - ：ヒヴァ=ハン国，ブハラ=ハン国（1873），コーカンド=ハン国（1876）。
  - **トルキスタン省**を設置：省都**タシケント**
  - **綿花生産**地帯：アメリカの**南北戦争**にともなう綿花価格の高騰^{こうとう}が契機。
- 結果：**ビスマルク**は**英露対立**を利用し，**独露関係の改善**に成功。
  - ➡**三帝同盟の復活（1881）**。

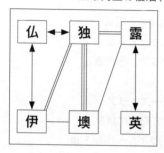

- **フランス・イタリア関係の悪化。**
- 原因：仏が**チュニジアを保護国化**（1881）。
- 動機：仏の植民地アルジェリアの防衛。
- 結果：ビスマルクは**イタリアに接近**。
  - ➡**三国同盟の成立**（1882）。

 ② ビスマルク体制の危機　📖 本編解説 p.388～389

1880年代後半

- **三国同盟の危機**：**イタリア・オーストリア**間の対立が表面化。
  - 原因：「**未回収のイタリア**」…イタリアが，オーストリア支配下の南チロル・トリエステ）を要求。

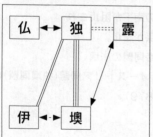

  - **三帝同盟の危機**：**露・墺関係**の悪化。
  - 原因：露の**バルカン半島南下**（とくにブルガリアへの影響力増大）に，墺が反発。
  - 結果：**三帝同盟の崩壊**。

- **ビスマルクの対応**
  - ：ロシアとのあいだに**再保障条約**を締結（1887）。
- 条約：ロシアとの3年間の友好を保持。秘密条約。

③ ビスマルク体制の終焉

📖 本編解説 p.389 ～ 392

1890年代

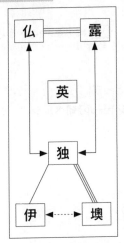

- ● ビスマルクの辞任（1890）
  - ● 原因：社会主義者鎮圧法の存続・廃止をめぐって，
    帝国宰相ビスマルクと，
    皇帝ヴィルヘルム2世が対立。
- ● ヴィルヘルム2世の対外政策
  - ● **「世界政策」**：ヴィルヘルム2世が提唱する積極的
    な海外進出政策の呼称。
  - ● **「新航路」**：ドイツ国家を船に見立てた表現。
- ● 露仏同盟（1891）
  - ● さらに軍事協定を締結（1894）：独墺などに対抗。

◎ 1890年代の概況―3 勢力の鼎立状態

- ● **イギリス**：「光栄ある孤立」…どこの国とも同盟関係を構築せず。
- ● **露仏同盟**：ロシア・フランス
- ● **三国同盟**：ドイツ・オーストリア・イタリア

1890年代〜第一次世界大戦の勃発

 露仏同盟とイギリスの対立

📖 本編解説 p.393 〜 395

露仏同盟成立の衝撃➡イギリスを警戒させる。

- ●イギリス:「光栄ある孤立」…どこの国とも同盟関係をとらず。
- ●露・英の対立:アフガニスタン，**ガージャール(カージャール)朝**ペルシア，チベットなどの地域で対立。
- ●仏・英の対立:東南アジアにおける対立。

  アフリカ政策でも対立。

この時代の学習の視点

- ● 1890年代と1914年の国際関係の相違点を確認する。
- ● 1890年代:イギリスと露仏同盟…対立関係。

  イギリスと三国同盟(独・墺)…さしたる対立なし。

  露仏同盟と三国同盟…**対立関係。**

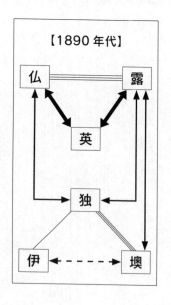

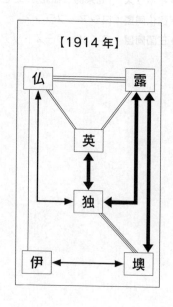

132

- 1914 年：露仏とイギリス…友好関係➡三国協商。
  三国同盟(独・墺)とイギリス…対立関係。

 1898・1899 年の情勢　　📖 本編解説 p.396 〜 398

英仏関係の変化

ファショダ事件(1898)
- 概要：現南スーダンのファショダで，**英・仏**が衝突した事件。
- 英：アフリカ縦断政策…**カイロ・ケープタウン**を結ぶ。
- 仏：アフリカ横断政策…**アルジェリア・サハラとジブチ**を結ぶ。
- 結果：フランスの譲歩◀ドレフュス事件(1894 〜)で国内動揺。

事件の意義：英仏接近の**契機**となった。
- 結果：**英仏協商**の成立(1904)。
  - 仏の(将来における)**モロッコ**支配，英の**エジプト**支配を相互承認する。

英独関係の悪化

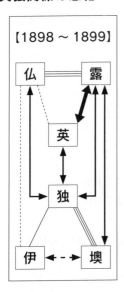

【1898 〜 1899】

ドイツの動向
- 艦隊法の制定(海軍法，1898)。
  : 英独間に「**建艦競争**」の激化を招く。
- **バグダード鉄道敷設権**を獲得(1899)。
  : トルコから獲得。
- **バスラ**の築港権も獲得。
- **3B 政策**：ベルリン―ビザンティオン(イスタンブール)―バグダードを結ぶ。

イギリスの反発
: イギリスでは「**3C 政策**」が叫ばれる。
　　カイロ―ケープタウン―カルカッタ
　　　を結ぶ。

3 1899 ～ 1907 年の情勢

📖 本編解説 p.398 ～ 405

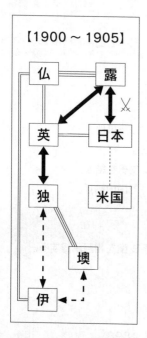

義和団事件とその影響

- 義和団事件(1900)：清朝が義和団とともに，欧・米・日に宣戦。
- 対応：イギリスは南アフリカ戦争(ブール戦争)のため大規模な派兵不可。
- ロシアの動向：事件鎮圧後も，ロシア軍は東北地方(満洲)の占領を続行。
- イギリス対応：日英同盟の締結(1902)。
  - 転換：イギリスが「光栄ある孤立」を放棄。

日露戦争とその影響

日露戦争(1904 ～ 1905)

- 対立：中国**東北地方・韓国**をめぐる日露の対立。
- 英米の支援：日本の**国債**を引き受け。
  - ＊**アメリカ**も東北(満洲)進出を企図。
- 戦況：旅順の戦い(1905.1)　奉天会戦(1905.3)
  - 第1次ロシア革命(1905.1)：首都ペテルブルクで勃発。
  - 日本海海戦(1905.5)　連合艦隊司令長官…東郷平八郎。
- 結果：敗北したロシアは，**極東からの後退**。
- ポーツマス講和会議(1905)：米大統領セオドア=ローズヴェルトの調停。

◎イタリアの動向
- 北アフリカ進出を企図➡アルジェリアを支配するフランスと，
エジプトを支配するイギリスとの友好を模索。
- 仏伊協定(1900)：アフリカの利権を相互承認。
- **仏伊協商**(1902)：ドイツがフランスを攻撃した場合，
イタリアがドイツ側に立たないことを約束。
- 意義：この段階で，事実上三国同盟は崩壊。

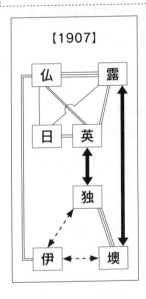

【1907】

日露戦争が国際関係に与えた影響
- 英：ロシアに対する脅威感が減少。
➡ドイツに集中。
- ロシア方向転換：革命を鎮圧したあとに，
バルカン半島にふたたび南下。
- 影響：バルカン半島における，**ロシアと独墺間
の対立が再燃**。

英露協商の成立(1907)
- 共通の敵ドイツに対応するために接近を断行。
- 勢力圏を確定。
- チベット➡両国の**不干渉地域**とする。
- **アフガニスタン王国**
➡英の保護国であることを，ロシアが承認。
- **ガージャール朝ペルシア**
➡英・露が，それぞれ勢力範囲を策定。

◎三国協商の成立(1907)：**英仏露の協商。**

日露戦争の世界史的な意義

第一次世界大戦の対決構造を結果する。
⬅敗北したロシアのバルカン半島南下が，独墺との対立を再燃させる。
世界的な民族運動，立憲運動(近代化運動)の高揚をもたらす。
⬅日本がロシアに勝利したことが，アジア諸民族などに励ましを与える。
- 具体例：**イラン立憲革命**(1905)，**青年トルコ革命**(1908)，
インドの反英闘争(国民会議派のカルカッタ大会，1906)。
中国同盟会の設立(1905)，**ベトナムの東遊(ドンズー)運動**の高揚。

◎日本は欧米列強と協調
- ●第2次日英同盟(1905)：イギリスのインド支配に日本が協力し，
　　　　　　　　　　　　　イギリスは日本の韓国支配を承認。
- ●桂=タフト協定(1905)：米のフィリピン支配，日本の韓国支配の相互承認。
- ●日露協約(第1次，1907)：日本の韓国・中国における利権は両国に承認。
- ●日仏協約(1907)：日本はベトナムからの留学生を拒否。

 4　第一次世界大戦の勃発へ(1905～1914)　📖本編解説 p.405～413

北アフリカにおける対立―英・仏とドイツ

第1次モロッコ(タンジール)事件(1905)
- ●契機：**ヴィルヘルム2世**がタンジール港を訪問。
- ●反響：仏の反発，英もジブラルタル防衛の観点から反発。
- ●アルヘシラス会議(1906)：仏のモロッコでの優越権承認。
　　　　　　　　　　　　　　➡事実上の植民地化。

第2次モロッコ(アガディール)事件(1911)
- ●契機：内乱が勃発したため，現地ドイツ人の保護を口実に，
　　　　ドイツが軍艦を派遣➡英仏との対立激化。
- ●結果：ドイツはフランス領コンゴの一部を獲得するも，引き下がる。
　　　　　…➡フランスの**モロッコ保護国化**(フェズ協定，1912)。

◎**イタリア=トルコ戦争**(伊土戦争，1911～1912)
- ●概要：イタリアがトリポリ・キレナイカ(現**リビア**)を領有。
- ●影響：オスマン帝国の敗北に乗じて，バルカン半島の反トルコ諸国が開戦。

バルカン半島の情勢

◎概況：**パン=ゲルマン主義**と**パン=スラヴ主義**が衝突する場。
- ●パン=ゲルマン主義：独・墺。
- ●パン=スラブ主義：セルビア・モンテネグロ・ブルガリアなど。
- ●セルビアとオーストリアの対立
　　：墺による**ボスニア・ヘルツェゴヴィナ併合**(1908)。
- ●「**大セルビア主義**」：セルビアの膨張主義を示す言葉。

第1次バルカン戦争(1912〜1913)

- バルカン同盟：セルビア・モンテネグロ・ブルガリア・ギリシア
  - ←ロシアの支援。
- 開戦の背景：**イタリア=トルコ戦争**におけるトルコの敗北。
- 結果：トルコは敗北し，イスタンブルを除くバルカンの領土をトルコは喪失(ク
  レタ島もギリシアに)。

第2次バルカン戦争(1913)

- 概要：バルカン同盟の内紛。
- 対決：**ブルガリア**◆➡セルビア・モンテネグロ・ギリシア
  - トルコ・ルーマニアも参戦。
- 結果：ブルガリアの敗北➡ブカレスト条約で領土削減。

緊迫するバルカン情勢

- 国際的波紋：孤立した**ブルガリア**が，**親ドイツ勢力**に転じる。
- 影響：露・英・セルビアなどの反発激化。
  - ➡「バルカン半島は"ヨーロッパの火薬庫"に」。
- 次期皇帝暗殺事件(サライェヴォ事件，1914年6月28日)
  - 事件：**ボスニア・ヘルツェゴヴィナ**の中心都市でセルビア人結社が，オース
    トリアの**フランツ=フェルディナント**夫妻を暗殺。
- 結果：オーストリア，**セルビア**に対して宣戦布告…➡**大戦へ**。